井上毅とその周辺

梧陰文庫研究会編

木鐸社刊

序

本書は、平成四年に刊行された梧陰文庫研究会会員による論文集『明治国家形成と井上毅』の続篇である。

梧陰文庫研究会は、國學院大學付属図書館所蔵の井上毅（梧陰）の遺文書を研究する目的をもって、昭和五十五年に國學院大學法学部教員有志によって結成された。研究会は、この二十年間、学外からも多くの研究者を迎え、その共同研究も百六十回を数えるに至った。あわせて昭和五十七年十月に『梧陰文庫影印・明治皇室典範制定前史』、同六十一年八月に『梧陰文庫影印・明治皇室典範制定本史』、平成四年六月に前記論文集、平成八年四月に『古城貞吉稿　井上毅先生傳』をそれぞれ刊行した。

このように本研究会は近代国家としての日本の骨組みをつくった明治の法制官僚井上毅の足跡を多方面から総合的に検討して来たが、更に平成五年八月に熊本市、同八年七月に高知市、同九年七月に福島県三春町及び会津若松市、同十年七月に新潟県長岡市において、それぞれシンポジウム、研究報告会を開いて、地方の研究者とも交流を深め、井上毅の周辺、即ちその思想形成に影響を与えた同時代の諸事件、諸問題、諸人物等をも視野に入れながら、その研究を拡大した。本書所収の各論考は、上記の研究会例会や地方でのシンポジウム等において、報告、討論を経たものを多くその素材としている。

西暦二千年という希有の新年を迎えて、ここに再び論集を刊行し得たことに対し、執筆者各位とその喜びを共にし、今後の研究の更なる進展を期したいと思う。本書刊行に当り、多年、本研究会のために研究・出版の助成金を交付された学校法人國學院大學、貴重な資料を寄贈、公開された井上家、その他ご指導、ご援助を賜わった関係者各位に対し、鳴謝の意を表すると共に、再び論集刊行にご配慮を頂いた木鐸社の能島豊氏に厚く御礼を申し上げたい。

平成十二年一月八日

梧陰文庫研究会代表

小林　宏

明治七年日清北京交渉と井上毅

山下重一

はしがき

明治七（一八七四）年九月十四日から十月三十一日まで北京で行なわれた日清間の外交交渉は、明治四（一八七一）年末に台湾に漂着した宮古島民六十六人中五十四人が牡丹社の原住民によって殺害された事件に端を発し、七年五月に西郷従道を都督として断行された台湾征討をめぐるものであった。台湾征討は、明治政府が行なった最初の海外出兵であり、西郷都督が政府の出兵中止命令を拒否し、大久保・大隈両参議が長崎で西郷の出兵を追認して、疫病による多大の犠牲の下に断行された。日清交渉は、台湾を国際法上清国の主権の及ばない無主の地と見做した日本側と領有権を主張した清国側との対立によって平行線を辿り、十月五日の第四回交渉で決裂の危機に瀕し、十八日に再開された第五回交渉でようやく償金の支払いと日本軍の撤退が議題に乗ったが、なお解決には遠く、二十三日の第七回会談で、大久保利通全権は、交渉を打ち切って帰国することを宣言した。一旦決裂した交渉は、駐清イギリス公使ウェード（Wade, Thomas Francis, 1818-95）の非公式ながら強力な仲裁によって、日清間の妥結に漕ぎつけ、十月三十一日に、清国からの償金の支払いと日本軍の撤退とを内容とする議定書が調印されたのである(1)。

本稿の課題は、台湾事件をめぐる日清交渉の外交史的考察よりも、この交渉に随行した井上毅が果たした役割を検討することである。井上は、一八八〇（明治十三）年の北京交渉（いわゆる改約分島交渉）、一八八二（明治十五）年の壬午京城事変、一八八四－五（明治十七－八）年の甲申京城事変に際して大きな役割を演じ、また、一八八二（明治十五）年に条約改正御用掛となって以来、条約改正をめぐる各段階において重要な発言を続けたが、(2) 明治七年の北京交渉は、彼の外交の初舞台であった。この交渉には、前年に来日したボアソナード(Boissonade, Gustave Emil, 1825-1910)が顧問として随行し、井上は、名村泰蔵、小牧昌業と共に国際法を駆使する洋学派の主要人物であったと同時に、高崎正風、金井之恭、田辺太一等の漢学派の一人として、漢文による外交文書の起草に従事した。この交渉に関する井上の活動を示す史料として、國學院大學所蔵の梧陰文庫と大久保家文書に次のものが残されている。

(一)梧陰文庫(「伝一」は、國學院大學図書館刊『井上毅傳』史料篇、第一の略記)

A二二四、試草呈大久保公・全文他筆に自筆訂正(伝一、二五－六頁)

A二二五、同草稿・全文自筆に自筆朱入り。

A二二六、公法彙抄・自筆。

A二二七、我レ支那ニ答ヘテ云ル・自筆に訂正(伝一、二六－九頁)

A二二八、意見書草稿(伝一、三四－七頁)

A二二九、意見書草稿(伝一、三二－三頁)

A二三〇、恵頓氏万国公法・他筆に自筆加う。

A二三一、照会案・他筆に自筆加う。

A二三二、(前半)第三照会草稿・自筆に自筆朱入り。(後半)第四照会自筆草稿。

A二三三、巻紙・自筆草稿。

A二三四、意見書・呈大久保・自筆。

A二三五、大久保大臣復命書・自筆草稿。

A二三六、最後照会・他筆に自筆修正。

A二五四、ウェードより大久保宛英文書簡（一八七四・一〇・二九付）

A二五五、ウェードより大久保宛英文書簡（一八七四・一一・二付）

(二)大久保家文書

台湾事件処置意見・自筆（伝一、三一－二頁）

償金の儀・自筆（伝一、三七－八頁）

台湾事件処置意見・他筆（伝一、三九－四〇頁）

弁理始末日表・自筆（伝五、三四三－六頁）

第二照会草稿・自筆（伝六、三九－四〇頁）

第三照会草稿・自筆（伝六、四二－四頁）

照会草稿断片・自筆（伝六、四八－九頁）

鄭書記官所携草紙案文・自筆（伝六、四九－五〇頁）

照会草稿断片・自筆（伝六、五〇－五一頁）

台湾一件節略・自筆（伝六、五一－五頁）

これ等の史料を難航を極めた日清交渉の各段階に位置付けることによって、井上毅が照会、照覆などの重要な外交文書の起草に当たっただけでなく、大久保全権の諮問に応じて、交渉戦術についてしばしば献策をしたことが分かる。以下においては、この交渉に際して井上が果たした役割を検討して行きたいと思う。

一　大久保全権の派遣

大久保利通は、明治八年元旦の日記に次のように記した。

「今日天気温和、新年之風光自ラ閑静ニシテ心安如タリ。熟一昨年来国家困難危急ノ際心志ヲ苦シメ、十死一生ノ間ニ東西奔走辛フシテ活路ヲ得タルモ実意料ノ外ニシテ、只一夢場ノ如シ。(3)」

誠に大久保にとって、明治六―七年は、六年五月に米欧回覧の旅から一年半振りで帰国した後、西郷隆盛の征韓論を覆して明治政府のトップの座に就き、内外の懸案に取り組んだ忽忙の年月であったが、七年十月三十一日に日清議定書が調印された日の日記に、「今日和議成条約調印相済ミ、実ニ安心無此一、且聊使命ヲ全フスルヲ得。只々国家ノ為可賀ノ至。是迄焦思苦心言語ノ尽ス所ニアラス。生涯又如此ノ〆アラサルヘシ。……此日終世不可忘ナリ。(4)」と記されたように、北京交渉は難中の難事であった。

大久保日記の明治七年六月二十四日の項に、「得能氏入来。大隈氏入来。同道李仙得ノ招ニ至ル。仏法律家某入来。九字退ク。(5)」と記されている。李仙得とは、フランス系アメリカ人のル・ジャンドル（Le Gendre, Charles William, 1830-99）であり、厦門のアメリカ領事時代に台湾の原住民によるアメリカ人虐殺事件の処理に当たった彼は、帰国の途中駐日アメリカ公使デ・ロングの紹介で副島種臣外務卿と会い、懇望されて外務省二等出仕になって以来、日本軍の台湾征討計画に極めて強い影響を与えた。仏法律家某とは、ボアソナードであり、この時が大久保との初対面であった。ボアソナードは、六月二十五日と二十六日とに、台湾事件に関する諮問への答議書を大隈重信に提出した。彼は、未開化の地で国民が残酷な処理を受けた場合に、その国が自からその蕃夷を開化させるのに必要な措置をすることができるかという諮問に対して、「諸般法律ノ基礎タル自然法即チ性法（ドロアナチュレル）に溯ラサルヲ得ス。」「各国互ニ妨害ナク洋海ヲ用フルハ自然法ノ理ニ出ル所ナリ。」と指摘し、難破船の乗員を虐殺した台湾蛮族の行為を懲罰することは自然法・国際法上の権利であると答申した。(6) 自ら全権弁理大臣として北京に乗り込んで交渉に当たることを決意した大久保は、しばしばボアソナードから意見を聞き、彼を北京に随行させることをきめたのである。

大久保は、八月一日付で「全権弁理大臣トシテ清国へ被差遣候事」の辞令を受け、翌二日付で左記五箇条の委任を受けた。

一　全権公使柳原前光へ内勅ノ次第及ヒ田辺太一ヲ以テ被抑遣候件々綱領不動ノ要旨ニ候ヘトモ実際不得止ノ都合ニ寄テハ便宜取捨談決スルノ権ヲ有スル事
一　談判ハ両国懇親ヲ保全スルヲ以テ主トストイヘトモ不得止ニ出レハ和戦ヲ決スルノ権ヲ有スル事
一　時宜ニヨリ在清国ノ諸官員以下一切指揮進退スルノ権ヲ有スル事
一　事実不得止トキハ武官トイヘトモ指揮進退スルノ権ヲ有スル事
一　李仙得へ御委任ノ次第有之トイヘトモ便宜進退使令スルノ権ヲ有スル事(7)

このように大久保は、和戦の決定と文武官の指揮を含む極めて強大な権限を委任された。征台軍は、牡丹社討伐を六月初めには完了したが、疫病のため三千六百余名の中病死者五百六十一人という窮地に陥っていた。台湾事件を泥沼化させないためには、撤退の条件とタイミングが重要であり、七月十五日付の政府の清国駐剳柳原公使に対する訓令には、「談判ノ要領償金ヲ得テ攻取之地ヲ譲与スルニ在リト雖モ、初ヨリ償金ヲ欲スルノ色ヲアラハスヘカラス。是毎ニ論議ノ柄ヲ我ニ取ランヲ欲スレハナリ。」と記されていた。[8] 大久保全権は、交渉の方法と結果、その過程における判断について、極めて包括的な委任を受けて派遣されたのである。

大久保全権団は、八月六日にアメリカの汽船コスタリカ号で横浜を出船し、十六日に長崎から龍驤艦に搭乗して、天津を経て九月十日に北京に到着した。随員は、金井之恭（権少内史）、吉原重俊（租税助）、小牧昌業（開拓使七等出仕）、川村正平（内務省十等出仕）、池田寛治（内務省七等出仕）、太田資政（鉄道権頭）、名村泰蔵（司法省七等出仕）、平川武柄（租税寮九等出仕）、福原和勝（陸軍大佐）、関定暉（陸軍中尉）、坂本常孝（陸軍中尉）、黒岡季備（陸軍省十等出仕）、園田長輝（陸軍省十五等出仕）、高崎正風（三等議官）、萩原友賢（内務権大録）、岸良謙吉（陸軍省十等出仕）、岩村高俊（内務省五等出仕）、井上毅（司法省七等出仕）の十八名であった。[9] この中、岩村、井上の二名の出張辞令は、八月十八日付であり、全権団の出発後、別途渡航して、九月十二日に北京に着いた。

古城貞吉稿『井上毅先生伝』は、「大久保公が弁理大臣として北京に赴くや、先生は其の談判に関する意見書を草し、人を付して船中に於て公に示した。公はそれを閲読して直ちに神戸から電報で先生を招致して随員に加えた。」という『国民新聞』の徳富蘇峰による井上の追悼記事を引用して、「当時纔かに司法省の七等出仕に過ぎなかった先生に取っては登龍門を得られたのである。」と記している。[10] 岩村は、佐賀の乱の時の同県権令であり、井上は、司法省から九州行きを命じられていたから、大久保が中心となって処理された佐賀の乱を契機として、二人は、相識の間柄となっていたであろう。そして、井上は、佐賀の乱以来大久保に知られていたと考えられるから、大久保が船中で井上の文書を読んで初めて彼の才能を知り、直ちに彼を随員に加えたのではなかったのかも知れない。[11] しかし、梧陰文庫に「試草・呈大久保公」の自筆草稿と他筆本が残されているので、大久保がこの文書を見て井上を随員に加えるために神戸から打電したという徳富蘇峰の記述を否定することはできないであろう。何れにせよ、既にボアソナードの通弁として、名村泰蔵が全権団に加わっていたが、井上が参加することによって、ボアソナードー井上ー名村のフランス法学のコンビが成立し、万国公法の理論を駆使して対清交渉に臨んだのである。次節から、井上毅の役割を、日清交渉の経過を略記した井上の「弁理始末日表」を手がかりとして考察したい。

二　日清交渉の難航

北京駐劄イギリス公使ウェードは、七月下旬以来しばしば総理衙門と接触し、日清間の対立を欧米諸国の調停によって解決するように説得を続けていた。彼は、八月十四日に衙門に口頭で具体的な提案をし、翌日メイヤーズ書記官が中国語訳を衙門に届けた。その内容は、清国が米、英、仏、独、露の五国に調停を申し入れ、その見返りとして、㈠釐金（linkin）を含む内国税の改革、㈡清国の海岸と主要河川の外国船への開放、㈢雲南、重慶への領事駐在を承認することを要望するものであった。[12] しかし、清国側は、一定の条件が付いた列強の調停よりも、列強が清国を支持して軍事援助を与えることを切望し、九月十二日の衙門の文書回答で、ウェードの提案を全面的に拒否した。[12] それは、日清交渉が開始される二日前のことであり、総理衙門は、ほとんど無準備のままで日清交渉に臨んだのである。

日清間の第一回交渉は、九月十四日に総理衙門で、大久保全権弁理大臣、柳原全権公使ほか二名、衙門大臣恭親王ほか八名が出席して行なわれた。同日付、大久保の三条・島津・岩倉三大臣宛書簡に、「此ヨリ第一ニ使命ノ大旨ヲ説明シ、続テ漸次詰問及ヒ候処、実ニ彼レノ意外ニ出、俄ニ書籍等ヲ取出シ、狼狽ノ色相顕レ、曖昧ノ返答ノミニ有之……[13]」と記されたように、交渉は、台湾全土に対する清国の領有権の主張に大久保全権が真向から反論するペースで進められた。大久保は、「公法ニ云フ、荒野ノ地ヲ有スルモ、其国ヨリ実地之レヲ領シ、且ツ其地ニ政堂ヲ設ケ、又現ニ其地ヨリ益ヲ得ルニ非サレハ、所領ノ権及ヒ主権アルモノト認ムルヲ得ス。」と主張し、「古ハ同地ヨリ歳々餉税ヲ納ムルヲ以テ、大清国ノ属地ナル事判然ナリ。」という清国側の主張を激しく批判した。[14]すなわち、「貴国政府ハ生蕃ヲ属地ト云ヒ、我国ハ之レヲ無主野蛮ノ国ト云フ」[15]ことが、日清間の最大の争点であった。第一回交渉で、日本側は、次の問条二条を手交した。

第一条　貴国既以二生番之地一。謂為レ在二版図内一。然則何以迄レ今未三曽開二化番民一。夫謂二一国版図之地一。不レ得レ不レ由二其主設レ官化導一。不レ識　貴国於二該生番一果施二幾許政教一乎。

第二条　現在万国己開二交友一。人々互相往来。則于二各国一無レ不レ保二護航海者之安甯一。況　貴国素以二仁義道徳一聞二于全球一。然則憐二救外国漂民一。固所二探求一。而見三生番屢々害二漂民一。置二之度外一曽不二懲弁一。是不レ顧二憐他国人民一。唯養二生番残暴之心一。有二是理一乎。[16]

九月十六日の第二回交渉では、総理衙門大臣四人が日本全権団の宿舎に来訪して、大久保・柳原と会談し、日本の問条に対する清側の回答文書が渡されただけで簡単に終了した。次いで九月十九日に総理衙門で行なわれた第三回交渉では、大久保全権と文祥軍機大臣との間で、日本側の問条二条と清側の回答をめぐって激論が繰り拡げられた。文祥が「万国公法ナル者ハ、近来西洋各国ニ於テ編成セシモノニシテ、殊ニ我清国ノ事ハ載スル事無シ。之ニ因テ論スルヲ用ヒス。」と主張し、「両国ノ政治禁令ハ異同有スルヲ以テ互に豫リ聞ク事無キヲ載セ」た日清修好条規によって「互ニ其治ヲ為ス可シ」と主張したのに対して、大久保は、条約の問題ではなく、「我国ハ其貴属ニ非ルヲ知テ着手セシニ、貴国確然之レヲ版図ト称スレハ、之レカ證跡ヲ問フハ止ムヲ得サル所ナリ。……堂々タル政府管轄ノ下此ノ如キ蕃民アリテ置テ問ハサルノ理ナシ。故ニ貴大臣之ヲ版図ト云フトキハ益々我カ疑ヲ解ク能ハサルナリ。」と強調して、蛮地は無主の地であって清国の版図ではないと繰り返し反論し、彼我の討論は、全く嚙み合わなかった。(17) この交渉の際に、日本側から「衙門二条ノ答覆ニ附シ更ニ疑問スル書」を手交したが、この漢文体文書の和文体草稿が梧陰文庫（A二二七）にあるので、井上毅が書いたことは明らかである。次にその前半を引用する。

摘二録第一条答覆内数句一為問

宜二其風俗一聴二其生業一。

国之於二新附封土一也。如其人民風俗無レ害二治紀一者。置而弗レ易。謂レ為二寛大之政一亦可。抑々審レ訟断レ罪兇賊必懲。為二国大律一。其俗従レ私其律従レ公。故無レ律是無レ国也。此二語奚足三以為二属土之徴一。貴国於二土蕃一。果有二立レ法治レ民之権一則其俗必不レ可レ縦者有レ一焉。曰戕二害漂民一是也。此事土蕃習以為レ常。無レ所二畏憚一。　貴国以為嘗有二法治之実一歟。

力能輸レ餉者歳々納二社餉一。

夫国之征レ税起二于君臣相約一者也。所レ称社餉者。税之類歟。抑々餽献之類歟。如三弱者而餽二献于強者一。不レ得レ称為一レ税。其或不レ出二於民一独出二於酋目一。或有下往二来両間一貿易私二壟断一者上。献二其所獲一。藉二名社餉一以図二混冒一。願聞二其詳一。

質較秀良者遴二社学一

天下無レ有二教而不レ化之民一。其教三養土蕃一之法。行二于実際一者。果有二多少一。何其狼心久而不レ化耶。如レ取二二三蕃児一入レ学。未レ足三以為二教養之徴[18]一。

これは、日本側の問条の第一条で、清国が台湾蛮地を版図と主張しながら、蛮民開化の治政を行なっていないことを質したのに対して、清国政府が蛮地に課税し、また教育によって開化の方途を取っていると回答したことに反論した箇所であり、続いて第二条に対して蛮族による被害を知らせるならば「査命妥弁」して善処すると回答したのに反論して、「既不レ教二化于未然一。又不レ査二究于已発一。而反責三他人不二詳晰照会一。」ときびしく問責した。[19]井上は、交渉の場での大久保の発言を受けて、ボアソナードの国際法に関する教示の下にこの文書を起草したのである。

九月十九日の第三回交渉の後、日本側の第一照会は二十七日、清側の第一照覆は三十日に手交された。大久保日記には、九月二十四日の項に「ボアソナード氏見込ヲ聴問シ、金井之ヲ書ス。柳原公使入来。井上小牧エ照会艸案ヲ作ラシム。」二十五日の項に「午后柳原公使入来。照会文面ニ付井上小牧論アリ。柳原公使論アリ。因テ田辺ニ命シ艸案ヲ作ラシム。」二十六日の項に「今朝ボアソナード氏エ質問、池田通弁、金井記之。午后柳原公使入来。田辺氏エ命シ候支那政府エ照会并附冊艸案成則今晩浄書。」と記されている。[20]この第一照会と清側の第一照覆は、井上の「弁理始末日記」に次のように要約されている。

「廿七日　照会ヲ発シ、公法ニ於テ政化逮ハザルノ地ハ、所属タルヿヲ得ザルヿヲ論シ、条約代謀干預ノ義、我カ政教実据ノ問ト相渉ラザルヿヲ弁ス。又副単ヲ附シ、府志据ルニ足ラザルヿ、社餉其実瞨社ノ税ニ係ルヿ、従前難民アル時、清国其ノ自弁ニ任セシヿ、副島奉使ノ時、諉スルニ化外ノ地ヲ以テセシヿ等ヲ問フ。外ニ公法彙抄ヲ附シ、欧州公師諸家佑有管属ノ義ヲ論セシ者ヲ訳出シ、閲ニ供ス。

三十日　答覆ヲ接ス。云、各国所属邦土臆度猜疑スルヿヲ得ズ。公法彙抄ヲ以テ示サルヽト云トモ、只タ修好条規ニ遵守スベキ而已ト。[21]」

日本側の第一照会は、ボアソナードに相談し、柳原、小牧、井上が討論して案文を練った後、田辺が起草したものであるが、その内容は、台湾蛮地は中国の版図ではなく無主の地であるとして台湾征討を正当付けた点で、三回の会談における大久保の発言を忠実に文章化した文書であった。この照会に付された「公法彙抄」の草稿は、梧陰文庫（A二二六）にある。「公法彙抄」は、発得耳（ハッテル）、麻爾丹（マルタン）、葉非徳耳（エフトル）、猊龍西利（ブリコンシリ）、すなはちヴァッテル（Vattel）、マルテンス（G.F.von Martens）、ヘフター（Heffter）、ブリュンチュリ（Bluntschli）の著書から次のように抄訳したものである。

発得耳氏曰。第一巻第十八章第二百零八条　一国新佔二曠地一。非下実力佔有即就二其地一建三設館司一而獲中実益上。公法不レ認二其主権一。

麻爾丹氏曰第二巻第一章第三十七条　佔有者須レ有二佔有之実一。又曰。一国徒宣三告佔有意嚮一者。不レ足三以為二佔有一。雖下尋三覓一島一固属中創獲上。非レ有二実力掌管之跡一。不レ足三以為二佔有一。

葉非徳耳氏曰。第七十条第三部　凡有下掌三管地土一之意嚮上者。必要三継以二実力佔有一。又證以三永遠制レ治之措置[22]一。

この文章は、何れも台湾蛮地が清国の領土ではなく、無主の地であるという日本側の主張を裏付ける内容であり、井上毅がボアソナードの教示によって抄訳したものと思われる。しかし、国際法によって理論武装して交渉に臨んだ大久保全権の弁舌も、「万国公法ナル者ハ……殊ニ我清国ノ事ハ載スル事無シ。之ニ因テ論スルヲ用ヒス。」と軽くいなされてしまった。清国の第一照覆は、「又承以二公法彙抄一冊一見レ示。惟中国与二貴国一既経三立有二修好条規一。只有下遵二守条規一弁上レ事。[23]」と述べて、内政相互不干渉を規定した日清修好条規に拠るべきことを主張し、日清双方の論議は、平行線を辿るばかりであった。

日清交渉と並行して、ウェード公使の動きも活発化していた。彼は、九月二十二日に総理衙門を訪問して、諸大臣に清国政府は調停を望んでいるか、日本が調停に応ずる見込みがあるか、清国は日本に条件を出したり譲歩をする用意があるかと質したが、衙門大臣沈桂芬は、清国は西欧諸国が支持する意見を表明することを望むが、調停は望まない、日本代表は調停を望んでいない、日本軍の撤退を促すために譲歩する考えはないと答えた。ウェードが、日本軍を撤退させるために金銭を支払うこと（buy them out）は考えられないかと打診したが、衙門側は、そのような噂はあるが、全く考えていないと答えた。[24] 償金の支払いによって日本軍を撤退させるというウェードのシナリオは、この段階では総理衙門によって全く受け入れられなかったのである。

ウェードが大久保全権を訪問したのは、九月二十六日のことであったが、切迫した事態について問い質したウェードに対して、大久保は交渉の内容を具体的に述べることを避け、「貴政府ニ於テ属地ニアラズトセラル、ハ何等ノ根元ナル哉」と問われても、「種々錯雑スル所有リ。……猶其後ニ至リテ告クル所有ル可シ。」とのみ答え、台湾からの撤兵については、「決シテ退兵セスト云フニ非ス。商議ノ結局ニヨル所ナレハ、今ニ於テ詳答シ難シ。」と答えて、確答を徹底的に控えた。[25] 大久保は、二十八日に三大臣に宛てて書いた書簡で、英米公使が「支那政府ヨリ陰ニ依頼ヲ受ケ、我底意ノ在ル処ヲ捜リ、殊ニヨリ仲裁ニ可立入ヤノ口気」が見えることを伝え、「若モ此件各国ノ仲裁公裁等ニモ及候テハ御国威力伸縮ニモ拘リ、不容易重事ニ候間、臨機応変何トナク申紛シ不取合様手段致居候。」と記したのである。[26]

大久保日記の十月一日の項には、「今朝ボアソナード氏エ質問。午後柳原公使入来。今度照会照覆談判ノ都合殆ント大事ノ際ニ臨ミ候ニ付愚考猶示談ニ及候所同論ナリ。ボアソナード氏見込書ヲ聞テ金井ニ記セシム。」と記され、翌二日にもボアソナードに質問している。[27] 十月四日付の第二照会は、その自筆草稿が大久保家文書（『井上毅伝』史料篇第六、三九―四〇頁）の中にあり、井上が起草したものであるが、「弁理始末日表」には、「政教ノ実、未タ台番ニ及ハス。諸證鑿鑿トシテ据ルベシ。今マ版図ノ虚名ヲ掲ケテ問意ヲ剖覆セズ。徒ニ修好条規を引テ人ニ禦(アタ)リ、心ヲ悉シ、論質スルノ道ニ非ス。」と要約されている。(28) すなわち、台湾蛮地が清の版図であることを全面的に否定し、「況偏㆓執己見㆒徒引㆓条規㆒。加㆑人以㆘侵㆓越邦土㆒違㆗犯条約㆖。是豈友邦所㆑宣㆑出㆓干口㆒乎。」という非難が全文にみなぎっていた。(29)

第四回交渉は、十月五日、総理衙門で大久保・柳原ほか三名と衙門大臣文祥ほか八名の間で行なわれた。先ず大久保が清側の第二照覆に反論したのに対して、衙門大臣は、「此件ニ於テハ幾回答覆スルトモ信セラレサルヘシ。」と答えて取り合わず、長い押問答の末、大久保は、「自今商議セサルトノ説アレハ、商議ノ事亦本日ヲ以テ限リトスヘシ。又我カ奉使ノ任モ亦此ニ止マルヘシ。」と言い切った。清側は、「貴政府ニ於テ無主ノ野蕃トスルトモ、我レニ於テ野蕃トセラル、ノ理ナシ。」と、日清修好条規の「互ニ属島ヲ優越ス可ラサルノ誓語」を指摘したが、大久保は、「条約ハ日清両国ノ条規ニシテ引テ無主ノ蕃地ニ及ホス可キニアラス。」と突っぱねた。結局大久保は、「貴大臣等ト幾回談論ニ及フトモ決ス可キ無シ。因テ近ク帰国ス可シ。」と言い放ち、文祥は、「我レニ於テ貴問ニ応セサル等ノ事無シ。然レトモ帰国セラル、事ハ強テ駐ムル所ニ非ス。」と発言し、売り言葉に買い言葉の形で決裂の危険をはらんだままこの日の会談は終った。(30)

この第四回交渉から十月十日付で第三照会を発送するまでの間、全権団内部では、切迫した議論が続けられた。七日の大久保日記には次のように記されている。

「今日照会ニ付種々議論有之。井上艸案ヲ作、田辺之ヲ修正ス。然ルニ此結局ニ付黒白分明決絶ニ及候趣意云々ヲ論スルアリ。或ハ其マ、ニテ引払候趣意云々論スルアリ。実ニ小子進退此ニ谷リ候。一大事困苦ノ至リ、依而反覆熟慮此上ハ義ノ所有理ノ所有ヲ以テ相決候外無之ト決定ス。併シ衆論ヲ聞テ未可否ヲ言ハス。(31)」

また九日の項には、「先井上艸案稿ニ付テ之ヲ補綴スヘシト。終ニ今日其稿成ル。然ルニ猶種々ノ説アリ。殊ニ田辺氏別ニ稿ヲ成シ、平穏ノ趣意ヲ以普通ノ別ヲ告去ルニ如スノ意ナリ。(注)」と記されている。井上毅自筆の草稿には、梧陰文庫（A二三二）と大久保家文書（『井上毅伝』史料篇第六、四二一―四頁）の二通があり、何れも多くの修正の跡を止めているが、内容は、成文とほぼ同じである。それは、清国側の主張に全面的に反論しながら、末尾に次のように記している。

今期二五日一欲レ知下　貴王大臣果欲レ保二一全好誼一必翻然改レ図別有中両便弁法上。是実見二大国雍雍気象一也。我国非二素貪レ土佳レ兵者一。両国人民之慶。本大臣固有二深望一。若乃過レ期不レ覆。別無二改図一則是　貴王大臣口説レ保二全和好一而其実委二之塗泥一也。本大臣臨レ去惓二惓於両国和好一。莫レ非三以尽二其分一也。須レ至二照会一者。(33)

大久保家文書中の井上毅の意見書には、第三照会の起草をめぐる彼と田辺太一との意見の対立を示しているので、次にその一部を引用する。

「今日猶一応の尽論極論を為ずして束装して去るは作レ恐弁理の御主意一毫も貫徹いたさずと奉存候。然のみならず数度の談判皆空論に帰し、聊其ノ効なく我も亦不和不戦の間に漂泊して正に支那人の術中に陥るなり。

……

田辺氏の説其不可三あり。一、和に偏なり。二、和に偏なるの意を表せは彼始めて驕意ありて和却て成らざるべし。三、従前の談判と気象頓（トン）に不同にして、幾ント両人の口に出つるが如しと恐らくは支那人の笑を来さん。

我守意を以て戦を挑むに彼決して戦を好まずとの意を表せは是れ彼不レ能レ戦也。彼不レ能レ戦の證を得は我必しも戦はずといへども可なり。以て復命するに足るべし。然るに一度も戦を挑むの意を表せずして去る、是れ彼の後言を滋(マ)し、我カ内国人民の大疑を生すべし。鄭、田辺二氏の説、正に此の誤に落る似たり。[35]」

大久保日記の十月九日の項には、「断然和親ヲ破、戦ヲ以テスルニ如カス。」との柳原の説に井上、高崎が同調し、福島は、「戦ノ名義十分ナラス。先ツ半途ノマヽニテ引クニ如カス。或ハ之ヲ蕃地ニ十分手ヲ伸シ、彼地ニ於テ必事端ヲ啓クヘシ。」と主張したのに対し、福原、岩村、吉原は、「名義十分ナラス。暴ニ戦ヲ啓クヘカラス。」と慎重論を唱えて紛糾し、「此際ニ当リ殆ント一身ニ迫リ、苦慮言フヘカラス。」と記されている。結局大久保の決断によって、「談判ノ纏ラサル而已ニテ決絶ヲ以表面戦ヲ期シテ帰ルハ不宜、小子発途間モナク柳原公使モ亦帰ルヘシ。然ル上　宸断以テ之ヲ決セラルヘシ。」との結論に至った。[36] 井上が起草した第二照会は、清側の主張を全面的に批判した後、平和的解決を切望することを明記し、五日間の期限を付けて、「両便弁法」すなわち両国に有利な具体案を示すことを求める含みの多いものとなった。

総理衙門は、十月十二日の第二照覆に先立つ十一日付で皇帝の南苑行幸に大臣たちが随行するため、五日間の回答期限を延期するように申し入れ、大久保は、十二日付の回答で三日間の延期を承諾した。[37] この間、イギリスのウェード公使は、日清交渉の行き詰りを打開するために活発に動き始めていた。大久保がウェードを訪ねて突込んだ話し合いをしたのは、十四日午後のことであるが、十一日から十四日までの大久保日記には、極めて微妙な次のような記述が続いている。

「十一日　ピットマン氏英公使エ内探索ヲ以テ事情具ニ相分ル。今日ノ模様、支那政府狼狽、英公使モ之ヲ助ケ、是非両国ノ仲裁ニ立戦ヲ止ント欲ス。然ルニ小子ヨリ内々ニテ一言頼ムトノ事アレハ、説諭尽力シテ償金ヲ出サシムヘシト。且償金ニテ小子承知可致カ是非戦ノ決着ナルヘキカ、其意ヲ知ラント欲スルノ趣ナル由。小子之ニ答ルニ、仲裁ヲ頼ノ趣意決シテナシ、……我今曖昧ノ所置ニ出、復命致候テハ日本政府ノ趣意且人民ノ意ニ適セス。是戦ニナルハ事実ニ於テ易キ処ニシテ、曖昧タル和ニ附シ候テハ甚タ難ンスル所以ナリ云云ノ意ヲ伝致セリ。是レ深ク慮ルトコロアルナリ。……

十月十三日　福原子入来。昨日ピットマン氏英公使進メニヨリハート氏エ至ル。是支那雇人ナリ。英人ニテ支那政府ニ信用セラル。〻氏咄ニテ、愈償金ヲ支那政府ニ出サセルトノ話有之。ビットマン氏ハモー軍ニナラヌト云ヘリトゾ。……

今朝ピットマン氏英公使ニ至レリ。猶此方ノ内意ヲ移スニ、英公使大悦セリ。此上ハ頼ムトノ一言ナシトイヘトモ、談判ノ形行ヲ一通リ御咄有之候ハ至而大幸ナリトイヒシト。

十月十四日　今朝福原入来。昨日猶英公使エピットマン氏参リ此方ノ旨趣具ニ伝致イタシ候也、英公使別而歓ヒ、此上ハ小子及尋問大要形行御咄被下候得ハ、夫ニテ十分満足イタシ候旨申居候。……」[38]

この日記の記述によって、大久保とウェードとが福原大佐、ピットマン、ハート等を通じて、水面下で緊密な連絡を取り合っていたことが分かる。ピットマンは、元イギリス海軍主計官で、後レール、武器販売の代理人として日本に来て、大久保と北京に同行していた。またハートは、ウェードから中国語を学び、長く中国の海関総税務司を勤めていた。そして、このような人脈を利用して大久保とウェードとの間に緊密な連絡を取っていたのがル・ジャンドルであったことは、彼が大隈に宛てた「李氏書簡」（『大隈文書』マイクロ・フィルム四四三二）が明らかに示している。[39]ル・ジャンドルは、大久保全権団の出発に先立って、七月に特例弁務使として福建に派遣されたが、八月六日、台湾征討を助けて本国の禁令を犯した容疑によって、厦門でアメリカ領事に逮捕された。

保証金を納めて保釈された彼は、十六日、上海でアメリカ総領事によって釈放され、十九日、上海に着いた大久保と会見し、彼の指示で北京に赴いた。ル・ジャンドルは、北京で表立った活動はしなかったが、日清交渉が行き詰った段階で重要な水面下の工作をしたのである。

「李氏書簡」第十号は、ル・ジャンドルの大隈宛十月十一日付書簡の邦訳であるが、その別紙第二号「ウヱード君ト談話ノ筆記」には、「ウヱードハ若頼マル、トキハ和誼ノタメニ周旋スベシ。且ツ相当ナル事ヲ支那ニ申出サハ支那人之ニ承諾スルヿ疑ナシト思ヘリ。」と記されている。[40]また別紙第五号「十月十二日ハルト君ト会話ノ筆記」には、ハートのピットマンに対する談話として、「ハルト氏ノ曰ク、此度ノ事件ハ甚タ困難ナル案件ナレトモ必ラス結局ニ至ルヘシ。……又問テ曰ク、償金ニテ日本ハ満足スルヤ。償金ノ高ハ何程取ラント欲スルヤ。予答テ曰ク、日本ノ欲スル処ハ何ナルヤ、予之ヲ知ラス。但シ思フニ償金ノ事ハ第二ノ箇条ニシテ、日本ノ尤モ思フ所ハ其名ニアルノミト。」と記録されている。[41]

大久保家文書にあるピットマンのウェード公使との談話記録も、この頃大久保に差し出された翻訳文と思われる。ピットマンが日清両国が交戦したならば、士気と装備に勝る日本が圧倒的に有利であると語ったところ、ウェードは、戦争は極力回避しなければならないと前置きして「公使之見込ニ而ハ、支那政府ヨリ百五拾万弗計リ償金ヲ出シ、台湾ノ処分可致ト御考へ、右ノ場合日本モ満足シ、平穏ニ台湾ヲ譲リ渡シ、名義全フシ、速カニ撤兵致シ、以両国ノ幸福ハ勿論、日本之上策ト御考候。乍併支那政府兎角優柔不断、事務ヲ遷延致スニ付、彼レカ術ニ陥ラサル様配慮アリタシト申候。」と語ったと記されている。[42]

「李氏書簡」第十一号は、十月十七日付の書簡の翻訳であるが、ル・ジャンドルは、十四日に総理衙門を訪問したハートから「明十五日ニハ衙門ヨリ大久保氏ニ返辞ヲ贈ルナル可シ。是ニ於テ自分ノ紛糾ノ事決着スヘキ者ナラハ其修整有ル可キ了疑無カルヘシ。」と聞き、「償金ノ金高何程ニテ日本ノ満足有ル可キヤ」と問われて、「若シ支那ヨリ日本ニ台湾蕃地ヲ引払フ可キ十分ノ額ヲ以テ示シ、且ツ其損害ヲ跡ヲ残サス許諾ス可キ程ノ償金ヲ与ヘハ必ス其地ヲ棄引払フ可シ。」と答えたことが記されている。[43]

以上のような「李氏書簡」を先に引用した大久保日記の十月十一－四日の記述と対照すれば、大久保がウェード、ル・ジャンドル、ピットマン、ハートの水面下の連携を逐一知悉していたことは明らかである。大久保は、十一日に、「仲裁ヲ頼ノ趣意決シテナシ、」と記したが、すぐ後に付記したように、「深ク慮ルトコロ」があったのである。

大久保が十月十四日午後にイギリス公使館を訪問してウェードと会見したのは、このような根廻しが十分に行なわれたと認めたからであろう。彼は、台湾事件の発端から交渉の経過について初めて詳しく語った後、ウェードから撤兵について問われた時、「敢テ土ヲ貪ルニ非サレハ、我レ其名誉ヲ保ツ事ヲ得ハ退兵スヘキナリ。……此挙ノ初メ、我カ政府国民ニ誓フニ此義務ヲ遂クルヲ以テセリ。且ツ彼地ニ於テ我カ兵士櫛風沐雨ノ大難苦ヲ受ケ死傷スルモノ有ルニ至ル。殊ニ莫大ノ経費ヲ用ヒタリ。故ニ我国政府ノ満足スル所ト人民ニ対シ弁解ス可キ条理有ルニ非スンハ未タ退兵シ難シ。」と答えた。そして、償金の額については、「是レ支那政府ニ於テ定メテ思慮有ル可シ。」と述べただけであったが、既にル・ジャンドル、ピットマン、ハートを通じて十分に連絡し合っていた二人としては、日本側が償金を取って撤兵することを以心伝心に諒解し合っていたに違いない。[44] 大久保は、その後フランス公使館にジョフロア公使を訪ねた。彼は、征台の経費を問われて、「彼地ハ真ノ蕃地ニシテ一モ我カ需用ニ供スル品無ク、陣営ノ木材ヲ始メ将士兵卒ノ食料ニ至ル迄、尽ク本国ヨリ輸送セサルハナシ。殊ニ五月以来ノ滞陣ニシテ兵士モ数回ノ交代アルヲ以テ、其費用ハ尤モ巨額ニ上レリ。」と答え、ジョフロアは、「両便ノ方法賢慮ノ処ヲ以テ直ニ支那政府へ説明セラルレハ却テ急ニ結局に至ル可シ。」と応じた[45]。大久保日記には、「両公使共満足ノ模様ニテ、都合宜ク安心イタシ候。」と記されている[46]。

大久保家文書中にある井上毅の意見書の一通の冒頭に、「彼今次照会の答に……」とあるので、これともう一通の意見書を、十月十日付で第三照会を出してから、十六日付で清国側の照覆が到着するまでの間に書かれたものと推定したい。意見書の一通には、「彼稍や歩を進め卑遜之意を表し、更に弁法を計らんと云に至ては、我におゐて彼の卑遜の意果して実切なりや、果して我が意に満足する弁法を行はんとする乎臆察すべしといへども確知すべからず。」と記され、交渉戦術として、例えば十九日に答覆が到来したならば、二十二日か三日を出発の日と定め、二十日の昼に一随員を衙門に派遣して出発まで一日の余地しかないことを告げて「両便弁法」を至急示すことを求め、衙門が日本軍の撤退を望むことを確認した上で、日本側の次のような要求を述べることが提案されている。

　番地闢レ榛艾レ莽、鋤レ強撫レ順、功十成二八九一、皆我将士捨レ躬冒レ険、星夜勉力之所レ致、馬援之南征、諸葛之渡レ瀘、莫二以尚一レ焉、今貴国不レ費二一矢一、不レ労二一兵一、欲下承二我拮据調謬之後一、独収中桑楡之功上、是労者無レ栄、而逸者有レ誉、本国固不三強拒二撤兵之求一、唯此挙、労レ師糜レ財、徒為二貴国開闢之地一、不レ可三以為二両便弁法一、今所二要請一有両条一、……貴官以為二何如一、若知三事不一レ可レ成、速見二明示一為レ恵、

この意見書は、「右は術を用いるに似たりといへども、支那人好レ名自尊の昵癖を察する時は、彼に白昼に堂上に迫るは刻(コク)にして、彼の為に地を為さず。……密談の単刀直入、咄嗟弁レ事の捷(スルドク)して利あるに若かず。機会に乗じて大事を成就するは両三日の間にあるべし[47]。」と述べている。

もう一通の意見書も、同時期のものと思われるが、交渉に際して、「シュポジシオン」(想定)を用いて、「本大

臣先つ貴政府の要する所を臆想し、試みに貴大臣の意を言はん。」と切出し、「第一、貴国已に台湾府を建設す。接近生番之地、化外に在りといへども亦他人の着手するを欲せず。豈我か回レ将撤レ兵を望むに非す乎。第二、日後番地に設置する所ありて、善後之策を為し、全島版図たるの実拠を行はんと欲するに非すや。」と問いかけ、相手が然りと言えば、「……本大臣匪三強拒二撤兵之求一、以欲三保二全和好一、唯思此挙、不レ得レ已而起、未レ終レ功退、労レ師費レ財成二綏撫開拓之地一、貴大臣亦独無三撫二然干懐一乎哉、本大臣奉二使命一、事無二結局一断無下面目以上報二命 天子、下伝上二令征役将士一、故今向二貴国一将二両条一要請一」、と筆記で示した後、「一に軍費を抵償す、二に土番に約束して永く兇行無からしめ、燈明台を建てゝ以て航海者に便す。」と口頭で要求することを提案している。(48)

この二通の意見書は、交渉が微妙な段階にさしかかった時に、大久保全権が清国側に「両便弁法」を求めた意図を体して、償金を取って撤兵する解決に至るための具体策を進言したものとして、注目に値するであろう。

三　日清交渉の決裂とウェードの仲介による妥結

「弁理始末日表」の十月十六日の項には、この日届いた清国側の第三照覆について、「十一日及本日続接スル所ノ照覆二件、倶ニ彼レノ前意ヲ敷衍スルニ過キズ、論スルニ足ルヿナシ。此ノ日文函一ヲ附シ、衙門大臣等旅寓ニ来リ、弁法ヲ商議スベキコトヲ云。我啓文ヲ発シ、寓ニ在リ、相俟ツヿヲ約ス。」と記されている(49)。十月五日以来中断していた日清交渉は、総理衙門から「貴大臣如真欲レ求二両便弁法一。彼此自可二詳細熟商一。」と申し入れ、大久保全権が「貴衙門如レ有二両便弁法一。本大臣豈不レ楽レ聞。」と応じて(50)、十月十八日に衙門大臣四人が大久保・

柳原等を旅宿に訪ねることによって再開されたのである。

大久保と四大臣は、共に「両便弁法」について相手から先に口を切らせようとし、押問答が続いたが、相手がどうしても切り出さないので、大久保は、「文中堂ヨリ柳原公使ヘノ書面ニ、日本撤兵アラハ将来ノ処分ヲ為ス可シトアリ。今日モ右ノ趣意ナレハ決シテ両便ノ法ニ非ス。貴政府ノ偏便ナル可シ。」と発言し、清国側に事件の被害者と日本軍の現地での費用を償う義務があると、次のように論述した。

「我カ政府討蕃ノ旨趣ハ我カ人民ヲ保護シ蕃民ヲ開導シ将来航海者ノ安寧ヲ保スルノ大義ニシテ、我カ将士兵卒等露宿風餐ノ難苦ヲナシ、殊ニ幾多ノ生霊ヲ殞シ、加フルニ我カ政府莫大ノ費用ヲ惜マサルハ是ノ目的ヲ達センカ為ニシテ決シテ廃ス可キ事ニ非ス。今此レ此兵ヲ撤セントスルトキハ、蕃民ヨリ必ス我レニ尽ス可キノ義務有ン。今貴政府之ヲ有セントセハ貴政府我ニ尽ス可キノ義務アリ。則チ亡者ノ祭資ハ勿論、蕃地ハ百事不便ニシテ我カ需用ニ供スル者一トシテ之レ無シ。陣営ノ造営道路ノ修築及ヒ兵士ノ食料等ニ至ルマテ其費用莫大ナリ。之レ貴政府ノ我ニ償フ可キ事当然ナリ。(51)」

これは、極めて注目すべき発言であり、大久保は、初めて償金の要求を切り出し、しかも「属不属ノ論ヲ為スニ非ス」と述べて、先に激論を交した領有問題を棚上げにすることを明言したのである。これに対して、衙門大臣は、「貴国討蕃ノ旨趣ニ於テ我カ政府ニ於テ従前ヨリ不是ナリト云ヒシ事ナシ。」と述べながらも、「貴大臣演説ノ償金ノ事、我レニ於テ条理無キニシモ非ス。然レトモ我レニ於テ査弁ヲ経シ後ニアラサレハ明答シ難シ。」と固執して、「今日ニ至リ遭害ノ件ヲ査弁スル等ノ事ヲ以テ談セラル丶ハ、我カ弁法ニ於テ肯ンセサルニ似タリ。」と反論する大久保と対立した。結局、四大臣が恭親王と文祥に報告し、一両日中に会談することとなって、この日の交渉は終った。しかし、この日の第五回交渉で、償金の件が初めて議題に上り、大久保は、「少シク模様ヲ改メ、大臣等面目ヲ替候都合ニテ先ツ楽シミアル景況アリ。」と日記に記した上、十九日付の三条宛書簡で、「昨日ノ談判結局ニ至ラス候得共、明廿日迄決答ノ期限ヲ約候間、今回ハ必ス真ノ成局ヲ可見候。談判ノ模様ハ此一会ニ於テハ大ニ従前ト相違シ、一歩ヲ進メ候カト覚候。」と伝えたのである。(52)

大久保家文書中の「償金之義」と題する井上毅の自筆文書は、日清交渉のこの段階のものと思われる。この文書は、「支那、番地ニ其ノ権利アリタルヿヲ證セハ、日本ノ佔有ハ止マザルヲ得ズ。然レトモ其ノ時ハ支那ハ其人民行兇ノ為ニ責ニ任シ、日本ニ向テ両様ノ償ヲ出サヾルヲ得ズ。」というボアソナードの意見を引用して、「ボアソナード氏此説は我が今日の論と類を異にす。混看すべからず。」と註記して、次のように論じている。

「是れ固より然り。然るに縦使（タトヒ）支那番地に権利ありたる事を證せず、我支那の権利ありたる事を認せずども、支那我が撤兵を求むるに就て我は其の抵償を求むるの理あり。何となれば、支那我が撤兵を求むるは過去を論せずして未来は彼の所属として管轄すべきの意嚮なり。是れ其の権利を新たに得んと欲する者は即時又其の義務に任すべし。我隣交之誼を以て過去の権利無きを詰ることを止めて未来の政教施設あらんことを信し、彼の請求に応じ、我か征服の地より兵を撤する時は、我は厚義遜譲の意に出つる者にして、議論に屈し兵を撤するものと混看すべからず。(53)」

この意見書は、井上の鋭い状況判断と法的センスを示している。大久保が清国側に「両便弁法」を提示したのは、台湾蛮地の領有問題を棚上げにした上で、日本軍が撤退する条件として償金の支払いを要求するためであった。台湾蛮地が無主の化外の地であることを主張するために、万国公法を楯にして多くの外交文書の起草に当たってきた井上は、十月十日付の第三照会の後、「両便弁法」を提示して論点を切り換えることの必要性を適確に理解していたのである。

第六回交渉は、十月二十日、総理衙門において、衙門の文祥ほか三人の大臣と大久保、柳原ほか二人の日本代表の間で行なわれた。前回の大久保の申し入れを受けて、文祥が次のように発言した。

「貴国既ニ義務ヲ以テ来レハ、我ニ於テモ亦我カ人民ニ対シテ義務ナカル可ラス。今支那ノ属地トスル所ロノ地ニ於テ貴国ヨリ派兵シタルニ我ヨリ償金ヲ出シテ退兵ヲ乞フハ、実ニ我政府ニ於テ面目ヲ失フ所ナリ。故ニ我政府ヨリ一タヒ査弁ヲ経ルニ非サレハ、人民ニ対シ出金スル能ハス。然レトモ貴国討蕃ノ挙ノ大義タル事ハ我カ政府ニ於テ認可スル所ナレハ、貴大臣豈ニ義ニヨリテ来リ義ニヨリテ去ルノ意ヲ以テ撤兵セラル可キ賢慮ナキ哉。(54)」

この時、清国側から次の文書が提出された。(55)

一

貴国従前到二台湾蛮境一。既係下認二台蛮一為中無主野蛮上。並非下明知二是中国地方一加上レ兵。夫不レ知二中国地方一加レ兵。与下明知二中国地方一。加上レ兵不レ同。此一節可レ不レ算二日本的不是一。

二

今既説三-明属二中国一。将来中国於二　貴国退兵之後一。中国断不三再提二従前加兵之事一　貴国亦不レ可レ謂下此係中情二-譲中国一之事上。

三

此事由三台番傷二-害漂民一而起。　貴国兵退之後。中国仍為二査弁一。

四

貴国従前被レ害之人。将来査明。中国　大皇帝恩典酌量撫卹。

第六回交渉での総理衙門大臣の発言は、この四箇条に忠実に従って、「査弁スルノ意ハ貴国退兵ノ後ナリ。」「貴国退兵ノ後査弁スルトハ、我カ人民ニ対シ外面ヲ修ムルナリ。労兵ノ為メニハ出金シ難シ。我カ大皇帝ヨリ貴国ノ難民ニ償フナリ。」というものであり、大久保から「委細書面ヲ以テ示サル可シ。」と求められても、文祥は、「書ヲ以テ述フヘキ所ナレトモ、我カ皇帝ヨリ償フ所以ナルヲ以テ、此レヲ書載シ難シ。金額ノ如キモ如今確答シ難シ。貴国退兵ノ後我カ皇帝ヨリ難民ニ報ユルニ在レハナリ。」と答えた。すなわち清国側は、先ず日本軍が撤退した後に査弁し、皇帝から難民に撫卹金を与えるという線を固執し、日本側の撤兵と同時に償金を支払うという要求とは大きな格差があった。大久保は、「貴皇帝難民ヲ恤ムノ事及ヒ公書ヲ信セサルト云フニ非ス。……殊ニ我カ所欲公書ニ載セ難キニ於テハ止ムヲ得サル所ナリ。然レトモ貴大臣等猶一タヒ考ヘラル可シ。我レニ於テモ更ニ考フル所アルヘシ。」と発言し、一両日中に再び会談することを約して交渉を打ち切った。(56)

十月二十一日、大久保は、鄭永寧書記官を総理衙門に派遣した。鄭が携えて行ったのは、井上毅が起草した次の単紙（その自筆草稿が大久保家文書にある）であった。(57)

我国出レ師以来。鋤レ強鬭レ榛之費。頗属二洪瀚一。今　貴国已任二償当一。但以三特惜二体面一。欲地以下由二　皇帝恩典臚中恤難民上為レ名。且償二撤兵査弁之後一繳消天。惟本大臣所二懇囑一者　貴王大臣須将三此意記做二専契一。并注二明所償金項洋元若干一関防蓋印以便三本大臣汎二報我政府一。若無二専契一。無レ由二据レ信成一レ事。

鄭書記官は、日本側として初めて台湾征討の費用の金額を示し、「我カ大臣ノ説ニハ現費総計五百万弗ニシテ、其中戦艦器械等買収ノ代二百万弗ヲ除キ、蕃地ノ実費三百万弗」と述べた。総理衙門がこだわったのは、金額以上に償金の支払いを明文化することであり、沈桂芬は、「到底皇上ノ意ヨリ出ル者豫メ定限ヲ明記シ難ク、」かつ申し出された金額が「意中ノ計算ト案外懸隔」していると強い難色を示した。(58)

このように、日清交渉が極めて微妙な段階に至った時、ウェードは、大久保と衙門諸大臣の双方と接触して懸命に説得した。彼は、第七回交渉の当日の二十三日に大久保を訪問し、その後衙門諸大臣と会見したのである。大久保と会見したウェードは、第五、第六回交渉の経過の説明を受けたが、大久保は、難民救助という名義にはこだわらないが、清国側が金額の支払いを書面にすることは、皇帝の恩賜であるからどうしてもできないと主張して交渉がデッド・ロックに瀕していることを強調した。ウェードは、「若シ支那ニ於テ貴大臣請求セラル、如ク此旨ヲ書面ニ記載シテ呈スル時ハ直ニ撤兵サル、事閣下ノ権内ニ在ル哉。」と質し、清国側が明文化することを認めるならば、「撤兵ノ権ハ拙者奉ズル所ノ使命ノ内ニ在リ。」との確答を得た。(59)

この後、健康上の理由で北京を離れて静養することになったフランス公使ジョフロアの送別のためにフランス公使館を訪れた衙門諸大臣がイギリス公使館でウェードと会見した。ウェードは、日本軍の撤退を確保するために日本が要求する金額を支払うように強く説得したが、反応はほとんどなかった。ウェードは、「大臣たちは、日本の要求に妥協する可能性について十分な意見を表明したがらなかったが、私が一時室から出ていた時、一大臣がメイヤーズ氏に、難局を切り抜ける方法を見出したいと望んでいるが、償金については承諾できないと語り、声を落して、今日の事態は悲観的だと付け加えた。」と記している。(60)このように、ウェードの懸命の説得にもかかわらず、この日総理衙門で行なわれた第七回交渉で、日清会談は、遂に決裂してしまった。十月二十三日の大久保日記には、次のように記されている。

「一字総理衙門ニ至ル。談判結局ニ至ラス。彼両便ノ弁法我便ノミヲ謀リ、殊ニ書面条約イタシカタキトノ断然タル答ニ付、此ハイタシ方コレナク破談ニ及候。此ニ至リ和好調ハサルハ実ニ残念ニ候得共、十分ニ歩ヲ譲リ是ヲマトメ度百方談シ候上如此ニイタリ候上ハ誠ニ人力ノ不及所ト愚考決断イタシ候。……来ル二十六日発途帰朝ヲ決ス。最玄丸芝罘ニ在ル故、同舟エ乗組ノ筈ニ決ス。[61]」

この第七回交渉で、文祥は、不快を理由に、主として沈桂芬に語らせたが、大久保と沈との激しい討論は、終始真向から対立した。大久保は、「撫恤」という名義は、日本側としては甚だ不本意であるが、清国の名誉のために「曲テ独断ヲ以テ」認めたと指摘し、償金の支払いを明記する約定書を強く要求したが、沈は、「到底撫恤ト兵費トノ事ニ於テハ大ニ其数ヲ異ニシ、内議モ紛々ニシテ、其兵費ヲ償フニ至リテハ竟ニ我カ名分ニ拘ル所、而シテ我撫恤トスル所ノ数ハ貴意ノ有ル処ト大差アリ。故ニ書面ニ載セ難キナリ。」と突っぱね、「四条ノ事モ我レニ於テハ両便ト思ヒ稟告セシニ、貴大臣同意ナキニ於テハ、止ムヲ得サルナリ。我カ政府ニ於テハ、四条ノ外経費ノ名目ニ於テハ些シモ協同スル能ハス。」と、第六回交渉の際に示した四箇条を譲らないことを強調した。これに対して大久保は、「却テ我レヲ以テ蕃地ノ貴轄ナルヲ承認シテ此ノ商議ニ及ヘルト思ハル、ニ似タリ。」と反論し、「去ル五日ノ談判ニ復リ、不日帰朝ス可シ。弁法ノ議ハ今日ヲ限リテ止ムヘシ。」と交渉の打切りを宣言したのである。[62]

大久保は、二十六日に出発することをきめ、井上毅に最後の照会（自筆草稿が梧陰文庫A二三一、他筆に自筆で修正した草稿がA二三六）を起草させた。それは、交渉の決裂がすべて清国政府の責任であると主張し、「我国自護㆓我民㆒。不㆑得㆑已而有㆓懲番之挙㆒。非㆑可㆓中沮㆒。自㆑今以往。山内山後。将㆘益開㆓闢榛莽㆒服者撫㆑之梗者鋤㆑之以終㆗吾事㆖。不㆑得㆓敢相擾㆒也。要㆑之此案既非㆔口舌之所㆓能了㆒。則両国只有㆘各行㆓所見㆒以達㆗自主之権㆖而已。不㆔再須㆓刺刺㆒。嗣後縦有㆓千万弁論㆒。本大臣断不㆑領㆑教。即有㆔善巧弁法㆒亦不㆑願㆑聞也。」と宣言する最後通告であり、二十五日に総理衙門に送られた。[63]

大久保は、二十四日にイギリス、ロシア、アメリカ、二十五日にドイツ、フランスの公使館を告別のために訪問した。彼がウェードに交渉決裂に至ったことを告げた時、ウェードは、「抑彼等ニ於テハ二箇ノ故障アリ。其一ハ面目ヲ汚サン事ヲ恐レ、其二ハ金額ノ事ナル可ク察セラル。」と語った後、決して清国政府から頼まれたのではなく、「只拙者一己ノ意」であると断わって、「衙門ニ告知セラル、金額ヨリ多少減スルトモ障礙無カル可キ哉。」と問い、大久保から、「万一支那ニ於テ後證ノ書面ヲ出シ、相当ノ条約ヲ結ヒ、且ツ其減少ニモ相当ノ限界アリテ大ニ徑庭ヲ生セサレハ、其金額ハ不動ノ者ト確守セサル事アル可シ。」との答えを引き出した。大久保は、「拙者ノ所見ヲ以テスレハ、彼等到底改図ノ意無キヲ信セリ。」と付け加えたが、ウェードは、直ちに仲介の動きを始めたのである[64]。

井上の「弁理始末日表」の二十五日の項は、次のように中断している。

「照会ヲ発シ、告別シ、且ツ云、弁法諧ハズ、仍ホ旧説ヲ主張ス、殊ニ駭異堪ヘ、凡ソ争端ヲ決スルハ事證ト公法ノ二件アル而已、今已ニ事證ニ据ラズ、公法ニ取ラザル時ハ、此ノ案、口舌ノ能ク了スル所ニアラズ、両国只タ各々見ル所ヲ行ヒ、以テ自主ノ権ヲ達スル有ル而已。又彼レノ十一月十六日両次ノ照覆ヲ分疎弁論ス。……将ニ明日八時ヲ以テ両大臣共ニ帰程ニ就カントス。此ニ英国公使ウェード氏遽カニ旅館ニ来リ、[63]」

この中断に寸分の隙もなく続くのが、大久保日記の記載である。そこには、二十五日午後五時にウェードが来訪して、次のように告げたことが記されている。

「昨日閣下御入来、支那政府ノ談判到底證書相認ルヲ拒ミ候ヨリ不得止破談ニ及ハレ候趣承知仕、若両国ノ交際相絶候時ハ、如何不成行哉。両国ノ大事ハ勿論、我人民上利益ニ係候故、総理衙門ニ至リ、只今迄大臣エ弁論致候。就而各大臣ヨリ頼ヲ受参館イタシ候。其趣意ハ金額五十万テールヲ出シ、書面ヲ認ル事ニ決定セリ。閣下ノ許可セラルヘキヤ如何。[64]」

これに対して大久保は、「最早断然発途ノ用意ニ及、帰朝明日ニ迫レリ。何分不容易大事件ニ付、勘考ノ上参上可及御答」と答え、午後八時にイギリス公使館に行くことを約束した。[62] こうして一旦完全に決裂した交渉の糸が辛くもつながったのであるが、ウェードは、前日に大久保から交渉決裂を知らされた直後から、総理衙門に粘り強い説得を続けていたのである。

ウェードは、二十四日夜、軍機大臣宝鋆（Grand Secretary Pao）を訪ね、一八六〇年に総理衙門が設立されて以来の長老であった彼に、戦争を避けるために確実な保証のある償金の支払いを日本側に提案するよう強く説得し、翌朝恭親王に伝えることを約束させた。[65] 彼は、二十五日午後に総理衙門に赴き、宝鋆が前夜の約束通り恭親王に伝言していたことを知った上で、極力大臣たちを説得した。彼は、午前中に柳原公使が告別のために来訪したことを告げ、公使の退去は国交断絶を意味すると警告し、戦争を避ける唯一の方法は金の支払いによって日本軍の撤退を促すことであると強調して、大久保全権が要求額を引き下げることが問題にならないわけではないと言っていたことを告げた。彼は、「私が恭親王が清国が支払いに同意する金額について何等かの決定に到達したかどうかを訊ねると、沈は、しばらく躊躇した後、恭親王と文祥が十分に考慮して同意することができる最高額は五十万両（テール）だと答えた。すなわち、原住民に殺された日本臣民に対する補償は十万両を超えず、残りは、一般経費或いは雑費としたいと言うのである。私は、この提案を大久保に伝えたいと思うが、保証の問題が生じると大臣たちに警告した。……直ちに私がメイヤーズ氏と共に大久保の許に行くことが取りまとめられた。」と記している。このようにして総理衙門の約束を取り付けたウェードは、先に大久保日記で見たように、午後五時に大久保に伝えた。彼は、「いささか驚いたことには（somewhat to my astonishment）、彼は、そのことを考慮するのに大きな支障はないと言った。彼は、出発の準備は完了しているが、貴下の提案を熟考するために、翌朝八時ときめている出発を延期しようと言った。」と記している。(66) そして、大久保は、午後八時にイギリス公使館を訪ねると約束し、メイヤーズは、直ちに総理衙門にこのことを知らせたのである。

ウェードは、午後八時から夜半にわたった大久保との会談について、「二時間かかって、台湾征討が義のために(in the cause of humanity) 行なわれたこと、このことが清国によって明文で承認されなければならないこと、他方で日本は台湾の種族の独立を否定するような言葉を認めることができないことが慎重に確認された後、私は、協定の短い草稿を書き、メイヤーズ氏が漢訳した。日本側から種々の変更が示唆され、日本側は、この文書を受領した。」と記している。(67)

日本外交文書によれば、大久保は、清国側が申し入れた五十万両でよいとした上で、「第一ニ、征蕃ノ事支那政府ニ於テ認メテ義挙ト為ス事、第二ニ、征蕃ノ事ニ関ル従来ノ紛論ヲ消除スル事、第三ニハ十万両ヲ難民撫卹、四十万両ヲ修路建営開榛鋤梗ノ諸費トシテ退兵前ニ支那政府ヨリ出ス可キ事、支那ニ於テ此三条ヲ承諾セハ、余ノ事ハ和好ヲ重ンシ、又足下ニ対シ相譲ル可キナリ。」と発言し、協議の結果をウェードが英文で記し、太田資政が訳したが、念を入れて吉原重俊を呼び、メイヤーズも加わって漢文訳を作成した。その後、総理衙門の回答期限を翌日午後四時とすること、償金については、日本側から半額を十一月二十日、残りを十二月二十日に受領し、残りの半額につき確かな抵当を示すことを要求するときめられ、ウェードがこの線で衙門と商議することを約束した。(68) この時作られて、やがて正式に調印された議定書の原型になったのは次の草案である。(68)

惟因乙各国人民有下応二保護不一レ致レ受レ害之処上。宜下由二各国一自行設レ法保全上。且以下台湾生番曽将二日本国属民等一妄為上レ加レ害日本国本意為二該番是問一。遂設二義挙一。遣レ兵往レ彼。向二該生番等一討責甲。今議二数条一開二列于左一。

第一

日本国此次所レ弁義挙。中国不三指以為二不是一。

第二

所レ有前経レ遇レ害難民之家。中国議給二撫卹銀欸十万両一外。又以下日本国修道建房及在二該処一各項費用銀四十万両上。亦議補給。至二於該処生番一。中国亦宜下設レ法妥二為約束一。以期中永保二航客一。不上レ能三再受二兇害一。

第三

所レ有此次往台之挙。両国一切来往公文彼此撤回註銷。以為二将来罷議之拠一。其所二議給一銀合共五十万両。内将二一半一先行三立為二付交一。其金一半即応レ妥二立憑単一。一俟二此項銀欸付交及憑単給過後一。遂将二日本在台之軍師一立行二撤退回一レ国。

このように、十月二十三日に日清交渉が決裂した後、ウェードが奔走して総理衙門を説得したことによって、事態は急転して妥結の方向に向かった。大久保日記には、「只重ンスルトコロ名義ニアツテ金額ノ多小ニアラス」と考え、「一刀両断ノ決ヲ以テ」五十万両の提案を呑んだことの後に、「英公使仲間ニ入ルヲ以必ラス批難アルヲ免レサルヘシ。然トイヘトモ、我一言彼レニ依頼セシコトナシ。前条通総理衙門ヨリ依頼ヲ受、内々ニ我ニ通セシモノナレハ、我之ニ答ヘサル能ハス。尤モ公使ハ我意ヲ彼レニ通シ、文章ノ上ノヿニ付テ往来スルノミ。」と記されている。[70] しかしウェードは、渋る衙門大臣を懸命に説得した上で大久保と会見したのであるから、彼の行動が非公式ながら強力な仲裁であったことは明らかである。

大久保日記の十月二十六日の項には、「今朝柳公使入来。昨夜英公使談判ノ形行ヲ話ス。今朝随員井上、田辺、高崎、福原、小牧等ヲ招キテ昨日独決ヲ以テ英公使ニ談判セシ趣キヲ示ス。」と記されている。[71] ウェードが伝えた条件を呑んだのは、全く大久保の「独決」であって、柳原公使と随員たちは、翌朝初めて知らされたのであった。交渉決裂、全権帰国の最悪の事態は回避されたが、二十五日夜の大久保の決断から三十一日の議定書調印に至るまで、なお幾多の複雑な経過があり、ウェードの苦心の仲介工作の連続であった。この間の経緯は、主としてウェードの記録によって別稿に詳述したから(72)、井上毅の出番が全くなくなったウェードを介しての総理衙門と大久保との接渉については、簡単に言及するに止めたい。

ウェードは、連日総理衙門と日本公使館との間を往復して仲介に奔走したが、衙門諸大臣が最も難色を示したのは、日本軍の撤退前の償金支払いを明記することと支払いの保証の問題であった。

二十七日には、ウェードの説得に基づいて、次の協定文案が総理衙門から大久保に送られた(73)。

会議条款互立二弁法文拠一事。

各国人民有下応二保護不一レ致レ受レ害之処一。応下由二各国一自行中設レ法保全上。如在二何国一有レ事応下由二何国一自行中査弁上。茲以下台湾生番曽将二日本国属民等一妄為上レ加レ害。日本国本意為二該番是問一。遂遣レ兵往レ彼向二該生番一詰責。今与二中国議一明退兵並善後弁法一。開二列数条于後一。

一　日本国此次所レ弁原為二保民義挙一起レ見。中国不三指以為二不是一。

二　前次所レ有遇レ害難民之家。中国定二給撫恤銀両一。日本所レ有在二該処一修道建房等件。中国願二留自用一。

三　所レ有此事両国一切来往公文彼此撤回註銷。永為レ罷レ論。至二於該処生番一。中国自宜下設レ法妥二為約束一。以期中永保二航客一。不上レ能三再受二兇害一。

先行レ議二定籌補銀両一。別有二議弁之拠一。

この文案が、前文の一部を除いて条款となったのであるが、これには金額とその支払い方法が欠けている。金額は既に確定していたが、支払い方法については、清国側が保証の問題にこだわって、接渉は難航を極めた。

二十八日に、ウェードは、衙門と大久保とに対して保証の問題で歩み寄るように仲介したが、文祥は、大久保が望んだ銀行による保証を拒否し、ウェードは、再び交渉決裂の危機を予期せざるを得なくなった。二十九日にも、文祥は、十万両は直ちに支払い、残額は日本軍撤退後に支払うことに固執して譲らず、他の諸大臣が異を唱えても単独で上奏すると主張した。しかし、文祥が疲れ果てて別室に退いた後、毛大臣（Mao 毛昶熙）が金を総税務司（Inspector General of Custom）に寄託する案を出したことが事態打開の糸口になった。総税務司は、ウェードに中国語を学んだハートであり、彼は、ル・ジャンドルと連絡して日清交渉を清国の償金支払いによって解決するために水面下の工作をした人物である。ウェードは、この提案を支持して、衙門からハートに書簡を送るように説得した。この時ウェードが総理衙門で書いて清国の憑単草案と共にメイヤーズに大久保の許に届けさせた英文書簡の写しは、梧陰文庫（A三五四）にある。それには、清国政府が被害難民に対する補償として十万両を直ちに支払い、四十万両の支払いと同時に日本軍が撤退するという条件の次に以下のように記されていた。

「私は、このような取りきめは遂行されると信じるが、そのことは書面に書かれていないし、書かれると予想もされない。ただ言えることは、以上のような指示が総税務司のハート氏になされるということである。総理衙門は、ハート氏に手紙を書いて、十万両を直ちに支払い、残りの四十万両を定められた日に上海で支払うことを指示し、大臣たちは、その草案を見せてくれた。

それほど長くない会見の後、文祥大臣は、ひどく気分が悪くなって退室せざるを得なかったが、退室する前に、この協定草案に記された提案のいかなる修正も上奏する気にはなれないと強調した。このことは、その後数時間討論した大臣たちによって再三繰り返し述べられた。彼等はさらに、異口同音に、私が今貴下にお送りしている協定案文以外には支払いの保証をすることはできないと宣言した。もしも貴下がこの条件を受け入れるならば、衙門は、勿論調印する用意がある。(74)」

この書簡と共に大久保に手交された文祥の文案は次のものであり、これは、そのまま互換憑単となった。(75)

台番一事現在業経下英国威大臣同二両国一議明。並本日互中立弁法文拠上。日本国従前被レ害難民之家。中国先准二給撫卹銀十万両一。又日本退レ兵在二台地一所レ有修道建房等件。中国願留自用一。准二給費銀四十万両一。亦経二議定一。准於二中国十一月十二日。日本十二月廿日一。日本国全行二退兵一、中国全数付給。均不レ得レ愆レ期。日本国兵。未レ経二全数退尽一之時。中国銀両。亦不二全数付給一。

ウェードは、メイヤーズからウェードの書簡と文祥の文案を受け取った大久保について、「全般的に、彼の態度は、メイヤーズ氏にとって、申し入れ条件を受諾する意向のように思われた。(76)」と記しているが、結果は、その通りになった。大久保は、今まで固執し続けていた第二回の支払いの保証が総税務司のハートによって行なわれることが確認された以上、これを受諾して決着をつけることを直ちに決断したのである。

ウェードは、「翌朝九時頃(三十日、金曜日)、全権が公使館を訪れ、私が大いに安心したことには(to my great relief)、決定された支払いが総税務司を通じてなされるという諒解の下に申し入れの条件を受諾する用意があることを伝えた。」と記している。大久保は、自発的に撤兵と二回目の支払いの期日を十二月二十日まで延ばし、間違いなくその日以前に撤兵を完了するが、その日まで上海での支払いを要求しないと約束した。ウェードは、大久保との会談後、「一週間にわたる接渉の予想外の結果に対する祝意」を示すために、メイヤーズを総理衙門に派遣した。大臣たちは、大喜びで感謝し、支払いの日を十二月二十日に変更することを直ちに承認した。(77) 幾多の波瀾を重ねた日清交渉は、ウェードの尽力によってここに妥結し、大久保は、「条約艸案別ニ無条、則今晩　奏問ヲ経、明日彼是調印ノ都合ニ可取計トノ〓ニテ安心イタシ候。」と日記に記したのである。[78]

三十一日夕刻、大久保全権・柳原公使と総理衙門大臣との間で、「日清両国間互換条款」と「互換憑単」が調印された。前者の三箇条は、二十七日に総理衙門から大久保に送られたものと同文、後者は、二十九日にメイヤーズから大久保に手交された文祥の文案と同文である。償金支払いの方法として上海の税務司を経由することは、三十一日付の大久保全権と総理衙門諸大臣の文書に明記されて交換された。[79]

大久保は、交渉妥結の直後、福原・小牧・岩村の三随員に報告のため帰国を命じ、三人は、十一月一日、北京を出発した。その際、彼は、三十日に書いた黒田清隆宛の書簡を小牧に托したが、この書簡には、二十五日にウェード公使と会見した際、「熟考ノ上一刀両断ヲ以公信上ノ通独決」に及んだこと、今後は、「退兵ノ神速」が必要であり、退兵の勅命を西郷都督に下し、「勅使ヲ送ラレ其労ヲ慰シ、……神速ニ引揚クヘシトノ趣ヲ伝」えることを切望した。[80] また先発の三人に托した三十一日付の三大臣と各参議宛の書簡では、交渉妥結、調印までの経過を記すと共に、「蕃地ノ義ハ事情不通ニシテ此際何欤伝聞ノ誤ヨリ不都合相醸シ候義モ候テハ不相済事ト懸念ノ余リ、是又御委任ノ権内ヲ以テ、夫ヨリ廻蕃西郷都督ヘ委詳申含メ、撤兵ノ用意可申談心得ニ有之候」と帰途台湾に赴くことの諒解を求めた。[81]

大久保は、十一月一日夕刻、先発の三人以外の随員と共に北京を出発したが、その日の日記に「滞在凡五十日余、実ニ重難ノ任ヲ受困苦不可言、幸ニ事成局ニ至リ北京ヲ発シ、自ラ心中覚快。嗚呼如此大事ニ際ス。古今稀有ノ事ニシテ生涯無キ所ナリ。」と記した。[82]

大久保は、七日に上海に着き、翌八日に、ボアソナード、吉原、高崎、井上、太田、名村、池田、田辺等は、アメリカ船で帰国の途に就いた。大久保等は、十日に上海税務長から十万両を受領し、十一日に出帆、十六日に台湾の打狗港に着き、日本軍の駐屯地で西郷都督に「使清趣意書」[83]を示して、撤兵の合意を取り付けた。一行が横浜に帰着したのは十一月二十六日夜半であり、大久保は、翌二十七日に参内して、天皇に拝謁した。日記には、「御馬車騎兵帰宅迄玉ハル。嗚呼人民ノ祝賀　御上ヨリ御待遇ノ厚、誠ニ生涯ノ面目、只々感泣ノ外ナシ。終世忘却ス可カラサルノ今日ナリ。」と記された。[84]大久保全権の復命書は、井上毅が起草したものであり、井上自筆の草稿「台湾一件節略」は、大久保家文書の中にある。[85]

結　語

二度まで決裂の危機に瀕しながら最終的に妥結した日清北京交渉について第一に注目すべきは、それが実質的にイギリスのウェード公使の絶大な尽力によるものであったことである。一八四二年に陸軍将校として清国に赴いて以来、三十余年にわたって清国で活躍したウェードは、清国官僚の独特のビヘイヴィアーに通暁したベテランの外交官であり、極東におけるイギリスの通商関係を維持するために日清交渉の平和的解決を目的として奔走した。本稿でしばしば引用した彼の本国政府に対する報告書は、彼の総理衙門に対する度重なる説得が交渉の妥結に導いたことを明らかに示している。

この交渉を日本、清国のみならず外国の史料をも広く駆使して詳細にフォローした石井孝教授は、交渉妥結後の十一月八日に行なわれたイギリスの駐日公使パークスと岩倉右大臣との会談について、「岩倉が知らされていなかった日中交渉の経過を、パークスはウェードを通じて知っていたことが注目される。これは、岩倉が必ずしも期待していなかったウェードの調停を大久保が独断で呑むことによって、日中交渉が収拾されたことを意味する。」と指摘している。[86] 十一月十一日、先発の随員三人が帰国して詳細な報告が政府に届いたが、翌十二日、寺島外務卿は、「貴全権公使閣下ノ御尽力不少儀」について、パークス公使に鄭重な謝意を表する書簡を送った。[87] 十一月十五日、パークスは、天皇に謁見し、「朕カ和好ノ趣意貫徹シ、両国ノ幸福ニ到候儀、貴公使ノ尽力不少儀ト深ク満悦致スノ意ヲ貴政府并北京貴公使へ伝ラレン事ヲ望ム。」との勅語を受けた。[88] さらに翌年、一八七五年二月五日、イギリス議会の開会式に当たって、ヴィクトリア女王の勅語の朗読が行なわれた時、その中に、「中国と日本との間に起こっていた紛争は、一時は交戦の危険が迫っていたが、幸いにも調停された。朕は、北京在駐の公使がこのような結果をもたらすのに貢献するところ大であったことを喜ばしく思う。」という一節があった。[89] 日清交渉に際してのウェードの仲介は、イギリス本国においても極めて高く評価されたのである。

第二に、台湾征討をめぐる日清交渉が沖縄領有問題と直結していたことが指摘されなければならない。明治二年二月、大隈・大久保の連名で閣議に提出された「台湾蕃地処分要略」の第三条には、「清官若シ琉球ノ自国ニ遣使献貢スルノ故ヲ以テ両属ノ説ヲ発セハ、更顧テ関係セス、其議ニ応セサルヲ佳トス。如何トナレハ、琉球ヲ控禦スルノ実権皆我帝国ニ在テ、且遣使献貢ノ非礼ヲ止メシムルハ、追テ台蕃処分ノ後ニ目的アレハ、空ク清政府ト弁論スルハ不可トス。」とあり、[90] 四月八日付の清国駐劄柳原公使への内勅には、「琉球藩ハ自昔我控御スル所ニシテ、既ニ冊封ヲ奉シ、政化ニ服ス。其清国ニ貢キ以テ貿易ヲ営ム如キハ未タ旧套ヲ脱セス。若故ニ縁テ或ハ疑義ヲ来サハ、須ク該藩従前我ニ帰服スルノ證例ヲ弁明スヘシ。事両属ノ名ニ渉リ枝節ヲ生スヘカラザルノ事」と記されていた。[91]

明治政府は、台湾事件をめぐる対清交渉に際して、琉球帰属問題を表面に出すことを極力避ける方針を取った。清国側は、交渉に当たって、琉球が自国の属領であることにしばしば言及したとはいえ、結局日本側のペースに乗って、台湾蛮地の属不属の論争に終始した。妥結した会議条款には、「琉球民」ではなく、「日本属民」と記され、清国が日本の征台を「保民義挙」と認めたことは、琉球は日本の一部であることの承認を与えた結果になった。日本政府は、対清交渉で琉球問題を故意に議題から外して紛議を避ける一方、琉球処分への布石を着々と進めた。大久保は、清国から帰国してから半月余りしかならない十二月十五日に、「琉球処分ニ関スル建議書」を提出し、「琉官上京候ハ、、清国ノ関係ヲ一掃致シ、鎮台支営ヲ那覇港内へ致召建、其余刑法教育ヲ始メ制度改革ノ事共順次相運候様篤ト示諭致度候。」と提案し[92]、明治十二年三月に断行された琉球処分、沖縄県設立への政策の重要な第一歩を踏み出したのである。

最後に、井上毅が日清交渉で果たした役割について総括したい。大久保全権に自薦して随員に加えられた彼は、第二、三、四照会を初め、重要な外交文書の多くを起草し、帰国後には、復命書を代草しただけではなく、交渉の各段階で、しばしば積極的に意見を具申した。大久保は、ボアソナードに絶えず諮問したが、井上、名村の二人は、ボアソナードを招聘した司法省使節団のメンバーであり、ボアソナードー井上ー名村のコンビは、万国公法を駆使して、この交渉に活躍した。梧陰文庫に草稿がある「衙門二条ノ答覆ニ附シ更ニ疑問スル書」（A二二七）、「公法彙訳」（A二二六）などは、ボアソナードの意見に基づいて井上が漢文の文書を作成した過程を明らかに示している。井上が時にボアソナードの意見を批判して自説を主張したことの実例として、「たとえ清国の台湾領有が明らかでなくても、清国が日本の撤兵を求めるならば、日本に賠償請求権がある。」と強調したことが挙げられる。彼は、交渉の初期段階では、万国公法によって台湾の蛮地に対する清国の領有権を否定する外交文書をしばしば起草したが、大久保全権が交渉の行き詰りを打開するために、「両便弁法」を清国側に要求する方針に切り換えた時には、その意図を体して文書作成について全面的に補佐しただけでなく、再三にわたって具体的な交渉方法を具申したのである。

台湾事件をめぐる北京交渉は、井上毅にとって外交の初舞台であり、彼の役割は、終始文書作成を中心とする補佐役であって、明治十三年の改約分島交渉の際のように、陰の主役として宍戸璣公使に決定的な指示を与えた立場とは全く違っていた。[93]しかし、明治七年の北京交渉は、井上の文書作成能力だけでなく、鋭い外交的センスを大久保に強く印象付け、彼がその後重要な外交問題の度に政府によって登用されるに至った決定的な契機になったと言うことができるであろう。

（1） 台湾征討と北京交渉を内外の史料を詳しく引用して分析した研究として、石井孝『明治初期の日本と東アジア』（有隣堂・昭和五七年）第一章「日本軍台湾侵攻をめぐる国際情勢」は、注目すべき力作である。拙稿「明治七年日清北京交渉とウェード公使」（『國學院法學』第三七巻第一号、平成一一年）は、東京大学国際資料室でマイクロ・フィルムから複写したウェードの報告書（F.O. 17/676, Memorandum by Wade, History of Difficulties and Negotiations Concerning Formosa Affair）を主な史料として書き下したものである。

（2） 山下「改約分島交渉と井上毅」、多田嘉夫「甲申事変と井上毅」（梧陰文庫研究会編『明治国家形成と井上毅』木鐸社、平成四年）参照。山下論文は訂正の上『琉球・沖縄史研究序説』（御茶の水書房、平成一一年）に収録された。

（3） 『大久保利通日記』二、（日本史籍協会叢書27、昭和二年、東京大学出版会覆刻、昭和四四年）三六七頁。

（4） 同書三三七頁。

（5） 同書二八二頁。

（6） 『大隈文書』第一巻、六七－七三頁。

（7） 『日本外交文書』第七巻（日本外交文書頒布会、昭和三〇年）一七一－二頁。

（8） 同一五六頁。

（9）同一七二－四頁。
（10）古城貞吉稿『井上毅先生伝』（木鐸社、平成八年）三一五－六頁。
（11）木野主計『井上毅研究』（続群書類従完成会、平成七年）一一七－八頁。
（12）Wade, Formosa Affair, op. cit., inclosure 1. pp.150-51.　この文書にはページは付けられていないが、筆者が仮りに付したページで引用する。
（12）Ibid., inclosure 2, pp.158-63.
（13）『大久保利通文書』六（日本史籍協会叢書33、昭和三年、東京大学出版会覆刻、昭和四三年）七二頁。
（14）『日本外交文書』第七巻、二二一頁。
（15）同書二二〇頁。
（16）『日本外交文書』第七巻、二二五頁。
（17）同書二三〇－三四頁。
（18）同書二三五頁。
（19）同書二三六頁。
（20）『大久保利通日記』二、三一三－四頁。
（21）『井上毅伝』史料篇第五、三三四頁。
（22）『日本外交文書』第七巻、二四五頁。
（23）同書二四八頁。
（24）Formosa Affair, pp.39-44, inclosure 3, pp.164-71.
（25）『日本外交文書』第七巻、二四〇－四一頁。
（26）『大久保利通文書』六、八八－九頁。
（27）『大久保利通日記』二、三一五頁。
（28）『井上毅伝』史料篇第五、三四五頁。
（29）『日本外交文書』第七巻、二五二頁。

(30) 同書二五三―八頁。
(31) 『大久保利通日記』二、三一六―七頁。
(32) 同書三一八頁。
(33) 『日本外交文書』第七巻、二六三―四頁。
(35) 『井上毅伝』史料篇第一、三一―二頁。
(36) 『大久保利通日記』二、三一八―九頁。
(37) 『日本外交文書』第七巻、二六四―七頁。
(38) 『大久保利通日記』二、三二二―三頁。
(39) 「李氏書簡」については、小林隆夫氏の論文「台湾事件と琉球処分―ルジャンドルの役割再考―」(I)(II)(『政治経済史学』三四〇、三四一号、平成六年一一月、一二月)によって知り、國學院大學図書館所蔵「大隈文書」のマイクロ・フィルムからコピーした。
(40) 「大隈文書」四四三二、「李氏書簡」第十号、別紙第三。
(41) 同別紙第五。
(42) 「大久保家文書」國學院大學図書館所蔵のマイクロ・フィルムによる。
(43) 「李氏書簡」第十一号。
(44) 『日本外交文書』第七巻、一六九―七〇頁。
(45) 同二七一頁。
(46) 『大久保利通日記』二、三二五頁。
(47) 『井上毅伝』史料篇第一、四二―四頁。
(48) 同書三二―三頁。
(49) 同第五、三四五頁。
(50) 『日本外交文書』第七巻、二七二、二七五頁。
(51) 同書二八〇頁。

(52)『大久保利通日記』二、三二五頁。『大久保利通関係文書』六、一一九頁。
(53)『井上毅伝』史料篇第一、三七－八頁。
(54)『日本外交文書』第七巻、二八五頁。
(55)同書二八九頁。
(56)同書二八八頁。
(57)同書二九一－二頁。『井上毅伝』史料篇第六、四九頁。
(58)同書二九〇頁。
(59)同書二九四－五頁。
(60)Formosa Affair, p.84.
(61)『大久保利通日記』二、三三七頁。
(62)『日本外交文書』第七巻、二九五－八頁。
(63)同書三〇二－五頁。
(64)同書二九九－三〇〇頁。
(65)Formosa Affair, pp.89-90.
(66)Ibid., pp.92-4.
(67)Ibid., p.95.
(68)『日本外交文書』第七巻、三〇七－一〇頁。
(69)同書三一〇頁。
(70)『大久保利通日記』二、三三一－二頁。
(71)同書三三二頁。
(72)前掲拙稿「明治七年日清北京交渉とウェード公使」一二四－三三頁参照。
(73)『日本外交文書』第七巻、三一三頁。
(74)Letter of Wade to Okubo, Sept. 29, 1874. 梧陰文庫A三五四。この書簡の全訳は、『日本外交文書』第

七巻、三一四－五頁に収録されている。

(75)『日本外交文書』第七巻、三一五－六頁。

(76) Formosa Affair, p.310

(77) Ibid., pp.131-7.

(78)『大久保利通日記』二、三三五頁。

(79)『日本外交文書』第七巻、三一八－九頁。

(80)『大久保利通文書』六、一五三－六頁。

(81) 同書一六六頁。

(82)『大久保利通日記』二、三三八頁。

(83)『日本外交文書』第七巻、三二四－六頁。

(84)『大久保利通日記』二、三五四頁。

(85)『日本外交文書』第七巻、三三〇－三四頁。『井上毅伝』史料篇第六、五一－五頁。

(86) 石井前掲書、一八四頁。

(87)『日本外交文書』第七巻、三二〇－二一頁。

(88) 同書三二一頁。

(89) *Hansard Parliamentary Debate*, 3rd series, vol. CCXXII, 1875, p.4.

(90)『日本外交文書』第七巻、二頁。

(91) 同書二一－二頁。

(92)『大久保利通文書』六、二三八頁。

(93) 前掲拙稿「改約分島交渉と井上毅」参照。

西欧国際体系の受容と井上毅

長谷川　直子

はじめに

一　「琉球」問題をめぐる「外の原理」

二　朝鮮問題をめぐる二つの原理

三　井上条約改正への反対と「内の原理」

おわりに

はじめに

日本の近代国家形成過程において主導的役割を果たした井上毅は、対外問題についてもその解決に深く関わったことが既に明らかにされている。[1] 本稿は、このような井上の対外論の特色を、西欧国際体系[2]（western state system）の原理という点に注目して明らかにし、それを通じて、井上がどのように西欧国際体系を受容して問題の解決を図ろうとしていたかを考察するものである。[3]

現代世界の国際体系の前提をなす西欧国際体系は、国家主権・国際法・勢力均衡を三つの礎石とし、十七世紀にほぼ形成され、次第にその地理的範囲をヨーロッパからアジア、ラテンアメリカ、アフリカへと世界大に拡大してきた。[4] そしてその体系は、ヨーロッパ諸国間に適用される「内の原理」と非ヨーロッパ地域に適用される「外の原理」を使い分ける二重の原理体系であった。[5]「内の原理」では、ヨーロッパ諸国間の関係は、理念的には平等な主権国家間の関係で、国家間の関係を調整する国際法が存在し、戦争法規と勢力均衡により、政治と軍事に一定の節度があった。一方、「外の原理」においては、非ヨーロッパ諸国を対等な国際関係の相手とは認めず、国際法では西欧諸国による侵略を正当化する「先占の法理」を承認した。また、領事裁判権・協定関税率を認めさせた不平等条約で非ヨーロッパ諸国の工業化の基盤を奪い、無限定な武力侵攻も行われたのである。

以上のような西欧国際体系がアジアに拡大される過程において、清国、朝鮮、琉球、そして日本を含む東アジア地域では、伝統的な東アジア国際体系、いわゆる華夷秩序の再編問題に直面する。[6] 明治政府は、その成立直後から、欧米諸国の「外の原理」によって締結された不平等条約の改正とともに、近隣諸国との関係再編を緊要の対外問題として抱えることになるのである。本稿では、井上毅の「琉球」、朝鮮、条約改正問題をめぐる主張を分析することを具体的な課題としているが、それぞれの問題については先行研究の成果を踏まえつつ、西欧国際体系の二重原理という点を意識して、井上がどのように西欧国際体系を受容して実際に対外問題に対処しようとしていたかを考察する。[7]なお、東アジア地域の再編問題ともいえる「琉球」・朝鮮問題と条約改正問題は、単に並列される対外問題としてとりあげるのではない。清国との改約分島交渉と欧米諸国との条約改正問題との関連、[8]あるいは、日清戦争開戦と日英新条約締結がほぼ同時であったことに象徴される朝鮮問題と条約改正問題の関連[9]は、先行研究によって指摘されているものであり、三つの問題に対する井上毅の主張を追うことで、特色の全体像が浮き彫りになると考える。

一　「琉球」問題をめぐる「外の原理」

本章では、一八七〇年代に始まる「琉球」問題をめぐる井上毅の主張を、「台湾出兵」、「琉球処分」断行後、「改約分島」交渉の三段階について分析する。

一八七四（明治七）年五月、「台湾出兵」を断行した日本政府は、清国政府と締結した条項により、出兵を「自国民」である宮古・八重山島民を保護する正当な行為であるとし、琉球の日本帰属を清国政府に認めさせる結果となる。[10]日本政府は、翌年五月には、清国の冊封によって支えられる琉球の王権を否定するため、内務大丞松田道之に、琉球の清に対する朝貢・冊封の停止など七項目の命令書を伝達させ、実質的な「琉球処分」に着手するのである。

「台湾出兵」後、井上毅は、大久保全権に随行し、通訳の司法省七等出仕名村泰蔵、外国人法律顧問ボワソナード（G. E. Boissonade）と共に、「万国公法」の理論を駆使して清国との交渉に臨む。(11) 交渉前半での両国政府の争点は、清国による台湾の領有が実質的な領有か否かということであったが、井上は日本側の照会の草稿作成などに関わり、日本側の主張を正当化している。即ち、七四年九月から十月にかけての日清交渉の経過を記した「弁理始末日表」によると、九月二十七日の日本側の第一回照会の要約は、「公法ニ於テ政化逮ハザル地ハ、所属タルコトヲ得ザルコト」(12)というものであった。この照会に付された領有権に関する国際法の学説の草稿(13)には、発得耳（Emmerich de Vattel）、瑪爾丹（G. F. von Martens）、恵頓（Henry Wheaton）、貌竜西利（J. K. Bluntschli）らの著書の漢訳が引用され、貌竜西利の「各国得権以兼并無人之邦夷蛮之地者必由開化其民創造其政凡国之主権非実地施行則無得焉」という主張が書かれている。つまり、井上は、領有には実効的占有を必要とするという点を、日本側の主張の根拠にしようとしたのである。井上は、日清両国間互換条款の調印後記した、全権弁理大臣大久保利通の復命書案である「台湾一件節略」(14)でも、「万国公法」に依拠して台湾が「無政の地」であり清国の版図でないと主張したことを振り返っている。これはまさに、交渉前半で、井上が国際法によって日本側の主張を正当化したことを端的に述べているものであった。

さて、一八七九（明治十二）年三月、日本政府は「処分」を断行するが、五月には「琉球」を「両国所属ノ封土」とみなす清国側から抗議がなされ、(15)これ以後翌年四月にかけて両国間で五回にわたる文書の交換が行われる。日本側の照覆と、同時期のいくつかの意見書は、主として井上毅の起草に成ると推定されるものである。(16)ここでは、八月二日に第一回照覆が清国側に送付されるのに先立ち三条・岩倉両大臣に提出された「琉件意見」(17)および関連文書、「千八百七十九年八月二十二日支那政府ノ照会ニ対スル答弁ノ覚書」(18)における井上の「処分」正当化の論理を追う。

まず、「琉件意見」および関連文書では、清国が琉球を「属国」、「両属」、「半主之国」または「半独立邦」とみなし抗議する場合を想定して、それを論駁している。その要点は、まず、冊封・朝貢は小国が大国の保護を仰ぐために結ぶ「虚名」の関係で「属国」の証でないということ、そして、二国が同じ土地を管轄する場合は、他国に先んじ、かつ実際の内部の管轄権を得る国が優位であり、その点で日本が優位であるというものである。[19] このように、いわば「先占」の法理に近い根拠で「両属」も否定する井上は、「半独立邦」については、「公法家」によると「半独立邦」は、条約に従って独立の部分と他の管属の分界を定めているとしたうえで、島津氏による「掟十五条」[20]が管属を根本とするものであるということを一つの根拠として否定しているのである。[21]

さらに井上は、同年八月二二日の清国側からの第二回照会[22]に対し、九月、「千八百七十九年八月二十二日支那政府ノ照会ニ対スル答弁ノ覚書」において以下の反論を行う。まず、琉球が外国と条約締結していたことを根拠に、自主の一国であるとする清国の主張に対しては、当時日本が「封建ノ主義」で統治していたために締結を許したが、琉球には条約締結権はないこと、条約は明治政府が引き継ぐことを理由として否定している。[23] この問題については、「琉件意見」の関連文書の中に、「公法」では「外国交際権」を持つ国は「独立ノ国」であり、琉球が条約締結していることが「困難ナル事情」であると述べている部分がある。[24] 井上は、「公法」上は不利と認識しつつ、先に述べた理由で琉球が独立国であることをも否定しようとしたのである。

さらに、同意見書では、「封土所属ノ権」は、その地を領有して統治し収税することであるとして、再度日本の領有を主張している。その際注目されるのは、「封国ノ土地ヲ専領シテ久シキヲ経ルトキハ其土地ニ付テ他国ノ要求ヲ排斥スルノ権ヲ有スル事ハ万国ノ常ニ認ムル所」であり、「公法」では「経久確実ノ占領」により「所領ノ権義」を生ずるとしている点である。[25] 井上は、実効的占有と「時効」を根拠に日本の領有を主張しているのである。さらに井上は、島津家久による琉球の「征服」は、琉球が封建上の義務を怠ったことに対する「義戦」であり、こうした所領の取得が不正でないとも述べている。[26] このように、武力による「征服」を正当とし、さらに実効的占有と「時効」を根拠に日本の領有を正当としている井上の主張は、「時効」の法理自体は「外の原理」に基づくものとは言えないにせよ、極めて不平等な力関係を押しつけるものであったと言える。

さて、こうした特徴は、「改約分島」交渉において一層顕著である。一八八〇（明治十三）年三月二七日、天津領事竹添進一郎が李鴻章と会談し、いわゆる「改約分島」を提議した後、同年八月に北京で両国代表による外交折衝が始まり、十月には、宮古・八重山二島の清国への譲渡、最恵国待遇・関税自主権の相互承認、かつ一国が治外法権の消滅に際し他締約国の同意を得た時は他の一国もこれに同意するという予約を得ることを内容とする条約の作成まで議定する。[27] この間井上は、日本政府に交渉方針を示唆するとともに、北京に派遣されて交渉に臨み、日本政府の要求を貫徹させようとする。

まず、八〇年三月の竹添・李鴻章会談に先立ち、同年一月十九日付の竹添進一郎・井上毅連名の「日支条約改正ニ付意見」[28] では、内地通商の条項を草案に加え、税則等については後日西欧諸国と協議の末、日清間でも等しく定めるべきこと、すなわち最恵国待遇を適用すべきことを提言している。ここに明らかなように、井上は、「外の原理」によって清国との条約関係において優位を得るべきと主張したのである。同年三月、井上外務卿から宍戸公使宛の内訓状の草稿においても、井上は、「内地通商」・「特恵准許」を清国政府に請求して二島を割譲することを明記し、同様の論理を展開している。[29] 対清交渉に向けての日本政府の基本方針は、こうした井上の主張に沿う形で決定され、八月からの交渉においても井上が重要文書を起草する。二十四日の第二回会談の際、日本側から提出された改約分島の申し出の草稿[30]も井上の筆に成るものであり[31]、井上は、実際に清国に「外の原理」を突きつけたのであった。

このように、「改約分島」は、日本が清国との条約関係において優位を得ることを企図するものであったが、井上外務卿から三条太政大臣宛十一月十三日の上申書に付された、井上毅の筆に成る「憑単説明」では、改約分島を清国側が承諾したことについて、「我カ条約改正ノ重大ナル機会ヲ賛助シタルハ実ニ我国ノ幸福ナリト云ヘシ」と述べている[32]。つまり、「改約分島」は、西欧国際体系において対等な国家として認められるための、条約改正を念頭においての主張なのである。清国政府の調印の無期延期の意向により実現はしなかったが、その目的のために沖縄の民が分断される可能性すら存在したのであった。

以上のように、井上毅は、「琉球」問題をめぐって、まず「台湾出兵」では、実効的な占有でないことを根拠に、清国による台湾領有を認めなかった。「琉球処分」後は、逆に日本政府の「琉球」に対する主権を正当化するために、「先占」、「征服」、「時効」の法理までが援用され、「改約分島」交渉で不平等性の押し付けが顕著であったことは既に見たとおりである。「琉球」問題をめぐって、井上はその主張に、西欧国際体系の「外の原理」を色濃く反映させていたのである。

二　朝鮮問題をめぐる二つの原理

本章では、井上毅の朝鮮問題をめぐる主張を、江華島事件、壬午軍乱、甲申政変の三段階に分けて検討し、西欧国際体系の二つの原理がどのように現れているのか明らかにする。

明治維新後、朝鮮開国交渉が膠着状態にあった日本政府は、その打開をねらって、一八七五（明治八）年九月、朝鮮の要塞地帯である江華水域で日本軍艦雲揚号に示威運動をさせ、雲揚号は砲撃を受けたのを機に応戦して朝鮮側に損害を与えた。この江華島事件の後、政府は、伊藤博文、ボワソナード、井上毅に調査委員会を組織させ、井上はボワソナードへの諮問とそれに基づく重要外交文書の起草に関わる。[(33)]この段階で日本政府が重視したのは清・朝宗属関係であり、朝鮮への使節派遣を清国に通告するか否かについての井上とボワソナードの協議を経て、[(34)]寺島外務卿は森有禮駐清公使に向けて、清国に通告する指令を出したのである。[(35)]

朝鮮に使節を派遣した後の交渉については、井上は、十二月、全権となる黒田清隆に宛てた「黒田弁理大臣訓条」で、朝鮮と直接談判することを主張し、朝鮮が清国に意向を問う場合には、日本軍に江華島を占有させ、「公法ノ所謂強償ノ方法」を行うことを伝えるべきとしていた。[(36)]次に、井上は、「朝鮮政府ト新ニ結約スヘキ、交際条規及貿易条款ノ大意」[(37)]において、実際の交渉において締結する条約の内容を定めている。その中で注目すべきは、冒頭の「一、我日本国ト朝鮮国ト永久ノ親睦ヲ盟約シ、彼我対等ノ礼ヲ以テ交接スヘシ」の一文である。ここで、「彼我対等ノ礼」と規定することの意味は、「特命全権弁理大臣黒田清隆照会案」[(38)]に明らかである。即ち、「修交際之際、則又有万国之公法、条約相約、使命相答、大小強弱、平等相対、不復問皇王之別、是為古今之変焉」と述べているように、従来の東アジア国際体系の中で清国を経由して朝鮮との国交を樹立するのではなく、朝鮮と国際法に律せられた条約関係を結ぼうとしたのである。なお、同じ文書の中で井上は、朝鮮側が日本船に突然発砲したのであるから、「万国公法」の「凌辱必償」にあたるとしている。いわば、朝鮮側の責任だけを問うために「公法」に依拠したのである。

この後、翌年二月には日朝修好条規が締結され、その第一款で「朝鮮ハ自主ノ邦ニシテ日本国ト平等ノ権ヲ保有セリ」[39]と定められる。これはまさに、井上の条約案をふまえ、清国の朝鮮に対する宗属関係を否定しようとする日本政府の意図の現れであった。さらに、同年中に調印された「日朝修好条規付録」・「日本国人民貿易規則」、および「修好条規付録に付属する往復文書」[40]も含めて、開港場における領事裁判権、輸出入品に対する関税の免除、朝鮮からの米穀の輸出自由など、朝鮮にとって極めて不平等な内容が定められる。日本政府は、「外の原理」によって条約関係における圧倒的な優位を得ることにより、朝鮮侵略の布石を敷いたのであった。

実際、こうした不平等条項により朝鮮の開国後の諸矛盾は助長され、一八八二（明治十五）年七月の壬午軍乱の一因となる。日本が介入した軍制改革に不満を持つ旧軍兵士に、穀物の大量輸出などによる物価騰貴に苦しむ都市民衆が合流し、当時の政権担当者であった守旧的な閔氏一族と日本公使館を襲撃したこの軍乱は、朝鮮における「先駆的な民衆的民族闘争」[41]として意義を持つものであった。しかし、日本政府が「済物浦条約」・「日朝修好条規続約」[42]を締結して日本公使館護衛のための軍隊の駐留権、開港場から四〇キロ以内の内地旅行・通商権を得たことは、朝鮮の民族的危機を深める結果となった。さらに、軍乱の事後処理の過程で日清両国が介入し、江華島事件以後、朝鮮に対して形式的には「属国自主」の原則を採り続けていた李鴻章が、軍乱を機に宗属関係の上下の階層的枠組のみを残して形骸化させ、かわってそこに永続的な強制・支配のための「力」を付与していった[43]ことにより、朝鮮の民族的危機は一層深まり、日本政府も清・朝宗属問題への新たな対応を迫られることになる。

以上のような事態が進行する状況の中で、まず、軍乱勃発後の日清両国の争点は、朝鮮が清国の「属邦」で、日朝両国の調停のために清国軍を派遣することが正当であるか否かという点であった[44]。井上毅は、軍乱勃発直後よりこの問題についてボワソナードへの質議を重ね[45]、政府内で事後処理を主導していた山県有朋の意見案試草にも関わり、日朝両国の直接交渉を主張している[46]。さらに、これが清国に拒絶され朝鮮も「遷延ノ手段」を取る時には、陸海軍を以て「強償ノ処分」を行うべきとして、[47]こうした方法が「公法上ノ許ス所」であるという。[48]ただし、清・朝宗属問題の解決は見送ろうとしており、八月十二日付の吉田清成宛書簡においては、事後処理方針については、朝鮮に対する「非属邦論」を琉球の場合と同様に主張することは非策であると述べていた。[49]

この後、井上馨外務卿も、清国に対し日本側から宗属問題を提議せず、これを議論したい場合には、朝鮮との交渉が終結した後、両国政府で「万国公法」に照らしつつ協議するという方針をとるに至る。[50]こうした方針の下、井上は、朝鮮との交渉で花房駐朝公使を補佐するためソウルに派遣され、「済物浦条約」・「日朝修好条規続約」の草稿作成にも携わり、[51]いわば朝鮮に対する「外の原理」の突きつけに一役かったのであった。

ところで、井上は、条約調印後も未解決である清・朝宗属問題については、「内の原理」でその解決を図ろうとする。その方策が、帰国後の九月十七日に執筆した「朝鮮政略意見案」[52]と十月二九日付の花房義房の馬建忠宛書簡の草稿である「擬与馬観察書」[53]における、朝鮮の実質的な「独立」を図るために案出した永世中立化構想であった。

「朝鮮政略意見案」では、日清米英独五国による会議において、アジアの要衝である朝鮮を、「白耳義瑞西」を例とした「中立国」とし不可侵を定めるとともに、「保護国」である清国が「四国の叶同を得ずして独り朝鮮ノ内政ニ干渉すること」をもなくすことを企図している。井上は、こうすることによって「朝鮮の為めには永久中立の位地を得且ツ支那の羈軛を脱シ又支那の為めには其朝貢国の名義を全くして而して虚名実力相掩はざるの患なかるべし」、とみているのである。いわば、主体であるべき朝鮮を入れずに、周辺国で朝鮮の独立維持を定めて緩衝国とし、勢力均衡を保つことで、清・朝宗属関係の形骸化を図ろうとしたのであった。

この後、井上は、意見案を伊藤博文と花房義質宛書簡で送るとともに、[54]日本政府内で、朝鮮の開化派に対する援助問題をめぐる政策案が対立する状況の中、[55]「擬与馬観察書」を執筆し、清国側にこの構想を伝えることまで考えていた。この中で、井上は、現在は「東洋」の国家関係に「万国之公法」を取り入れるべきで、朝鮮が「自主独立」の国であると主張する。即ち、「万国公法」では、他国と条約を締結し、公使を派遣して平等に交渉している国は「自主独立」であり、朝鮮は内治の自主権はあっても外交権は「上国」が持つ「半主」国でないという。そのうえで、朝鮮への他国による侵略と内政干渉阻止を目的として「永久中立」化を提起し、これが「公法」に基づいた「善後之計」である、と呼びかけているのである。

このように、井上は、アジアでも国際法に律せられた西欧国際体系を受容すべきこと、朝鮮が独立国であることを強調しているが、その意図は、朝鮮からの清国勢力の排除であったと思われる。というのも、この二日後に書かれた、井上の吉田清成宛書簡では、日本が「支那之属邦論を実地ニ黙許したる之形迹あるハ、実ニ遺憾とすへきものなきにあらず、故ニ今日ハ将来永遠の為ニ支那ニ向て、縦令公然と掛合ふに至らずとも、どの道よりぞ一応ハ彼レの処分を認許せざるの意味を示し置候事簡要歟と奉存候」と述べているのである。[56]中立化構想はまさに、清・朝宗属関係へ対処する為に案出されたものであった。

以上のように、壬午軍乱後、井上毅は、西欧国際体系の「内の原理」に依拠することにより、清・朝宗属問題の解決をねらったのであった。さらに、ヴェトナムをめぐって清仏関係が緊迫化する状況の中で、井上は山県有朋に対し、伊藤博文と李鴻章の会談を開くことを提案し、そこで清国側に朝鮮中立化を端緒として琉球王を沖縄島司とする妥協案を諮ろうとしている。[57]いわば、朝鮮問題を手段として「琉球」問題を解決しようとしているのである。実際には、この会談は実現しなかったが、一八八三（明治十六）年八月には、日本政府の意を受けた田邉太一が清国公使黎庶昌を訪れ、朝鮮中立化について議論を展開する。[58]井上毅の朝鮮中立化構想は、日本政府内でも政策案の一つとして考えられていたのであった。

さて、翌年十二月、ソウルにおいて金玉均ら急進開化派が、内政改革と対清事大関係の廃止により朝鮮の自主独立をめざすクーデターを起こすが、竹添駐朝公使に率いられた日本軍と閔氏の要請を受けた清国軍とが衝突し、新政府は三日で崩壊する。甲申政変の失敗によって、朝鮮における自主的な近代化の試みは一旦挫折する結果となったのであるが、日本政府は、この政変以前から竹添駐朝公使が開化派に積極的に関与していた事実の隠蔽と、清国との軍事衝突の事後処理に苦慮することとなる。こうした状況の中、井上毅は、重要外交文書の代草や意見書の提出などを通じて「事変」処理に決定的な役割を果たす(59)。日本政府が対応に苦慮した二点について、井上の主張の要点は以下の通りである。

まず、前者の問題について井上は、今回は「万国公法」にとらわれて、日清が「四分六分」あるいは「五分五分」となれば、将来朝鮮人が日本を侮蔑するのではないかと危惧している(60)。というのも、井上が、今回の「事変」は日本に「道理上弱点」があり、「局内干渉」是非の議論があると認識しているからであるが、この点については、竹添は証拠のある朝鮮の「王命」に従ったもので、「内乱」の事情には関与しておらず、「賊徒聯合」の責任がないことを主張している(61)。

このように、井上毅は、日本側の不利な立場を理解しつつも、清・朝の宗属問題も含めて事後処理については、朝鮮よりもその「後ロ立」である清国に対する政策を重視し、なるべく強硬に撤兵と清国軍隊長の免職を要求すべきと考えていた(62)。井上の日清交渉に重点をおいた「事変」処理案は、その後の日本政府の基本方針となり(63)、十二月末の閣議は、清国との開戦は避け、朝鮮の「独立」の為、両国軍の撤兵について交渉することを決定する(64)。

翌年一月九日、朝鮮と漢城条約(65)が締結された後も、井上は、意見書において対清政策を展開している。その基本方針は、「支那ノ朝鮮ニ於ケル名義上ノ関係ヲ存シナカラ其実力ノ関係ヲ絶チ漸クニ朝鮮ヲシテ独立ノ進路ヲ得セシメ他ノ一方ニ於テハ彼ヲシテ暗ニ先発侵犯ノ罪ヲ謝セシムルノ道」を採ることであり、再度、両国軍の撤退を主張している。[66] この場合、清国が拒絶する時は、清国に対し「脅迫ノ手段」を用い、「朝鮮ヲ以テ両国間ノ一局部ノ戦地トナスニ若クハナキナリ」というのだが、[67] 井上はこのような局地戦については既に十二月、「公法ニモ例アルコト」と主張していたのであった。[68]

この後、日本政府は、竹添の行動を正当化し日清交渉を日本側に有利な形で妥結させるために、ロエスレル(K. F. H. Roesler)ら外国人顧問の答議を通じて国際法の立場から理論武装する。[69] 結局、一八八五(明治十八)年四月に行われた七回に及ぶ天津交渉においては、四ヵ月以内の両国軍の撤退を含む三ヵ条が定められ、[70] 井上の、撤兵により清国と朝鮮の「実力ノ関係」を断つという企図は、条約上は一応達成されたのであった。もちろん、この交渉を通じても、日本は清・朝宗属問題そのものは深く追求できず、現実もまた、同年十月に派遣された袁世凱は朝鮮の内政外交に深く干渉するのであり、[71] その「解決」は日清戦争に持ち越されることになる。

以上のように、井上毅は、江華島事件から甲申政変に至るまで、事後処理では、国際法に依拠して交渉を日本に有利に妥結させようとしていた。それは、「内の原理」に基づいているとはいえ、武力行使も認め、戦争を違法としない伝統的国際法の性質を利用するものであった。また、一貫して朝鮮の「独立」を主張し、中立化まで構想したのも、清・朝宗属関係の形骸化を図る為に、「内の原理」に依拠したのである。その一方で、井上は、「済物浦条約」・「日朝修好条規続約」の締結に関わったように、いわば日本政府による朝鮮への「外の原理」の押しつけにも関与しており、朝鮮問題をめぐっては西欧国際体系の二つの原理を使い分けていたのであった。

三　井上条約改正への反対と「内の原理」

近代日本において条約改正は、日本が幕末・維新期に締結した不平等条約から解放され、一人前の国際法主体として国際社会に参加する過程でもあった[72]。本章では、こうした点を念頭に置きつつ、外務卿井上馨による条約改正交渉に対する、井上毅の主張とその特色を、条約改正予議会が開催された一八八二（明治十五）年、条約改正会議において「裁判管轄条約案」が議了された八七（明治二〇）年の二段階に分けて明らかにする。

一八八一（明治十四）年十月、前年七月に井上馨が欧米諸国に提示した、法権の部分回復と関税率引き上げ、条約の有期限化を基本内容とする改正条約案は、イギリスにより要求の大半が拒否され、外国人への日本の地方行政規則・警察規則の適用、税率については、日本と列国との連合会議で協議することとなる[73]。これにより翌年一月、条約改正予議会が開かれ、二月には、井上外務卿が法権の部分的回復案を予議会へ提案する前に閣議に示す。その内容の要点は、軽罪の裁判権の回収と引換に、内地通商を局地的に認可し、日本の法律に服する外国人に内地を開放して鉱工業・農業に従事することを認めるというものであった[74]。この案をめぐり政府内では議論が沸騰するが、四月五日の第九会議において、外務卿によっていわゆる内地開放宣言[75]が出された後、六月一日の第十三回会議において、改正案の細目が出される。その内容の要点は、準備期間を五年として内地開放を代償に裁判権を回収し、外国人に対する保証としてヨーロッパの法理による法典整備と外国人判事の任用を約束するというものであった[76]。

こうした過程において、条約改正御用掛であった井上毅が外務卿案を修正していった経過は先学によって明らかにされているが、[77]ここでは、二月の改正案と六月の細目案への反対意見を検討する。まず、二月の改正案に対する井上毅の基本的立場は、内地通商を許可する時は第一に民法裁判権を回復すべきというものであった。[78]井上は、内地通商だけを許せばこの度の条約改正が清国の「戦敗之償」と同様となり、将来の法権改正の機会を失うと考えていたのである。[79]治外法権について井上は、「独立両国ノ条約」は、必ず「対等ノ権利」を以て締結されているが、「東洋各国」は法律を異にしているため治外法権が定められており、これは「国権ヲ減削」するものと認識する故に、法権を回復することなく内地通商を許すことへの警告を発したのである。[80]いわば、井上は、条約関係に基づく西欧国際体系における国家の平等性を強く意識して、井上馨案が欧米に対する日本の従属を永続化させる危険があると指摘したのであった。こうした井上の指摘を受けた伊藤は、内地通商許可と民法裁判権回復案を外務卿へ対案として提出し、[81]三月十二日には、列国と民事・刑事裁判権回復、内地での営業・通商・不動産所有許可で交渉し、成立しない時は民事裁判権回復、内地通商許可で交渉するという政府方針が決定された。[82]

次に、六月の細目案に対してであるが、外務卿案が日本にとって「将来不可言之大患」[83]であり、「我全国ヲ開ク之後猶彼レニ特別之保護ヲ予フルコト決シテ平等条約之道理ニアラズ」[84]と考える井上毅の主張の要点は、譲与事項に施行期限がない故に永続化の危険があり、その内容も日本の独立主権を傷つけるというものであった。すなわち、将来、列国が譲与事項を「既得之権利」として回復できなければ、「独立国」の体面を傷つけるものなので、期限を十五年と明確にし、期限後は双方全く平等として保護を与えないというのである。[85]外国人判事の任用については、官吏たる者は国民権を有する者に限るという各国の憲法の規定に抵触するということ、エジプトの「立合裁判」と同質であるということを主な理由として、このような内容を含む条約が実行されれば、「支那朝鮮土耳其ニモ劣レル汚辱ノ地」に永続的に陥るというのであった。[86]井上は、エジプトの混合裁判所制度が主権を侵害するものであると認識し、日本が西欧国際体系の「外」に置かれ続ける危険性を指摘したのである。この後、外務卿も条約の有期限化について予議会で提案するが合意を得られず、八二年の交渉は一旦打ちきられることになる。

以上のように、条約改正予議会当時において、西欧国際体系の「内の原理」における国家の平等性を強く意識し、追求していた井上毅は、八七（明治二十）年四月の条約改正会議で議了された「裁判管轄条約案」をめぐって、「公法」に依拠した主張を展開する。この案は、前年六月に出されたいわゆる英独案の基本線を踏襲し、二年以内に全国を開放し外国人に日本臣民と平等の権利を与える、泰西主義による立法制定と十六ヶ月以内の通知、開放後十五年を期限とした外国人判事・検事の任用、開放後三年は領事裁判権が存続するという内容であった。[87][88]この案についてボワソナードは強硬に反対し、井上毅も五月にボワソナードと面談した後、再び重要な主張を展開する。[89]井上の三通の意見書[90]に見るその具体的内容は以下の通りである。

井上の同案に対する批判は、外国人判事・検事の任用、泰西主義による立法制定と通知という二点に集中している。外国人判事任用問題について、憲法に抵触する内容であるとして批判しているのは八二年段階と同様であるが[91]、有効期限を十五年としている点については、将来、列国が譲与事項を「既得之権利」として回復できないとして、日本の「独立」に対する危惧を強めている。[92]

さて、外国人判事・検事の任用に対する井上の批判の最重要点は、泰西主義による立法制定に対する批判と同様に、日本の主権を侵害する「内治干渉」であるという点であった。条約改正を単に法律上の問題ではなく、「一国主権独立ノ問題」と認識する井上は、「完全ナル主権ハ、必然ニ無欠ノ独立ヲ引帯スル者」という「公法家」の説を引用している。[93]さらに、「公法家」によれば、主権の完全な独立国は「万国公法」の前に平等であるが、主権を他国に制限されている国は「半主国」であり、外国に対する権利の毀損の最たる「内治干渉」を条約で黙認すれば、「半独立ノ邦」になるというのであった。[94] 井上は、改正案における外国人判事・検事の任用が、エジプトと同様に司法上の内治干渉であり、[95] 法律制定における泰西主義の採用・通知も、法律の監定を外国政府に仰ぐ意味を持ち、法律の存廃などについて外国の干渉を招くというのであり、[96] このような立法司法双方の干渉により「半主国」になると強く危惧しているのであった。こうした批判に基づき、井上は、この度の改正案が「国ノ根本権利ヲ冒険賭博ノ一擲ニ付スル者」[97] であり、内治干渉を承認することにより将来「強制手段」の干渉を招く、「独立主権ノ危迫ナル問題」とみているのであった。[98] 故に、この案は修正するのではなく、「破毀」するほかはないと結論するのである。[99]

このような主張の中で注目すべきは、井上が改正案の譲与事項について強く反対しつつも、列国側がそれを要求する理由を「公法家」の説明を借りて述べている部分である。即ち、「交際公法」は欧米に限るもので、日本に対して治外法権を撤廃することはヨーロッパ「親属」に入れる「善意」であり、したがって譲与事項を要求するというのである。[100] この他、内治干渉について述べている部分では、トルコ・アフリカの内治に干渉してキリスト教徒を応援することは「公法」の許す所であるとしており、[101] 井上は西欧国際体系の二重原理を的確に捉えているのであった。

結局、八七年の改正案は政府内で合意が得られずに条約改正会議は無期延期となり、井上馨も辞職に追い込まれるが、井上条約改正において井上毅が重ねて批判したのは、改正案が逆に日本の主権を侵害すると認識したからであった。井上は、西欧国際体系の二重原理を認識しつつも、なお、非ヨーロッパ世界に属する日本が西欧国際体系の中で真に「完全ナル主権」を持つ国家として認められる道を探し、国家主権について国際法に依拠しつつ論じたのであった。

おわりに

これまで、井上の対外論の特色を、西欧国際体系の二重原理という点に注目して明らかにしてきたが、その要点は以下の通りである。

まず、井上は、「琉球」問題をめぐっては、「台湾出兵」後の交渉における「無政の地」という主張、「琉球処分」における「先占」、「征服」の法理に基づく日本の領有の正当化、「改約分島」交渉にみられるように、西欧国際体系の「外の原理」に多くを依拠して日本政府の要求を貫徹しようとした。

それに対し、朝鮮問題をめぐっては、二つの原理を使い分けて対処しようとした。即ち、朝鮮との条約による国家間関係の樹立、壬午軍乱後の中立化構想、江華島事件から甲申政変に至るまで事後処理で国際法に依拠して交渉を日本に有利に妥結させようとした点は、いわば西欧国際体系の「内の原理」に、済物浦条約・日朝修好条規続約における不平等性の強要は「外の原理」に依拠していた。

ここでさらに考えねばならないのは、朝鮮問題をめぐって、「内の原理」に依拠したことの意味である。即ち、各事件の事後処理は、対等な国家間の調整法として「公法」に依拠したというよりも、武力行使も認め戦争を違法としない伝統的国際法の性質を利用するものであった。また、井上は、「琉球」の場合は各国と条約締結していても「独立国」ではないとしたが、朝鮮については「独立国」であることの根拠とした。つまり、清・朝宗属関係の形骸化のために「内の原理」に依拠したのである。朝鮮との「対等」な国家間関係の樹立、中立化もそのような文脈の中で主張されているのであり、「中立」そのものは植民地主義的イデオロギー性を内包する「外の原理」ではないにせよ、朝鮮をめぐって日清の対立が深化するという東アジアの現実の中で日本がそれを提起することは、将来の日本の勢力拡大につながる可能性があったのである。したがって、「内の原理」といってもそれが非ヨーロッパ世界の中で持つ意味は異なるものであったし、そもそもヨーロッパ世界の中で適用された伝統的国際法、「内の原理」そのものの問題性にも目を向けねばならないと考えられるのである。[102]

一方、条約改正交渉について、国際法に依拠して「主権」、「独立国」とは何かを論じたのは、条約改正自体に反対であったからではなく、西欧国際体系の二重原理を認識しつつも「完全ナル主権」を獲得するためであった。この場合は、「内の原理」における主権国家の平等性という理念を楯にとっているのだが、朝鮮に対しては日本が法権を奪っていても、宗属関係否定の為に「独立国」としていたのだから、明らかに論理矛盾があった。

はじめに述べたように、「琉球」問題と朝鮮問題、そして条約改正問題は相互に密接に関連し合うものであり、近代日本において国際法主体として認められる過程は、条約改正を進める過程であると同時に、東アジア地域において「帝国」を築く過程でもあった。[103]井上は、西欧国際体系を受容し、その中に日本を位置づけるために二重原理を使い分けていたのであり、この点において井上の主張は、近代日本の歩んだ道を象徴しているように思われるのである。

(1) 琉球問題については、山下重一「対清改約分島交渉と井上毅」(『國學院法学』第一九巻第四号、一九八二年二月)、山下重一「明治七年対清北京交渉と井上毅」(『栃木史学』第三号、一九八九年三月)、山下重一「改約分島交渉と井上毅」(梧陰文庫研究会編『明治国家形成と井上毅』、木鐸社、一九九二年。山下重一「琉球・沖縄史

研究序説」御茶の水書房、一九九九年に再録）参照。朝鮮問題については、中島昭三「井上毅と朝鮮問題」（『國學院法政論叢』第六輯、一九八五年三月）、多田嘉夫「明治前期朝鮮問題と井上毅－江華島事件及び壬午甲申京城事変をめぐって」（一）－（四）（『國學院法研論叢』第一八－二一号、一九九一－四年三月）、多田嘉夫「甲申事変と井上毅」（梧陰文庫研究会編、前掲書）、拙稿「近代日本における東アジア世界再編の論理－井上毅の『琉球』・朝鮮論を通じて－」（『総合研究』第三号、一九九五年十二月）参照。条約改正問題について、井上条約改正との関連では、横山晴夫「条約改正会議の挫折について－特に井上毅を中心として－」（『國學院雑誌』六一－四、一九六〇年四月）、津田多賀子「井上条約改正の再検討－条約改正予議会を中心に－」（『歴史学研究』第五七五号、一九八七年四月）参照。

（2）西欧国際体系については、斉藤孝「西欧国際体系の形成」（有賀貞・宇野重昭・木戸蓊・山本吉宣・渡辺昭夫編『講座国際政治1　国際政治の理論』、東京大学出版会、一九八九年、第一章）、初瀬龍平「国際関係理論の転換」（馬場伸也編『講座政治学V国際関係』、三嶺書房、一九八八年）、初瀬龍平「国際政治思想－日本の視座－」（有賀貞等編、前掲書、第四章）参照。

（3）近代日本における、西欧国際体系の礎石の一つである国際法の受容については、松井芳郎「近代日本と国際法（上）・（下）」（『季刊　科学と思想』一三・一四、一九七四年七・十月）参照。明治政府による、国際法の外交問題への援用については、安岡昭男「万国公法と明治外交」（『政治経済史学』第二百号、一九八三年三月）、「日本における万国公法の受容と適用」（『東アジア近代史』第二号、一九九九年三月）参照。

（4）斉藤、前掲論文、十四－六頁。

（5）以下、初瀬、前掲論文（一九八八年）、三一六－七頁。なお、松井、前掲論文でも、国際法の二重性について指摘がある。

（6）東アジア国際体系については、近年多様な議論が沸騰しているが、紙幅の都合上、その要点は以下の論文に譲る。浜下武志「朝貢貿易システムと近代東アジア」（浜下武志『近代中国の国際的契機』、東京大学出版会、一九九〇年、第一章。『国際政治』八二号、一九八六年、初出）、浜下武志「東アジア国際体系」（有賀貞等編、前掲書第二章）。なお、華夷秩序再編の問題について、日本側からの対応については、大江志乃夫「東アジア新旧帝国の交替」(大江志乃夫・浅田喬二等編『岩波講座　近代日本と植民地1』、岩波書店、一九九二年)、それに対する批判として、前掲拙稿参照。

(7)　註(1)参照。なお、本稿の一・二章は、前掲拙稿二・三章を、既に述べた視点から大幅に改稿したものである。

(8)　我部正男「条約改正と沖縄問題―井上外交の日清交渉を中心に―」(『史潮』一〇七号、一九六九年五月。我部正男『明治国家と沖縄』、三一書房、一九七九年に再録)、我部正男「明治十年代の対清外交―琉球条約の顚末をめぐって―」(『日本史研究』、一一九号、一九七一年五月。我部正男、前掲書に再録)、津田、前掲論文参照。

(9)　井上清『条約改正』(岩波書店、一九五五年)、松井芳郎「条約改正」(福島正夫編『日本近代法体制の形成』下巻、一九八二年、日本評論社、第十章)等参照。

(10)　以下、我部正男「琉球から沖縄へ」(『岩波講座日本通史』第十六巻、岩波書店、一九九四年)一四七頁。

(11)　大久保泰甫『日本近代法の父　ボワソナアド』、岩波書店、一九七七年、七四頁。この日清交渉と井上毅の関わりの詳細については、山下、前掲論文(一九八九年)参照。

(12)　井上毅伝記編纂委員会編『井上毅伝　史料編』(以下、『伝』と略す)五、國學院大学図書館、三四四頁。なお、史料引用にあたっては、旧字は新字体で表記する。

(13)　『梧陰文庫　井上毅文書』(マイクロフィルム。原本は、國學院大学図書館所蔵、以下、『梧陰文庫』と略す)A二二六、「公法彙訳」。

(14)　『伝』六、五三頁。

(15)　州立ハワイ大学宝玲叢刊編纂委員会監修『宝玲叢刊　第二集　琉球所属問題関係資料』第八巻(以下、『琉球所属』八と略す)、本邦書籍、一九八〇年、二七〇―三頁。

(16)　山下、前掲論文(一九九二年)、七一―三頁。

(17)　『伝』一、一七三―一八〇頁(『梧陰文庫』A五四三―五四五)。

(18)　『琉球所属』八、三八九―四一五頁。

(19)　『伝』一、一七八―九頁。

(20) 鹿児島県編纂『鹿児島県史』第三巻、一九四〇年、六三五−六頁。
(21) 『伝』一、一八〇頁。
(22) 『琉球所属』八、三七七−三八二頁。
(23) 『琉球所属』八、三九〇−三頁。
(24) 『伝』一、一七五頁。
(25) 『琉球所属』八、四〇六−七頁。
(26) 『琉球所属』八、四〇一−二、四〇七−九頁。
(27) 以下、我部、前掲論文（一九九四年）、一五六−一六一頁。
(28) 『伝』一、一八五−六頁（『梧陰文庫』A五四八）。
(29) 『梧陰文庫』A五七八。
(30) 『梧陰文庫』A五九九。
(31) 山下、前掲論文（一九九二年）、八三頁。
(32) 『琉球所属』八、八八三−四頁。
(33) 多田、前掲論文（一九九一年）、四九頁。
(34) 「ボアソナード宛井上毅問議」（『伝』六、六九−七〇頁。『梧陰文庫』A六二〇）、市川正明編『日韓外交史料』（一）、原書房、一九七九年（覆刻原本は、一九六六年刊。以下、『日韓』と略す）、四−八頁、三三−四一頁。
(35) 外務省編纂『日本外交文書』（以下、『外文』と略す）第八巻、一三九頁。
(36) 『伝』六、六二−四頁（『梧陰文庫』A六一三）。
(37) 『伝』六、六四−五頁（『梧陰文庫』A六一四）。
(38) 『伝』六、六六−七頁（『梧陰文庫』A六一七）。
(39) 『外文』九、一一五頁。
(40) 『外文』九、二七五−二八四頁。
(41) 梶村秀樹『朝鮮史』、講談社、一九七七年、一一二頁。

(42) 『外文』十五、二〇一－四頁。
(43) 茂木敏夫「中華帝国の『近代』的再編と日本」(大江志乃夫・浅田喬二等編、前掲書)、八〇頁。
(44) 同年八月五日から始められた外務大輔吉田清成と清国公使黎庶昌との会談においては、黎が清国軍の派遣を正当とするのに対し、日本側は朝鮮を「自主ノ邦」とみなし、日朝修好条規に基づいて両国間で問題を処理することを主張し、議論は平行線をたどる(『外文』十五、一六三－六頁)。
(45) 多田、前掲論文(一九九二年)、九一－三頁。
(46) 「朝鮮事件ニ付清国関係之意見」、『伝』六、一三三－五頁(『梧陰文庫』A八三一)。
(47) 同右。
(48) 「参議山県有朋壬午京城事変意見案」、『伝』六、一三五－六頁(『梧陰文庫』A八三四)。
(49) 『伝』四、六五八－九頁。
(50) 「事後処理ニ関シ対清方略訓令ノ件(一)」、『日韓』(二)、一九六－七頁。
(51) 『梧陰文庫』A八四三・八四四。
(52) 『伝』一、三一二－三頁(『梧陰文庫』A八五五)。
(53) 『梧陰文庫』A八五六。
(54) 『伝』四、六九－七一、四八二－三頁。
(55) この問題については、高橋秀直「壬午事変後の朝鮮問題」(『史林』七二巻五号、一九八九年九月。『日清戦争への道』、東京創元社、一九九五年に再録)参照。
(56) 『伝』四、六五九－六六〇頁。
(57) 一八八三(明治十六)年六月十四日付・七月七日付山県有朋宛書簡、『伝』四、六一七－九頁。
(58) 西里喜行「黎庶昌の対日外交論とその周辺－琉球問題・朝鮮問題をめぐって－」(『東洋史研究』五三・三、一九九四年十二月)、八四－五頁。
(59) 多田、前掲論文(一九九二年)、一一二頁。
(60) 「京城事変意見」(一)、『伝』一、四四一頁(『梧陰文庫』A七二八)。

(61)「京城事変意見」(二)、『伝』一、四四四頁。
(62)註(60)に同じ。
(63)多田、前掲論文(一九九二年)、一二〇頁。
(64)『日韓』(三)、一一四－五頁。
(65)『外文』十八、三四七－八頁。
(66)「京城事変意見」(三)、『伝』一、四四五－七頁。
(67)同右、四四七頁。
(68)「京城事変意見」(二)、『伝』一、四四三頁。
(69)多田、前掲論文(一九九二年)、一四一－二頁。
(70)『外文』十八、三〇九頁。
(71)坂野正高『近代中国政治外交史』、東京大学出版会、一九七三年、三九一－二頁。
(72)松井、前掲論文(一九八二年)、一九三頁。
(73)津田、前掲論文、十五－六頁。以下、同年改正交渉の経過については、同論文参照。
(74)『外文』十五、十九－二十頁。
(75)『条約改正関係日本外交文書』会議録(以下『改正文書』と略す)、九七－一〇一頁。
(76)『改正文書』一八二－一九一、一九六－二〇七頁。
(77)横山、前掲論文、津田、前掲論文参照。
(78)「条約改正意見」、『伝』一、二七一－二頁。
(79)同右、二七二－三頁。
(80)同右、二七四－五頁。
(81)津田、前掲論文、十八頁。
(82)宮内省臨時帝室編修局編修『明治天皇紀』第五、吉川弘文館、一九七五年、六五八頁。
(83)「条約改正意見」、『伝』一、二九六頁(『梧陰文庫』A八七九)。

(84) 「条約改正意見案」、『伝』一、三〇一頁。
(85) 「条約改正意見案」、『伝』一、二九八－九頁（『梧陰文庫』Ａ九〇三）。
(86) 「条約改正意見案」、『伝』一、三〇四－七頁。
(87) 『改正文書』四五一－六頁。
(88) 同右、一一〇二－一一一六頁。
(89) 横山、前掲論文（一九六〇年）、九〇－一頁。
(90) 「条約改正意見案」（『伝』一、五二九－五三九頁。『梧陰文庫』Ａ八七四）、「条約改正意見」（『伝』一、五四〇－二頁）、「条約改正意見覚書」（『伝』一、五四三－九頁）。
(91) 『伝』一、五三七－八頁。
(92) 『伝』一、五三五－七、五四一頁。
(93) 『伝』一、五四三頁。
(94) 『伝』一、五二九－五三〇頁。
(95) 『伝』一、五三一－二頁。
(96) 『伝』一、五三二－四、五四六－八頁。
(97) 『伝』一、五三六頁。
(98) 『伝』一、五四九頁。
(99) 『伝』一、五三八頁。
(100) 『伝』一、五三四－五頁。
(101) 『伝』一、五三三頁。
(102) 伝統的国際法の性質については、松井、前掲論文（一九七四年）、八八－九一頁。
(103) 松井、前掲論文（一九八二年）、二五六－二六〇頁。

明治十四年政変における井上毅と小野梓

――憲法構想の相違――

胡　慧娟

序　言

明治二十二年憲法発布までの明治前半期、いわゆる近代日本国家の創設期には、近代国家としての憲法秩序すなわち国家制度、政治制度、法律制度を創出することが重大な課題となっていた。近代化を西洋に求めた日本にとっては、欧米先進国の中で、どの国のどのような制度を導入すべきかということがまず問題化されていた。当時、フランス、イギリス、ドイツの三つの国をモデルとする意識が一般的であった。しかし、日本に適用するモデル国の選択肢の問題をめぐって、思想的、政治的に激しい闘争が現れ、それぞれモデル国に基づく国家構想が提出されていた。結局、明治憲法が規定したようなプロイセン型の君主大権制の近代日本国家が誕生したのであった。その政治的過程は、まさに「模範国と準拠理論をめぐる抗争の過程[1]」であった。

かくして、「模範国」「準拠理論」によって提出された国家構想、あるいは憲法構想は、実に明治十四年まで、政府側の元老院の「日本国憲案」、諸参議の「憲法意見」のほかに、民権側の「私擬憲法案」として四十種余りがあったのである。かかる憲法構想は、総じてフランス型、イギリス型、ドイツ型に集中されて、その中で、小野梓のイギリス型憲法構想と、井上毅のプロイセン型憲法構想は明白に対抗的なものであった。しかし、明治十四年政変によって、政府のプロイセン型憲法制定の方針が決定されると共に、日本は、ドイツをモデル国としてその道に傾いていったのであった。

一八八一年（明治十四）十月十二日、明治二十三年に国会を開設する旨の勅諭が発布され、それと同時に、北海道開拓使官有物払下の中止、参議大隈重信とその幕僚を政府から追放、という政府の決着が勅裁を得て断行された。以上三つのことを内容とする政治決断が、近代日本国家の形成に決定的な意味をもつ、いわゆる明治十四年政変である。「政変」という史的位置付けは、明治維新以降、社会、法律、政治、経済、あらゆる面での革新を経て、近代国家としての発展方向の確定と社会秩序の規定、すなわち立憲君主政体に不可欠の要件である憲法制定と国会開設に至る変革過程の中で、一大転換点としての意義をもっているからである。

以上のことは、二つの側面に反映されている。その一は、政変の前夜十一日、大隈を除く諸参議連署のプロイセン型憲法制定の奏議が勅裁を得て、政府の憲法制定の方針として決定されたことである。その方針を具体化した憲法意見は、周知のように、当時、太政官大書記官の井上毅が起草し、岩倉具視右大臣が上呈した「大綱領」である。それまで十数年間、近代日本国家の形成にとって最大の政治課題である憲法制定、国会開設の問題に関して、開明知識人たちをはじめ、もちろん政府権力層も、及び社会運動として自由民権側の人々までも、その問題を解明する鍵を西欧先進諸国の近代化経験を導入することに求めた。それ故、明治十年代中期まで、西欧の社会、法律、政治、経済を含め、広い意味での西欧の各制度の導入、いわゆる西洋文明の受容は、学問的にも、政治的にも自由な雰囲気の中で展開した。それは、山下重一氏が指摘したように「近代の曙に立った日本にさまざまな選択肢があったこと……近代初期の日本の前途に極めて豊かな可能性があったことは、西洋の衝撃に対する多様な反応によって示されている。[2]」しかし、明治十四年政変を契機として政府のプロイセン型憲法制定の方針決定によって、近代日本の国家制度、政治制度上の選択肢が、多様に展開することが不可能となり、政府主導の下で一定の方向に傾いて、最終的に明治憲法体制に帰結したのである。

その二は、薩長藩閥政権が確立されたことである。明治維新後構成された政権の性格は、その維新の性格によって天皇権威を頂点とする雄藩連合政権であり、明治四年の廃藩置県と、諸行政制度の改革によって、近代日本国家の創出を目指す、中央集権的全国の統一が完成された。しかし実体は、思想的に異質なものの併存と、それを代表する政治勢力の均衡政権であった。明治六年、岩倉遣外使節団の帰国と共に、留守政府との治国政策上の衝突、即ち「征韓論」という治外優先か、治内優先かの対立によって岩倉具視と大久保利通が政権の主導権を握ったが、下野した木戸は静観、西郷、江藤は不満を持って下級士族の反政府勢力を集結し、板垣らは自由民権運動を開始し、それぞれの態度を取っていた。その不安定な政局を打破するために、明治八年、大阪会議によって木戸と板垣とを政府に復職させ、一種の政治的妥協、あるいは政権の再編成に成功したが、大久保利通を核心とする薩長改革派主導的政権はすでに定着した。それ故、大阪会議の政治的妥協はまもなく破産した。しかし、明治十年の木戸の病死、西南戦争で西郷の戦死と、翌十一年大久保の暗殺によって、明治維新政権の三傑寡頭政治がそこで完全に舞台から退陣し、それに代わって、伊藤—大隈を中心とする藩閥寡頭政治、いわゆる「有司専制」が台頭した。だが、十四年のはじめになると、そのような改革派政権は、財政困難の問題、改革上の意見の不和など体制内部のさまざまな矛盾を露呈し、特に近代国家の形成に関する憲法制定、国会開設の問題に対して根本的な対立が生起し、それに板垣らの指導の下で展開された反体制的自由民権運動も一層高揚したため、四面楚歌と言える政治情勢に直面にして動揺したのである。その難局を収拾するために、明治十四年政変によって、体制内から思想的に異質なものと見られる政治勢力を徹底的に排除し、体制外の自由民権運動を沈黙させ、薩長藩閥政権が政治的再統合に成功し、来るべき明治憲法体制の基礎が定着されたのである。

以上のように、明治十四年政変は、日本社会の根本的大変革を背景とする錯綜複雑な政治情勢の変動の中に起きた政治現象であり、各視角から研究する価値があるが、政変が近代日本国家の形成に、あるいはその国家の運命に直接関わる視点から見れば、政変の性質は憲法構想、あるいは国家構想をめぐる各派政治勢力によって展開された政治路線の闘争であった。先に述べたように、明治維新政権の誕生と共に、西洋文明の摂取、制度の導入、思想の受容などが活発になされ、近代日本国家の形成の過程で、国家構想の問題がもちろん始終政治的焦点となったのである。

明治七年に、「征韓論」で下野した板垣らの「民選議院設立建白書」をはじめ、それに明治八年に「漸次立憲政体樹立の詔」によって、憲法制定、国会開設の問題が明白に提起され、そして、大阪会議の産物の一つとして立法諮詢機能をもつ元老院が設立され、翌九年に元老院が勅命によって憲法の取調作業を開始した。元老院は九年、十一年、十三年の三回の「日本国憲案」を提出したが、岩倉、伊藤の反対によって不採用となった。結局、岩倉の建議によって、憲法制定、国会開設問題は、諸参議の憲法意見徴収によって決定するという結果になった。一方で、自由民権運動が進展し、特に明治十三年に国会期成同盟の請願運動が盛んになり、私擬憲法案が多く作られた。どんな制度を導入すべきかについては、民権側は広い意味でイギリス型の主張であったが、政府側では大隈一派を除き明確に議論されてはいなかった。明治十四年三月に大隈憲法意見書の提出に伴って、本格的にその緊急な問題に対する対策が展開された。政府側で二つの政治的な動きがあった。一方には、大隈を代表とするいわゆる「急進」的政治改革勢力があり、彼らが主張したのがイギリス型憲法制定、それに基づく政治制度の確立である。その代表的憲法論、政治制度論を論じたのが小野梓である。彼の論述には、近代日本国家構想、あるいは憲法構想が描かれている。

もう一方には、岩倉、伊藤らのいわゆる「漸進」的政治改革勢力があり、彼らが主張したのがプロイセン型憲法制定、それに基づく政治制度の確立である。彼らの政治的な動きは、岩倉―伊藤―井上毅の協力関係によって展開した。すなわち、井上毅が主導的な役割を担って政府中心部の有力者の意見を統一し、異質的な勢力を排除したのである。井上毅の憲法論によって、もう一つの近代日本国家のモデル、あるいは憲法構想が示され、しかも結局、近代日本国家の形成は、その方法に向かって行ったのである。

かくして、プロイセン型、イギリス型という二つの憲法構想が近代日本国家の形成に異なるモデルとして提起されたことは、政治史、思想史上において重要な意義を持っていたに違いない。そこで、本論文では、その二つの憲法構想がどのような内容のものであったか、どのように形成されたのか、そして両者の間にどのような相違点があったのか、という問題点を検討して究明することにしたい。

一　井上毅の憲法構想と明治政府の方針決定

井上毅は、天保元年（一八四三）十二月十八日に熊本藩の軽格武士の家に生まれ、少年時代には、木下塾、藩校を通じて漢学教育を受け、青年時代には、伝統文化の教養を修業すると共に、新知識としての洋学、彼の場合には、政治志向によって、当時、官用の実務の一つの手段としてのフランス学を専攻した。漢学に造詣が深く洋学にも精通した井上毅は明治三年に大学の教員になり、そして翌四年に、彼の政治的抱負と才能が充分に発揮できる明治法制官僚として登用された。彼の業績としては、多くの法律制度の制定と、外交実務が挙げられるが、明治政府の方針として彼が構想したプロイセン型憲法制定の採用が、彼にとって重大な業績であったことは間違いないであろう。井上毅の場合、漢学に造詣深く、洋学に精通するという特質によって、彼の問題に対する思考には両面性があり、時には革新的、時には保守的であったが、両者は必ずしも矛盾せず、多元的、実用的な問題の解決方法を求めていたのである。それでは、井上毅の憲法構想の形成、内容、意義、及びその役割を検討してみよう。

(1)　井上毅のプロイセン型憲法構想

1・プロイセン憲法への傾向

『王国建国法』

明治五年から六年までの一年間、井上毅は、司法省から派遣された使節団の一員としてフランス、ドイツで司法制度、憲法、政治制度などの調査任務を果した。帰国後、その調査によって得た知識の紹介のため、彼がその法律、憲法に関する資料の翻訳と解釈の仕事を担当した。明治八年二月、彼はフランスの著名な法律家ラヘエリエールが一八七〇年に編集した『欧米憲法集』の中のベルギー憲法とプロイセン憲法の二篇を翻訳して『王国建国法』として公刊した。彼は、その序文で、近代立憲政体の下での憲法の基本概念を解説した。即ち「建国法トハ、根本憲法ノ謂ナリ、上ミ君権ヲ定メ、中カ官制ヲ規シ、下モ民権ヲ保シ、上下共ニ誓ヒ、守テ渝エズ、之ヲ根本憲法トス、故ニ根本憲法ハ、将ニ国ト共ニ存シ国ト共ニ亡ヒントスル者ナリ」[3]と述べて、憲法は、君権、行政権、民権をそれぞれに規制し、国家の基本的枠組みを規定する、という近代的政治原理を明示した。

さらに、井上毅は、プロイセン憲法の翻訳の末尾に「国憲起ル、或ハ下ニ成リ、或ハ上ニ成ル、下ニ成ル者ハ、佛朗西是レナリ、擁シテ之ニ逼ル、輾轉相兠ツノ勢、今ニ至テイマダ巳マズ、上ニ成ル者ハ、普魯西是レナリ、批シテ之ヲ可ス、君民諧同、国ニ内讐ナシ、二ツノ者ノ間、利害相去ル、果シテ何如ゾ乎」[4]と述べ、憲法による政治秩序の維持に関しては、フランスのような憲法体制の下で政治的混乱が続いているのに対して、プロイセンのような憲法体制の下では政治的に安定している、と指摘した。故に、その『王国建国法』の翻訳に当って、井上毅が明白にプロイセン憲法に傾いていた見解を示していた、と言えるであろう。

「憲法意見控」

この「憲法意見控」は、井上毅が明治九年夏と書き入れている文書であるが、稲田正次氏の研究によると、明治九年ではなく、明治十三年十一月と推定される(5)。日付けの問題は別にして、「憲法意見控」は、井上毅が岩倉の諮問に対して提出した意見である。ここで、なぜ岩倉が井上毅に憲法に関する諮問をしたのか、井上毅の答えとしてのこの憲法意見がどのような問題意識を示しているのか、そしてこの憲法意見がどのような意義を持っているのか、ということを次に解明しておきたい。

岩倉具視は公家としての明治維新の元勲であり、実に政治権力の中心的な人物である。実際、明治六年政変にも、十四年政変にも、政治家としての彼の政治行動や、政治決断力が非凡であった。しかし、そのような重要な政権指導者の憲法に対する態度は極めて保守的であった。明治八年、漸進的政体改革、すなわち元老院、大審院、地方官会議を設置し、「漸次ニ国家立憲ノ政体ヲ立テ」るという「立憲政体樹立の詔」が発布されたが、岩倉は、この改革について「始終不可ヲ主張」した。しかし、元老院の第三次「日本国憲案」が提出されると共に、自由民権運動の高揚による多くの私擬憲法案も出現した。岩倉は元老院の憲法案にも、私擬憲法案にも強い違和感を持ち、そのような政治情勢を政治的危機として痛感し、対応策としては、彼が憲法制定の主導権を握ろうとした。それ故、岩倉は明治十三年十一月に建議書を提出し、その建議書を太政官大書記官の井上毅に示して意見を求めたのであった。岩倉の建議書の主旨は、「今日急務トスルトコロノモノ一アリ国会開設ノコト是ナリ国会ノコトタル軽易ニ似テ甚タ難ク禍福共ニ伏スル所ニシテ一旦軽鋭速進シテ之ヲ匆卒ニ開キ万一土崩瓦解ノ弊害ヲ速クアラハ復タコレヲ奈何トモスヘカラス故ニ深ク意ヲコ、ニ注カスンハアルヘカラス」「憲法ハ海外各邦ノ方法ヲ模範トセス我邦皇統ノ無窮民俗ノ習慣国民ノ秩序等佗邦ニ異ナル所以ヲ考察シテ之ヲ制定シ以テ帝室ノ基礎ヲ鞏固ナラシムヘシ(6)」というように欧米のような「君民同治」の立憲政体の設立に反対し、国会開設の問題に対しては、急に国会を開くのは危険であって、慎重的、漸進的でなければならない、そして、憲法制定の問題については、欧米憲法の模倣に反対し、憲法を制定するならば日本の国情民俗、祖宗の成憲に基づいて制定しなければならない、と強調したのであった。井上毅が岩倉の建議書に対して近代的立憲政体について論説を展開したのがこの「憲法意見控」である。

井上毅の「憲法意見控」の主な内容は、憲法の性質と目的についての見解を明示することであり、その理解はほぼ『王国建国法』の訳文の序文と同一である。ここで重要なのは、憲法制定と国会開設との関係についての解説である。即ち「全国人民ノ代議人ト共議セズシテ「コンスチチュシオン」ヲ創定スルノ理ナシ民選議院アラズシテ「コンスチチュシオン」独リ成立スル物ニアラズ(7)」と述べて、岩倉具視の欧米型憲法制定、国会設置に反対する意見に対して、井上毅は近代的立憲政治の主張を明白に示した。この意見書については、井上毅は憲法制定と国会設置の問題を関連して重視する見解が注目に値する。

井上毅はのちに、大日本帝国憲法の基本構造を己れ一人で決することになる、その機会は岩倉によって与えられたと、回顧している。この「憲法意見控」は実力者で決断力が優れた岩倉から深く信用を得て、機会を与えられたものとして、特に重視すべき文書である。

2・プロイセン型憲法制定の意向

「地方行政意見案」

井上毅が明確に日本においてプロイセン型憲法制定の意向を示したのは、彼の「地方行政意見案」である。『井

上毅傳　資料篇第一』に掲載されたこの意見案の原文には井上自身明治十三年三月と後に書き入れているが、山下重一氏は、これは明治十三年三月ではなく、明治十四年の三月ではないか、と推定している。[8]井上毅の「地方行政意見案」は、明白にプロイセン型憲法制定の見解を示している。「地方行政之事前途独乙ニ模倣セラル、之御趣意ハ不可然と奉存候……若シ此国憲設立之事ニ就キ独乙ノ事跡取調之御内旨ニモ候ハヽ、洵ニ国家之為ニ前途無限之慶福ト奉存候。[9]」この文書は、井上毅が井上馨から地方制度の取調のためドイツに派遣されようとしたときに反対意見として書かれたものである。井上毅は、日本における地方制度の導入にはドイツよりも、むしろフランスのほうが適当であるが、憲法制度の導入はドイツに学ぶべきであると、明快に指摘したのである。

地方制度について、井上は、一貫してフランス型制度を導入すべきであると主張している。その理由は、彼は、中央集権の下での府県レベル地方権力の一元化と、町村レベル以下の地方下部構造の多元化、すなわち各地域の習慣、民情を尊重する非権力的多様性の構造を主張したが、この点で連邦制のドイツ地方制度より、むしろフランスの地方制度が日本の国情に適していると考えたからである。しかし井上は、憲法制度については、プロイセン型のほうが日本の国情に適当であると考えたのであった。その理由は、彼が明治十四年六月に岩倉、伊藤に提出した「憲法意見」に詳細に述べられている。

3・プロイセン型憲法制定の主張の確定

先述のように、明治十四年三月から、大隈重信の憲法意見書の提出に伴って政府内部での憲法制定をめぐる政争が起こった。岩倉具視は大隈が密奏の方法で提出したイギリス型憲法制定の意見に驚いて、これに反対の立場で、自ら憲法制定の指導権を握ろうと決心したが、政府としての具体的憲法制定の方案を井上毅に求めた。このことが井上にとっては、自分が一貫して主張していたプロイセン型憲法制定が実現される絶好の機会であった。

彼は、先に述べたように岩倉から初めて憲法制定の問題について意見を諮問されたときに、岩倉の保守的な意向をすでに了解していたが、また、伊藤博文が十三年末提出した憲法意見書の作成を井上毅に依頼したときにも、すでに伊藤の憲法制定に関する漸進的な見解をも了解していたのであった。井上は、大隈のイギリス型憲法制定の主張に対抗するプロイセン型憲法制定の主張を確信したと言える。しかし、当時、主に政党政治の実現と、明治十五年憲法制定、十六年国会開設という大隈の憲法意見以外は、政策決定層のほかの諸参議の意見は漸進的立場で大体一致していたが、具体的方策が見られなかったため、井上はイギリス型憲法制定の意見と対抗することを意識しながら、プロイセン型憲法制定の意見を理論的に展開し、それを政府首脳部に認めさせたのであった。

このように、井上は、六月上旬岩倉から大隈の憲法意見書を内示されて、憲法制定の意見を求められてから、六月下旬まで約三週間、速やかに「各国執政責任考」、「欽定憲法考」、「憲法意見」（第一、二、三）、「憲法起草手続意見」など、憲法制定に関する重要な文書を執筆した。特に、「憲法意見」は、井上のプロイセン型憲法制定の主張を理論的に論じたものであり、彼の憲法構想を明確に示しているものであった。すでに述べたように、井上は大隈意見書に対抗することを意識しながら「憲法意見」を論じたが、それ故、彼の「憲法意見」は、イギリス憲法制度とプロイセン憲法制度との相違、さらに、日本にとってどちらが適当であるか、という問題を重点において展開されていたのである。

「憲法意見」と「ロエスレル答議」

続いてそのような「憲法意見」を検討する前に、重視すべきこととして、当時外務省の外国人顧問のロエスレルの意見が「憲法意見」に反映されていることを先に簡単に述べておきたい。これは、井上が「憲法意見」を作成するために、憲法制度に関するイギリスとプロイセンとの相違点について、ドイツ人のロエスレルから教示を得て、自分の論述の理論的裏付けとしたのであった。もともと井上は、欧米諸国、特にフランス、イギリス、ドイツの憲法制度を調査していたので、それらの相違、特徴を知らなかったはずはない。それではなぜ彼がロエスレルに諮問して答えを求めたのかと言えば、彼の質問、ロエスレルの答え、さらに、その答議の内容が「憲法意見」に全面的に反映していることの中に、その解明が見つかるであろう。

井上は十四年六月九日、十七日の二回、ロエスレルに諮問して答えを求めた。その第一問は、「孛国ニ於テハ執政ニ連帯ノ責任ナシ。国王ハ議院少数ノ執政ヲ保護スルコトヲ得、是レ英国ト異ナル所也。請フ其ノ得失ヲ示サレヨ。[10]」ということ、その第二問は、「英国ノ諺ニ国王ハ国ヲ統ヘテ国ヲ治メズト。此語普国ニ於テモ亦適当スルヤ。[11]」ということである。つまり、井上は「憲法意見」で主に述べようとするイギリスとプロイセンとの立憲制度の下で、内閣制度に関してプロイセンの非議院内閣制と、イギリスの議院内閣制との相違、それに、両者の利点と不利点、さらに、イギリスの場合は「君臨すれども統治せず」という象徴君主制であるが、プロイセンがそれと同じかどうかという問題を明白に示させようとしていることがわかる。それに対して、ロエスレルは、両者の立憲制度の下における君主権力の問題、内閣制度の問題、予算議決権の問題、政党政治の問題など、憲法制定に関する焦点となったほとんどの問題について見解を明示したのであった。

周知のように、日本に立憲政治を実現しょうとした明治初期において、明治政府が最も配慮した問題は、君主権、行政権、立法権三者の関係で内閣がどのように君権の庇護の下で議会からの制限を最少にするかということであり、君主大権制の下で政府が円滑に政治権力を行使することができるような憲法制度を制定することであった。そこで、天皇の政治的権力と内閣制度が非常に微妙な問題となっていたのである。従って井上は、その問題がイギリス型憲法制定か、プロイセン型憲法制定かに関する重大な問題であり、それを解明することが決定的な意味をもっていると考えたのであった。それでは、次に、「憲法意見」が具体的どのような問題を論じたのか、その中にロエスレルの見解が重要な点でどのように反映されていたか、ということを検討してみよう。

憲法意見第一は、イギリス立憲政体をプロイセン立憲政体と比較し、前者に反対し、後者を取るべきであると主張した。すなわち、君主が実質的行政権をもつかどうか、議会において政党政治を行うかどうか、という問題が提起され、これを論じると共に、イギリスのような象徴君主制、政党政治より、むしろプロイセンのような君主大権主義に基づく立憲君主制のほうが日本に適合すると明白に主張している。

まず、井上は、君主権については、次のように述べている。「英国ノ習慣法ニ従ヘハ、……名ハ国王ト議院ト主権ヲ分ツト称スト雖モ、其実ハ、主権ハ専ラ議院ニ在リテ、国王ハ徒ニ虚器ヲ擁スルノミ。……是ニ反シ普魯西ノ如キハ国王ハ国民ヲ統フルノミナラス、且国政ヲ理シ立法ノ権ハ議院ト之ヲ分ツト雖モ行政ノ権ハ専ラ国王ノ手中ニ在リテ敢テ他ニ譲予セズ。(12)」と。この見解は、ロエスレルの答議に次のように述べられている。即ち「英国ニ於テハ、主権ハ国王及ヒ国会ノ二者ニ在リト雖モ、是レ其名ノミニ止マリ、実際ニ於テハ、主権ハ全ク国会ニ在リテ、国王ハ殆ト政体上ノ虚飾者ナルニ過キザルナリ。……孛国ニ於テハ、主権ハ専ラ国王ノ手ニ在リテ、施政上、憲法ニ依テ単ニ国会ノ承諾ヲ要スルニ止マルノミ。(13)」と。つまり、両者は、同じ立憲政治と言っても、イギリスは象徴君主制であって、行政権の行使は、実質的に議会によって運営されているのに対して、ドイツでは君主は議会に制限されず、実質的行政の行使権をもっている、という見解について一致している。

そして、政党政治について、井上は次のように指摘している。「英国ノ慣法ハ、政党ノ結成、大抵両党ニ帰ス。……今我カ国ノ如キ、政党未タ結成セス、縦令結成スルモ、必ス数少党各自ニ分立シテ、一大団結ニ帰スルコト能ハズ、此時ニ於テ、現在ノ内閣、少数ヲ得テ罷免セント假定センニ、其後ニ代ルノ党、果シテ衆望ノ帰スル所、多数ノ集マル所ナランヤ。……一党其位地ニ代リ以テ内閣ヲ組織セントスルニ当テ、它ノ数党必ス争競ノ勢ヲ成シ、行政権ノ位地ハ、一ノ争区タルニ過キズシテ、輾轉相攻メ、甲蹶キ乙僵レ、安定スル所ナク……[14]。」と。この点について、ロエスレルは次のように述べている。「国会政府ナル者ハ、何レノ邦国ニモ必ス適当スル者ト云ヒ難シ。若シ政党ノ数許多ナルトキハ、信用ヲ置クヘキ多数ナクシテ、政治上激変ノ憂アリ、又タ政党ノ主義ヲ異ニスルコト甚シキトキハ、互ニ相容レサルノ情勢アリテ、終ニ少数ハ多数ニ因テ圧制セラル、ニ至ル[15]。」云々と。つまり、両者とも、日本においては、政党政治を行うことは政治的に不安定であるため、適当ではない、と明確に強調しているのであった。

　そのように論じたあとに、結論として、井上は、「立憲ノ大事、方ニ草創ニ属シ、未タ実際ニ徴験ヲ経ス、今一時ニ急進シテ、事後ノ悔ヲ致シ、或ハ豫ヘテ後ニ奪フノ不得巳アラシメンヨリハ寧ロ普国ニ倣ヒ歩々漸進シ以テ後日ノ余地ヲ為スニ若カズト信スルナリ[16]。」と述べて、日本にとって、イギリスのような急進的立憲政治を導入するよりも、むしろプロイセンのような漸進的立憲政治を学ぶべきである、と主張したのであった。

　憲法意見第二は、君主大権の下で行政権に関する問題を論述している。これは、すでにロエスレルが「孛国ニ於テハ、国王ハ実力ヲ有シ、常ニ国会ヲ壓抑スルノ情勢アリトス。」「其実際規則上及ヒ裁判上ノ差異ヲ左ニ述フヘシ[17]。」として、二点について論じたが、井上はほぼ全面的にこれに従って三つのことに展開したのであった[18]。

　第一、閣僚任免の問題。ロエスレルは「孛国ニ於テハ、憲法ニ、国王ハ執政ヲ選任シ、及ヒ之ヲ退職セシムト云フ明文あり。」と述べて、続いてイギリスの内閣組織と比較しながら論じたが、井上は「天子ハ大臣以下勅任諸官ヲ選任シ及之ヲ進退ス」と述べて、さらに、これについて解説したのであった。つまり、閣僚任免は、プロイセンのように議会と関係なく、君主によって任免すべきである、という主張である。

第二、内閣責任制の問題。ロエスレルは、イギリスの議院内閣制度が「多数党ニ対シテ、連帯ノ責任ヲ負担ス」るが、プロイセンのような君主大権制の下では、内閣は「国王ノ責任ニ依テ保護セラレ、国会ニ対シテハ、責任ヲ負ハサル者ナリ。……執政ハ、国王ノ責任ニ依リ、国会ノ決議ニ反対シテ施政ヲ為スコトヲ得。」と述べている。井上は、これに同調して、「憲法ニ於テ宰相ノ責任ヲ定メ其連帯ノ場合ト各個分担ノ場合ヲ分ツベシ。……連帯ノ責ヲ負フ者トセハ、一省長官ノ職務失錯アリテ議院ノ詰責ヲ得ルゴトニ他ノ各省長官モ従テ一同ニ退職セザルヲ得ス。此ノ如キトキハ内閣容易ニ議院ノ攻撃ヲ致シ更替頻煩一ノ争区トナル。」と述べたように連帯責任制を否定したのであった。

第三、予算議決権の問題。ロエスレルは「英国ニ於テハ、毎年国会ノ決議ニ依ルニ非サレハ」予算は決定されないが、しかし「孛国ニ於テハ然ラス。憲法第百條ニ、国会ノ承諾アルニアラサレハ、租税ヲ賦課スルヲ得スト云フ明文ヲ掲クルモ、憲法第百九條ニ、若シ新出ノ歳計豫算ニ付テ、政府ト国会ト協同セサルトキハ、前年ノ豫算ヲシテ其効ヲ有セシムベシトノ明文アリ。」と述べている。井上も「憲法ニ於テ普国ノ左ノ一條アルニ倣ハザルベカラズ。」というように、日本憲法では、プロイセン憲法の第百九条を取り入れるべきであると強調した。その理由として、井上は、「議院若シ内閣ヲ攻撃シテ内閣ノ重大法案ヲシテ少数ナルに至ラシメ而シテ内閣仍天子ノ保護ニ依リ退職ニ至ラザル」ことが国会の多数党に対抗するために必要であることを明白に示したのである。

憲法意見第三は、元老院の「日本国憲案」と交詢社の「私擬憲法案」を批判している。井上は、「日本国憲案」については、「元老院上奏ノ憲法草案第八篇第二條ニ法律ノ承認ヲ得ザル租税ハ之ヲ賦課スルコトヲ得ズ。」[19]という賦税の全権を議会に付与する点を「賦税ノ全権既に議院ニ在ルトキハ虎ニシテ羽翼アルノ勢アリ、宰相ヲ進退シ内閣ヲ左右ス熟レカ敢テ之ヲ防カン、此レ乃チ「急進」政論家ノ十分ニ満足スル所ナリ。」[20]と指摘して、厳しく批判した。さらに、交詢社の「私擬憲法案」については、「交詢社ニ於テ起草セル私擬憲法案第九條ニ内閣宰相ハ叶同一致シ、内外ノ政務ヲ行ヒ連帯シテ其責ニ任スベシ云々。」[21]という議院内閣制の連帯責任制の点で、「英国ノ模範ニ倣フ者ナリ。」[22]と批判した。井上がこれらを批判した真意は、大隈のイギリス型憲法制定の意見に対する反対意見を表明することを含めて、政府内部の大隈一派が自由民権運動と連結していることを強く警戒したからであった。

以上のように、井上毅の「憲法意見」は、ロエスレルの見解を取り入れて、明らかにプロイセン型憲法制定を主張したものであった。

4・明治政府のプロイセン型憲法制定の方案

井上は「憲法意見」を岩倉と伊藤に提出したあとで、一連の憲法意見案をまとめて、政府の憲法制定案として「綱領」を完成した。七月五日に、岩倉の名で「大綱領」として正式に上呈して、政府のプロイセン型憲法制定の方針が決められた。ここで注目しなければならないことは、この「大綱領」が、後の明治憲法の骨組みになったことである。それでは、井上の憲法制定の方案を検討するために、「大綱領」と「大日本帝国憲法」との対照を含めて、前者と後者の関連、すなわち前者が後者に反映されていることを、そしてこの方案がどのような憲法構想を示しているかということを検討してみよう。

「大綱領」

「大綱領」[23]は十八条項からなっているが、「欽定憲法之体裁可被用事」という欽定憲法の制定規定、「天皇ハ陸海軍ヲ統率スルノ権ヲ有スル事、天皇ハ宣戦講和及外国締約ノ権ヲ有スル事、天皇ハ貨幣ヲ鋳造スルノ権ヲ有スル事、天皇ハ大臣以下文武重官任免ノ権ヲ有スル事、天皇ハ位階勲章及貴号等授与ノ権ヲ有スル事、天皇ハ恩赦ノ権ヲ有スル事、天皇ハ議院開閉及解散ノ権ヲ有スル事」という主に天皇大権制の規定、「大臣ハ天皇ニ対シテ重キ責任アル事」という内閣の個別責任制の規定、「元老院ハ特選議員ト華士族中ノ公撰議員トヲ以テ組織スル事、民選議院ノ議員撰挙法ハ財産ノ制限ヲ用ウル事」というように将来の貴族院型両院制と制限選挙制の規定、「歳計ノ豫算政府ト議院ト協同ヲ得サルトキハ総テ前年度ノ豫算ニ依リ施行スル事」という施行予算制の規定、「臣民一般ノ権利及義務ヲ定ムル事、議院ノ権限ニ関スル事、裁判所ノ権限ニ関スル事」という規定が明示されている。このような規定は後に「大日本帝国憲法」に全面的に反映されている。特に天皇大権制の規定が後者の第五条と第十条と第十七条に強調されていることがわかる。そのような規定を見てみると、「大綱領」がのちの「大日本帝国憲法」の天皇大権制を先取りしていることは明白であろう。

(2) 井上毅の主導的役割

以上のように、井上毅の憲法構想の形成過程を検討してみたが、それによって、明治政府のプロイセン型憲法制定方針の決定が、井上毅の主導的な役割によって決められたことを肯定しなければならない。それは二つの方面から見られる。一方は、すでに述べたように、井上は六月上旬から岩倉に憲法調査意見を求められて、直ちに憲法意見を起草し、もしくは準備した意見案を六月二十六日ごろまでに、岩倉、そして伊藤に提出した。七月五日それらの一連の憲法意見の諸文書をまとめて岩倉によって「大綱領」として正式に政府の憲法制定方針として決定された。注目すべきことは、井上は、政治的決断力をもつ岩倉に深く信用されたこと、そして、実力者である伊藤を説得して、大隈に対抗して憲法制定の作業を担当させたこと、さらに、自分が構想したプロイセン型憲法制定の方案をまずこの二人に認めさせたこと、すなわち、岩倉―伊藤―井上毅の協力関係で政府の憲法制定の指導権を完全に握ったのである。また他方では、井上は、政府の主要なメンバーに提言し、積極的に意見の統合を働きかけて成功したのである。そのような井上の役割は、会談、書簡によって行われたが、次にこれをまとめてみよう。

まず第一は、岩倉の伊藤との関係を緊密化させたことである。井上は、六月下旬一連の憲法意見文書を作成して岩倉、伊藤に提出した。六月十四日、井上毅から岩倉宛書簡で「先日秘書内見被賜候後」「右書類追々取聚メ差出可申候得共、先一二先哲ノ論、翻訳奉供清鑑候[24]」、すなわち、大隈憲法意見書を見たこと、憲法調査作業を開始したことを述べている。六月十九日、岩倉から井上毅宛に「過日秘書御一見及内談候末、三ケ度之来簡、且書類洋人政体抜書及意見書等追々及熟覧、深ク了解ニ至リ。[25]」と、井上毅の諸意見書を見たことと、その上で会談したことを明示している。六月二十二日、井上毅から岩倉宛に「局名義之事[26]」について甲、乙という二つの憲法起草手続の方法を示している。六月二十八日、岩倉から井上毅宛に「廿五日廿六日来簡并ニルスレール氏質問書而御廻[27]」云々と、先に述べたような「ロエスレル答議」に対する返事が送られている。七月一、二日、井上毅から岩倉宛に、一日に「被仰付候清写、先ツ左之三通奉差上候、一、欽定憲法考、一、井上毅意見、一、参照書類（英国内閣、佛国宰相責任、国法汎論一節）」、二日に「清写弐通、一、憲法綱領之議上奏案、一、憲法起草手続ニ付井上毅内陳[28]」云々と、つまり、憲法意見案（欽定憲法考、憲法意見、各国執政責任考、憲法綱領意見、憲法起草手続意見）などがすでに六月下旬に提出されたことを示している。六月（日付不詳）、井上が伊藤宛に提出した漢文の憲法意見[29]があり、内容は岩倉に提出したものと同様である。六月二十九日、伊藤から井上宛に上文の返事として「尊翰拝読、且御封入別冊も不取敢一読過、高慮之所在大意ハ領承仕候へ共、尚再應熟見可仕候、愚考も大差ハ無之様奉仕候へ共[30]」云々と、井上の憲法意見に賛成の意向を示している。さらに、井上は七月二日の伊藤宛手紙で

「先日は御寛話被賜、抃喜奉存候、時事漸く変局を現はし、安危の機、実に今日に在り、後日風雨震雷交と至るの日、生命を犠牲に供するも以て挽回すること能はざるもの、今日に在りて、或は一挙手の間に運動転化すべきもの有之、……憲法取調の大事を自ら御負担有之度候。」[31]と、憲法の制定を担当することを懇切に提言した。そして、岩倉は七月五日「大綱領」を提出したのち、病気保養のため京都へ出かけたが、井上は京都に岩倉を訪ねて会談したり、東京に戻って三条、伊藤に意見を交換したりすることによって、岩倉―伊藤―井上毅の協力関係を緊密に結成した。

そして第二は、政策決定層のほかの参議、閣員とも、密接に交流して、彼らの意見をまとめた。すでにイギリス型政治制度を導入しょうと主張していた井上馨も井上毅の説得によってプロイセン型憲法制定に転換した。当時井上馨は保養のため、三月から各地に旅行していたが、井上毅は七月二十七日、宮島に静養していた井上馨を訪ね、琉球問題について意見を交流すると共に、憲法制定問題についても、自分の見解を井上馨に納得させて、さらに、伊藤に憲法制定を担当することを説得するように依頼した。そして、井上馨は、当日、井上毅に託して伊藤への手紙の中に以上のことを次のように述べている。「奇々妙々論よりして老台今後之政略を井上氏より伝承せり。……驚愕するは奇妙建言実に内部に腐肉を生ぜし色を顕然する之今日に至りては迚も士族を満足せしむるに不足、却て種々なる機知を以終に急進者え公然言論を可成場所を与ふるが如きなり。……最早今日如期形勢に差迫りたれは、不得止場合故早く独乙の憲法に習ひ其法制を細密にし、……老兄事は法制部を全任し其事を担荷被成候方当今策の得たる者と奉存候。勿論此議は老兄自ら方今天下之形勢に付与案する手段にして建白を公然御差出し有之度様祈望す。或は大隈へ対し如何にも彼之英憲法を誹議し、只些少主義之変したる憲法を持出抔之説も或は起るならん。」[32]つまり、ここで、井上馨は大隈の憲法意見に反対し、伊藤の主導の下でプロイセン型憲法を制定すべきであることを伊藤に強く主張したのであった。

また、井上毅は、黒田清隆、松方正義などとも意見を交換し、とりまとめに努力した。このことは、八月二日、井上毅宛の松方の手紙によって立証される。すなわち「御約諾仕置候結局之處、一輸認置候含之處、……憲法取調方之儀ニ就てハ、篤与伊藤氏へ熟談仕候處、無異存談決致し、御安心可被下候、尤黒田清隆、西郷従道之而々も、伊藤同席ニ而快く同意相成候仕合、先々為国家大度之至ニ候、依而條公へ罷出、今般者直ニ憲法内密取調之事、伊藤参議御下命相成可然者無之や。[33]」と云々。つまり、松方は井上との約諾によって、伊藤に憲法制定担当のことを勧め、伊藤の承諾を得たこと、そして黒田、西郷に憲法制定意見の同意を得たことをはっきり示しているのであった。

以上のように、井上毅は、岩倉―伊藤―井上毅の緊密な協力関係によって、憲法制定の主導権を握り、さらに、薩長を中心とする政府内部の統一戦線を作った。そして、それを基礎として、政府のプロイセン型憲法制定の方針を決定するに至ったのであった。総じて、その過程での井上毅が主導的な役割を果したことは否定できないであろう。

二　小野梓の憲法構想と井上毅の憲法構想との比較

先述のように、明治十四年政変の実質は憲法制定をめぐる各派政治勢力によって展開された政治路線の闘争であったが、具体的に言えば、大隈重信の憲法意見書に示されたイギリス型憲法制定の主張と、すでに述べたように井上毅が提出して、岩倉、伊藤、政府中心部の諸参議が賛同したプロイセン型憲法制定の主張との極端な政治的対立であった。当時、大隈の憲法意見書だけでなく、元老院の「日本国憲案」もイギリス型憲法制定の傾向を強く示していたし、また、多くの「私擬憲法案」も明白にイギリス型憲法制定を主張していたのであった。従って、イギリス型憲法制定の主張は、明治十年代前半までに一つの代表的な思想的潮流であったと言える。

大隈の憲法意見書は、大隈の幕僚である太政官大書記官の矢野文雄によって起草され、会計検査院一等検査官の小野梓によって修正を加えられたと見られるものである。矢野と小野は、政府の高級官僚でありながら、共に民主主義的思想啓蒙運動に熱心に従事していた体制内改革派でもあった。矢野はもともと福沢諭吉の弟子で交詢社の主なメンバーであり、井上毅が強く批判した交詢社の「私擬憲法案」[34]の起草者の中心人物であった。事実上、大隈憲法意見書と交詢社の私擬憲法案とは趣旨が一致していたに違いない。また、小野は思想啓蒙団体の「共存同衆」の創始者の一人であって、同団体の核心的な人物であった。明治十二年に作成されたと見られる「共存同衆」の「私擬憲法意見」[35]も、勿論イギリス型憲法制定の主張であるが、貴族院型両院制の制度を導入すべきかどうか、などの問題、すなわち、伝統的イギリスのような制度を多く摂取するか、それとも議会改革論を主張するベンサム、ミル父子の功利主義に基づく議会制度を学ぶべきであるかという点について、「共存同衆」内部で議論をされていたため、小野梓はすでに明治九年に書いた議会改革論を主張する憲法論、政治制度論の「国憲論綱」を「共存同衆」の機関誌の『共存雑誌』に掲載している。具体的な問題については相違があったとは言え、それらの私擬憲法案は広い意味でイギリスのような議会主義的立憲政治を主張する点で一致していたのである。

このように、明治十四年当時、イギリス型憲法制定の主張はすでに一つの思想的潮流の代表として、政府内部の改革論者や、自由民権派によってなされていた。この主張に基づいて体系的に憲法論、政治制度論を論じたのは小野梓の「国憲論綱」であった。「国憲論綱」は、小野梓の近代日本の国家構想の青写真として展開され、明治前期において一つの国家構想のモデルを提起していたものと言えよう。

(1) 小野梓のイギリス型憲法構想

小野梓は、嘉永五年(一八五二)二月二十日に土佐の宿毛(現在高知県宿毛市)で軽格下級武士の家に生まれた、幼少で親から漢字、漢詩を習得し、九歳から酒井南嶺の私塾に入り、十一歳から十三歳までに郷里の漢学校に転学した。十四歳の時、再開した望美楼と号する酒井の私塾に再度入った。このように、少年小野は、伝統的文化、思想に基づく豊かな教養を身につけていた。十六歳の時、宿毛機勢隊に入隊し、戊辰戦争に従軍した。その経歴が小野の政治的開眼の発端となった。

明治二年、小野は、機会を得て東京と横浜で、新知識や海外事情に対する視野を拡げ、思想を飛躍的に進歩させた。さらに、彼は、欧米先進諸国の制度、思想、文物などを摂取して近代日本国家の創設に役立つために海外留学を志望し、明治四年(一八七一)二月から明治七年(一八七四)五月までの四年間、米欧に留学した。ここで注目に値するのは、小野が米欧留学前に清国の上海を視察したことである。小野の「自伝」に「斯の以前より海外に遊びたき志は勃々として止まず、時に義真ぬしにその事を話したれば、そは兎も角も一旦支那上海辺まで至りて見るべし。」[36]と記されている。小野は、義兄の小野義真の勧誘によって、明治三年七月から十一月までの間、当時すでに半植民地に陥っていた隣国の上海の内地を観察した。その実地考察が、小野の政治思想形成にとって積極的な意義をもったのであった。小野は、清国の「国破民聊」の惨状に悲憤し、また、日本未来興亡の「前者之鑑」と感慨した。すなわち、彼は、中国と対照して、日本が外来圧力によって近代的転換期の契機としてどんな道を選んで行くのか、ということを思考した。彼は上海で、「東島興児」と号し、「救民論」[37]を書き、これを小野義真に送ったのであった。「東島興児」という号は、日本の振興のために献身する意味を示しているが、「救民論」というのは、国家を救い方策を論じるの意味で、すなわち政府論であった。この短い論文が、小野の最初の政論であり、彼の政治意識がそこに示されていたのである。その内容は三つのことを示している。すなわち、「天之愛育生民、宇内同一、非有各土彼此之別也。……今為宇内生民之計、莫如建一大合衆政府推宇内負望之賢哲使之総理宇内焉。[38]」というように、世界における協同的な政府論の主張、「確定公法、議宇内之事務。[39]」というように、法による支配の主張、「上下同一、得全相生相養之道伸自主自由之権。……置大議事院、挙各土之秀才、確定公法、議宇内之事務。而善其政者勧之、不善其政者懲之。[40]」というように、人権尊重と代議制の主張である。

このように、小野は、近代的国家像の理想をもって、その思想的源泉を西洋に求めて海外留学した。まず、小野は、かつてイギリス植民地から独立した先進国として発展していたアメリカへ一年間留学した。彼は、私費留学生としてアメリカで法律学を勉強し、近代西欧の法律、政治学の原理を学んだのであった。当時のアメリカで十八世紀以来の啓蒙思想に基づいて発展していた自由主義、民主主義、理想主義などの思想が小野の初期思想の形成に影響を与えたと思われるが、しかし小野は、アメリカ合衆国の連邦制及び大統領制は歴史伝統が異なった日本には適用されないと認識し、その政治制度を受容するよりも、むしろその民主的政治思想を吸収することが重要であると考えたと思われる。そのことは、のちの彼の憲法論、政治制度論の中に反映していたのである。まもなく明治五年、小野は大蔵省の官費留学生となり、イギリスへ留学した。小野は、イギリスで銀行制度と理財学を勉強したが、そのほかに、個人指導によって法律学、政治学を研究し、さらに、議会主義に基づく政治運営の実際をも見聞した。このように、イギリス留学は小野の思想形成、政治生涯に決定的な影響を与えたのである。新知識人としての青年小野は、帰国後明治八年、思想啓蒙団体「共存同衆」を創設し、啓蒙運動に没頭すると共に、憲法制定、国会開設の重大な政治課題にも強い関心を持っていた。翌九年に、小野は、この問題を理論的に論じ、憲法論、政治制度論として「国憲論綱」を完成した。またその年、小野は大蔵省の官僚である義兄の小野義真の推薦によって大隈重信と相識した。大隈の回想によれば、その相識以来「早速わが輩の部下に任用したが、果して学問の造詣深く、経論の才略あり、種々の方面にわが輩の参謀となり、秘書となって補佐してくれた。もし何事かなす場合には、我が輩一策を建つれば、直ちにこれに骨をつぎ足し肉を付け、ちゃんと形を整へて提供し、その案は往々わが輩の考へる以上のものがあったのである。[41]」すなわち、小野は、司法省、のちに会計検査院の官僚として、明治九年から十四年までの五年間の官僚生活の間、常に大隈との協力関係を持ち、体制内での法律改革、政治改革に全力を注いだのであった。

「読詔余論」と「国憲論綱」

小野がイギリスで強く影響を受けたのはベンサム、ミル父子の功利主義思想であり、功利主義に基づく議会政治を日本に実現しょうとするのが彼の政治理念であった。小野は父の「大丈夫不能当路行其志、則宜著書言其志」の遺志に従って、その政治理念を理論的に展開したのであった。彼が憲法構想を示す直接的な動因は、明治八年四月十四日の「立憲政体樹立の詔」であった。五月に小野は「読詔余論」[42]を執筆して、これを『共存同衆』の六号（五月）、八号（六月）、九号（九月）に発表し、彼の最初の憲政理論を示した。「読詔余論」は、短い論文で議会、選挙、地方制度の三つの問題について簡潔に論じ、そこで一院制議会、制限選挙、地方自治という主張が明示されている。明治九年九月七日、元老院は国憲起草を命じられ、国憲取調の作業が始まった。小野は「自伝」で「家居慨然国憲論綱を著作するの意を決し、筆作孜々将さに之を要路の人に進め、国憲制定の好時機正さに茲に在ることを陳ぜんと欲せり。[43]」と述べたように、「読詔余論」の論旨を基礎として五月にすでに執筆していた「国憲論綱[44]」に加筆して、十一月にそれを完成した。明治十一年、「国憲論綱」は元老院に提出され、国憲取調委員に回覧されて、国憲起草に参考されたと考えられる。そして、明治十二年に「国憲論綱」は『共存雑誌』に連載された[45]。

「国憲論綱」は、七章から構成され、憲法の原理、憲法制定の目的、政体論、国会論、選挙制度、信仰自由などの問題について憲法論、政治制度論を展開しているが、小野が米欧留学を通じて西洋政治思想を受容したこと、特に主にベンサム、ミル父子の功利主義思想に影響を与えられたことによって、イギリス型憲法制度を日本に導入すべきであるという主張を明白に示している[46]。しかしながら、小野の憲法構想を究明するには、彼が明治十四年二月から「国憲論綱」をもとにして追加、改稿し、明治十六年にほぼ完成した大著『国憲汎論[47]』と関連して見なければならない。『国憲汎論』で示された小野の基本的憲法観は「国憲論綱」にも一貫しているが、政治情勢によって、あるいは彼の思想的成熟に伴って、若干の修正が見られる。それでは、次に小野の憲法構想を簡単にまとめて指摘しておきたい。

第一、憲法の原理、憲法制定の目的については、小野は功利主義的最大幸福原理に基づく憲法秩序を確立しなければならないと主張した。彼は、立法の目的は「生存、豊富、安全、平等[48]」という人生の四つの目的を実現するためであって、そして、政府の目的は、それを実現するための手段として政治を運営することであると指摘し、それ故、「官職応当の三原素[49]」という原則に基づく近代的能率的官僚制度を確立しなければならないと主張して、完全にベンサムの功利主義に従って論じていたのである。小野は、そのような功利性を政治道徳の基準として、立憲政体がイギリスのような憲法秩序の下で政治的に安定し、「最大多数の最大幸福」の目的を達成することが可能である、という見解を示した。

第二、政体論について、小野は、イギリスのような代議政治を主張している。彼は、「非三大政権」「四大官職説」というベンサムの論説[50]に賛成して、人民主権としての「最高権威」が第一位、その下に立法権、さらにその下に行政権、司法権というような権力構造を示している。しかし小野は、ベンサムの共和制構想と違って、「君民同治」の立憲政治を主張している。つまり、「最高権威」を君主と人民に与え、それを共有すべきであると主張し、のちの『国憲汎論』で明白に「最高権威」を選挙権と解散権に二分してそれを国民と天皇に与えることを示した。しかし、この問題を理解するために、注意しなければならないのは、小野梓の「君民同治」立憲政体の主張は議会主義的立憲制であって、明らかに立法府を優位とする憲法秩序であったことである。小野の「君民同治」立憲政治理論の特色は、君主大権制ではなく、むしろイギリス的議会政治であった。また、注目すべきことは、小野は、「国憲論綱」で加藤弘之を代表とする民選議院尚早論を批判して、J・S・ミルが『代議政治論』で言及した代議政治を設立するための三つの条件に基づいて、日本に代議政治を実現する条件が徐々に整っている、と早期国会開設を主張したことである。それは、大隈憲法意見書に示された見解と一致していたのである。

第三、国会の構成について、小野は、「国憲論綱」で一院制を主張したが、『国憲汎論』では二院制に変換した。それは、小野が貴族院型二院制を反対したベンサムの一院制[51]の主張に同調していたが、のちにJ・S・ミルの議会改革論としての『代議政治論』の中で論じた「実力者の上院」の二院制[52]に賛成したからであった。下院の構成について、小野は、J・ミルが『統治論』で論じた「年齢、財産、職業[53]」による制限選挙を主張したが、具体的な基準について、J・ミルより広い範囲に修正して、財産上で低い資格のもとで二十一歳の男子に選挙権を与えるべきである、という見解を示していた。

そのほかに、政府の政治的運営については、小野は、明らかに政党政治的議院内閣制を主張している。小野は

『国憲汎論』の行政制度論は、議会主義的君主制と議院内閣制度を明白に前提としている。

第四、国民の権利の保障の問題については、小野は、「国憲論綱」で「国教定置の弊害」という問題について「財政上の負担」「信仰自由の強制」の二点を挙げて国教制に反対し、宗教信仰の自由を国民の権利として強調した。[54] しかし、『国憲汎論』で、小野は、「民人の自主」と題して四章にわたって、アメリカの政治学者F・リーバーの『自由自治論』(Francis Lieber, *On Civil Liberty and Self-Government*, 1853.) を受容して自由権論を充分に展開した。小野は、制度化された個人の権利の保障問題が近代立憲政治の重要な一つの内容であると見なし、憲法でそれを明言しなければならないと強調している。小野の自由権論は、近代民主政治の特徴を明白に示していたのである。

(2) 両者の憲法構想上の相違

以上のように、井上毅の憲法構想と小野梓の憲法構想を示したが、立憲政治上の根本的な問題として、君主、政府、議会の三者の関係によってその相違が見出されるであろう。次に両者に反映されている主な問題についての見解をまとめてみよう。

1・ 君主権制限の問題

立憲君主制における君権の制限、あるいは君主の実質的権力について、イギリス型とプロイセン型とは全く異なるものである。先述したように、井上毅は「憲法意見」で述べたように、イギリスの場合、「君臨すれども統治せず」、君主は単なる飾りものであり、所謂象徴君主制であるが、プロイセンでは、「行政ノ権ハ専ラ国王ノ手中ニ在リ」というように、君主は事実上最高の権力を体現しているので、君主大権制であると指摘して、イギリス型立憲政体を導入するのが急進的で、プロイセンのような立憲君主制によって国民を統合するほうが漸進的で日本に適合すると強調して、「大綱領」で明白に天皇大権制を規定している。

しかし、同じ立憲政体を主張する小野梓は、議会主義的君主制を主張した。小野は「行政の大権を挙げて、之を世襲にして撰立に非らざる一人の君主に帰すあるは、其権を安置するの最善良図なればなり。」[55]と述べて、君主制と議会政治が両立すると主張したジェイムズ・ミルの一節を引用して、「君民同治」を核心とする立憲政治理論を提出した。小野は、「君民同治」の代議制を提唱したが、彼の国会論、行政制度論を見てみると、完全にイギリス的議院内閣制を前提としている。小野は、法案裁可権、特赦権、条約制定権、開戦権は君主に属すべきであると主張したが、その場合に君主の権限は議会の承認に基づいている。明白に「君臨すれども統治せず」というイギリス的議会主義君主制を主張していると言える。

小野は、明白に君主大権制に反対しているが、その理由として二つを挙げている。第一は、君権が政治的に利用されることである。小野は「短視の勤王者流多くは其誤謬に陥り姦雄乗じて之を舞弄することあり。」[56]と述べて、君主の権威を尊敬し、維持するために君主に行政大権を与えるべきであるという考え方が、実際に専制政府に利用される恐れがあると指摘した。彼がその実例として挙げたのは、当時ドイツのビスマルク内閣が議会の多数派の抵抗を抑えるために、ドイツ皇帝の詔書を利用したことである。[57]第二は、責任の帰着により君主の尊栄が毀損されることである。小野は次のように述べている。「君王自から出て行政の衝に当り万般の政務皆な其責を任じ給ふは、徒らに民人怨望の府と為るのみにして決して其尊栄を無窮に保持し給ふ所以に非らず。……我日本人の黒眸を以て之を見れば、行政の衝に当り責の帰する所怨の集まる所と為り危殆の位地に立ちさせ給ふは、決して日耳曼皇帝の尊栄なりと謂はざるなり。……英国の如き白耳義の如き、その王室に忠愛を表章したる民人が常に宰相行政の責に任ぜんことを切言し、終に皇帝は悪事を為すことなし、その悪政あるは宰相の罪なりと謂ふに至る所以にして、真純に其君主を愛敬しその無窮の尊栄を希ふものは誠に君主の繁栄なるを希ふべし。[58]」すなわち、小野は明白にドイツ型の立憲君主制を批判し、イギリス型立憲政体を主張したのである。

2・内閣制の問題

先述したように、井上は、内閣制度について、プロイセンのような君主大権制の下で個別責任制を主張したのである。しかし、小野は「一国治理の平正を望み内閣組織の宜を欲せば、必らず負望の政党に採て之に充つるの制を布かざるを得ず。[59]」と述べて、さらにこの制度の長所として「賢才の士を得易し」「議政行政の執拗を免るるを得む」「君主若くは統領は天下国家を治理するが為めに其位に居り、敢て万人の上に立て一人の私利を謀るものにあらざるなり」「議政官各政の細古を定むるに遑あらず間々これを行政の官職に委するものなれば、其人民に信ある必らず政令の布行を為し易し[60]」というように、人材登用をしやすいこと、議会、もしくは行政府の専制を防止し得ること、君主の徳望を保持し得ること、国民の信用を得ることであると指摘し、明白に政党内閣制を主張し、イギリスのような二大政党による政治を運営する議院内閣制を「美観すべきもの」と讃美した。次いで小野は、イギリスの議院内閣制の特色として、議会に対して連帯して政治上の責任を負うこと、多数党派により内閣を組織することによって政権が安定することを指摘したのである。

3・政党政治の問題

先に述べたように、井上は、内閣制度について個別責任制を主張した一つの理由として、「今我カ国ノ如キ、政党未タ結成セス、縦令結成スルモ、必ス少数党各自ニ分シテ、一大団結ニ帰スルコト能ハズ。」と述べ、日本には現段階では政党政治の基盤が欠如しているとの見解を示した。しかし、小野は明白に政党政治を主張した。小野は、すでに日本に立憲政治を導入するのが適当であるかどうかについて、次のように述べている。「明治の今日を云ひ、年を経ること未だ十歳に満ずと雖ども其間百物の進歩を促し、特に政治の如きは其方向を代議の体裁に注ぎ、行々其完全を致さんとするが如し。……余は既に第一章に於て本邦立憲の萌芽の美妙に発生したる有様を説けり。」(61) さらに、小野は、「尚早論」を駁論する際に、立憲政治を実現する三つの条件として、すなわち、国民は、代議政治を望んでいるかどうか、代議政治を維持する能力があるかどうか、またその能力を促進しているかどうか、について、「邦人の智覚既に自治の喜ぶべきを知る」「邦人にして既に代議の政を願ふの智覚あるを推知すべければ、均しく之を推して其之を永久に維持する能力あるを知る」「今日人民をして参政の権理を得せしめ次第に其能力を教養せんことこそ方今急務の一端なり。」(62) と述べて、明治以来、徐々に制度的に整備され、近代的政治意識が形成されて、立憲政治を実現する基盤がすでに整っていると指摘した。先に述べたように、小野は、イギリスのような議会主義君主制を導入すべきであると主張すると同時に、議院内閣制を主張した。彼は、日本に立憲政治を実現するならば、政党政治でなければならない、と強調したのである。そして、小野は、明治十四年六月から大隈と協議の上で政党を結成する準備に着手したのであり、翌十五年三月に、前年の自由党の結成に続く、立憲改進党を結成した。つまり、小野は、議会主義的立憲政治を理論的に展開すると共に、政治的な狙いとして、実際にこれを実現するように試みていたと言えよう。

4・予算議決権の問題

井上は、「憲法意見」でプロイセン憲法第一〇九条に規定するような施行予算制を主張した。「大綱領」では、「歳計ノ予算政府ト議院ト協同ヲ得サルトキハ総テ前年度ノ予算ニ依リ施行スル事」と明白にこの主張を規定している。

しかし、小野は、「歳計の予算実に財政の秩序を正さんと欲するに起る」「予算を調製すべき者」は、「行政の官職其当なり」、しかし、「予算を議定すべき者」は、「議政の官職其当なり」[63]と述べ、明白に予算案が政府によって提案され、議会によって議決されるべきであると主張していた。小野にとっては、財政は政治運営の源動力であり、「会計の政は政務最要の位地を占め天下の諸政皆な其制御を受けざるはなし。」[64]というように憲法で規定すべき重要な問題であった。従って、小野は、予算について「英米の如きは最も之を重んじ下議院の立案に出づるに非らざれば之を執行するを得ざらしめ」[65]ていると指摘して、議会の監督機能を強調したのであった。

5・二院制の問題

「大綱領」は、「立法ノ権ヲ分ツ為ニ元老院民選院ヲ設クル事、元老院ハ特撰議員ト華士族中ノ公撰議員トヲ以テ組織スル事、民選議院ノ議員撰挙法ハ財産ノ制限ヲ用ウル事」と規定している。すなわち、貴族院型の上院と、制限選挙の下院との二院制の主張である。

小野は、国会の構成について二院制を主張したが、貴族院型二院制に強く反対した。すなわち「二局議院を置くは社会通般の正理にして別に異常の障礙あるに非らざれば、殆んど之を動すべからざる」[66]ことであると述べ、二院制を主張したが、「英国近時の上院は寧ろ君撰の上院と称すべきも、之を称して右族世襲の上院と為すべからざるなり。」と述べ、イギリスが貴族院型二院制であることを指摘して、「今華族諸氏にして之に模倣せんとす。」[67]というように日本に貴族院型二院制を導入しょうとしていると警戒し、そのような貴族院は「皇帝の藩屏と為さんと欲するもの」であって「余決して之に与みせず。」[68]と強調した。結局、小野は、上院の構成について、「下院は既に人民の代議官を以て之を組成し万民の意嚮を代表するあり、故に上院は実歴あるの人を以て之を組織し一身の功績を表章せしめしむる」[69]ことを提案して、と述べ、J・S・ミルが『代議政治論』で論じた「実力者の上院」の主張に同調する見解を示したのであった。

6・国民の権利保障の問題

「大綱領」は、「臣民一般ノ権利及義務ヲ定ムル事」と規定する。すなわち、近代立憲制の下で個人の権利を「法律の範囲内」で保障することを意味しているが、法律による人権の侵害に対する保障には言及しなかった。

小野は、個人の自由権の保障する問題について、「国憲論綱」で信教の自由しか述べなかったが、『国憲汎論』でリーバーの『自由自治論』に全面的に従って、人権を保障する方策を充分に展開して論じたのである。小野は、「国憲論綱」を書き直す際に、リーバーの『自由自治論』から大きな影響を受け、その政治理論を受容したのであった。小野の「留客斎日記」の明治十四年九月二十八日項に「購宇為児爾政治学及李抜自治論」[70]と記されている。小野は、「近時李抜其人の出るに及んで大に其意を明らかにするを得たり。」[71]と述べて、個人の自由権を憲法で明示すべきこと、そして、それを具体化、制度化すべきこと、さらに、それを法律によって保障すべきことを主張した。小野は「民人の権利を表明して之を国憲の中に掲記するは、夫の権利も細故に熟せざる国民に在て甚だ緊要の関係を有し、特に我邦の如きは最も其用あるを知るなり。……民人権利の所在を明示し官人をして其限る所あるを知らしめ、民人をして其守る所あるを知らしむ是れなり。夫れ主治者は被治者の為めに其官に在り之が為め其職を執るものなれば、其之に於ける誠実にして礼儀あるべきは固より其所なり。然りと雖ども一とたび権力を得ば之を舞弄し之を害用し易きは人情の常にして、主治者たるの故を以て必らず其情を脱却し去るものに非らざる也。」[72]と述べて、本身の自主、交通の自由、動行の自由、信仰の自由、財産所有の自由、請願の自由、結社の自由、政治の公開、法律の無上など、具体的自由権を挙げて、それを制度化し、法律によって保障すべきであると強調した。[73]

以上のように、各問題について、小野梓と井上毅の見解を総括してみると、両者の根本的相違は、行政権が優位か、立法権が優位かということを焦点にしている。そして、政府が行政権を行使する際に、議会がどのような監督機能を行うかということをめぐって、寡頭政治を行うか、民主政治を行うか、という対照的な選択肢が示されていたのである。

結　論

以上のように、井上毅の憲法構想と小野梓の憲法構想を比較して検討したが、すでにわかるように、井上と小野は、近代日本国家を創立する際に、異なったモデルを提示していた。さらに、明治政権の確立過程で、この二人の政治的ライバルは、当時対立していた政治勢力をそれぞれ体現していたのである。このことは、日本近代政治史、思想史の上で、極めて重要な意義を持っている、と言えよう。それでは、次に結論として、このことを簡単に指摘しておきたい。

まず、両者共に開明的改革派であったことは間違いない。両者は明治法制官僚として、積極的な政策決定を画策し、影響を与え、政府首脳の助言者的な役割を果したのである。しかしながら、共通点を持っていたとは言え、両者は思想的相違によって、政治的分岐を明白に示していた。

第一、政治的立場が違う。明治維新後の政権体制は「有司専制」、すなわち薩長を中心とする寡頭政治である。立憲政治を実現する際に、それを天皇大権制の下で確立して維持するか、それとも、議会政治の下でそれを打破して民主政治を行うか、ということについては、井上は維持の立場に立っていたが、小野は打破の立場に立っていた。井上は既得利益を守るためというよりも、むしろ彼は寡頭政治のほうが国民を統合し、政治的に安定すると考えたのである。しかし、小野は一貫して民主政治を行うべきであると主張していたのである。十四年政変後、大隈は「わが輩は同志と共に袖を列ねて、政府を退いたのである。そこで野に下ったわが輩は、まず政治の方面、それは当時藩閥の武力と専横によって独占されて国家の一大危機をはらむおそれがあり、かたがた梓との黙契もあって、どうしても民間に一大政党を組織して、これに対抗し、第二維新を実現しょうと、即ち改進党の組織に力を用ふることとなったのである。(74)」というように回顧している。そこに、小野の政党政治を実現しょうとする決心が見出されるでろう。

第二、改革の姿勢が違う。「漸次立憲政体樹立の詔」の発布以後、漸進的改革の見解が政府内部で主導的であった。しかし、問題の視角によって「漸進的」か、「急進的」かの理解が異なる。先述したように、井上は、イギリスとドイツとを対照しながら、イギリスの憲法秩序はその国の歴史伝統によって漸進的に確立したが、急速に日本にこれを導入するのは「急進的」であると指摘し、むしろプロイセンの憲法秩序を導入するのが漸進的であると主張していた。しかし、小野は、イギリス、フランス、ドイツの三者を対照して、イギリスでは議会政体の漸進的発展によって政治が円滑に運営されているが、フランスの共和政体制は政治的に不安定であり、、ドイツの立憲政体は保守的専制政治であると指摘していた。彼は、イギリスのような漸進的安定した政治体制こそ、日本に導入するのが適当であるとの見解を明白に示していたのである。すでに述べたように、小野は一貫して藩閥寡頭政治に反対し、民主政治を主張していたのである。小野のそのような見解は、ベンサム、ミル父子、リーバーの影響を強く受けていた。小野がベンサムの良い法律によって良い政治が行われるという立法国家論に同調し、さらに、法律改革のために政治改革が必要であるというベンサム、ミル父子の議会改革論を継承していたことは看破すべきであろう。

確かに、一般的に言えば、プロイセン型憲法体制による既成政権を維持するのが漸進的で、イギリスのような議会主義的立憲政体を導入するのが急進的であると言えるが、しかし、明治前期において、プロイセン型とイギリス型の、それぞれを代表する政治勢力の間の政治体制の選択をめぐる対抗関係がすでに示されていたことを忘れてはならないであろう。

（1）山室信一著『法制官僚の時代―国家の設計と知の歴程―』（木鐸社、昭和五十九年）四頁。
（2）茅野良男、藤田正勝編『転換期としての日本近代』（ミネルヴァ書房、一九九九年）三五頁。
（3）『井上毅傳　史料篇第三』（井上毅傳記編纂委員会編、國學院大學図書館刊、昭和四十四年）四二二頁。
（4）同書、四四三頁。
（5）稲田正次著『明治憲法成立史の研究』（有斐閣、昭和五十四年）に次のように述べられている。「この井上毅意見書の井上毅文書のものには、井上毅の「明治九年夏元老院ニ憲法取調ノ聖勅アリ此時上岩右相意見書」との自筆書き入れがある。これは当然重視しなければならないけれども、彼の最晩年の書き入れでもあるし、同じ井上毅文書で他にも誤りの例があるように、必ずしも絶対の信をおき難い。この意見書が明治十三年十一月のものであると私があえて推定する論拠を次に述べる。第一前掲の明治十三年十一月頃の岩倉の建議書、前出の同年同月二十二日の元田の御内諭案の考え方を批判するために井上毅の意見書が書かれたものであることがこれらの史料を読めば自ら明らかとなる。……第二に井上毅意見書の中に現今憲法の論朝野嘖々三尺の童子も耳熟するに至れり、今朝廷憲法撰定の盛挙あるを漏聞せば、人民は立憲の政行われ、代議の国会起るを期待するならん、然るに若し朝廷憲法撰定の目的単に式目を定むるに過ぎざれば、人民怨望憤悶して物議極点に達し、あるいは仏国大変革をもって国憲を擁立するが如き騒乱を起す日来るかも知れずとまで述べている。前述したように、明治十三年の前半において民間の多くの国会開設の請願が拒否せられたので、後半に至って民論が激化し、国民主権主義の立場に立つ国約憲法論がにわかに有力となった当時こそ井上毅が政府が策を誤まった場合仏国大変革をもって憲法を擁立するが如き騒乱が起るかも知れずと見た時期に外ならぬと思うのである。つまり、井上毅意見書のつくられた時期は明治十三年十一月で、これを明治九年に遡らせることも、明治十四年に下げることもできないと思う。」(七一～七二頁)。

(6) 『明治憲法成立史の研究』六三頁。

(7) 『井上毅傳　史料篇第一』(井上毅傳記編纂委員会編、國學院大學図書館刊、昭和四十一年) 九二頁。

(8) 「改約分島交渉と井上毅」(『明治国家形成と井上毅』一〇三頁 (梧陰文庫研究会編、木鐸社、一九九二年) に、山下重一氏は次のように述べている。「「地方行政意見案」には、後から十三年三月井上参議ヨリ独乙行ノ内意アリ此書ヲ草シテ呈閲ス」と井上自筆の前書が加えられている。……当時外交文書の起草に没頭していた彼に俄かにドイツに派遣する内意が示されたとは信じ難く、井上が後年に書き入れた十三年は誤っていると思われる。或いは翌十四年三月に、彼が二回目の北京交渉から帰国した直後のことではなかったかと推定される。」

(9) 『井上毅傳　史料篇第一』二〇〇～二〇一頁。

(10) 『近代日本法制史料集　第三』(國學院大學日本文化研究所編、東京大学出版会、昭和五十五年) 二五一頁。そして、日付については、『近代日本法制史料集　第三』に明治十六年と記されているが、『梧陰文庫影印』の解説の所では次のように説明している。「その冒頭に、六月九日付の質問に答える旨が記され、その年は記されていないが、この答議の内容が「憲法意見」に全面的に反映されているから、明治十四年と推定することができる。」(四五二頁)。

(11) 『近代日本法制史料集　第三』二五四頁。

(12) 『井上毅傳　史料篇第一』二二六頁。

(13) 『近代日本法制史料集　第三』二五一頁。

(14) 『井上毅傳　史料篇第一』二二七頁。

(15) 『近代日本法制史料集　第三』二五三頁。

(16) 『井上毅傳　史料篇第一』二二八頁。

(17)『近代日本法制史料集 第三』二五二頁。
(18)「憲法意見」第二は、前掲書『井上毅傳 史料篇第一』二二八〜二三〇頁。
(19)『井上毅傳 史料篇第一』二三〇頁。
(20)同書、二三〇〜二三一頁。
(21)同書、二三一頁。
(22)同右。
(23)『岩倉公実記』下巻、(多田好問編、原書房、昭和四十三年)七一七〜七一九頁。
(24)『井上毅傳 史料篇第四』(井上毅傳記編纂委員会編、國學院大學図書館刊、昭和四十一年)三三八頁。
(25)『井上毅傳 史料篇第五』(井上毅傳記編纂委員会編、國學院大學図書館刊、昭和四十一年)八六頁。
(26)『井上毅傳 史料篇第四』三三八〜三三九頁。
(27)『井上毅傳 史料篇第五』八六〜八七頁。
(28)『井上毅傳 史料篇第四』三四〇〜三四一頁。
(29)『井上毅傳 史料篇第一』二三九〜二四一頁。
(30)『井上毅傳 史料篇第五』二二頁。
(31)『井上毅傳 史料篇第四』四五〜四六頁。
(32)『伊藤博文関係文書 一』(伊藤博文関係文書研究会編、塙書房刊、昭和四十八年)一六四〜一六五頁。
(33)前掲書『井上毅傳 史料篇第五』一九三頁。
(34)交詢社の「私擬憲法案」は、明治十四年四月二十五日発行の『交詢雑誌』第四十五号に発表され、明治十四年六月、片上菊次郎が編纂した『私擬国憲類纂』に収集された。なお、『私擬国憲類纂』は『明治文化全集』第三巻に所収されている。
(35)「共存同衆」の「私擬憲法意見」は、同『私擬国憲類纂』に所収されている。
(36)小野梓の「自伝」は、『小野梓全集』第五巻に所収されている。(早稲田大学大学史編集所、早稲田大学出版部、昭和五十三年)三一三頁。

(37) 「救民論」は、『小野梓全集』第三巻に所収されている。

(38) 「救民論」三頁。

(39) 「救民論」三～四頁。

(40) 「救民論」三頁。

(41) 木村毅監修『大隈侯昔日譚』（早稲田大学出版部、昭和四十四年）一六六～一六七頁。

(42) 「読詔余論」は、『小野梓全集』第二巻に所収されている。

(43) 「自伝」三一七頁。

(44) 「国憲論綱」は、『小野梓全集』第二巻に所収されている。

(45) 「国憲論綱」は、当時、明治十二年三月から五月まで、『共存雑誌』再刊第十四、十六、十七、二十四号に掲げられて、翌十三年一月から四月までの第五十五、六十一、六十三号に載せられた。

(46) 小野梓は、主にベンサムの『憲法典』（Jeremy Bentham, *Constitutional Code*, 1827-42.）『憲法典の指導的諸原理』（*Leading Principles of Constitutional Code for any State*, 1823.）、『道徳および立法の諸原理序説』（*An Introduction to the Principles of Morals and Legislation*, 1789.）、『立法論』（*The Theory of Legislation*, 1864.）（『立法論』は、ベンサムのスイス人の弟子デュモンがベンサムの原稿をフランス語で編集したもので、のちに英訳されたのである。）、J・ミルの『統治論』（James Mill, *Government*, 1825.）、J・S・ミルの『代議政治論』（John Stuart Mill, *Considerations on Representative Government*, 1861.）の論説に影響を与えられ、それを受容したのであった。

(47) 『国憲汎論』は、『小野梓全集』第一巻に所収されている。

(48) 「国憲論綱」三七七頁。Bentham, *Leading Principles of Constitutional Code for any State*, *Works*, Vol. II, p.269. 邦訳『人類の知的遺産』44、永井義雄「ベンサム」三三二頁。

(49) 「国憲論綱」三一八頁。同前掲 Bentham, *Works*, Vol.II, p.272.

(50) 「国憲論綱」四〇四頁。Bentham, *Constitutional Code*, *Works*, Vol.IX, pp.96-7.

(51) 「国憲論綱」四一一頁。Bentham, *Constitutional Code*, p.189.

(52)『国憲汎論』二〇七頁。John Stuart Mill, *Considerations on Representative Government*, *Collected Works*, Vol.XIX, p.514. 水田洋『代議統治論』(岩波文庫、一九九七年)三一一頁。

(53)「国憲論綱」四一四、四一五頁。James Mill, *Government*, p.21. 小川晃一訳『政府論』(岩波文庫、一九八三年)一一七〜一一九頁。

(54)「国憲論綱」四二三、四二四頁。

(55)『国憲汎論』三五五頁。

(56)『国憲汎論』三六二頁。

(57)『国憲汎論』三六三、三六四、三六五頁。Bentham, *Constitutional Code*, *Works*, Vol.IX, pp.92-5.

(58)『国憲汎論』三六五頁。

(59)『国憲汎論』三六九頁。

(60)『国憲汎論』三六七、三六八頁。

(61)「国憲論綱」三九四頁。

(62)「国憲論綱」三九六、三九七頁。John Stuart Mill, *Considerations on Representative Government*, *Collected Works*, Vol.IX, p.376. 山下重一訳「代議政治論」(『ベンサム　J・S・ミル』世界の名著　49)三五五頁。

(63)『国憲汎論』四九一、四九二頁。

(64)『国憲汎論』四八九〜四九〇頁。

(65)『国憲汎論』四九二頁。

(66)『国憲汎論』一九七頁。

(67)『国憲汎論』二〇二頁。

(68)『国憲汎論』一九九頁。

(69)『国憲汎論』二〇七頁。

(70)「留客斎日記」三六九頁。(「留客斎日記」は、『小野梓全集』第五巻に所収されている。)

(71)『国憲汎論』七一、七二頁。

（72）『国憲汎論』一一三頁。
（73）『国憲汎論』七二〜一〇九頁。Francis Lieber, *On Civil Liberty and Self-Government*, enlarged edition in one volume, ch.III, pp.41-109.
（74）『大隈侯昔日譚』一六八頁。

【参考文献】

（1）古城貞吉稿『井上毅先生傳』、梧陰文庫研究会編、木鐸社刊、一九九六年。
（2）木野主計著『井上毅研究』、続群書類従完成会、一九九五年。
（3）ヨゼフ・ピタウ（Joseph Pittau）著『井上毅と近代日本の形成』、時事新書、昭和四二年。
（4）坂井雄吉著『井上毅と明治国家』、東京大学出版会、一九八三年。
（5）『明治国家形成と井上毅』、梧陰文庫研究会編、木鐸社刊、一九九二年。
（6）大久保利謙歴史著作集2『明治国家の形成』、吉川弘文館、昭和六一年。
（7）稲田正次著『明治憲法成立史』上巻、有斐閣、昭和三五年初版第一刷。
（8）稲田正次著『明治憲法成立史の研究』、有斐閣、昭和五四年初版第一刷。
（9）山室信一著『法制官僚の時代―国家の設計と知の歴程―』、木鐸社、昭和五九年。
（10）江村栄一編『自由民権と明治憲法』、吉川弘文館、一九九五年。
（11）『井上毅傳　史料篇第一』井上毅傳記編纂委員会編、國學院大學図書館刊、昭和四一年。
（12）『井上毅傳　史料篇第三』井上毅傳記編纂委員会編、國學院大學図書館刊、昭和四四年。
（13）『井上毅傳　史料篇第四』井上毅傳記編纂委員会編、國學院大學図書館刊、昭和四一年。
（14）『井上毅傳　史料篇第五』井上毅傳記編纂委員会編、國學院大學図書館刊、昭和四一年。
（15）『近代日本法制史料集』第三、國學院大學日本文化研究所編、東京大学出版会、昭和五五年。
（16）『岩倉公実記』下巻、原書房、昭和四三年。
（17）『小野梓全集』第一巻（早稲田大学大学史編集所、早稲田大学出版部、昭和五三年。

(18)『小野梓全集』第二巻（早稲田大学大学史編集所、早稲田大学出版部、昭和五三年。
(19)『小野梓全集』第三巻（早稲田大学大学史編集所、早稲田大学出版部、昭和五三年。
(20)『小野梓全集』第五巻（早稲田大学大学史編集所、早稲田大学出版部、昭和五三年。
(21)『イギリス思想と近代日本』（武田清子、峰島旭雄、小泉仰、山下重一著、一九九二年北樹出版）。
(22) 姜　範錫著『明治一四年の政変』（朝日新聞社、一九九一年）。
(23)『転換期としての日本近代』（茅野良男、藤田正勝編、ミネルヴァ書房、一九九九年）。

明治二十二年大隈条約改正の挫折と井上毅

多田嘉夫

はじめに

一　大隈条約改正と憲法問題

二　井上毅の条約改正意見

(1)　外国人判事任用反対意見

(2)　帰化法制定要求意見

(3)　第二公文・帰化法併用案

(4)　条約改正中止意見

三　山県有朋擁立工作と大隈条約改正の挫折

(1)　井上毅の山県擁立工作

(2)　条約批准中止意見

結びに代えて

はじめに

条約改正問題の解決は、明治政府の最大の懸案であった。言うまでもなくこの問題の解決なくして国際社会における日本の真の独立はありえなかった。諸外国をして条約改正に同意させるためには、政治体制ないしは法律制度を急いで近代化する必要があった。こうした意味で明治期のすべての近代化は、条約改正という「国際的な圧力」の下にあったといって過言ではない。明治憲法の制定といえどもその例外ではなかったのである。

しかし、その一方で展開された欧米諸国との条約改正交渉は、やや拙速の感を免れ得ず、時として国内の立憲体制の形成過程にあって抜き差しならぬ矛盾を生み出し、それが激しい政府内外からの反発を招き、場合によっては政府そのものが四分五裂しかねない危機に晒された。とりわけ、井上馨・大隈重信外相時代の条約改正交渉は、ちょうどわが国の立憲体制形成期に展開されただけあってその矛盾が最大に露呈した。

さて、この井上・大隈外相時代、明治政府内にあって徹底して両外相の条約改正交渉に対する批判者であったのが、憲法起草の主要メンバーの一人であった井上毅であった。井上は、まさに憲法起草者の立場から一貫して拙速な政府の改正交渉とわが国の立憲体制との間の矛盾点を衝き、徹底して政府の改正交渉を攻撃した。結果的に井上・大隈両外相の改正交渉は政府内外の激しい反発に合い頓挫していくが、その過程で果たした井上の役割は大きいものがあった。

井上毅と条約改正との関わりは、明治十五年の条約改正予議会の際に条約改正御用係として登用されたときから始まる。その後、明治二十五年四月に榎本外相時代に設置された条約改正案調査委員会の委員になるのを例外として、条約改正の正式な担当者となることはなかったが、とりわけ明治十九年から明治二十二年にかけての井上・大隈外相時代の条約改正交渉の過程で果たした彼の活躍については夙に有名である。

本稿では、とりわけ明治二十二年の大隈条約改正交渉の挫折にまで至る政治過程における井上毅の行動に的を絞っていきたい。この時代をテーマとして選んだのは、まさに大隈による改正交渉が、大日本帝国憲法の発布と前後する日本の近代史上重要な時期と重なっており、誕生間もないわが国の立憲体制と条約改正との間の矛盾が最も鋭く露呈したからである。それだけにここには井上毅の条約改正に対する考え方のみならず、その背後にある彼の憲法観や対外観が最も際立った形で現れたのであった。本稿では、幾多の井上と条約改正に関わる先行研究(1)に学びながら、國學院大學所蔵の梧陰文庫の史料(2)をできる限り参照し、井上の思想と行動が大隈条約改正交渉の挫折するに至るまでの政治過程に与えた影響を検証していきたい。

一　大隈条約改正と憲法問題

明治二十年七月二十九日、井上馨は、各国公使に条約改正会議の無期延期を声明し、足掛け八年にも及ぶ条約改正交渉の幕を閉じ、自らも外務大臣の職を辞した。

井上馨の後任として時の伊藤内閣に入閣したのは、「明治十四年政変」以降野にあった大隈重信であった。大隈を伊藤内閣に迎えることは、明らかに「明治十四年政変」の論理からすれば矛盾したものであった。しかし、伊藤、井上馨は、「地ニ墜チ」た「政府ノ威信(3)」を取り戻し、体制強化をはからなければならなかった。また、条約改正反対運動を背景に高まりはじめた民権派の大同団結運動に対抗する上でも、大隈の入閣、立憲改進党の与党化は、現状を打開する最善の政治戦略であったのである。

この際、大隈は持論の議院内閣制導入を条件にしたが、伊藤には一蹴されてしまう。しかし、数ヶ月に及ぶ伊藤の説得により、大隈は明治二十一年二月一日、外相として入閣した。ここに明治十四年の熱海会議以来の伊藤、井上、大隈の再合同がなされた。かくして条約改正は大隈によってなされることとなったのである。

大隈は、枢密院における憲法制定会議と平行する形で、ひそかに条約改正のとりまとめに従事していた。その作業は、秘書官加藤高明や、法律顧問モッセ、デニソンなどの助力のもとに進められ、会計法第一審会議の前後の明治二十一年十一月二十六日には、駐日臨時独公使に新条約案を手渡した。これを手始めに国別談判方式により、個別的に新条約案を列国公使に手交した。また、明治二十二年一月七日、大隈は、在露・在英・在伊・在仏・在墺の駐在公使に新条約案を送付し、改正交渉開始を訓令した。そして、大日本帝国憲法公布直後の二月二十日、大隈改正案に基づく日米和親通商航海条約・付属貿易規則は調印された。[4]大隈案の特色は、井上草案が裁判管轄条約と通商航海条約の二本建てになっていたのを改めて、一つの和親通商航海条約に纏めた点にある。また、日本側にとっての譲歩内容となる二項目、即ち外国人判事は大審院にのみ特定の期間だけ任用することと刑法・治罪法・民法・商法・訴訟法などの重要法典の公布の保証は条約の条文本文に収めず、条約の対等主義を貫くため二通の外交文書（外交告知文）によって外務大臣が「宣言」することになっていた。そして、条約本文中からは外国人判事任用の件と並んで「西洋主義」に則った法典編纂の事前通告制などが削除され、加えて治外法権についても条約実施の五年後完全に撤廃し、最恵国条項についても有条件主義とした。

大隈改正案を井上改正案と比較すれば、大隈改正案はとりわけ法権に関しては格段に進歩している。上記以外の点についても例えば、治外法権は存続期間が十二年から五年に短縮され、外国人判事の関わる裁判も井上改正案が外国人に関わるすべての裁判は外国人判事が多数を占める裁判所で取り扱うことになっていたが、大隈改正案は、外国人が被告のときのみとなっていた。

その後、大隈による列国との個別交渉は功を奏し、六月十一日にはドイツとの間で新条約の調印を見た。八月ロシアもまた調印した。イギリスは最後まで難関であったが、同じ八月、交渉はまとまり、フランスもこれに倣った。こうして主要大国との交渉はほぼ終了し、条約改正の悲願はここに至り達成するかに見えた。しかし、大隈による新条約に対する疑問の声は早くも政府内部から起こった。三月二十九日、陸奥宗光駐米公使から、大隈に向かって、日米新条約に付属する外務大臣「宣言」の中の外国人判事任用について、それが発布されたばかりの大日本帝国憲法第二十四条「日本臣民ハ法律ニ定メタル裁判官ノ裁判ヲ受クルノ権ヲ奪ハル、コトナシ」及び同第五十八条「裁判官ハ法律ニ定メタル資格ヲ具フル者ヲ以テ之ニ任ス」という二つの条項に抵触するのではないかとの疑義が出された(5)。さらに、陸奥はここで、もし自分の見解に誤りがなければ、日米新条約の批准後、内外人民より同じ疑問が起こるかもしれないと懸念をしている。しかし、大隈は、五月十五日、憲法と新条約とは互いに抵触することはないとの返信を送っている(6)。具体的に憲法第五十八条にある裁判官の資格を定めたる法律とは、後日発布される帝国裁判所構成法のことであるが、大隈は、この法律の中で憲法と新条約との間の抵触を避ける附則を設ければよい、と考えたのであった。だが、渡辺幾治郎の『文書より観たる大隈重信侯』によれば大隈自身、外国人裁判官の任用に関する法的根拠については苦慮したという。その大隈の発言に理論的な根拠を与えたのは、外務省の取調局長の鳩山和夫であった。鳩山は、「日本臣民ハ法律命令ノ定ムル所ノ資格ニ応ジ均シク文武官ニ任ジラレ及其ノ他ノ公務ニツクコトヲ得」と規定する憲法第十九条は、日本人の権利を規定した条項で、別に外国人を日本官吏たらしむべからずとの禁止条項ではない、事実、伊藤の『憲法義解』も特別規定を設ければ、政府は外国人を文武官に任用できると認めており、この解釈に従えば、外国人判事も同様に、裁判所構成法及び法官任用法を制定すれば、差し支えないはずであると主張したのであった。(7) 大隈は、鳩山の言葉に心強くし、積極的に憲法違反とならなければ、我慢する他ないとの結論に達したのであった。

ところで、内閣諸大臣と外務省上層部以外極秘とされていた大隈改正案が、明治二十二年四月十九日、イギリスの『ロンドン・タイムス』紙上で紹介され、それがわが国で翻訳掲載されることによって、官民を問わず賛成論と反対論の国論を二分する議論が巻き起こった。とりわけ、六月五日、日本新聞が「大隈伯の政略」と題して報道した記事は、外国人法官による混合裁判などの点で前年の井上案と大差ないことが強調されており、世情の大隈に対する政治的手腕に期待するところが大きかっただけに、日を追うごとに反対運動は盛んになっていった。(8) その上、大隈案については政府内部でも賛否両論に分裂し、一歩間違えれば政府そのものが四分五裂して瓦解しかねない危険な状態に晒された。

二　井上毅の条約改正意見

(1)　外国人判事任用反対意見

さて、井上毅は、この条約改正問題にどのように関わっていったのであろうか。大隈外相起用の立役者であった伊藤博文は、既に明治二十一年四月三十一日、憲法制定に専念するため枢密院議長に横滑りし、代わりに黒田清隆が政権を禅譲され、内閣総理大臣に就任していた。伊藤が憲法制定に心血を注いだのに対し、黒田は大隈とともに条約改正に精力を傾けていた。

当時、内閣法制局長官であった井上毅は、大隈が駐日臨時独公使に新条約案を手交する直前の十一月八日、黒田首相よりの大隈改正案に関する下問に答えた(9)。その下問の内容は、後に問題となる大審院への外国人判事の任用に関するものであった。井上はここで大審院への外国人判事任用に対し「到底許スベカラザルノ譲予ナリ」と、強く反対している。もし、ここで「立合裁判ヲ設クルハ大審院ニ限リ猶忍フヘキ事ナリトノ政略」を断行すれば、「憲法ノ精神ト矛盾シ立憲ノ独立国タル権理ヲ傷害スルコト免レズ」、「憲法ハ廃紙ニ帰スベシ」と、今まさに大詰めに向かって制定の準備が進められている憲法の視点から新条約案の矛盾を批判したのであった。そして、井上によれば、今回の「大審院ニノミ立合裁判ヲ設クルノ新案」は、昨年の井上条約改正案の「半ヲ取リタル者」だが、井上改正案も、「全ク廃滅ニ帰シタルノ文証」はなく、依然として第二の談判を支配する影響力を有しており、このままでは第二の談判も「彼レノ為ニ勝計ヲ予ヘ我ニ在テハ敗局退歩ノ結果」を招きかねない。ここで何とか状況を打開しなければならないが、そのために彼が主張した「最モ適当便宜ナル方法」が、「最高国法ノ力ニ依頼」することであった。その井上の意見の一部をここに引用しよう。

幸ニ今憲法公布ノ日ニ臨メリ憲法ハ国家ノ至高法律ニシテ天皇ノ親裁ヨリ出ル者ナレハ其ノ一タビ発スルノ日ハ内閣内外ノ政略ハ総テ此ノ憲法ノ条規ニ依準シ以テ将来ノ進路ヲ定メ或ハ過去ノ方針ヲ轉セザルコトヲ淂(ママ)ザルハ内外人ノ皆認許スル所ナルベク敢テ異義ヲ挾ム者ナカルベシ蓋夫ノ内外条約ノ明条ハ内国々法ニ依テ以テ無効ナラシムルコトヲ淂(ママ)スト雖談判筆記又ハ未定ノ条約ニシテ其ノ中ニ憲法ノ許サヽル所ノ条規ヲ包含スルコトアラバ我ガ外交官ハ憲法ニ依テ以テ其ノ案ヲ改正スルノ当然ナルノミナラス彼ニ在テモ亦我憲法ヲ干犯シテ以テ其ノ許サヽル条件ヲ強フルノ権利ハ豪モコレアルコトナカル(シ字脱カ)ヘト此ノ事ハ欧州人ノ意中ニ問ハヽ多言ヲ待タズシテ固ヨリ是認スル所ナルベシ何トナレハ憲法ノ効力ハ外交ヲ支配スルコト彼レノ平常習

熟スル所ナレバナリ（以下略）

ここからは井上の欧米諸国との条約改正交渉に果たす憲法への強い期待が感じられる。井上からすれば拙速に条約改正を急ぐよりは立憲体制の整備こそ優先されるべきで、その上での欧米諸国と外交交渉こそ対等条約への近道と考えたのであろう。しかし、井上毅の意見は受け入れられることもなく、大隈による改正交渉はそのまま進展していった。その後、憲法が発布され、大隈改正が世情の注目浴びるようになるまで、井上毅の大隈改正に対する意見は見当たらない。大隈がいかに秘密外交を徹底したとはいえ、当時、既に内閣法制局長官兼枢密院書記官長といった政府の中枢にいた井上が全く条約改正交渉に関する情報を受け取ることができなかったということは想像しがたい。梧陰文庫には、「条約改正始末概略」(10)と題された文書が残っている。これは後に井上が欧州視察より帰国した山県有朋のために条約改正の経過大要を記したものであったが、その一文からは大隈の条約改正交渉の一端を窺い知ることができる。

昨冬外務宅ニテ会議アリ其末総理ト議長外務大臣三人ニテ上奏アリ其時佛国ダケガ面倒ナルヘシトノ見込外務ヨリ申上ナリタルニ主上ハ「一国ニテモ六ケシキトナラハ其時ノ處分猶精々評議スヘシ」トノ旨ヲ被仰出タリ（総理ノ話ニテ承ル）此ノ時調印ノ前ニハ今一応評議ヲ盡スベシト伊藤議長被申上（伊ノ話）其後会議ナシ

ここからは大隈が、伊藤など政府首脳からも一線を引いて独善的に条約改正交渉を推し進めていたことを窺がわせる。当然、井上毅も蚊帳の外であったわけである。井上は、明治二十二年九月十六日、伊藤に宛てた書簡(11)で「今更申候も詮なき事ニ候へとも、昨冬外務大臣へ一應意見申出候節、再三折返し手強く不申立候事、後悔此事ニ有之候、グズ〳〵いたし候内、憲法ヲキズモノニいたし候事、返々残念之至ニ存候」と述べ、無念やるかたない自己の心中を吐露している。まさに「明治憲法の父」とも呼ばれる井上毅にとって憲法を無視して進められた大隈による条約改正交渉は、許しがたいものであったのであろう。井上は同書簡において自らを大隈改正に対する「憲法矛盾論之先鋒論者」と称している。しかし、井上は最初から「憲法矛盾論之先鋒論者」として大隈の条約改正を攻撃したわけではなかった。井上がいかに「憲法矛盾論之先鋒論者」として大隈改正批判に転じていったのか、その後の具体的な政治的状況の中で検証していきたい。

(2) 帰化法制定要求意見

井上毅の条約改正への発言や行動が活発になったのは、上述したごとく新聞紙上で大隈の条約改正に対する記事が報道され、世情が条約改正に関心が集まり出した六月初旬からである。

まず最初に井上は、新聞日本が「大隈伯の政略」と題して大隈攻撃の火蓋を切った翌六月六日、黒田首相に対して帰化法の早期制定を求めた意見書を送った。(12) その中で井上は、「公権ハ内国人又ハ大帰化ノ外国人ニ限ルトノ主義」は、いかなる弱小国においても憲法を有する国であれば必ず明記してあり、もしこの主義を破るならば、「立国ノ元素タル国民ノ義解、既ニ成立セズシテ憲法ノ大体ハ画餅ニ帰スル」ものである。しかも、ここにはいかなる「除外例」も認められない。従って「憲法ト外国裁判官トノ事件ノ抵触」を避けるためには「憲法ニ於テ『外国人ノ官職ニ任用セラルル者ハ何等ノ約束タルヲ問ハズ、総テ帰化ノ民ト看做シ、日本臣民タルノ義務ヲ有スヘシ』トノ一条ヲ明言スルカ、又ハ速ニ帰化法ヲ設ケテ此ノ主義ヲ明掲シ、(即チ独逸ニ傚フナリ)何レニモ任用ノ外国人ハ、即チ日本人ナリトノ意義ヲ詳明ニスルヿヲ淂(ママ)ハ、始メテ両個抵触ノ難義ヲ避ルヿヲ淂(ママ)ヘシ」と述べ、帰化法の早急な制定を主張した。

井上毅の帰化法による外国人判事の任用という考え方自体は、井上馨外務大臣の条約改正交渉の時代にまで遡及しうるものであるが、当時と違うのは、条約改正交渉の最中に憲法が制定され、しかもその憲法と齟齬する新条約がアメリカ合衆国との間で結ばれ、さらに数日後には同様の内容の条約がドイツとの間でも結ばれようとしていたことである。井上の危機感はこうした状況の中で否応なく高まっていった。

そして、日独新通商航海条約が調印された六月十一日、今度は山田顕義司法大臣に帰化法の早期制定の必要性を訴えるとともに自ら起草した帰化法の草案[13]も一緒に送った。同日の井上の山田宛書簡[14]には、

帰化法之件ニ付ては、曾て腹稿いたし置候ニ付、一昨日來取掛かり候而一應試草仕候、尊意次第可然御取捨有之候ハヽ、榮幸之至奉候、此件ハ、憲法之国民資格之條ニ密着之關係あるものニ候へハ、早晩制定なかるへからざるもの歟ニ候處、この際至急公布相成候事必要ニ可有之候へハ、實ニ一日を争ふ方と奉存候、願はくハ総理大臣金沢滞在中ニ稿本御廻シ有之候而、休暇前ニも閣議ニ付せられ度、苦懇奉存候、若シ一歩機會を失ひ候ハヽ、此法律も徒ニ空文ニ帰シ、却て為ニレ冠削レ額之事状を免れざる歟、又傍ら佛文ニ翻訳被仰付、ロスレル・ボアソナアド両氏へ質問いたし度ものと奉存候、右試案中第三章除籍之方ハ、英国主義ニ従へハ不要ニ可在有之、乍去獨乙法ニ習ひ、起草いたし置候へハ、可然御取捨可被賜候、（以下略）

とある。井上は、さらに七月十五日の山田宛書簡[15]においても「憲法ノ干楯タル亦帰化法ニ在リ、憲法ノ姦族タルモ亦帰化法ニ在リ、若シ帰化法ニシテ曖昧ノ間ニ憲法ヲ弄破スルノ媒介タルノ結果アラシメハ、帰化法ハ最不良ノ法タラン」と帰化法の重要性を改めて強調するとともに、その内容は「彼ヲシテ臣民義務ニ服従セシメ、其ノ願ハサルモノハ、之ヲ排斥スルノ意味ヲ明白」にし、「特別帰化ノ特典ヲ鄭重ニシテ以テ憲法ノ主義ヲ保護シ、臣民ノ望ヲ充足」させるものでなくてはならないと主張した。

井上が起草した帰化法は、早くも七月十六日には法制局から閣議を経て枢密院に回付されることとなった。[16]但

し、井上が七月四日付伊藤宛書簡[17]で「司法大臣ら御手元へ被差出候帰化法ハ、いまた精熟ならざるものに而、殊ニ簡要之處ニ不都合之箇条不少候へハ、枢密院ニ而十分ニ練レ不申候而は、未夕効力を見ずと奉存候」と述べていた。にもかかわらず井上が帰化法の制定を急いだのは何故だろうか。

井上は、七月四日、「国民身分及帰化法ヲ速ニ発布セラレンコトヲ請フノ意見[18]」を黒田首相と大隈外相に提出した。その内容は、文字通り帰化法の早期制定を迫ったものであるが、その理由として次のごとく述べている。即ち、帰化法こそ「憲法ト条約ト之間ノ調和ノ効力」をもつ唯一の手段であるが、それも条約調印国との批准までに制定しなければ、そこで新たな矛盾が帰化法と条約との間で生じる可能性がある。なぜならば、条約調印国にとって帰化法は「予期ノ外ノ事」であり、条約批准後にこの法律を制定すれば、却って「自ラ憲法ヲ壊リ外交ノ際ノ信ニ背クノ不幸ナル地位ニ陥ルニ至ル」と考えたからであった。

いずれにせよ、井上はこの段階においては条約調印国との批准前に帰化法を制定さえすれば、憲法問題は回避されるものと考えていた。それは七月七日、井上の下を訪れた谷干城の日記[19]からも明らかである。その際、井上は、谷に「大隈氏の改正案は或部分は反対なり、或部分は同意なり」、その理由は「前大臣の改正に比して、年限の短きなり、外人判事の少なきなり、税の一分二里と為るなり、反対の点は憲法に背戻するなり、その背戻の点は帰化法を設けて、避けるに不如」と述べている。一方、谷は大隈改正に対しては「全く服する不能、国の為反対に立つの心得なり」との立場を主張した。とはいえ、井上も積極的な立場での条約推進論者でなかったことはいうまでもない。井上は、谷に対し「今度又々中止となりては、日本の信義を失する」と述べている。即ち、井上にとって憲法と条約の矛盾問題と並んで、日本の国際的な信義もそれに劣らぬ重要な関心事であったのである。

こうした難しい局面で彼が選択したのが、帰化法による憲法問題の回避であり、消極的な意味での条約改正断行論であった。しかし、その後、井上の帰化法構想は、外国人判事を任用するという外務大臣の宣言文（外交告知文）が帰化法そのものと矛盾をきたすという新たな問題の前に自ら修正を迫られるのであった。

(3) 第二公文・帰化法併用案

明治二十二年七月十九日の閣議にて、山田司法大臣より「公文ニ載スル所ノ外国裁判官任用ノ事ハ憲法ノ主義ニ抵触スルニ依リ帰化法ヲ制シ帰化シタル外国人ヲ任用スヘシ」との提案があった。かねてより井上が主張していた帰化法構想であったが、この日、列席を命じられていた井上毅からは次のごとき提案[20]があった。

> 帰化法発布ノミニテハ公文ノ載スル所ヲ打消スノ力ナク故ニ第二ノ公文ヲ発シテ各国ニテ「帰化法ノ範囲内ニ於テ外国出身ノ判事ヲ帰化セシメテ任用スヘシ」トノ旨ヲ明言スヘシ然ラザレハ批準（ママ）ノ後ニ至リ彼此異義ヲ生スヘク公文ノ主意ハ到底外国人法律家ヲ其儘日本裁判官ニ任用スルノ意味ナレハ我カ帰化法ノ説ハ敗局トナリテ其結果ハ遂ニ憲法矛盾ノ実施ヲ免レザルヘシ

井上が同日、閣議提出用に作成した条約改正意見[21]には、この閣議での提案内容がより詳細に書かれている。その意見書によれば、今回の公文（外務大臣宣言文）は、外国人が日本の裁判所に服することを明言したものである。従って外国人の法律家は、外国人であるからこそ条約に準拠しよう。帰化してしまえば、そもそも条約に準拠する必要がなくなってしまう。これでは条約に準拠する限り裁判官に関しては帰化の必要性はないといった「帰化法ニ反対ノ解釈ヲ助クル」困難な状況を生み出しかねない。このままでは帰化法を制定しても意味がないばかりか、もし条約批准後にこの問題が起これば「両国ノ争議」を引き起こし、結果的には「第三国ノ仲裁」を招くことになるが、「局外ノ中立者」がこの問題を判定することがあれば、帰化法の力によって公文を打ち消すことはできない。何故ならば、今回、外務大臣の名の下に出された公文は、条約とまったく同じ効力を持つ「デクラレーション（宣告）」である。それだけに例え帰化法を制定したとしても、条約が批准されてしまえば「条約ハ国法ノ上ニ位シ国法ト条約ト相違スルトキハ条約ヲ以テ国法ヲ無効ナラシム」状況を生み出す。そうなれば「国家ノ困難ハ非常ニ激烈」なものとなろう。この事態を回避するためには、帰化法の発布に際して外務大臣より「公文中ニ謂ヘル外国法律家ヲ日本裁判官ニ任用スルノ件ハ右国民身分法ニ掲クル所ノ条規ニ依リ此ノ法律ノ許ス所ノ範囲ニ於テ施行スヘシ云々」といった内容の「第二ノ公文」を発布するほかない。これがこの日の閣議での井上の主張であった。

ところで、井上は既に七月十四日には、この件を高輪の伊藤博文に相談している。それは同日付の山田司法大臣から井上に宛てた書簡[22]より明らかであるが、ここで山田は「今朝高輪ニ而御相談之趣、ノットノ取消及再度ノノットト申事ハ、至難之業ニ有之、且其曲在我正不都合哉歟と存候、小生ハ飽迄前説ヲ維持致候覚悟ニ御座候」と述べ、井上の第二公文案には消極的であった。この書簡を受け取った井上は翌七月十五日、早速、外国人顧問ロエスラーより「条約ト『ノート』ノ効力ニ関スル答議[23]」を得ている。ここでロエスラーは、井上に公文の取り消しは「非常ニ稀有」なものであるが、「時宜ニヨリ之（公文）ヲ取消スコトヲ得ベシ」と答えている。ここでいう「時宜」とは、「事情変更、調査ノ不備、又は訓令、若クハ職権ノ超越アル場合」を指すが、こうした事態が発生した場合は、公文の取り消しはあり得るとした。井上は、こうしたロエスラー答議の理論的裏づけを踏まえた上で七月十九日の閣議への提出意見を作成したのであった。

ところで、この日の閣議では何らの成案を得ることもなく終わった。閣議において容易に意見が受け入れられる期待がなくなったと判断した井上は、七月二十三日辞表を提出した。しかし、これは多分に政府首脳に対する抗議を含んだ政治的なポーズであり、ある意味で不利な状況に陥った時にとる井上の常套手段であった。事実、井上は辞表を提出する一方、大隈改正交渉に最も批判的であった天皇側近の元田永孚枢密院顧問官と共に、天皇への働きかけを通して伊藤と大隈を動かそうと画策した。元田は、井上毅の郷里熊本の先輩の漢学者で、宮中にあっては多年、侍補・侍講を務めて天皇からの信頼は特に厚かった。七月二十二日、井上より元田に宛てた書簡[24]には「今朝土方子へ参り、議長台掲ノ事猶申込置候」とある。そして、その返信として翌二十三日、井上に送られた元田の書簡[25]は次のようなものであった。

拝見仕候、今朝土方氏へ御出、議長思召之事御申込之由、至極宜敷、老拙ニも其心付ニも候得共、同子とも未た挽回之誠心発出を見受不申故、先ツさし扣置候得共、貴兄より之御申込ニ候得者、定而感覚も起こしたる歟と存候、老拙も昨日幾ント二時及候間ニ之諫言ニ候ニ而、漸クニ帰化法ニ付而之御下問之旨を承ケ退出仕候得共、安心者仕不申候、(以下略)

まさに井上・元田による精力的な土方宮内大臣への働きかけによって伊藤への天皇の下問が実現の運びとなった。しかし、大隈改正が伊藤・黒田からの「改正御委任を蒙り候末、今日ニ至リ紛紜を生し」た以上、伊藤の立場は微妙であった。それだけに元田は、伊藤への天皇の下問が実現しても安心することはできなかった。元田は、伊藤が天皇に「明白ニ陳述」することを避け「外務大臣へ忠告位」のおざなりな態度をとるのではないかと懸念したのである。井上宛書簡の「安心者仕不申候」といった言葉は元田のそうした心中を表している。

さて、七月二十四日、伊藤はこの日磯部から上京した井上馨農商務大臣とともに参内した。そこで天皇より外国人判事任用及び帰化法の件について下問があったが、ここで伊藤は、七月十九日の閣議の詳細とともに外国人判事の任用は憲法の精神と抵触する旨を上奏した[26]。元田は、早速井上に書簡を送り、伊藤の天皇拝謁について「先ツ者開眉之端緒相見候、老心喜悦不斜」[27]と、報告している。翌二十五日、今度は大隈が召命を受け参内し、天皇より伊藤・井上馨などの意見をも考慮し慎重に事を進めるよう沙汰があった。

そして、二十六日、井上馨邸にて伊藤・井上・大隈による三伯会議が開かれた。会議の席上、伊藤・井上より公文の取り消しと条約実施期限延期の件が大隈に提案され、大隈もこれを承諾したのであった[28]。その後、黒田や大隈がそれぞれ辞意を表明したこともあって閣内は一時紛糾したが、八月二日、再び天皇より大隈へ「伊藤ト篤ト話合ヘシ」との沙汰が下り、その日の閣議でようやく以下のような結論に達した[29]。

一、速やかに帰化法を制定すること。

二、既に調印済みの米独二国に対しては、先に公布せる外交公文中所謂大審院に任用すべき外国人判事とは帰化外国人を意味する旨を改めて外国公使に通告し、その了解を求めること。

三、明年二月十一日の新条約実施期限を延期すること。

この日の閣議によって井上の提案による局面打開は成功したかに見えた。しかし、現実に大隈が取った行動はこの閣議決定を根底から覆すものであった。「条約改正始末概略」によれば、「公文取消ト実施期限延期トノ事ハ外務ニテ承諾ノ末、遂ニ一度モ各国ニ談判セズ纔ニ青木以テ独公使へ内話シタル位ナリ独公使ノ答ニ帰化人ニシテ任用スルノ事ハ独国ハ承知スヘシ延期ノ事ハ今更六ケシ但シ其際ニ至リ「ビスマルク」侯へ泣付クノ他ナシ云々其他ノ国へハ一向ニ沙汰ナシニテ推移シタリ」とある。そして、終に八月八日、大隈外務大臣と駐日露国公使セウイッチとの間に公文取り消しという閣議決定を無視した日露新通商航海条約が結ばれたのであった[30]。ここに至って条約改正をめぐる政治状況はますます混迷を極めた。

(4) 条約改正中止意見

井上毅は、少なくとも日露新通商航海条約までは、消極的ながら条約改正断行論の立場にあった。しかし、日露新通商航海条約が公文取り消しという閣議決定を無視して断行されたことによって井上の考えは、条約改正中止論へと大きく急転換していく。

それは八月十一日付の松方正義蔵相に宛てた書簡[31]より明らかである。松方蔵相自身、今回の条約改正にかなり憂慮するところがあって、井上に調印済みの条約の批准について井上に意見を求めたのであった。井上は、ここで松方に以下に上げる三策からなる条約改正中止論を進言している。

第一、憲法矛盾ハ、中止ノ為ニハ最モ強キ理由ニシテ、外国人モ亦我カ憲法実施ノ為ニ十分ノ余地ヲ与フルノ徳義上ノ義務ヲ認ムヘキ事、

第二、内閣総辞職シテ中外ニ謝スル事、

第三、批准及実施ニ付、無期限ノ延期ヲ申込ミ、五法及裁判所構成法ヲ国会ニ付シ、之ヲ実施スルノ後ニ非サレハ、何等ノ決定ナリ難キ旨ヲ宣言スル事、

そして井上は松方のために条約改正中止のための意見書[32]を代草したのであった。井上は、松方に働きかけて条約の中止を企てたのであった。

さらに八月二十二日、井上は黒田首相に対して「覚書」[33]と題された長文の条約改正意見を提出して、条約改正中止論を進言した。ここで井上は新条約を承諾する国とそれ以外の国が、それぞれの立場から最恵国条款により、新・旧条約の利点のみを要求してきたらどうするのかといった問題を提起した。彼は今回の条約改正問題において外国人判事任用問題に加えて最恵国条項の問題にも鋭い関心を寄せていた。

こうした困難な状況を打開する方法として彼が挙げたのが次の三策であった。

第一　十分ナル譲与ヲナシ彼ノ希望ニ對ヘ以テ新条約ヲ完結ス

第二　先ツ改正ヲ承諾スル国ヲ結合シテ新条約ヲ履行シ改正ヲ承諾セサル国ニ向テ旧条約ヲ棄却ス

第三　改正ヲ中止ス

井上は、第一の策は、「我ニ在テ此ノ上更ニ一歩モ譲与スヘキノ余地ナカルヘシ況ンヤ帰化人トシテ法官ヲ採用スルノ件ノ如キハ彼ニ在テハ尤拒否スルノ事タルニ拘ラス我ニ在テハ既ニ動クヘカラサルノ定義」としてこれを「行フヘキノ限リニ在ラス」と、退けている。第二の策は、「言フ可クシテ行ヒ難シ凡ソ条約ノ一定ノ期限ニ向テ締結セラレタルモノハ満期ノ後ハ或ハ黙過シテ存続シ或ハ何時タリトモ之ヲ棄却スルハ公法家ノ是認スル所ナリト雖、我カ旧条約ハ一定ノ期限ニ向テ締結セラレタルノ意味ヲ明文トセズシテ却テ幾年ノ後吐議改正スヘキヲ以テ精神」としている。従って現状では、改正を承諾しない国に対して旧条約を破棄するのは「法律上ノ十分ナル条理」もなく、困難である。ここで井上が最良の策としたのが、第三策の条約改正の中止であった。井上は、「条約ノ精神憲法ノ主義ト矛盾スルトイヘルハ批准ヲ延引スルニ最モ強キ理由」であり、条約締結国からしてもこれを承諾するのは「情誼上當然」のことであると主張した。

しかしながら井上の必死の進言にも拘わらず、状況は条約改正の中止には向かわなかった。それどころかイギリスとの改正交渉においては、外国人判事任用の問題をめぐって、イギリス側の修正案に基づく「英人ノ帰化ヲ止メテ雇」とし、外国人を裁判官補助とするといった八月二日の閣議決定とは逆行する意見も出ていた。(34)

こうした状況の中、井上は九月十三日、松方蔵相に「今日者ツマリ劇剤ナラテハ、刺激力有之間布、(中略) 因而者断然国家万世之計之為ニ、御自身率先して内閣辞職進路中止ヲ御申立ニ相成、是を以而閣議之問題とせられ候事、乍憚上策と奉存候」と、内閣総辞職を進言したのであった。[35] そして自らは「総理又は外務へ最後之建言仕候心得（ママ）ニ有之候」と、決死の覚悟で九月十五日、黒田首相、大隈外相、山田司法相の三大臣に宛てて裁判官補佐に関する意見書を送った。[36] その内容は、外国人を裁判官補佐としたところで、その職権は「裁判官ノ法律上ノ評議ニ参預スルモノ」と同じであり、エジプトの混合裁判と何ら変わることはない。従って外国人を裁判官の補佐とすることは明らかに「憲法条上公権ノ主義ニ矛盾」することは明らかであり、「裁判官ニシテ帰化セサルノ外国人ヲ用ウヘカラサルトスルトキハ裁判輔助モ亦帰化セザルノ外国人ヲ用ウヘカラズ」、これが憲法の立場であると主張したのであった。井上は、こうした解釈が「厳刻ニ過ギル」ことが外交政略の上で妨げになるのは理解できるが、裁判官の資格要件は、憲法上「重要ナル一大主義」であり、決して内外の政略のために隠忍すべきではないとする。もし、ここで外国の意のままに条約改正を急げば、トルコがそうであったように「憲法ノ主義ヲ抹殺」する結果にもなりかねないのである。井上は、意見書の最後で「憲法ノ主義重キカ、寧ロ外交ノ政略重キカ方今政府ハ其ノ一ヲ択バザルコトヲ得ザルノ時期」にあることを強調した。

そして、三大臣に意見書を提出した翌日、井上はあらためて今回の条約改正問題を理由に辞意を表明したのであった。同日付で山田司法相に宛てた書簡[37]には、自らの辞職の件とともに条約断行の巻き起こす悲惨な事態を次のごとく予想している。即ち今回の条約断行は、必ずや国内の国権論者による激烈な反対運動を引き起こすとともに「内地到処ニ分雑ヲ醸シ」、場合によっては外国宣教師を殺害したり、外国商人を暗殺するなど、今日の予想を遥かに超えた事態を招きかねない。そして、遂にはそれが外国からの「内治干渉」に至り、国内にあっては猛烈な反政府運動を引き起こすであろうと。井上は、書簡の最後で「右等言狂暴ニ渉リ候歟ニ候へとも、竊ニ邦家前途ノ為ニ憂苦不措處ニ有之、深く閣下之再思ヲ奉請外無之候」と、自らの悲壮な思いを山田司法相にぶつけたのであった。

この書簡を受け取った山田は、翌十七日、井上に返信を送っている[38]。ここで山田は、「御書面一読驚愕不啻候、一昨夜御面吾之節ハ、如此迄御決心とも不存候」と井上のただならぬ決意に驚きを隠せなかった。だが、その一方で新条約の中止を訴え、辞職をも覚悟する井上に対して山田は、「枢要ノ地位ニ在ル者ハ死力ヲ盡シ、救済ノ術ヲ計ルコソ当然ナレ、退居放言ノ士トナルヿハ、飽迄、御不同意申上候」と、厳しくこれを諫めた。しかし、井上の決意は固かったようで、内大臣三條實美に宛てた九月二十二日付書簡[39]には「去ル七月辞表差出置候處、いまた何等之御沙汰も無之候ニ付、近日猶各大臣に歎願いたし、速ニ放免被仰付候様申立置候、右ニ付而者、是迄厚く閣下之知遇を忝シ候事ニ付、一應内情奉達貴顕度奉存候而、今日参殿仕候」とある。八月二日の閣議決定が大隈によって覆されて以降、条約改正をめぐる政治状況は、井上には許しがたいものであった。再度にわたる井上の辞意表明は、政府に対する強硬な抗議だったのである。しかし、再度の辞意表明後も彼は、当時の条約改正をめぐる政治状況から遠ざかることはなかった。むしろ状況打開のため自ら病を押して精力的な活動を展開していった。

九月二十二日、井上が哲学書院より出版した『内外臣民公権考』[40]もそのひとつであった。その内容は、神聖な憲法が「政論の利器」になることを嫌った井上が、「憲法の本旨を講明して輿論と俱に適当の解釈を求むる」ために純粋に法制的見地から「一国の人民は公権及び私権を享有し而して私権とは外国人にも之を通用せしめ公権は独本国公民に限ること」をその該博な知識と理論によって論証したものであった。その序文に彼は本稿執筆の理由を「憲法の解釈に就き疑義の存することあらば所見を瀝陣して帰一の点を求める必要がある」と考えたからと述べている。

当時、改進党など条約断行派によって外国人判事任用は憲法第十九条に違反せず、この解釈は伊藤の私見との説が盛んに流布されていた。[41] その一方、各新聞社によって『憲法義解』第十九条注釈に対する批判が続々と現れていた。井上は八月三十日付の伊藤宛書簡[42]で当時の状況を次のごとく感嘆し、いかなる心境で執筆に至ったかを記している。

奉謹呈候、扨憲法上之義解ハ様々なるを妨けずとハ申なから主義原則ニ至てハ必一定なるを要せざるへからず、然るに近来英学社会ニ憲法義解中十九条ニ係る駁撃族々世に現れ（憲法雑誌、東京輿論新誌、時事新報、朝野、毎日等）、クダラヌ事申し並べ候、成程最も事ニ而、公権私権之区別ハ英国学者の余り唱へぬ事と相見え、英学先生達ハロジツク法而已ニ而十九条を読下し、注釈を批難するものニ有之候、然處、余之件と違ひ、国民公権之如きハ、憲法中之一成分たる原則主義ニ有之、是レすら疑義ある位ニテハ、日本之憲法学之未熟なる事、外国人よりも嗤笑を受可申、ソレも政事之運用ならハとも角も、純然たる学問社会ニて僻見を唱へ候事、以之外也と存候、他ハ暫ク置くも、此事ハ学問上ニ論辯いたさず候てハ憲法之傷害を來し可被申歟と存候而、此間各種之書取しらべ、別冊成稿仕候、小児らしく可被思召候へとも、此疑義之辯疏ニ任シ候ハ、吾人之義務と存候而コンニャク摺ニいたし、各大臣へさし出候、（以下略）

自らを「憲法義解の責任を荷ひ、憲法主義之保護者之一人」[43]と自認していた井上にとって当時一般に流布されていた憲法解釈や憲法を政争の手段として利用する条約断行派の活動を放置しておくことはできなかった。こうした事情から井上は憲法解釈上の疑義を解決し、憲法解釈の統一性を期する必要から敢えて実名での出版に踏み切ったのであった。これが条約改正反対派にとって有力な武器となったことは間違いない。

三　山県有朋擁立工作と大隈条約改正の挫折

さて、九月二十二日、条約改正をめぐる時局の紛糾を憂慮した天皇より、伊藤枢密院議長に対して内閣大臣と枢密院顧問官による合同会議を開き、そこで条約改正問題を協議したらどうかとの下問があった。伊藤は、これに対し内閣大臣、枢密院顧問が一同に会し、却って議論紛糾することを恐れ、まず閣議の開催が穏当なる旨奉答した。[44] かくして九月二十四日の閣議では徳大寺実則侍従長より黒田首相に対して「公文取消並帰化法之件ニ付篤斗閣議を盡スへき」旨の意向が伝えられた。[45] その際、黒田は、徳大寺に対して「閣議之事ハ聖旨ヲ敬奉ス、公文取消之事ハ已ニ閣議之決スル所にして、其運ニ至り居候」と応じた。[46] しかし、この日の閣議ではこの件にいて何らの話も出なかった。黒田と大隈は、条約反対派の異論を封殺するために敢えてこの問題に触れなかったのである。

(1)　井上毅の山県擁立工作

井上毅は、二十四日付の伊藤に宛てた書簡[47]で「今日の閣議ニハ、総理出頭何等之話も無之候由、松方伯話、何レ外務話合之上之事と見え候、右之都合ニ候へハ、今度之閣議も亦グズ〳〵ニ而、ツマリ外務當局之委員仕事と成可申歟」と焦燥感に満ちた自己の心中を書き送っている。また、九月二十六日の元田枢密院顧問官に宛てた書簡[48]では、「一昨日の閣議ニ黒田ハスツともグツとも叡慮之事を不申、又大隈も出頭いたし居たれとも、何も話サぬ模様なりし由、（中略）右之都合ニ候へハ、内閣ハヒタモノ因循し而ロシア批準（ママ）其他大局ノ逼ルを待ツ積歟と被察候、今度之閣議も無覚束候、此上ハ、今一応黒田へ御催促有之歟、又ハ至急枢密院へ特別会議被仰付之外有間布候」と、再度、天皇よりの叡慮をもって状況打開することを提案したのであった。元田からは、同日、「上より御催促之一段者、素より相含ミ、今日拝謁之都合ニ応し、申上候心得ニ居申候」、但し枢密院への下問の件は一度天皇からの内閣・枢密院合同会議の提案を断った以上、「先つ内閣迄ニ相成候處ニ而ハ、今更枢密院へ御下問は中々運ヒ申ましく候」と、返信があった。(49)

黒田や大隈は、天皇やその側近達からの条約改正に対する不信が高まっていることを十分に知りながらも、条約断行の方針を変えようとはしなかった。まさに黒田・大隈は自らの政治生命を賭けて条約の断行を決意していたのである。黒田・大隈は、今回の条約改正の承認に応じない国に対しては、一方的に旧条約を破棄することすら辞さない方針で腹をくくっており、それについてはロエスラーからも「旧条約ノ棄却ハ法理上十分ノ道理アリ」とのお墨付きを得ていた。(50)しかし、これに対し井上は九月二日付の松方蔵相宛書簡(51)において旧条約の棄却を宣告すれば英政府は「公使ノ退去ヲ命令」するか、「艦隊ヲ東京湾ニ繰入レ公使ヲシテ一ノ要求ヲ提出セシム」と予想し、それはやがて独公使らの仲裁を経て、結果的に日本は大隈改正案よりもいっそう不利で、いっそう「憲法矛盾」を含んだ新条約の調印を強制されるだろうと警告し、松方に働きかけてこれを阻止しようと企てた。

ところで、枢密院議長伊藤博文は既に九月二十日、条約改正問題に対する天皇の諮問を伝えに訪れた元田に対して、憲法違犯の問題がある以上「(外国人判事任用の)告知公文を撤回するの他策なきなり」との見解を明らかにしていた。(52)しかし、明治政府内部にあって大きな発言権を持っていた筈の伊藤であったが、自ら大隈を推挙して閣内に入れ、加えてその後の条約改正交渉についても黒田・大隈に白紙委任してきたこともあって、今回の条約改正に対して明確に反対の立場をとることができずにいた。尤も伊藤自身、ここで明確な立場を明らかにすれば政府部内の分裂とそれに伴う内閣の瓦解は必至であった。しかし、天皇から時局打開の期待をかけられていた伊藤は、黒田や大隈の説得に当たらざるを得なかった。しかし、黒田・大隈の説得は思うように進まず、伊藤自身「困窮之状況」[53]に陥っていた。そこにきて、黒田から「万一廟議動揺有之に於ては断然辞職する覚悟」を突きつけられた伊藤は、十月十一日、終に時局収拾への目途を失い自ら枢密院議長の辞表を提出したのであった。[54]

このように求心力を欠いた条約反対派にとって黒田・大隈の条約断行派に対する有効な対抗手段は容易に見つからなかった。こうした状況を打開する一大転機として期待されたのが、地方自治制度調査のため渡欧していた山県有朋の帰朝であった。元田は九月三十日、井上に宛てた書簡[55]において「山縣帰朝御話合等一大要ニ奉存候」と述べ、十月二日の書簡[56]でも「機会到来、一同協力無油断国運ヲ挽回可致」と述べている。山県は、十月二日帰朝した。当時御料局長であり条約改正反対派であった品川弥二郎は、その夜、帰朝早々の山県のもとを訪れ、夜更けまで条約改正について談じた。翌十月三日、品川は早速、井上に宛てて「大略ハ談じ込ミタリ、御安心可被下候」と書き送っている。[57]品川の山県訪問は、井上との事前の打ち合わせによるものであったのであろう。同日、品川の山県訪問について井上は、すぐさま元田に書簡を送っている。[58]その中で井上は「山縣大抵は好と見候、（中略）此に注意スヘキハ、山縣推立てられてオトナニなられ候ハヽ、老成之考ニ而行キ掛も有り杯といふ思想ニ出候哉難計候、又井上（馨）派之話入而仲裁調停ニ出候も不可知候」と、必ずしも山県が条約反対派に都合よく行動するかどうか読みきれない旨報告している。そして井上は、元田にともかく今は、「烈布軋轢ヲ引起不申候而者、好結果を得へからず存候、火ヲタキ付ル工夫専一存候」と、条約断行派の勢いを断ち切り、巻き返しを謀るためには相当の策を弄する覚悟が必要なことを改めて強調したのであった。

さて、十月六日、井上は病間に山県のもとを訪れ、条約改正の経過とともに自らの所信を説いた。[59]しかし、同日に元田に宛てた書簡[60]では、「同伯今度ノ大任ハ非常ノ難物ニ候間、頗ル労思ノ様子ニテ容易ニ動揺セヌ積ト見エ申候、尤千萬ト存候、然ルニ兎ニ角一日一日ト経過之時機切迫、到底結末如何ト苦慮ノ至ニ不堪候」と述べ、山県の慎重な態度に焦りを抱いている。ところが、翌七日、山県は静養中の大磯に井上を誘った(61)。そして、九日にも、山県より「貴書拝読、今日ハ御出発無之由、敬書早速御調被下、忝多謝、暖々熟読、猶明朝拝吾之上、御談合可仕候」との連絡があり(62)、井上は帰京の予定を変更して大磯に留まり、山県のために条約改正反対の上奏文を代草した(63)。結果的にこの上奏文は奉呈されなかったものの、大磯における山県の態度が条約改正反対に決したことだけは確かであった。十月十日、井上が元田に宛てた書簡(64)には、山県について「識見卓越殆ト旧時之阿蒙ニ非スト見候、寸時も早く主上之特旨を以而被召寄、意見御垂問被為在候ハヾ、国之大幸奉存候」と絶賛し、今後の状況打開に期待するところが大きかった。そして十五日にも、井上は、元田に山県有朋の後継首班工作を品川弥二郎へ交渉するように依頼したのであった(65)。

しかし、政局はますます混迷していた。十一日には、伊藤が枢密院議長の辞意を表明し、十五日には後藤逓信大臣の要請により御前会議が開かれるものの黒田・大隈による強硬姿勢と伊藤の辞表提出・会議不参加のため、後藤逓信大臣の反対論があったのみで、結論には至らず閉会となった。十八日には閣議が開かれた。この席上、帰朝以来沈黙を守っていた山県有朋内務大臣が改正中止を明らかにした。ここに至って中止論が優勢になったといわれるが、結論には達しなかった(66)。このような政局の行き詰まりを一気に打開したのが、福岡玄洋社社員来島恒喜による爆弾テロであった。事件が起きたのは、まさに十八日の閣議散会後、大隈を乗せた箱馬車が外務省の正門を経て官邸に入ろうとしたときであった。十月二十二日、黒田内閣は療養中の大隈を除く全員が総辞職した。後継首相の指名を受けた黒田内閣の山県内相は、善後策に自信がないとし拒絶した。二十五日、やむを得ず、内大臣三条実美が内閣総理大臣兼任を命じられたのであった。

(2) 条約批准中止意見

こうした状況を早期に収拾すべく対策を熟慮した井上は、山田司法相や松方蔵相に対して新条約の批准の中止を進言した。十月三十日、山田司法相宛書簡[67]において井上は、今回条約調印国に対して提出する修正案が「各国ノ承諾ヲ目的」する程度にとどまれば、国民の激しい反発を招き結果的には条約批准拒否と同一の結果に陥るだろう、ならば「イッソ此際批准中止之方嚮を取り、各国の友誼之感情ニ訴へ」た方が、「難中之易事」であると述べ、加えて「修正提出ナシ之延期之ハ、後来ニ甚シキ困難ヲ遺」す「最下策」と警告した。

そして十一月四日、状況打開のため井上は甲乙二様の閣議案並びに照会公文を起草し[68]、三条首相に奉呈した。その内容は、今後政府が取るべき条約改正に向けた基本方針を示したものであった。その基本方針は、以下の三点である（甲案）。

第一　条約ヲ改正シテ平等ノ位置ヲ取ルハ我政府ノ従前及将来ノ目的ナリ

第二　現在調印済ノ条約ハ之ヲ修正シテ以テ平等完全ノ地位ニ近ツクヲ要ス

第三　修正ノ要求行ハレザレバ寧ロ従前ノ地位ヲ存スルモ欠点ノ条約ヲ締結セズ其ノ間改正ノ手順ヲ中止シテ以テ将来ニ我カ目的ヲ達スヘキノ機会ヲ待ツベシ

さらにこの閣議案では、条約調印国が日本側の修正意見（外国人判事任用を定めた外交公文の取消しや領事裁判権継続期間中の五年間は内地通商のみ許与等）を受け入れないときは廟議一致して既に調印済みの新条約の批准を拒否するという強硬方針を打ち出している。そして仮に相手国が「不快ノ感情ヲ引キ起シ、意外ノ要求」を提出し、あるいは各国が「連合強制ノ手段」を行使してきた場合もわが国は初議を全うし、やむを得ない場合は

「正当防衛ノ方法ニ依ル」以外ないと決意した。

この閣議案こそ十二月十日の閣議にて決定された「将来外交ノ政略」(69)の骨子となったものであった。その内容は、井上馨・大隈重信両外相による妥協的な改正方針を一新したもので、その後の対等条約締結に向けた基本方針となった点で特筆すべきものである。

さて、十二月十日の閣議では、大隈外務大臣欠席のまま条約改正交渉の延期が決定し、十二月十三日には、在米・独・露国の日本公使に対し、改正新条約の実施延期を訓令した。十二月十四日、大隈重信は、自らの条約改正交渉の成果を否定した閣議決定を不満として辞表を提出した。それに伴って二十四日、三条内閣は総辞職し、同日、第一次山県内閣が成立した。大隈の後任には、外務次官青木周蔵が就任した。

結びに代えて

さて、本稿では大隈条約改正が玄洋社社員の爆弾テロによって葬られ、その後の日本の新しい外交方針である「将来外交ノ政略」が閣議決定されるまでの政治過程における井上毅の行動に的を絞って考察してきた。すでに明らかなように大隈改正案は、とりわけ法権に関しては井上改正案よりも優れていた。しかし、問題なのは井上馨の時と違って大隈改正案が制定されたばかりの大日本帝国憲法と抵触する点にあった。しかも国別改正交渉が功を奏し大隈は米国を始め独・露といった大国との条約調印を実現していった。一歩間違えば深刻な国際問題にも発展しかねないだけに大隈改正案に対する態度は慎重さを要した。井上毅もまた制定後間もない憲法と大隈改正案との間で煩悶を繰り返した。大隈改正案が新聞日本を始めとする各新聞社によって暴露された初期の段階での井上は、帰化法制定という憲法抵触の回避策をもって消極的ながら条約断行に協力したのであった。その後、外交公文自体が帰化法そのものと矛盾することに気づいた井上は、七月十九日の閣議において帰化法制定と並んで外交公文の取り消しをも主張したのであるが、この段階に至っても井上の立場は条約改正断行論であった。彼は度重なる条約改正交渉の中止が、日本の国際的信義を著しく傷つけることを恐れたのであった。

井上は、条約反対派で天皇側近の枢密院顧問官元田永孚と共に謀って状況打開に努め、終には八月二日の閣議において公文取消しの決定が実現した。しかし、これは八月八日の日露新通商航海条約の調印によっていとも簡単に覆されてしまった。ここに至って井上の立場は、条約改正中止論へと急転換していく。外交公文を取り消さない限り、帰化法を急いで制定しても憲法との抵触は避けられない。井上は、松方蔵相に働きかけ、または直接黒田首相に建言して条約の中止を訴えたのであった。

しかし、その後も黒田・大隈の条約断行の路線は容易に修正されなかった。そこでこの閉塞状況を打開するものとして期待されたのが、山県内相の欧米視察からの帰朝であった。井上は、条約反対派の品川弥二郎や天皇側近の元田枢密顧問官とともに謀って密かに山県擁立工作を進めた。状況を一挙に打開したのは、玄洋社社員による爆弾テロであったが、井上はその後も大隈の調印した条約の中止並びに対等条約実現に向けた外交の指針を精力的に三条首相や山田司法相に進言したのであった。そうした井上の活動を具体化したのが、十二月十日の閣議にて決定された「将来外交ノ政略」であった。既に明らかなように大隈改正問題においては、井上のもう一つの顔である鋭い外交感覚と該博な国際法の智識を併せ持った外交の専門家としての能力も遺憾なく発揮された。そうした内政・外交を問わない総合的な状況分析力があったからこそ、井上は政府内にあって誰よりも深く大隈条約改正問題の本質にメスを入れることができたのであった。

さて、大隈条約改正問題をめぐって井上は当初「憲法ノ主義ニ従ハンカ、交際之問題ヲ引起スヘシ、条約ヲ彌縫センカ、憲法ハ敗壊セラルヘシ」[70]といった状況の中で煩悶し苦しんだ。日本の国際的な信義を重んじた井上は、単純に憲法擁護の立場から条約に反対できなかったのである。しかし、大隈によって八月二日の閣議決定が覆されて以降、井上は「若シ憲法ノ主義ニシテ条約之為ニ敗壊セラレ、而シテ甘受黙過スルノ日本臣民ナラシメバ、トテモ立憲独立国家タルノ望ナカルヘシ」[71]といった理論から条約反対派に転じていった。確かに憲法自体、条約改正の条件となる近代化の一大要件であり、そうした意味で憲法もまた「国際的な圧力」の下で制定された側面を持つのは事実であった。しかし、国家の基本法であり、「立憲独立国家」の土台をなす憲法を条約改正のために安易に妥協させることは決して許されなかった。それこそ彼がもっとも恐れたエジプトやトルコなどの半植民地国家への道であったのである。こうした意味で大隈条約改正問題は、形の上では条約の違憲問題をとりながらも、その内実は西欧諸国の独立侵害からいかにして「立憲独立国家」日本の独立を守るのかといった「主権」問題に他ならなかった。そしてこの問題こそ明治国家の建設に全生涯を賭けた井上毅の思想と行動を貫く中心テーマであったのである。

（1）　井上・大隈条約改正交渉における政府内の議論や井上毅に関して最も詳しいのは、横山晴夫「条約改正会議の挫折について－特に井上毅を中心として－」（『國學院雜誌』昭和三十五年四月号）、同「大隈伯の条約改正と井上毅」（『國學院雜誌』昭和三十九年五月号）、同「井上外務卿と井上毅」（『歴史教育』第九巻一九六一年第一号）である。津田多賀子「井上条約改正の再検討－条約改正予議会を中心に－」（『歴史学研究』昭和六十二年十二月）や藤原明久「明治十五年条約改正予議議会と日本の裁判権の地位」上・下（『神戸法学雑誌』第三十八巻第二号・第三号）は、とりわけ明治十五年の条約改正予議会における政府内での井上毅の役割について詳しい。さらに大石眞『日本憲法史』（有斐閣、平成七年）は、条約改正を憲法制定史の中に位置付け、その視点から井上毅の条約改正に果たした役割が詳述されている。

（2）國學院大學図書館所蔵の「梧陰文庫」には、条約改正（一）（A一三六—二六九）及び条約改正（二）（A八七〇—A九二三）と膨大な量の条約改正関係史料が収蔵されている。

（3）井上毅傳記編纂委員会編『井上毅傳・史料篇』第一　六一九頁。

（4）外務省調査局監修・日本学術振興会編纂『条約改正関係大日本外交文書』第三巻（日本外交協会、昭和二十年）　四四—八六頁。

（5）日本久籍協会編『大隈重信関係文書』第五巻（東京大学出版会、昭和四十五年）二四七—八頁。

（6）同書二六一頁。

（7）渡辺幾治郎『文書より観たる大隈重信侯』（故大隈侯国民敬慕会、昭和七年）一六一頁。

（8）大隈改正案をめぐる新聞論調の詳細については、稲生典太郎「明治二十二年の条約改正論の昂揚—大隈改正案の賛否をめぐって—」（『日本外交思想史論考第二』小峰書店、昭和四十二年所収）を参照。

（9）『井上毅傳・史料篇』第二　五五—六〇頁。

（10）同書、第二　一九一頁。尚、梧陰文庫所収の「条約改正始末」（A—八九四）は、「条約改正始末概略」の浄書本（法制局罫紙六枚）である。

（11）同書、第四　一五八頁。

（12）同書、第四　三九〇—一頁。

（13）『条約改正関係大日本外交文書』第三巻には、この当時起草されたと考えられる「国民身分法　井上毅試案」と題された帰化法草案が収められている（一六二—七頁）。その内容は「第一章　国民身分ヲ得又ハ失フ事」、「第二章　帰化大帰化復籍」、「第三章　除籍」という構成で全三十四ケ条から成るものであった。帰化法は枢密院にて慎重に審議され、明治三十二年に漸く国籍法として公布された。尚、梧陰文庫には、国民資格・帰化法に関する膨大な史料（B一五六六—一六〇四）が収蔵されている。しかし、その大半は明治二十四年に枢密院で審議された際に起草された法案や外国人顧問の答議資料などであり、明治二十二年の際に起草された法案や史料は見当たらない。わずかに「七月帰化法修正意見」が井上家蔵「二十二年条約意見」に収められているのみである（『井上毅傳・史料篇』第二　一六三―一六四頁）。
(14)　『井上毅傳・史料篇』第四　六三七―八頁。
(15)(16)　同書・第四　六四二―三頁。
(17)　同書、第四　一五四頁。
(18)　同書、第二　一五二―七頁。梧陰文庫所収の「国民身分及帰化法ノ発布ヲ請フノ意見」（A八九七）は、本意見書自筆草稿（内閣罫紙六枚）である。
(19)　島内登志衛編纂『谷干城遺稿』上巻　七八〇―一頁。
(20)　「条約改正始末概略」に拠る。
(21)　『井上毅傳・史料篇』第二　一六五―九頁。梧陰文庫所収「帰化法ト公文ノ相違」（A八九五）は、本意見書の自筆草稿（法制局罫紙九枚）。
(22)　同書、第四　六四〇頁。
(23)　國學院大學日本文化研究所編『近代日本法制史料集』第七　一七四頁。
(24)　『井上毅傳・史料篇』第四　五九三頁。
(25)　同書、第五　二〇七―八頁。
(26)　宮内庁編『明治天皇紀』第七巻（吉川弘文館、昭和四十七年）三一二頁。
(27)　『井上毅傳・史料篇』第四　二〇八頁。
(28)　春畝公追頌会編『伊藤博文傳』中巻（統正社、昭和十五年）六〇八頁。
(29)　同書　六七一頁。
(30)　『条約改正関係大日本外交文書』第三巻　一二八―一四五頁。梧陰文庫（A八七六）。
(31)　『井上毅傳・史料篇』第四　五三一―二頁。
(32)　同書、第四　五三二―四頁。
(33)　同書、第二　一七七―一八〇頁。

(34)(35) 同書第四　五三五―六頁。
(36) 同書、第二　一八五―八頁。
(37) 同書、第四　六四五―六頁。
(38) 同書、第五　二八〇―一頁。
(39) 同書、第四　四四〇―一頁。
(40) 同書、第三　五八六―六〇三頁。
(41) 同書、第四　一九三頁。
(42) 同書、第四　一五七頁。
(43) 同書、第四　一五八頁。
(44) 『伊藤博文傳』中巻　六八〇―三頁。
(45)(46)(47) 『井上毅傳・史料篇』第四　一五九頁。
(48) 同書、第四　五九七―八頁。
(49) 同書、第五　二一四頁。
(50) 同書、第四　一六〇頁。
(51) 同書、第四　五三四―五頁。
(52) 『明治天皇紀』第七巻　三五三頁。
(53) 『井上毅傳・史料篇』第五　二一四頁。
(54) 『伊藤博文傳』中巻　六九一頁。
(55) 『井上毅傳・史料篇』第五　二一四頁。
(56) 同書、第五　二一五頁。
(57) 同書、第五　一四四頁。
(58) 同書、第四　五九九頁。
(59) 同書、第五　二五六頁。

(60)　同書、第四　六〇〇頁。
(61)(62)　同書、第五　二五六頁。
(63)　同書、第六　一八九―九四頁。
(64)　同書、第四　六〇〇―一頁。
(65)　同書、第四　六〇一―二頁。
(66)　『明治天皇紀』第七　三八八頁。
(67)　『井上毅傳・史料篇』第四　六四六―五頁。
(68)　同書、第二　一九四―二〇一頁。
(69)　『条約改正関係大日本外交文書』第三巻　二三五―四〇頁。
(70)(71)　『井上毅傳・史料編』第四　六四三頁。

鉄舟と兆民と梧陰と

島善高

一　はじめに

東京都台東区谷中の天王寺隣にある禅道場・択木道場では、鉄舟・山岡鉄太郎（天保七年～明治二十一年、享年五十三）及び兆民・中江篤介（弘化四年～明治三十四年、享年五十五）を居士禅の大先輩として仰いでいる。それというのもこの禅道場は、戦前、両忘協会という財団法人に所属していたが、その協会は明治初年に結成された両忘会に由来し、その両忘会に鉄舟や兆民が参加していたからである。両忘会を主宰していた円覚寺管長今北洪川の法孫で両忘協会を主宰していた釈宗活は、「両忘協会の由来」なる文章の中で次のように書いている。(1)

嘗て摂心中に一緒に参禅をしてゐた居士連が四人志を合はせて、先師（釈宗演）の所に書状を呈して、我々が上求の為に就いて修行を致し度のみならず、下化の為に居士会を創立致したいから、東京へ御招待申したく、伏して御許容を願ひ度といふ拝請状を以て、わしを東京へ招待すべく四人連名で嘆願して来たのでありま す。（中略）先師が何うだ一つ東京に出て専門に化を挙げてはと云はれるので、衲は薄徳で人の世話などする積りはありませんと御辞退申し上げた処、老師が大事了畢の上は、四弘の誓願を全うしなければならぬ、利他の願輪を廻らさねばならぬと云はるゝに困て、左様ならば仰に従ひませうと山を下ることになつたのであります。この時分に両忘庵主といふ表徳号を下され、会を両忘会としたらよからうとの仰せで、且つ云はるゝよう之に就いては由来があるが、昔山岡鉄舟居士・高橋泥舟居士・鳥尾得庵居士・田内透関居士・川尻宝岑居士・中江兆民居士・中島長城居士等その他十人十五人の有志者が一団となつて、洪川和尚を東京へ春秋二回拝請して摂心会を開いてゐた。之を両忘会といつたが、それが何時か中絶して居るに因て、今からそれを再興する意志で今回の招請に応じ東京で爐鞴を開いて、僧俗の区別はないが、おもに在家の有志者を摂得したらよかろうと、両忘会の名称を与へられた。

両忘会が再興されたのは明治三十五年のことである。この居士禅子を主たる対象とする再興両忘会は当初、根岸の御院殿坂あたりで行われていたようであるが、その後、大正十四年七月に両忘会を改称して財団法人両忘協会となり、場所も谷中天王寺の隣に移った。そして宗活のもとに多くの居士禅子が集まり、かの平塚雷鳥も一時期ここで修行をしていたという。

ところで、筆者は縁あって数年前からこの択木道場に出入りするようになり、谷中の全生庵にある鉄舟の墓や、青山霊園にある兆民の墓標にも度々参拝するようになったが、その一方で、鉄舟・兆民と両忘会とは一体どのような関係にあったのか調べてみたいと思うようになった。

他方、筆者は國學院大學で結成された梧陰文庫研究会に長年所属している関係から、谷中瑞輪寺の梧陰・井上毅（天保十四年〜明治二十八年、享年五十三）の墓所にもよく出掛けるけれども、鉄舟・兆民・梧陰の墓所を見比べているうちに、次第に三者に共通する何物かを感じるようになった。それが何物であるのかを明らかにすれば、鉄舟の例の武士道講義と教育勅語との関係、また兆民の例の梧陰評の真相も自ずと明らかになるのではないかと考えるに至った。そこでこの度、『井上毅とその周辺』と題する論文集が企画されたのを幸いに、この際、三者に共通するその何物かを探っておこうという気になったのである。未だ充分な考察を加えていないところもあるけれども、筆者年来の所感を率直に述べて、識者の批正を乞うこととした。

なお本稿では、煩わしさを避けるために、山岡鉄太郎、中江篤介、井上毅の三者は、一貫して、それぞれ鉄舟、兆民、梧陰と称することにする。

二　両忘会寄書解読

釈宗活が主宰した両忘協会には、明治初年の両忘会を継承している証として次の「両忘会」寄書が宝物として所蔵されていた。先ずはこの寄書の解読から始めることにしよう。

上段の右に太く書いてあるものは「行到水窮処、坐看雲起時　鉄舟居士（印）」と読める。これは多少なりとも書に関心のある者なら一目瞭然、剣禅一如を実践した山岡鉄舟の字であって、文句も著名な禅語からとってある。二番目は槍の名人で鉄舟の義兄でもある高橋泥舟の書で、「蔵天地於一塵、融古今於天上　泥舟居士（印）」と書かれている。そしてその左の三番目が円覚寺管長であった今北洪川の書で、「頻知鹿山旨、窓外自分明、花影斜陽映、松濤半夜鳴　洪川老衲（印）」と解読できよう。鹿山とは勿論鎌倉の円覚寺のことである。

四番目は「半日聚頭処、両忘両鏡明、這裏知多少、誰有不互鳴　奉和洪川老師芳韵　慥斎居士（印）」と判読できよう。これは土佐出身の奥宮慥斎の筆である。慥斎については、平凡社の『日本人名大事典』[2]に

幕末、明治初期の国学者、漢学者。文化八年七月四日、土佐国土佐郡布師田村に生る。父は土佐藩士正樹（金台）。通称忠次郎、のち周次郎と改め、晩年諱を通称とした。別名は正由、字は子通、晦堂と号した。田内菜園の門に入り、和歌、国学を学ぶ。また弓術を能くす。文政十三年二十二歳の時、江戸に出で佐藤一斎に就きて陽明学を究め、三年の後帰国し、陽明学を主唱したが、海南の陽明学は彼を以て嚆矢とする。嘉永の末、藩主山内豊信に封事を上って当局に忌まれ、江戸詰となる。安政六年藩校の教授兼侍読に抜擢され、尊攘の志気を鼓吹したため、佐幕派の嫌ふところとなり、慶応元年十二月罷免の上百日間幽閉さる。明治二年文学

教授、諭俗司となり、三年神祇官権大史、同十二年高知藩大参事、五年教部省八等出仕、大録、大教院大講義などに歴任した。六年征韓論起り、西郷ら辞職し、民選議院設立建白書を提出せんとしたとき、古沢滋起

草し、慥斎修正潤色した。東京下谷の家に十年五月三十日歿、年六十七。著書、日本書紀私講、神道大綱私抄、中臣大祓抄、釈日本古史略説、神道弁、神魂問答、周易私講、聖学問要、八宗要略、孫子私講、荘子情解、論語箚記、古本大学易簡抄、学術根本論、詩経国字解、詩文和歌集。

と記されている。

五番目に「台麓秋風晩、忍池似鏡明、清談々不尽、水鳥隔水鳴　訪宝岑居士宅次洪川老師高韻　水月道者（印）」とあるが、水月道者が誰なのか未詳である。水月道者が記している宝岑は有名な川尻宝岑で、『日本人名大事典』に

明治中期の脚本作者、劇通者。天保十三年十二月十八日江戸日本橋通油町の鼈甲問屋の老舗角屋に生る。本名は川尻彦兵衛、宝岑はその雅号。十七歳で父を喪って家を相続し、二十歳で神道禊教に入り、二十一歳で石門心学に入門して、菊池冬斎、高橋好節に随ったが、家業は妹婿に任せ、三十四歳のとき更に今北洪川に就いて禅を修め、鎌倉の円覚寺に参禅し、市内や地方の団体などの依頼で道話や禅学を講じたほど、信仰に厚かったといふ。また累代芝居好きで市川団十郎を贔屓にしてゐたが、彼の代になってから、更に三代沢村田之助と四代中村芝翫をも贔屓にし、母や家族を伴うて観劇に親しんだので、劇通としても知られた。彼は文筆の嗜みがあったが、脚本を書きはじめた動機は、病母を慰めるためと、一面には衆生を教誨しようとい
ふためであったと伝へる。（下略）

と紹介されている。

六番目に「従容獅坐前、言笑皆直指、吸尽緑蟻盃、是我西江水　栖碧狂夫（印）」とある栖碧については、『蒼龍窟年譜』(3)の明治十一年十二月の条に「文部官員妻木頼矩居士登山。懇需上梓師之著作飲醍醐。」とあり、また明

治十七年の条に「此春師因東京居士等懇請。赴妻木棲碧居士宅。拝評毒語心経。」とあり、更に『蒼龍広録』(4)に「夏日。妻木栖碧居士来訪。於一撃斎話次即作。 清景涼人忘午眠。白雲蒼樹絶塵縁。支遁恐譲一頭地。如是溪山不用銭。」、同書巻五、二十二葉に「秋日東京妻木栖碧居士見訪次。質問碧巌達磨武帝対談一則。至夜深。居士有詩。即歩其韵。賦呈。 仙杖偶探湘海秋。鹿山入夜景愈幽。打西来話評梁武。落草羞吾不啣留。」等々とあるから、妻木頼矩に相違ない。この人の伝記に就いては平凡社の『日本人名大事典』に妻木棲碧として詳細に記されている。それによれば、彼は幕末の大目付であるが、武蔵国蕨在長徳寺住持の願翁について禅を学んだという。徳川慶喜が将軍職を辞して駿遠三の地に封ぜられるや、その留守居となり、公用人となり、また公議人となり、明治二年には静岡藩少参事そして大参事、四年七月名古屋県権大参事となり、明治五年三月官を辞して横浜毎日新聞の主筆に挙げられ、七年十二月には文部省附属書記の嘱託となったという。その後、二十二年八月帝国博物館臨時校正掛の嘱託となり、二十四年一月年七十七で病没したという。

次に中段に移ろう。ここには「溪澗豈能留得住、直帰大海作波濤 誠節(印)」、「浴沂何所取、団坐足清風 篤(花押)」、「無一物時無尽蔵、有花有月有楼台 浩一閑人(印)」と三人の書があるが、最初の誠節は多分、臨済宗大教院講義であり、後に臨済宗妙心寺派総長となった前田誠節ではないかと思われる。そして二番目は兆民中江篤介に間違いあるまい。岩波書店から出されている『中江兆民全集』には、兆民の書画がいくつか載せられているけれども、その中にこれと殆ど同じ落款の書があるからである。三番目の浩一閑人については不明である。

下段には「鉄哉酔戯 (印)」、「身如舟不繫、心是出岫雲 暁峯(印)」、「好住白雲紅樹裏、与君同唱太平歌 透関居士(印)」とあるが、鉄哉については全く分らない。透関は下谷区仲御徒町二丁目九番地に住んでいた田内逸雄なる人物で、よく惜斎の家に出入りしているが、閲歴は未詳。(5)ただ暁峰については、『増訂・土佐偉人伝』(6)に奥宮暁峰、名正路、幼名卯之助といひ、暁峰、存斎皆其号にして、又一名礼、字和卿といへり。文政二年潮江土井町に生る。実に慥斎正由の弟なり。幼にして書を中西半隠に学び、十六歳の時已に長浜村に於て習字の指南をなせり。弱冠の家老深尾弘人家に仕へ、江戸に遊び、山口管山の門に入り塾長を勤め、傍ら佐藤一斎安積艮斎の門に遊べり。其学は王陽明良知の説を奉じ、又禅に参ず。(中略)明治の初上京し教部省に入り、尋で明治十年大久保内務卿の秘書文事係となり、西南戦争中の機密通信を掌る。明治十三年聘せられて高知海南学校の教師となり、二十年頃退職す。是より江口大川淵に卜居し、老後文墨を楽とし余生を送る。明治二十六年十二月十七日病没す。享年七十五。城南潮江山に葬る。(中略)暁峰人となり温恭にして胸裏開豁に、人と交るに畛域を設けず、人皆其徳に服帰す。又文章書法並に妙にして高知県下の金石文其撰書に成もの多し。(下略)

と書かれているから、上段に名のある慥斎の弟であると断じて間違い無かろう。

さて、書の意味については、解釈する人の境涯の深浅が反映するので、ここでは省略に従うが、兆民の書「浴沂何所取、団坐足清風」だけは本稿の主題とも関わるので、多少コメントをしておこう。浴沂というのは論語先進篇に見える言葉である。今、手元の吉川幸次郎氏の解説[7]を参考にしながら見てみると、孔子がある時、子路、曾点、冉有、公西華の四人の弟子に「もし君たちが世間から認められたとしたら、どういうことをやりたいか」と問うたところ、子路が「大国から侵略を受け、しかも飢饉に陥っている弱小国の政治を担当し、三年間で勇有らしめ、且つ方を知らしむべし」と答え、冉有が「(東京都よりやや小さいくらいの)国の政治の責任者となれば、三年間で人民の経済生活を充足させて見せましょう」と言い、公西華が「君主や宰相の補佐役をやりたい」と返事をしたのに対して、曾点は他の三人と違って、「莫春には春服成り、冠者五六人、童子六七人、沂に浴し、舞勇に風し、詠じて帰らん」と答えた。孔子は曾点の話しを聞いて大きくため息をつき、彼に賛成をしたというのである。吉川氏の解説には

莫春の莫は暮と同じであって、暮れの春、晩春。つまり陰暦の三月、陽暦の四月。そのときに、春の着物、というのは、つまり合服であるが、それがちゃんと仕立てあがり、すでに元服をおえて冠をかむった聖人は五六人、まだ元服をおえない童子つまりティーンエイジャーは六七人、いずれもきりたての合服を着て、郊外へピクニックに出かけ、沂というのは魯の国の南の郊外にある川の名であるが、その川で水浴し、また、そこには舞雩といって、雩いの祭りの舞いをまうための土壇、それは平生の日には、散歩の場所になっていたのであろうが、そこで風んだうえ、うたを詠いながら帰って来たい。そうした生活こそ望ましいと思います。

とある。つまり儒教での理想的な生活スタイルを記したものであるが、この「浴沂」の話は洪川会下では「越格の境涯」を得させるための重要なテーマとなっているのであって、「難透向上の語話を歴尽」した上で取り組む問題とされている。すなわち今北洪川の『禅海一瀾』[8]第十六則には曾点の語を引いた後に

孔門にも亦這の佳境あり。吾が門に這の妙境ありと雖も、透徹する者多く得難し。按ずるに曾点は狂者なり。三子の志を言ふに臨み、故らに聞かざるものの如く、徐に瑟を舎いて起ち、突然として答ふ。その言よく形容して孔子の境涯に偶中す。故に孔子、与同の歎辞あり。学者、且らく道へ、作麼生か是れ孔子の境涯。若し這の妙境を会せんと欲せば、先づ須らく吾が門の難透向上の語話を歴尽し、腕頭、力を得るを俟ちて、然る後に初めて些子の相応あるべきなり。泛く諸儒の説を考ふるに、各々一分の見処あり。譬へば瞽者の大象の鼻足耳尾を捉へて其の形を説く者の如し。皆な太だ当たらず。此は是れ孔門越格の些子、幕外性躁の輩と

は論じ難し。何が故ぞ。深海の珠、罔象の輩之を収め、深山の宝、意無き者之を拾ふ。（原漢文）

とある。

ただし、この当時、兆民は恐らくまだ初関を透っていなかったようである。何となれば、両忘会寄書にも「篤（花押）」と記しているのみで道号を書いていないからである。「蒼龍窟会上居士禅子名刺」（東慶寺蔵）の「明治廿二年春間」にも「大坂東雲新聞記者　中江篤助」とあり、この時点でもまだ道号が記されていない所を見れば、兆民は洪川の室内では遂に見性しなかったらしい。「中江兆民居士の禅学」(9)に

> 中江兆民居士幾分禅を修む、一日学生四五名を引率して京都に赴き、南禅寺の勝峯大徹禅師に面す、禅師先づ問ふて曰く、足下は禅を修められしやと、居士曰く鎌倉の洪川和尚に就き、四年程誑されましたと、禅師曰く誑されしとは禅門にては高尚なる語として用ゆ、足下定めて得所あるべし、請ふ其得所を吐けよと、居士語なく、窮状甚だし、是に於て禅師徐ろに工夫の法を授けしに、居士頓首して去る、之より後殆ど旧知の如く大瓢を提げつゝ独り南禅寺を音訪るゝこと屢々なりしと云ふ。

とあるから、兆民が本格的に禅に取り組んだのは、南禅寺の大徹禅師会下に於てであった。『続南禅寺史』(10)に、南禅寺第三二五世として大徹道林（明治二十年一月に管長、明治四十四年二月十六日に示寂、塔所は伊勢の金剛証寺）の名が見えている。

三　両忘会の起こり

以上、寄書の読み方及び人物についての穿鑿を加えたが、次に寄書左上の鉄舟筆「両忘会」とは如何なるもの

であるのか、そしてこの寄書が何時頃に何処で描かれたものであるのかを考察しよう。その際に先ず参考になるのは、『円覚寺史』[11]の次の記述である。

(今北)洪川が上京して明治八年七月、湯島麟祥院の総黌長となるや、早くもこの十月には「両忘禅社」なる社会(同士の集り)が洪川を中心として創立された。同十一月廿一日に奥宮正由識の「両忘社会約」によると、洪川を盟主とし、その碧巌録提唱を受講のあと、僧俗一団の社会をなすこと、毎月廿一日午前九時、新入は社友を介し盟主に告げて結盟とか、俗話や官府の機密は語らぬとか、飯一鉢、酒一壜、蔬核三盆、各自廿五銭金とか定めた。奥宮は教部省官員、慥斎居士、洪川に参禅して深奥に至ったといふ。明治十年五月死、六十五歳。両忘社はこの後発展する。(中略)明治十四年二月の『忘路集会闔集名簿』の居士籍には、鉄舟、長城、雲窩、瀛洲、透関、栖碧、宝岑、以下二十二名、禅子(女居士)籍に恵光禅子以下十八人の禅子の名が連ねてある。正続禅堂の再建にも鉄舟以下これらの居士が協力した。洪川は明治十七年二月山岡鉄舟、鳥尾得庵等居士の請に応じてその明道会に碧巌録を講じ、これより毎月臨講。

明治五年五月、神仏合併による大教宣布と教導職講学のため、大教院が設置されたが、明治八年に解散した。しかし各宗派ごとの大教院はその後も存続が認められ、臨済宗は湯島の麟祥院に拠点を置いた。そしてその総黌長に今北洪川が任じられて上京したのであるが、その直後に、洪川を盟主として「両忘社会」が結成されたことが知られる。

しかし、一体誰がどのような経緯で「両忘社会」結成を企図したのか、判然としない。そこで筆者は右『円覚寺史』の近代の部分を執筆した井上禅定氏を北鎌倉の東慶寺に訪い、右記述の基になった「両忘社会約」及び『忘路集会闔集名簿』の閲覧を乞うたけれども、残念ながら両史料とも今は所在不明とのことであった。その代わりに先にも引用した洪川の文集である『蒼龍広録』を借覧、これを繰っているうちに、同書巻二、三十六葉以下に次の「祭奥宮慥斎居士文」があるのに遭遇した。

明治初年、朝廷神祇官を設け、居士調せられて権大夫に任ず。既にして朝廷神祇官を廃し、新たに教部省を開く。特に徴して大録に補す。明治癸酉夏、巡県調査の次、匡堂禅師に攝の祥福に見え、山僧に防の山口に会す。皆禅意を質問す。山僧も亦親しく客舎を訪ふ。共に道話を打す。乃ち禅海一瀾の原稿を眎す。居士始めて禅意の窺ひ易からざるを知る也。懇ろに速に拙著を上木して天下に公行せんことを勧む。熱望面に見はる。且つ曰く、我れ幸に教部考証課に在り。帰東後切に周旋せんと。越えて二年。山僧東上。宗黌を掌る。一夜、居士と伊達自得居士の寓居に邂逅し、禅談頗る熟す。二居士此れより遂に意を参学に決し、始めて吾が禅に入る。(中略)遂に自得居士と相議り、山僧を以て盟主と為し、始めて両忘社会を設け、大いに吾が化門を助く。(原漢文)

また、奥宮慥斎の日記『慥斎先生日記』[12]の明治六年六月六日条に「永興寺今北洪川等二三ノ僧侶ニ遇フ」とあり、十六日条に「今北洪川禅海一瀾ノ著書ヲ示サル、義山越溪等数名ノ序跋アリ、儒生ノ為メニ著セシモノト見ユ、経語等三十則ヲ出セリ」とあり、十八日条には「永興寺洪川来訪、話緒最濃、君ハ義山門下ノ一俊僧ト云、余陋撰ヲ出ス、懐ニシ去ル、禅海一瀾ヲ上梓センコトヲ勧ム」とあるから、洪川の記述と符節を合する。

これらによって、洪川と慥斎とが初めて会ったのは、明治六年六月のことで、山口に於てであったことが知られる。

「祭奥宮慥斎居士文」には、その後、明治八年に洪川が臨済宗総黌長として上京した際、伊達自得の邸宅で再会し、禅談が頗る熟して、慥斎と自得が参禅を決意、相議って「両忘社会」を設置することとなったとあるが、『慥斎先生日記』にもそれを裏付ける記述が遺されている。即ち明治八年八月二十七日条に「夜訪自得、遇洪川師」とあり、九月十六日条に「午後訪川北洪川和尚於湯島麟祥寺（ママ）」とあり、二十一日条に「朝赴麟祥院、聴洪川和尚碧眼提唱、伊達自得亦来」とあり、二十六日条に「朝赴洪川和尚碧眼録提唱、與鳥尾小弥太、望月某亦来、高橋生追予跡来会、席上禅話、最入佳境、余席上賦一絶、呈鳥尾先生」「欲証個中猶未確、恰如蚊子咬牛角、問君一滴洪川水、寝耳濺水覚不覚」とあり、十月一日条に「朝赴湯島麟祥院」とあって、十月三日条に「陰早起、参洪川和尚、見授隻手公按」とあるから、慥斎はこの日に初めて「隻手音声」の公案を授けられたのであろう。何となれば、臨済宗では「隻手音声」か「父母未生以前本来面目」か、あるいは「趙州無字」などの公案が初関として与えられるのが普通であるからである。

『慥斎先生日記』には続けて十月六日条に「朝往湯島、呈偶作、撫枕通宵夢未成、千思万想此時情、頻呼小玉不回首、要認檀即真個声」とあるから、まだ初関を透ることはできていない。そして十月二十日条に「暁起草両忘社会規、灯油尽、又寝、因晏起」とあり、二十一日条に「朝赴湯島会、午後一時両忘社発会、会者凡十人許」とあるから、両忘社の会規を書いたのが慥斎であり、その発会式が行なわれたのが明治八年十月二十一日であったことが判明する。

従って、『円覚寺史』が両忘社会約の起草日時を「十一月二十一日」としているのは、誤りであろう。『慥斎先生全集十　文稿上巻』[13]には両忘社会約の稿本と覚しきものが収録されている。『円覚寺史』に紹介されている内容と若干異なるが、次に紹介しておこう。

両忘社会約

頃者與同志結社於麟祥精舎、会者若干人、緇素湖海雑焉、命曰両忘社、以洪川和尚碧巌提唱之余暇推為盟主、述各所見、交修互証以質之時、或詩歌文章、以言志、時或琴碁書画寄興、或商搉古今、品題風月、唯随意之所適以為尽半日間娯焉、而立会約法曰、不許該論江湖塵俗、及官途栄辱辺警機事也、二曰席間唯設飯一鉢酒一壜蔬菓三盆、各醵暖席銭拾弐銭五厘、以充其費、除之外不許増一物、三曰是会元以真率為主、故不煩賓主相献酬及送迎之礼、或疾病事故不能会者、亦不須謝告也、四曰請新入社者、必告盟主紹介社友中以許入社、蓋避俗客雑沓破雅境也、因予定其会約云、

さて、慥斎と一緒に両忘会を発起した伊達自得とは、言うまでもなく『大勢三転考』の著者であり、陸奥宗光の父であって、慥斎よりも一足先に禅門を潜っていた。(14)『蒼龍広録』巻二、三十六葉の「祭伊達自得居士文」には、

居士曰く、吾れ在官の日、罪を得て囹圄に在り。一切経を拝読して、始めて仏道の宏博幽秘、窺ひ易からざるを知る。後に本光老に洛の万年に謁し、退耕師に武の天真に見ゆ。数数参叩すれども未だ些子の力を得ず。冀くは厳に警策を睨はんことをと。山僧これを聞き、甚だ居士の老いて益々勤めらるゝを喜び、遂に授くるに兜卒三関を以てす。居士大いに発憤し、孜孜兀兀、頻りに陋室に入る。参究すること凡そ六旬、忽ち玄機一発、初関に入得す。以来、祁寒繁霜の日と雖も、見処有れば則ち来りて入室す。容貌矍鑠、未だ曾つて怠倦の色有るを見ず。一旦豁然として三関を透得し、未曾有の歓喜を獲たり。山僧も亦甚だ瞻望するに分有り。竟に本命落著の処を印可し畢る。此の佳境に至つて居士大いに自得の号意に適することを喜ぶ。(原漢文)

とある。洪川から兜卒三関の公案を授けられた自得は、これを透過することによって未曾有の歓喜を獲、印可せられたというが、慥斎も亦自得と同じく兜卒三関の公案を授けられ、「我もし和尚に遇はずんば殆んど一生を空しふせん」と言うまでに達していた。すなわち先の「祭奥宮慥斎居士文」の省略した箇所には

蓋し居士の束脩を行ふや、要言して曰く、我れ嘗つて東西に奔走す。唯だ其の究むるところの者は、主として心術に在り。則ち到る処に師を求め友を募り力を殫し、思ひを精しくすと雖も、多くは記誦詞章に流れて、未だ自から深く道に造るを肯はず。焉んぞ能く卓爾として立つ所有ることを知らんや。馬齢已に晩莫に及び、寧ろ精神を無益の伎に費やさんよりは、心を参禅に傾けて、軀の斃るるを待つに如かざるなり。願はくは人情を挾まず、厳正に予を摂せられよと。山僧其の誠を投ずるの至情を知る。乃ち授くるに兜卒三関を以てす。之を久しふして頗る得る所有り。曰く、道果して此に在り。奚んぞ以外に求めん。我れ若し和尚に遇はずんば幾んど一生を空しふせんと。

（原漢文）

とある。因みに、兜卒三関とは、「兜卒悦和尚、撥草参玄は只見性を図る。即今上人の性、甚処にか在る」「自性を識得すれば方に生死を脱す。眼光落つる時、作麼生か脱せん」「生死を脱得すれば便ち去処を知る。四大分離して、甚処に向つてか去る」というものであって、これらを透得して初めて仏法の参学が究竟に達したとされる。(15)しかし、先に『慥斎先生日記』で確認したように、両忘社設立当時には、慥斎はまだ「隻手音声」の則を透ってはいないと思われるから、洪川の右の記述はレトリックであって、慥斎が「兜卒三関」を透ったのは、恐らくまだ後のことであろう。

かくして慥斎・自得の二人が相談して明治八年十月に「両忘社会」を設立したことが明らかになった。この「両忘社会」と「両忘会」とは同じものであろう。慥斎は明治十年五月に亡くなっているから、先の寄書が描かれたのは明治八年十月以降、明治十年五月以前ということになるけれども、寄書の中で水月道者が「秋風晩」といっていたから、寄書が作成されたのは明治八年ないしは明治九年の秋と断じてよかろう。しかも同じ水月道者が「台麓」といっているから、場所は上野の山の麓、洪川が滞在していた麟祥院であると見てよいであろう。

『慥斎先生日記』によれば、慥斎の弟暁峰や長男の健吉も度々麟祥院に於ける洪川の提唱を聞いているし、明治八年十一月三十日条に、「二女阿鶴、婢静、被授公案、皆豁然有所省、可喜々々。」とあるから、彼女たちも亦参禅を始めているのであって、慥斎は家族ぐるみで洪川のもとで坐禅修行をしていたことがわかるけれども、洪川の提唱を聞いて参禅をすることと、両忘社で詩文を作って風雅を楽しむこととは一応別のものであろう。

『円覚寺史』に、両忘社は毎月二十一日午前九時に開かれると定められていたと書かれているとおり、『慥斎先生日記』にも、十月二十一日に発会式があった後、通常の提唱・参禅以外に、十一月二十一日条に「朝拉弟赴湯島碧巌会、終日與諸彦遊、鳥尾先生亦来、乞画於洪川師、達磨自画賛也。」とあり、十二月二十一日条に「会湯島麟祥院、会者凡十名許、各言志以遣悶。」とあり、明治九年一月二十一日条に「朝赴湯島両忘社、聴碧巌提唱、後被　余饗諸禅客、六十路より尽せしのりの思ひ出はけふ九重に君を見る哉　右洪川和尚拝礼歌」とあり、二月二十一日条に「赴湯島両忘社、聴碧巌、邂逅山岡鉄舟先生、乞画、即画骸骨一個、無学和尚題其側。」とあり、三月二十一日条に「自朝至麟祥精舎、聴碧巌。」とあるから、当初は毎月二十一日に両忘社が催されていたらしい。しかし四月十六日条に「朝聴碧巌録、両忘社会社中、凡八九人、物集生亦来会。」とあり、五月二十一日条に「朝赴湯島。」とあって以降、明治九年六月から日記が途絶える十一月までの間、慥斎は提唱を聴きに出かけてはいるのだが、各月の二十一日条には両忘社の記事も麟祥院の記事も見えない。その後の両忘会の動向については後考を待つことにしたい。


さて、このようにして出来あがった両忘会に何故兆民が顔を出しているのかといえば、それは恐らく、慥斎が兆民の陽明学の師であったからであろう。兆民が慥斎の門を潜ったことについては兆民自身が私は格別陽明学を修めたと云ふでは有りませんから別に噺しする程の説もありませんが国の奥宮先生〈土佐の王学者慥斎と号す〉が陽明学者で暫く是に就て居りましたから時々伝習録の講義を聴ひたり王陽明全書とか靖乱録などを読むで陽明の道を聴ひた事があります、夫れに私は壮年の節少々禅学を窺ふた事が有りましたから陽明の学には誠に感心することがあります、云々

と語っている。[16] この兆民の回顧談に疑問を呈する向きもあるけれども、[17] しかしこれは事実であって、『慥斎先生日記』の明治八年六月六日条に「晩中江生、高橋生見訪、約講社、中江生嚮渡洋。」とあり、明治九年十月八日条にも、「健吉赴来々社会。会者二三十人、中江・広田二生為之長。」とある。

明治八、九年頃の慥斎の日記に直接「中江」の文字が記録されているのは、右の二例であるが、奥宮文庫には明治八年十一月の日付のある兆民自筆の文稿が存在するから、[18] 兆民は慥斎の元に続けて通って講義を聴いたり文章の訓練をしたりしていたものと思われる。

兆民が慥斎と約した「講社」というのは、荘子を読む会のことであって、慥斎は日記に「講荘会」とも書いている。植木枝盛もまたこの「荘子会」に参加したことは、彼の日記の明治八年六月十八日、七月九日、七月十四日、同月十九日の各条に記載されている。[19]

先に引用した『円覚寺史』によれば長城なる人物も参禅をしていたということであるが、この長城は土佐出身の中島信行のことである。従って長城も慥斎の縁故で禅を始めたものかと考えられるが、長城の義兄が海援隊時代の同志陸奥宗光であること、つまり長城は伊達自得の聟であることを考えると、或いは自得の縁で参加したのかもしれない。中島信行は神奈川県令、元老院議官を経て、自由党の副総理となって、自由民権運動の指導者の一人となった人物であり、明治十四年四月には山岡鉄舟、北代瀛洲、鳥尾得庵らとともに「円覚寺禅堂再建発起

勧進帳」に名を連ね、自らも百円を助援している。[20] 因みに北代瀛洲もまた土佐出身であって、名は正臣。慥斎の門弟で、明治八年頃に内務権大丞に昇り、十二年頃に東京裁判所首席判事と為り、十五年大阪控訴裁判所判事に転じ、農商務書記官に任じ、二十一年頃文書課長を以て総務局に勤務、四十一年一月病死したという。[21]

『自由党史』(岩波文庫本上巻)によれば、奥宮慥斎は明治七年一月十日付の愛国公党「本誓」に副島種臣・後藤象二郎・板垣退助・江藤新平・由利公正・小室信夫・岡本健三郎・古沢滋らとともに署名をしており、また典拠を明らかにしないが、平凡社の『日本人名大事典』によれば、明治七年一月十七日に左院に提出された「民撰議院設立建白書」の修正潤色もしたということである。事実、『慥斎先生日記』の明治七年一月十四日条に「晴出省。命車退食。迂路訪板垣氏、観外人所駁木戸建言書。夜命車帰。云是夜有人刺客岩倉公。」とあり、翌十五日条に「退食後、命車至後藤氏高輪邸。坐客既満。副島氏由利氏已下猶数名。皆談昨夜之事。議事畢、命西洋酒飯。夜半辞出。風説如織。命車帰。」とあり、更に十六日条にも「午牌命車、赴岡本健三郎之会。諸人皆会。改删昨所論文稿、明日将出議院、因浄写三通、夜帰。」とあるから、慥斎が一月十七日提出の「民撰議院設立建白書」の起草に深く関わっていたことは事実である。[22]

いわゆる自由民権運動が全国的に展開するのはこの「民撰議院設立建白書」が提出されて以降のことに属するけれども、その自由民権運動の中心メンバーに陽明学や禅の修行をしていた人たちがいたことは注目してよいのではなかろうか。そのような目で自由民権家たちを見まわすと、他にも禅に造詣の深い人物がいる。例えば植木枝盛を取り上げてみよう。先にも少々言及したが、植木の日記によれば、明治七、八年頃には頻りに奥宮慥斎邸に通っており、そこで「万国公法」や「荘子」の講義に出席していた。また明治十一年十月十九日条には山岡鉄舟が枝盛の家に訪ねて来て「談話良久」したと言うし、明治十三年七月二十五日条には「午後三時相国寺に行き

和尚荻野大教正独園に会し、談話久焉」との記事もある。(23)

独園は鬼大拙の法を嗣いだ著名な禅僧であって、洪川の師であった。植木がその独園とどのような談話をしたのか不明であるが、植木の著作に目を通してみると、禅的な素養なしには書き得ない記事が畳見している。『無天雑録』「明治十二年五月廿二日記」に

人間ノ心ホド尊キモノハナシ。最モ大ニ最モ広ク最モ強キモノハ人間ノ心也。華厳経ニ曰ク、「三界惟一心。心外無別法。心仏及衆生。此三無差別」ト。又道二翁道話ニモ「三世トハ手ヲ一ツ打ツ此内ニ在リ。手ヲウタヌ先キハ未来、手ヲ打タ所ハ現世、打タ跡ハ音ガ過ギ去タ故過去ト云フ。三世トモドコニアルゾ、過去モ未来モタヾ今バカリ。此今ヲ会得スルヲ本心ヲ知ルト云フ、此今ノ外ニ何ガアルゾ」ト説キタリ。尊ブベキモノハ心ナリ。

とか、明治十六年「七月記」に

坐禅ハ心ヲ観ズルノ法ナリ。蓋シ忘念忘想ノ心海ヲ濁ラスコトアレバ、則能ク其底ヲ見ルベカラズ。坐禅ハ他ナシ、所謂心海ヲ濁ラスベキ忘念忘想ヲ去リ以テ其心ヲ観ルノミ。然レドモ坐禅ニ種々ノ法アリ。一ニ数息観ト云フ、静室ニ安座シテ呼吸ヲ数フルナリ。心放逸セズ忘念忘想起ラザルヲ要スル所以ナリ。二ニ不浄観ト云フ、人ノ身ニ不浄ナルコトヲ心ニ浮ベテアリアリト観想スルナリ。男女好色ノ情ヲ除カン為メナリ。三ニ月輪観ト云フ、胸ノ前ニ光明円満ノ月輪ヲ懸ケテ見ル、体ヲ観ジ心中ノ無明煩悩ヲ掃除シ心ヲ明月ノ如クニスルノ巧夫ナリ。初ハ月輪ヲ胸ノ前ニ在ル様ニ観ジ後ハ我心即チ月輪ニナルト観ズ。四ニ水想観ト云フ、我ガ一身消エテ水ニ成ルト観ズルナリ。一身万物ト一ナルヲ悟ル所以ナリ。

とか、『蓋世録　一名傲慢録　又名天狗経』に、「世界一ツハ食フトモ口ガ濡ハズ。土星、木星、海王星、天ノホ

シボシヲ聚メテ食ヘバ、今日ノ夕飯ノ足シトハナルラン。」とか、「超然脱俗スルモノハ植木枝盛ナリ。十三年十二月十六日」とか、「植木枝盛ノ曰ク、天上天下四方八荒古往近来惟我独尊。二月二十五日」とか、「植子鼻巋然高矣。友人戒之曰吾子勿西向其鼻将與雪山相抵触。十一月十三日」とか、[24]あるいは「民権自由論二編甲号」の冒頭に、「自由なり、自由なり。自由自在と云ふべきは是れ斯の御互い人間の事にて、彼の仏法に千手観音と云ふものあるも一種千手の観音さんがあるではなく、只是れ吾們人間の心を開きて悟るなら、それが即ち仏にて、無明住地煩悩の域を去て去り出でゝ不動明智を保つなら、恰も千の手あるが如く、実に自由と云ふことにこそあれ。」云々とかとあるが如く、枚挙に遑が無い。[25]

一体、自由民権と言うときの「自由」をどのような理解のもとに使用していたのか、まだ追求していないけれども、禅門では古くから「身心脱落した証悟の境涯で、主体的・積極的にみずからに由って営為すること」[26]の意味で自由なる語が用いられている。『臨済録』示衆に「師乃ち云く、今時の仏法を学ぶ者は、且く真正の見解を求めんことを要す。若し真正の見解を得れば、生死に染まず、去住自由なり。」（原漢文）とか、「病は不自信の処に在り。你若し自信不及ならば、即便ち忙忙地に一切の境に徇つて転じ、他の万境に回換せられて、自由を得ず。」（原漢文）とかとある如くであり、自由三昧こそが禅の理想的な境地と言われている。

試みに『中江兆民全集』第十六巻に掲載されている兆民の揮毫を見られたい。そこには「一喝二喝後怎麼生」（二五七頁）、「度驢度馬」（二五八頁）、「転轆々」（二六四頁）、「顧鑑咦」（二六六頁）、「世事当行雲流水」（二七〇頁）、「八面玲瓏」「洗鉢盂花」（二七六頁）、「着衣喫飯」（二七七頁）、「透長安」（二七九頁）、「不働禅三昧」（二八一頁）等々の禅語のほか、本稿に最も相応しい「生死自由」（二六五頁）という文句も載せられている。

従って、明治初年の所謂自由民権思想と禅との関係が注目されて然るべきだと思うが、松尾章一氏の『増補・

改訂　自由民権思想の研究[27]』を見ても、禅との関わりについては全く触れてない。自由民権運動研究には相当の蓄積があるから誰かが既に考察しておられることとは思われるけれども、手頃な文献が見当たらないので、心覚えの為に記しておくことにしたい。

このように言ったからといって、何も自由民権の自由が直ちに禅の自由から出たなどと即断しようとするものではない。何となれば、「西欧的政治思想や戦後民主主義的諸価値のイメージから想定した、硬直した民権像から一歩も外に出られない」現代の自由民権研究に異を唱え、儒教的な観点から「自由民権」の語義を考察した梶田明宏氏の「西南戦争以前の言説状況―士族民権論をめぐる『気』の問題について―[28]」なる論文が存在するからである。梶田氏によれば、「民撰議院設立建白書」に「天下ノ元気ヲ鼓舞シ」とか「我人民ヲシテ其敢為ノ気ヲ起シ」とか書かれ、また立志学舎の趣意書にも「敢為ナル者ハ、即チ元気ノ発ナリ、而シテ元気ノ養ハ信義ト廉恥トニ在リ」とあるように、「当時にあって国家独立、あるいは富強の問題は、軍事力・経済力といった物質的な問題ではなく、その背景としての、必要なる人民の『精神』『気力』『気象』といった『気』の問題として語られ、民権論もまたその中に包摂される概念」であった。当時最も過激であった『評論新聞』にすら「今此ノ元気衰弱シテ国勢頽廃スルカ如キノ患ヲ免カレ、常ニ活潑旺盛ノ気力ヲ失ハス、威武ヲ宇内ニ振張スルユヘンヲ求メハ、特ニ長ク閑暇無事ニ安心シテ一日ノ姑息ヲ努ムル事ヲ止メ、一タヒ機会ヲ得ルアレハ一刀両断シテ迅速ニ其勢ニ乗シ、戦争攻伐ヲ事トシ以テ此ノ大患ヲ掃蕩スルアルノミ」（第九十一号、明治九年五月）というような社説が載る状況であったという。そして梶田氏は孟子の「浩然之気」や橋本左内の『啓発録』、あるいは山鹿素行の『士道』を引用し、それが「士たるものの修養すべき『気』として重要視されていた」また「自由という言葉が（中略）『浩然之気』を養うのに必要な『度量』として語られている」ことを指摘、そして「自由」が「気」を以って語られる今一つの重要な事例として中江兆民の「心神ノ自由」についての次の説明を引いておられる。

リベルテーモラルトハ、我ヵ精神心思ノ絶エテ他物ノ束縛ヲ受ケス、完全発達シテ余力無キヲ得ルヲ謂フ、是ナリ。古人所謂義ト道トニ配スル浩然ノ一気ハ即チ是ナリ

梶田氏は「儒教的『正気』のイメージとしての『自由』はかなりの広まりを以って論じられていたといえるのである。つまり、『民権』なり『自由』なり、あるいは国家の独立なりの概念は、それを導入するに際して、日本の在来思想にあった、儒教的色彩の濃い『気』の概念を援用して、当時の日本の危機意識に即して理解がなされていったのであり、とりわけ『自由』という言葉は、構造的に儒教的な『気』と共鳴、あるいは一体化が可能であった。」と述べられている。

梶田氏の右の指摘は、従来の研究の欠を補ったものとして注目すべきものであるが、ここでは我田引水、禅との関わりで更に弁を付けておくことにしよう。それというのも、梶田氏が引用しておられる孟子の「浩然之気」は、実は禅門それも今北洪川門下では重要な公案の一つであり、禅の修行者は皆「気」を養う仕組みになっているからである。すなわち今北洪川著『禅海一瀾』第七則に

孟軻曰く、我れ善く吾が浩然の気を養ふ。其の気たるや、至大至剛、直を以て養ふて害なふ無くんば、則ち天地の間に塞がる。

凡そ天下の儒流、孟軻の浩然の章を読んで、忽乎として過ぐる者は、真の儒人に非らず。山野、疇昔此の章に逢ふて、道を求むるの志を根ざす。故に後来、常に歎じて云く、大教の未だ東来以前に当たりて、此の卓見あり。孟軻は謂つべし、生れながらにして之を知る者なりと。

試みに学者に問ふ。正文二十九字、但一字、生知の全力を用ゆる処有り。作麼生か、那一字。(原漢文)

とあるのが、それである。

そもそも洪川自身が嘗ては儒者であって、『蒼龍窟年譜』によれば、天保五年、十九歳の時に浪華の中之洲で折衷学を唱えて開業していたが、孜々研究およそ五年、ある日、孟子の「浩然章」を読んで「孟子は浩然を説く、我は浩然を行はん」と声を大にし、これより脱俗の志を抱いたという。洪川の下で暫く修行したことのある鈴木大拙も、『今北洪川』[29]の中で

いわゆる折衷学なるものははっきりせぬが、宋学の正流ではなかったのであろう。程朱の学派と陸王のとを折衷したものと推せられる。十九歳のころ早くすでに一家の思想を懐かれたのであろう。が、老師は知の人よりも行の人であったと考うべきものがあるので、道なら道を知的に分析し究明しようということよりも、それを自ら体得しようというのであった。孟子は浩然の気を養うことを説くが、我は実にこれを行ずるというようなところから見ると、老師はやはり儒者の範疇に入るべきであろう。老師が禅の体験をもって入道または行道の捷径とせられたのも、この理に基づくのであろう。

と述べている。「気」をただ知識として知るだけではなく、それを会得して実践できるようにすること、それが禅である。

そもそも儒学とりわけ陽明学と禅とは謂わば兄弟のごとき関係にある。兆民自身も

陽明学は良知の学、知行合一を尊び、事功を以て第一義となす、所謂活用の学なり。然れども陽明学是れ畢竟禅学に外ならず。王陽明は不世出の偉人、文武の功赫々、支那の学者に在りては固より有数の人なり。夫れ支那の国たる、孔孟の教義盛にして、後世儒者多くは章句儀式に拘泥して、緊要たる事功を努めず。茲に於て王陽明之が救済の策を施し、先づ禅学の名を避けて、禅学を儒教に同化して世に伝播したり。故に其骨

格は禅学にして、其粧飾は儒学なりと謂ふべし。

と評している通りである。[30] 従って、自由民権思想には儒学の要素があったことは勿論であるが、禅的な要素もまた存在したことを指摘しなければなるまい。自由民権の活動家たちの周りに、禅風が濃厚に漂っていたことを理解していただければそれでよい。

最後に両忘会の「両忘」の意味について、『禅学大辞典』には「善悪、迷悟などすべての二元的対立をふたつながら忘れ去り、自由な境地にいたること」と説明されているが、両忘会を再興した釈宗活は更に丁寧に

両忘とは何んな意義かとよく聞かれますので、両忘といふ意味を一寸お話して置きませう。両忘、両つ乍ら忘ずると云ふことは何ういふことであらうか。之は人々之を蒲団上で実際に経過して来てゐるでせうが、能所二つ乍ら忘ずるといふことで、能は能見そのもの、則ち見る方の自己、所と云ふ方は自分に対する一切の万縁万境つまり見られる方の彼れでありまして、之が見る方と見られる方、我と彼、その両方で此の相対的に世間一般の人は生涯を送つて居ります。然し我と万縁万境と相対して居つたのみでは、真理の根本に徹することは出来ぬ(中略)。両忘即ち見る方と見られる方、聞く我と聞かれる彼と、この能所を両つ乍ら忘ずる境涯に至らねば未生以前の消息を自覚することは出来ません。でないと凡て能見所見と両境常に相対する。この両つの境涯を忘ずること、則ち心境一如に成ることで、之を言ひ換へれば両鏡相対すると同じことである。自分が一枚の鏡であると同時に向ふも一枚の鏡、自己の面が彼れの面、彼れの面が自己の面、その鏡と鏡と両鏡相対すると同じで、我他彼此の畦の切れた処であります。両鏡相対する時は何う。畢竟我と云ふ影もなければ彼と云ふ影も写らぬ。何物も中間に於て、糸毫許りも影法師の写るものがない。之を両鏡相対すると云ふので、両忘も此意味であります。此所へ一度何うしてもはいらなければ、真理の消息に通達するこ

とが出来ぬ。此処を親しく手に入れて、宗通説通両つながら自在の力を得んが為に坐禅の修行をするのである。

と述べている。[31] 禅学的に言えば、「宝鏡三昧」の境地にいたることである。これは単に法理を悟得するだけではなく、そこから派生して日常生活、政治生活などにも脚実地に応用されるものでなければならない。従って長年修行を積んだ禅者にとっては、右を左とし、北を南とすることなど、お手の物である。宮中勤めの鉄舟が明治十五年一月、信州飯田で創刊された自由党系の新聞「深山自由新聞[32]」の題号を書き、幸徳秋水のような人物を育てていた兆民が、秋水が「帝国主義団体」と批判する国民同盟会に参加しても、何の矛盾でもないということになる。それを矛盾としか見ることが出来ないのは、畢竟、見る者が相対の世界に身心ともに埋没しているからに他ならない。

四　鉄舟と梧陰

以上、両忘会寄書を手がかりとして、鉄舟や兆民がどのような修行をしていたのかを垣間見てきたが、本節ではそのような鉄舟・兆民と梧陰との関係について考察することにしたい。先ず鉄舟と梧陰との関係と言えば、例の鉄舟の武士道講話に梧陰が列席していたという話が想起されるであろう。明治二十年頃、山岡鉄舟は門人の籠手田安定（前滋賀県知事、当時島根県知事）の求めに応じて三日間に亙って武士道についての講話を行ない、その講筵に籠手田の他、井上毅（宮内省図書頭、のちに文部大臣）、ボアソナード（御雇外国人、仏国法学博士）、中村正直（元老院議官、東京大学教授、後に女子高等師範学校長）、山川浩（陸軍少将、東京高等師範学校長）などの歴々が連なっていたというものである。その時の記録が籠手田の手元にあり、それを後に安倍正人なる人物が譲り受け、勝海舟の評語を加えて『武士道』と題し、明治三十五年一月、光融館というところから出版している。

鉄舟は本書冒頭の第一章「籠手田氏武士道談を鉄舟先生に求め、先生之を諾す」で武士道について

世人が人を教ゆるに忠、孝、仁、義、智、信とか、節義、勇武、廉恥とか、或は同じ様なことで、剛勇、廉潔、慈悲、節操、礼譲とか、言ひ換ゆれば、種々ありて、是れ等の道を実践躬行する人を、乃ち武士道を守る人と云ふのである。拙者も其れには同意である。併し拙者には他に尚ほ自信する所がある。其の義も似た様なことであるが、物あれば則りあると云ふ如く、人の世に処するには、必らず大道を履行せなければならぬ。故に其の道の淵源を理解せなければならぬ。之れを学理的に理解せんとならば、一朝一夕の業ではないが、拙者は我が日本国の前途が頗る思はれる。其れ故に国民である以上は、上は大臣宰相より、下は片山里の乙女童子に至るまで、誰でも心得ねばならぬと抱懐して居る一斑を物語るから、其れ等の話を篤と味はゝれて、日本人の武士道と云ふことを理解して貰ひたい。茲に一言申し置く事は、日本の武士道と云ふ事は日本人の服膺践行す可き道と云ふ訳である。其道の淵源を知らんと欲せば、無我の境に入り、真理を理解し、開悟せよ、必らずや迷誤の暗雲、直に散じて、忽ち天地を廓朗ならしむる。真理の日月存するを観ん、爰に於て初めて無我の無我たるを悟らん、之を覚悟せば、豈に四恩の鴻徳を奉謝するに躊躇あらんや、是れ乃ち武士道の発現地なり。爰に至らば世人の所謂八徳は謂はずして守り、強ひずして行ふに至らん。是れ乃ち国体の精華、愈々真美を重ね、国家の福祉は、益々増進せん。

と述べ、以下、第二章「武士道の要素」、第三章「武士道の体用」、第四章「武士道の起因及発達」、第五章「明治

時代以後の武士道」、第六章「武士道の精華」、第七章「武士道の諸議」、第八章「日本女子の武士道」の構成で武士道の諸相を論じている。

この書物で先ず興味深いのは、講話が一段落する毎に鉄舟と参会者とが互いに言葉を交わしていることである。その中で井上毅の名が見える箇所のみを列挙すれば、すなわち、第一目の話しが終わった後、つまり第三章「武士道の体用」の後に、

侍者曰く茲に先生講話の一段を卒ゆ。時に来聴者仏国法学博士（ボアソナード）氏、或は本邦人は井上毅氏以下数名の先輩を見る。時に井上氏曰く。先生の御話は、赤心より出で、至誠の金言であるから、何しろ感化力の点に至つては著しきものである。国民教育の如きは技術は、二番で、御説の如き心胆練磨こそ真の国民教育なれ云々。

籠手田氏曰く、以上の御話にて武士道は尽くされて居ります。実に仰せの通り、忠孝二途なく、忠なる位のものは、孝に、慈悲に、道は共通するもので、各自が此の覚悟であつたならば言はずして社会は平和で、区々たる法律の如きは、隅に隠れて仕舞ひます。皇統は連綿として、吉野の山桜は、もすこし遠方迄、花香を匂はせますとて、井上氏を顧みて曰く、井上さん、此の趣きを以て国民教育全般の教育に及ぼしたいものです、と。彼れ是れ談話の折柄先生、宮中に用向とて他出せらる。一同別れを告げて席を去る。

とあり、第二日目の講話の時、つまり第四章「武士道の起因及発達」の文末に、

井上氏、事窃に感ずるものある如く、温故知新は、経世の要として彼れ是れ先生の実話に感謝の意を表し、山川浩（陸軍少将）曰く、恐れ多くも現今文武の公位に身を置きながら、私利私情に迷ふものあるは、今日続々である。只今先生の御話の如きは、聴者赤面に耐へません云々とて、謙遜感謝の意を表す。中村博士は、

武士道起発の義を以て前知す可し云々とて、各自の腹蔵を披瀝して答礼したり。

とあって、そして第三日目の第六章「武士道の精華」の「菅原道真と武士道の精華」の箇所には

侍者曰く、此時井上毅氏、山川浩氏、交々菅公を讃評し、且つ詩句の深遠にして、公が儒仏の粋を穿ち得たるを讃評し、其要に曰く、去年今夜云々の詩は、書生子供も道真公が真意は伺ひ得ざるも、公が誠忠の意なる事は略ぼ見聞もあらん。然るに九月九日の作詩末句に「長斎」の熟字は、恐らく公の誠意を伺ふ能はざるもの多からん。公は儒者にして且つ仏理を究め得たる聖傑なれば、三長斎なぞの如きは、常に公の念頭に存する所なれば、其の期に際するや、忽ち発心したるものならん。其他何れも仏理を極め如何にも感服の外なしとて、一同瞻仰の意を披瀝したり。時に先生笑顔して、井上さん今日は人形が多くなって、人間が鮮なくなりました。何分人間が短命になるが気の毒である。此辺が貴殿方の最も力を頼む所であるとて言辞頗る興味を覚へしむ。

とある。長斎の熟字の詩とは配所大宰府で詠んだ「一朝逢九日、合眼独愁臥、聞酒為誰調、長斎終不破」なる有名な詩であり、三長斎とは正月、五月、九月の三ヶ月は、その月中持斎して「殺生を止め、非行を慎み、不過中食を守る」(33)ことである。つまりこの詩によって、菅原道真が熱心に仏道修行をしていたことが知られるのである。

それはそれとして、この『武士道』講話によって、鉄舟と梧陰との間に何らかの精神的な交感があったことが知られるのであるが、第一日目に井上が「先生の御話は、赤心より出で、至誠の金言であるから、何しろ感化力の点に至つては著しきものである。国民教育の如きは技術は、二番で、御説の如き心胆練磨こそ真の国民教育なれ云々」との感想を漏らしているのは、この日、鉄舟が第三章第四節「今日の法律は形式のものなり、武士道は実体のものなり」で、

抑も法律なるものは、社会の制裁上、人為的の仮りの条文には相違あらざるも、衆人相ひ集まりて、済世する上に於ては、又止むを得ないことである。併しながら法律なるものは、人類霊性の道義観念に迄、手出しをするものではない、否な力の及ぶものではない。此の及ばぬ所が、霊活なる精神作用を以て、補はねばならぬ。此処が乃ち武士道の活用所である。反す反すも此処に注意をして貰ひたい。君父眷族其の他一切の衆生に対する忠孝、節義、慈愛等の観念は、元と是れ人類高等の霊性より発する理想にして、乃ち道義の発動なり。是れ等の道義に至つては、区々たる人為的法律の規し得るものではない。到底役に立つものでない。乃ち法律力の及ばぬ所を日本民族特有の武士道が活用されなければならぬ所である。

と語ったからであろう。この頃すでに梧陰自身も法律の限界を充分に認識していた。梧陰はスペンサーやアコラス、或いはブルンチュリらの説に依拠して、社会は君主専制から戦乱の世、宗教の世、法律の世と変遷し、更に「哲学の世」「道理世界」となろうとしており、そのような世界では「仁愛」「仁政ノ主義」「道徳政事」を以て政治経済の根本とすべきであると考えて、「遠大高超ノ思想ヲ下シ（中略）前人ノ踏襲セル軌轍ノ外ニ一家ノ主義ヲ確立シ以テ後世ニ行フヘキノ標準トスル」ことの出来る人物の出現を信じていたのであった。(34)

鉄舟も亦、両忘会寄書に「行到水窮処、坐看雲起処」と書いたように、早くから「水の窮まる処、雲の起こる処」を追求していた。『武士道』でしばしば口にしている「大道」がそれである。鉄舟の言う「大道」とは、単に仏教のみならず神道や儒教をも合わせた、三教一貫底の大道であって、『武士道』第四章第五節「武士道発達の要素、神儒仏」の中で「神儒仏三道一貫の大道が日本人天性の元気に保助的感化を与へた」とか

我等国民の侶伴が、常に聖と敬ひ、傑と尊び、豪と称ふる弘法大師、日蓮上人、法然上人、親鸞上人、其外多々以上の如き人々は如何なる御方と奉拝にや、皆是れ我れ等国民の父兄にして、此の如き聖賢大師は神、

儒、仏、三道一貫の真理に則り、緇素教導の大本を唱へ給ひ、日本民族の為め、如何に大道を以て、民族を涵養なされたか、而して各御身方は先づ御自身より、立派な仏になり給ふて、吾々に御手本を示し給ふて、ゴザルではないか。故に世人皆な此の安心立命の大盤が、確乎として居れば以下済世の業に於ては、君に忠に、親に孝に、侶伴に信義、互に敬愛し、各自の職務に熱心なる事は、別に勧諭を待たずとも立派なものである。

とかと言っている通りである。しかも鉄舟は、この「大道」を剣や禅で追求・会得するだけではなく、実社会にも生かそうと努力していたのであった。すなわち鉄舟は、明治十六年、鳥尾得庵・大内青巒らと湯島竜岡町の麟祥院内に護国協会を結成、

一、我が協会は護国の大意を以て創設の義を明らかにす。
一、仏法を宗とし、以て天下の善術を集む。
一、安心立命、各々其の所信の宗義に任ず。
一、事皆四恩に報ずるを以て、即ち協会の実践の要旨と為す。
一、会員たる者は、まさに身命財を捨て、終身、此れに従事すべし。

という五条の誓約をした。[35] 翌年に明道協会と改称したが、この協会は全国に三十余の支部を有するまでになっていた。[36] このように「大道」を実践躬行していた鉄舟の講話に、梧陰が共感を示さないはずがない。なんとなれば、一来るべき「道理世界」を律する新たな主義を模索していた梧陰は、別の所で「古今を貫穿し、彼此を渉略し、一時の盛衰の外を達観し、一世喧豗を超越し、衆理を萃め、而して精粋を抜いて、立言約説、以て千載に垂る、蓋し博学にして深思なる其の人を待つ有るのみ。」と書き綴っているからである。[37]「古今を貫穿し、一時の盛衰の外

を達観し、一世喧豗を超越」するものこそ、鉄舟の言う「大道」に他ならない。後年、文部大臣となった梧陰は京都に於て演説をし、「申すまでもなきことなから普通教育の目的は如何と問はゞ人をして人の人たる大道を知らしめ日本国民たるの本分を弁へしむるに在ることにて」云々と語っている。[38]

さらに、梧陰は鉄舟の講話を聞いて「心胆練磨こそ真の国民教育なれ」と述べているが、これについても梧陰は、後に学校の教科に漢文を置く必要性を語った際に、「経学を教ふるハ、生徒に高明堅確なる心術の鍛錬と純正なる倫理の標準とを与ふる業にして」云々と言って、心術の鍛錬に意を用いている。梧陰はその際に『中庸』首章の「天命之を性と謂ふ。性に率ふ、之を道と謂ふ」云々の章句を引いて「此の文の正大円満にして、六合を貫き、微塵に入るを見よ。」とか、また『孟子』尽心篇の「万物は皆な我れに備はる」云々の句に触れて「一心と万物との関係を網羅し、主観的に、客観的に、天理人道の全体を顕したり。」とかと述べているけれども、[39]禅者たちが心胆練磨し、必死で会得しよう努めているものも正しくこれに他ならない。

「井上さん今日は人形が多くなって、人間が鮮なくなりました。何分人間が短命になるが気の毒である。此辺が貴殿方の最も力を頼む所である」と鉄舟が梧陰に遺した言葉は、梧陰によって確実に受け継がれたとみてよかろう。

なお、梧陰と共に『武士道』講話を聞いていた籠手田もまた教育に熱心であって、明治二十年十二月二日には島根県の師範学生に対して、明治二十一年十月十七日には学務課員・県立学校職員ら二十五名を私邸に招き、明治二十二年七月二十八日には松江高等小学校に於て、それぞれ教育について「(欧米の)浮華軽燥ノ風潮ニ従ハス事ヲ執ル着実ヲ主トシ」とか「敵愾ノ気象ヲ振起シテ国土ト共ニ斃ル、ノ精神ヲ養成セサル可カラス」とか、或いは「富国強兵ノ元気ヲ養成スル」とかと演説し、明治二十三年二月には文部大臣榎本武揚に対して「国民教育ハ我国体ニ基キ学制ヲ確立シ百世ノ治ヲ計画セサル可ラサルノ議」を建言し、更に同年同月の地方長官会議で「徳育涵養ノ義ニ付建議」が議論された際にも籠手田は「我国体ヲ基トシ徳育ヲ発達セシメン事ヲ冀望シテ止マサルナリ」と述べている。(40) そしてこの地方長官会議での建議が教育勅語制定に繋がったことは、周知の事実である。籠手田は明治十三年冬、滋賀県令であった時に鉄舟の門に入り、爾来、上京する毎に鉄舟に教えを乞い、その関係は「先生の安定に於けるや父の子を愛する如く、安定の先生に於けるや子の父を慕ふが如き者」であったというから、(41) 籠手田が教育に熱心になったのは或いは鉄舟の遺志を受け継いだためかもしれない。

さて、鉄舟の『武士道』講話で次に驚くべきことは、『武士道』講話中の文句と教育勅語の文章とが実によく似ているということである。すなわち第二章「武士道の要素」「国王の恩」に

皇宗は、遠く神代に於て、万姓の開始にましまして、共に日本民族の始宗、乃ち祖宗なりければ、吾人日本民族は、固より忠孝二途の別なく、天壌無窮の神宣を信奉し、皇運を扶耀し、古往近来、億兆心を一にして、死すとも二心なる可からず。是れ我が国体の精華にして、日本武士道の淵源、実に茲に存す。日本民族の方針、実に茲に存す。

という文章があり、そして第四章「武士道の起因及発達」「一、武士道起因の要素」には、

謹で惟みるに、我が皇祖皇宗、此国をしろし召され、其恩徳を樹て給ふ事甚だ深遠である。(中略)太祖が天孫に勅して、天壌と与に窮りなき万世一系の君主を宣定し給ひ、爾来億兆心を一にして、世々其の美を済し、幾千載の下、寸土を窺ひ得たるの夷族なく、天位を侵し得たるの不臣なきは、他に比類なき国体の精華である。

という文句が連ねてあるけれども、これらの文句が次の教育勅語の表現に酷似していることは一見して明らかで

ある。

朕惟フニ我カ皇祖皇宗国ヲ肇ムルコト宏遠ニ徳ヲ樹ツルコト深厚ナリ我カ臣民克ク忠ニ克ク孝ニ億兆心ヲ一ニシテ世世厥ノ美ヲ済セルハ此レ我カ国体ノ精華ニシテ教育ノ淵源亦実ニ此ニ存ス爾臣民父母ニ孝ニ兄弟ニ友ニ夫婦相和シ朋友相信シ恭倹己レヲ持シ博愛衆ニ及ホシ学ヲ修メ業ヲ習ヒ以テ智能ヲ啓発シ徳器ヲ成就シ進テ公益ヲ広メ世務ヲ開キ常ニ国憲ヲ重シ国法ニ遵ヒ一旦緩急アレハ義勇公ニ奉シ以テ天壌無窮ノ皇運ヲ扶翼スヘシ是ノ如キハ独リ朕カ忠良ノ臣民タルノミナラス又以テ爾祖先ノ遺風ヲ顕彰スルニ足ラン斯ノ道ハ実ニ我カ皇祖皇宗ノ遺訓ニシテ子孫臣民ノ倶ニ遵守スヘキ所之ヲ古今ニ通シテ謬ラス之ヲ中外ニ施シテ悖ラス朕爾臣民ト倶ニ拳拳服膺シテ咸其徳ヲ一ニセンコトヲ庶幾フ

この類似点については既に勝部真長氏[42]や大森曹玄氏[43]の指摘があるから、周知に属する事柄であろうと思われる。ただし、本書が出版された明治三十五年には籠手田（明治三十二年三月没）、井上（明治二十八年三月没）、中村（明治二十四年六月没）、山川（明治三十一年二月没）は既に物故し、ボアソナードも日本を去っているので、上記の叙述の信憑性を保証するものは誰もいない。その故であろうか、稲田正次氏の浩瀚な『教育勅語成立過程の研究』[44]にも『武士道』と教育勅語との関係は一言も触れられていない。確かに、編者の安部正人が講話記録に手を入れたことは十分に考えられ、別件ではあるが、実際にそれを推測させるような事例も存在しているから[45]、何も目新しい知見を持ち合わせない現在、両者の表現の類似についてこれ以上深入りすることは控えておこう。既に鉄舟と梧陰との間の精神的紐帯を確認し得たからには、もはや片々たる字句の異同を穿鑿する必要はあるまい。

五　兆民と梧陰

兆民と梧陰との関係については、これまでの研究によって、①明治初年、大学南校で一方は得業生、他方は舎長として在籍していたこと、②フランスで両者が邂逅し、梧陰が兆民の留学延長に尽力したこと、③明治二十年五月頃に兆民が梧陰を訪ねて『三酔人経綸問答』を見せ、梧陰が素人には難しくてわからないだろうと答えたこと、そして④兆民が明治十九年六月に出版した『理学鈎玄』の「親ノ子ヲ慈シ子ノ親ニ孝シ、夫妻相愛シ朋友相信ジ、公衆ノ利ヲ先ニシテ一己ノ益ヲ後ニスルガ如キハ皆道徳ノ法令ニ命ズル所ナリ」という文章や「一旦敵国来リ寇スルトキハ…亦軀命ヲ捐棄シテ以テ難ニ殉ズル」と言う文章が教育勅語の文章に酷似すること、更には⑤兆民が晩年に『一年有半』の中で「近時我邦政事家井上毅君較や考ふることを知れり、今や則亡し」と書いていることなどが明らかにされている。(46)

現在のところ、筆者も右の諸事実以外に兆民と梧陰との関係を明らかにする新たな史料を入手しているわけではないけれども、両者の関係を推測する上で役に立つであろう史料に遭遇したので、それを本節で紹介しておくことにしたい。周知のように、明治六年六月六日、リヨンに在った梧陰は、河野敏謙及び岸良兼養に次のような文章を認めている。(47)

小生仰ギ願ハクは、一人之書生を里昂に置キ、専ら商法ヲ学ばしめん事を、凡ソ商法の学は商事に通ずるの後にあらざれば、口耳共に通ずべからず、工商裁判官ハ工人商人の中に撰ぶ、即チ其ノ証なり、故に尤も専門の科たるべし、幸ヒ中江篤助と云者、元ト司法省より抜擢して法科の名を以て洋行拝命いたし、是レまで里昂ニ滞学いたし候処、文部省書生呼返し一件ニ付キ、巴里へ転寓いたしたり、留学之栄ヲ求ムル為ナラン、彼レ洋行拝命之時ハ、本省定額未定中ニ付キ、文部省管轄ヲ以テ学費ヲ受ケ、彼ガ生命一ニ文部ニ係ル、此ノ節呼返し云々ニ付キ、危如朝露、

若し諸君之御垂意を以て、今村ガ例に倣ヒ、彼レをして今両三年留学する事を得せしめバ、彼レ之私幸にあらず、必ズ本省一科の用を成す事、小生不肖敢テ保証ヲナサン、中江ハ十年来之仏学者、嘗テ南校ノ教授職たり、又、日々新社之塾生百人余ヲ教授せるものなり、然シ今村ト同ク高知県タル之故ヲ以て、嫌疑云々モ有之候半歟なれども、此事小生願ニ御座候間、御帰朝之上至急ニ御詮議被下度、尤文部省今一左右次第、又御両君御評決有無、御寸筆を以て小生へ御垂示被下奉伏願候。

この書簡は案文であって、果たして投函されたものであるのかどうかわからない。しかし梧陰が、文部省の留学生召還の方針によって帰国せざるをえなくなった兆民を庇って、何とかフランスに滞在できるように配慮していたことは読み取ることができよう。しかも「彼レをして今両三年留学する事を得せしめバ、彼レ之私幸にあらず、必ズ本省一科の用を成す事、小生不肖敢テ保証ヲナサン」との文言は、並みの配慮ではなく、相当の肩の入れようである。一体、梧陰と兆民との間にどのような関係があったというのであろうか、誰しも疑問を抱くところであろう。

しかるに、この疑問を多少なりとも解明できそうな史料が存在する。それが即ち本稿で屢々引用している『慥斎先生日記』である。兆民が明治八年のころに慥斎の元に通っていたことは先に紹介したけれども、実際にはもっと以前から慥斎に師事していたのであって、『慥斎先生日記』の明治三年八月十六日条に「中江生来話、時友人某被贈焼鰻魚、即命飲、尾張屋老婢、齎来洋酒一壜、価一分四百銭、和糖及卵飲一盞、尤補胃云、與二三子飲、

相留半日、細話心事、座客皆散、不堪無聊。」とある。

ここで兆民と慥斎が何を話したのかはわからないけれども、「細話心事」とは意味深長である。この年の五月に兆民は大学南校の大得業生となっているが、同じ頃に大学の舎長の地位に在り、兆民と同じくフランス学を志していた梧陰も亦、煩悶していた。梧陰の「辛未学制意見」[48]によれば、当時の大学は、生徒の人数が多い割に語学の教員が少ないとか、また立地条件も悪くて洋人と交際する場が少ないとか、更には語学教育のカリキュラムには「正則」ばかりでなく「変則便捷ノ法」を設ける必要があるとか、教員を督励する必要があるとか、或いは広く才能のある人物を選抜して洋行させるようにする必要があるとか、いろいろと欠点があり、梧陰自身もこの意見を提出した直後、明治四年二月に大学を辞め、そして横浜でフランス語会話の勉強をし始めることとした。恐らく兆民も、このまま大学にいては所期の目的を達成することができないと悩んでいたのではあるまいか。そして慥斎にその悩みを語ったのではあるまいか。

『慥斎先生日記』の明治四年正月二十日条には「訪大久保参議旅寓、談話移晷。」と見えるが、この時に慥斎が兆民の件を大久保参議に話したと考えるのは、考え過ぎであろうか。従来の兆民研究では、兆民がいきなり大久保のところに押しかけて、強引にフランス行きを承諾させたということになっているが[49]、二十四、五歳の青年が何の紹介もなく参議を訪れ、そして洋行のチャンスを獲得したというのは、あまりにも話がうますぎるのではなかろうか。この話の背後には慥斎の口入があったと見るのが妥当ではあるまいか。

序でに言えば、兆民と勝海舟との関係も然りである。『勝海舟日記』[50]には明治八年六月七日に兆民の記事が初めて見え、それ以降、兆民は度々海舟と会い、或いは金銭を借り受け、或いは他者への紹介状を書いてもらい、或いは縁談まで持ちかけられるという関係にあったが、そのような関係に至った背後には、やはり慥斎の存在があったものと思う。何となれば慥斎と海舟とは早くから面識があったからである。すなわち『勝海舟日記』の明治三年十月十六日条に「奥宮伊左馬」の名が見え、また同閏十月四日条に「奥宮丹次郎」の名が記されているけれども、「伊左馬」は慥斎の長男で、後に正治と改名した「猪佐馬」のことであり、「丹次郎」は慥斎の本名「周次郎」の誤りであろう。(51) 更に『慥斎先生日記』の明治五年四月十六日条には「拉宮崎生訪勝海舟於赤坂旧紀邸、話頗熟、海舟為書忍黙二大字、及録詩二首見示、又贈佐久間象山省侃録新刊本。」とある。

宮崎生とは、多分、高知藩出身の貢進生として大学南校に在籍した宮崎辰吉であると思われるが、(52) これは恐らく書生の宮崎辰吉のことを海舟に頼みに行った記事に相違あるまい。慥斎と海舟とがこのような関係にあったのだとすれば、兆民が海舟と知り合うことになった切っ掛けを慥斎が作ってやったと考えても不思議ではあるまい。先にも引用したように、『慥斎先生日記』の明治八年六月六日条には「晩中江生、高橋生見訪、約講社、中江生嚮渡洋」と記されていたが、兆民が海舟に会って金の工面を頼んだのは、この翌日のことであった。海舟も兆民も同じ元老院に所属するとはいえ、片や海軍卿を経た元老院議官であり、片や書記官である。しかも海舟は四月に議官に任じられたものの、固辞しつづけて十一月には免官となっているのであるから、海舟が三百円の借金を「比較的気軽に聞き入れた」(53) と推測するのはやや無理ではあるまいか。その借金が可能となった背景には、たとえば慥斎の紹介状のようなものが必要だったのではあるまいか。慥斎の存在がもっと注目されて然るべきであろう。

それはそれとして、その慥斎と梧陰との関係であるが、例によって『慥斎先生日記』を見てみると、その明治五年七月二十二日条に「微雨。出官。與小野大丞論事、小野氏見示神教要旨解等、退食後暴瀉数行。夜大風雨、西森姪、関口等宿、屋舎揺撼不能寝、井上琢馬訪、尹肥後人、頗嗜学、有存儒論之著見示、余嘗邂逅於某氏許。(但し原本には、朝微雨。午後晴。出官。與小野大丞論事、小野氏見示神教要旨略解。退食後頻暴瀉。夜大風雨。

西姪、関口、健之等宿。井上生見訪。）」とあり、七月二十四日条にも「西姪来護、見示與井上生書、大意可喜。」とあり、更に八月八日条に「秋風颯然、井上琢馬柬来。（原本、秋風颯々、朝井上琢馬柬。）」とあって、同月二十一日条にも「岩崎生来話、示井上琢馬存儒論、即懐云。（原本、岩崎生来話、示井上生存儒論、即懐云。）」とある。

「琢馬」が梧陰の幼名「多久馬」と同一であることは疑いなく、また「存儒論」が梧陰の「儒教ヲ存ス」[54]を指すことも疑いない。梧陰は明治五年九月十三日に横浜からフランスに向けて出発しているから、その直前に、両者の間に交流があったということになる。

しかも、驚くべきことに、梧陰は一時期、慥斎の隣に住んでおり、梧陰が洋行するにあたって慥斎が「贈井上君陪江藤司法卿洋行序」なる一文を草するほどの間柄にあったということである。即ち奥宮文庫に所蔵されている当該文案[55]の冒頭部分に

余君ノ名ヲ宮崎生ニ聞ク久シ、一日木下某ヲ訪ニ因テ、始メテ君ニ邂逅スルヲ得。立談ノ頃既ニ莫逆旧識ノ如シ。後君余カ隣ニ来寓ス。謂ラク晨夕談論切劘、以テ益友ヲ得タリト。而余適々居ヲ転シ、君又将ニ其長官江藤司法卿ニ陪シテ欧土ニ行カントス。余聞今春神祇省ヲ廃シ、教部ヲ建置セシハ、職トシテ江藤氏ノ議ニ是由ルト。余亦此ニ承乏スルヲ以テ、頗ル就正セント欲セシコトアリ。因テ其門ヲ叩クト雖トモ、不在ニ会フ。卒ニ其説ヲ聞ク能ハス。嗚呼是天ノ良縁ヲ仮サヽルカ、将タ数アツテ存スルカ、抑モ余カ益友ヲ求ムルノ志切ナラサルカ。嚮ニハ西杜姪亦屢々君ヲ訪ヒ、相共ニ切磋益ヲ得ル。君因テ示スニ存儒ノ論ヲ以テシ、且以テ下問ヲ辱フス。云是前年所著嘗テ宮崎生ニ示シ、生数語ヲ其後ニ書テ返ス者ト。余時ニ臥病連旬、宮崎生姪輩日ニ来リ看護ス。宮崎生余ニ謂テ曰、先生未タ井上子ノ平生ヲ尽サヽルカ、夫井上子ハ、初メ儒ヲ

某先生ニ学ヒ経義ヲ研究スル有年矣。一旦幡然棄去テ、洋学ニ志シ、日夜苦学勉励ス。僕共ニ南校ニ在リテ、之ト交ヲ締ス。大抵有志書生ヲ挙レハ、指先ツ君ニ屈セサルヲ得ス。最モ心ヲ律法書ニ潜ム。嘗テ仏ノ律法ヲ研究スルヲ以テ、司法ノ明法寮ニ挙ケラレ、国家法律ヲ定ムル議ヲ賛成セントス。這回ノ洋行必ス此志ヲ成就セシノミト。

云々と書かれている。これに拠れば、慥斎の門下生である宮崎辰吉が大学南校で梧陰と旧知の関係にあり、また姪の西森子貞も屡々梧陰を訪うて互いに切磋琢磨していたが、ある日、木下某の宅で初めて慥斎と梧陰とが邂逅、立ち話をして意気投合、旧識の如くであったという。『慥斎先生日記』には明治五年七月二十二日に梧陰が訪れてきて「存儒論之著」を見せたとあるが、後の記述との関係からすれば、これは恐らく後人の加筆であろう。日記原本には「夜大風雨。西姪、関口、健之等宿。井上生見訪」とあるのみで、梧陰が「存儒論」を見せたとは書いてないからである。右の文に「後君余カ隣ニ来寓ス」とあるのを加味すれば、この時既に、梧陰は慥斎の隣に住んでいたと看做して良かろう。『慥斎先生日記』によると、慥斎は明治三年五月十八日に山内本邸の北十七号官舎に住み、後に十九号に移転、更に同年十月二十一日に二十一番官舎に転居し、その後、明治五年八月一日に山内従五位の別邸があった京橋東金六街十一番地に、また同年十一月十六日には下谷竹町大洲邸中に引っ越している。そうとすれば、少なくとも七月二十二日から八月一日までの間、慥斎が「二十一番官舎」に住んでいる時に隣同士であったということになる。「晨夕談論切劘、以テ益友ヲ得タリ」と謂ったというから、よほど馬が合ったのであろう。その後、二十四日に西森子貞が梧陰の「儒教ヲ存ス」を見せてくれ、一読、その大意を喜んだという。

さて慥斎の「贈井上君陪江藤司法卿洋行序」は、右の引用に続いて

余謂フ君ノ志既ニ已ニ如此。而シテ旧学ノ儒教ニ於テ、猶慥々遺ル、能ハサルカ如キモノアルハ何ソヤ。豈

猶旧習ノ牽制スル所アルカ、将タ世ノ廃儒ノ論ニ激シテ、故意ニ之ヲ興サントスルカ。抑モ名教ハ人生ノ第一義ニシテ、世道ノ所係ノ重大ナル所以ナルカ、夫宇宙教法数種アリト雖トモ、要スルニ正権二教ニ過キス。正教ハ倫理綱常ヲ主トシ、現在ヲ云テ、未来禍福ヲ説カス。権教ハ禍福報応ヲ主トシ、幽冥ヲ説キ未来ノ賞罰ヲ云。正教ハ支那ノ儒ヲ以テ最トス。権教ハ竺ノ仏希臘ノ旧教耶ノ旧教及ヒ回々等是ナリ。是固ヨリ亦其風土人情ノ自然ニ本ツキ立ル処ニシテ、蓋皆然ラサルヲ得サルモノアレハ、孰レモ其主意ヲ知ラスシテ妄ニ是非スヘカラサレトモ、其究竟論ヲ極ムレバ真正ト仮托トノ差ナキ能ハサルモノアリ。故ニ其禍福報応幽冥未来ヲ説ク、固ヨリ其風土愚蠢ノ民情ニ随フテ、一時権リニ如此手段ヲ設クト云ヘトモ、畢竟欺罔誑騙ノ術ヲ免カレ難シ。是其効験速カナルカ如シト雖トモ、其弊害モ亦到底除キ難キ頑病ヲ貽スヲ免カレサル所以ナリ。況ンヤ後世文明ノ運、益々進ムノ機アレハ、窮理愈精到ニナリテ、教法亦一旦改革セサルヲ得サルニ至ルヲヤ。既ニ仏ニテ此説ヲ唱ヘ、古来ノ教法猶幽渺荒誕ヲ免カレスト云モノアリテ、更ニ旧教ノ奇怪ヲ信セサルノミナラス、新教ト雖トモ既ニ改正セサレハ、肯カハサルト云ヘリ。余亦窃カニ近来教法改革ノ説アリ。其説既ニ上言ニ載セタリ。但其一斉衆楚勢必ス行ハレサルヲ憚テ、敢テ抗言セス。今井上子ノ論ヲ閲シテ、先ツ予カ心ヲ獲タルヲ悦ヘリ。因テ其説ヲ節略シテ以テ附スルニ余カ陋見ヲ以テシ、之ヲ録シテ君此行ノ餞ト為シ、且以テ江藤卿ノ裁正ヲ乞ハントス。

とあり、更に「井上君ノ論ニ曰ク」とあって、続けて「儒教ヲ存ス」の「節略」を書く予定であったようであるが、以下には実際には「儒教ヲ存ス」の文章が殆どそのまま「節略」されることなしに写されており、しかも写しただけで、「余カ陋見」は何も書かれていない。梧陰の文章が簡にして要を得ているため「節略」の余地がなく、しかも「陋見」を書くだけの新たな知見が慥斎には出てこなかったからででもあろうか。

それでは梧陰の「儒教ヲ存ス」は一体どのような性格・内容の文書であるのかということであるが、これは明治五年三月に設置された教部省に対して、暗に異を唱えた文書ではないかと思われる。

以下、本稿に必要な限りでその理由を述べれば、明治政府はキリスト教排斥の為に、明治三年正月に大教宣布の詔書を発布、神祇官の中に宣教使を置き、諸国を巡行して「惟神の道」を宣揚させていたが、「諸藩人ハ多ク漢学者ナレハ、孔孟ノ教ノ外ニ教化ノアル事ヲ知ラ」ない状況であり、また宣教使も外聞を憚ってキリスト教排斥の真意をはっきりとは口外しなかったから、却って嘲笑う輩ばかりが多い状態であった。それに比して欧米の文物は盛んに流入し、海外留学から帰朝した連中も欧米の新知識を吹聴していたから、政府は危機感を覚えていた。そこで明治四年十二月二十二日、左院では、「共和政治ノ学ヲ講シ、国体ヲ蔑視シ、新教ヲ主張シ、民心ヲ煽動スル類」があるから、神・儒・仏の諸宗派の事務を統合して「匪教ヲ正シ、人民ヲシテ帰向依頼スル処アラシム」るために、教部省を設置することを建議、伊勢神宮を東京に遷すことまで考えていた。神・儒・仏合同とは言うけれども、「神主仏従」である。

このような建議に対して、正院は「教法ハ民ノ好尚スル処ヲ自択セシメ（中略）固ヨリ政力ヲ仮テ強ユヘキ理ナシ」と反対し、また外務卿副島種臣、兵部卿山県有朋、大蔵卿井上馨らも異議を唱えたけれども、五年三月、従来の神祇省を廃止して新たに教部省を設けることが強行されたのである。奥宮慥斎も元神祇省の官吏であったが、この措置に伴って教部省に移った。教部省では「敬神愛国ノ旨ヲ体スヘキ事」「天理人情ヲ明ニスヘキ事」「皇上ヲ奉戴シ朝旨ヲ遵守セシムヘキ事」という三条の教則を教導職に授け、これによって全国各地で説教をさせることにしたのであった。(56) 因みに、教部省設立の裏には西郷隆盛と江藤新平がおり、西郷が神祇省内で「僧侶や神官を使つて教部省を起さうと思ふ、そこでその創立は当分江藤にやらせようと思ふ、創立せられた上は江藤が主

任となるであらう」と語ったという。(57)

以上のような文脈の中に梧陰の「儒教ヲ存ス」を置いてみると、その主張もより明快になるであろう。梧陰は、宗教を「神明ヲ仮ルモノ」と「神明ヲ仮ラサル」ものとに大別し、「神明ヲ仮ル」キリスト教や仏教を批判、また儒教と雖も尽くさないところがあるから、幾千年の後には聖人が出て、漢学でもなく、洋学でもなく、しかも「神明」を仮らざる教えを立てるであろうけれども、当面は、一毫の神怪もない儒教が「正大第一」と述べる。

そして、「今或ハ儒教ノ平常ナルヲ厭ヒ、一種世ニ適フノ神教ヲ造作シテ、以テ民信ヲ帰一セシメントスルカ如キハ、其意善シト雖モ、千載ノ後、ヒロソーフ家ノ為ニ笑ハレンノミ、」と言っているが、「一種世ニ適フノ神教」とは、左院や教部省が企図しているものを指していることは間違いなかろう。

仰キ願クハ、今日ニ在テ広ク万国ノ長短ヲ鑑ミ、治具、民法、農工、百般ハ、之ヲ西洋ニ取リ、支那ノ衰風ヲ刪リ、又倫理名教ノ事ニ至テハ、断然天下ニ布キ示シ、古典国籍ヲ以テ父トシ、儒教ヲ以テ師トシ、二典禹貢無逸豳風大雅諸篇、學庸論孟ノ書ヲ以テ、令典ニ著シ、学校普通ノ教トシ、以テ百世ノ後、論定ルヲ待チ給ハンコトヲ、

これが梧陰の意見であった。慥斎は「是前年所著」と言っているから、梧陰のこの文章は明治四年に書かれたものであろう。そして知人宮崎辰吉の師である慥斎が神祇官（そして教部省）に勤めていることを聞き知って、慥斎にも「儒教ヲ存ス」を見せたのであろう。

慥斎も「夫宇宙教法数種アリト雖トモ、要スルニ正権二教ニ過キス。正教ハ倫理綱常ヲ主トシ、現在ヲ云テ、未来禍福ヲ説カス。権教ハ禍福報応ヲ主トシ、幽冥ヲ説キ未来ノ賞罰ヲ云。正教ハ支那ノ儒ヲ以テ最トス。権教ハ竺ノ仏希臘ノ旧教耶ノ旧教及ヒ回々等是ナリ。」と述べているから、梧陰と殆ど同じような考えであり、教部省

設立の黒幕と目されていた江藤新平に会って意見具申を試みたが、果たさなかった。慥斎は「且以テ江藤卿ノ裁正ヲ乞ハントス」と言っているから、「贈井上君陪江藤司法卿洋行序」は梧陰に対してだけではなく、江藤をも念頭において書かれたものであったことがわかる。しかし、結局、江藤は日本に留まることになったから、この序も未完成に終わったのであろう。

さて、慥斎と梧陰は、短期間ではあるが隣同士として、教部省のこと、宗教のこと、そして儒教の行く末などを大いに語り合ったことであろうと推測されるけれども、それと同時に、慥斎は、先にフランスに留学している門弟兆民のことをどこかで話題に取り上げ、そしてこれからフランスに赴く梧陰に対して、兆民を宜しくと頼んだのではあるまいか。梧陰が「小生不肖敢テ保証ヲナサン」とまで言い切ることができたのは、慥斎という人物が背後に存在したからだと思われるが、如何であろうか。

遮莫、慥斎も梧陰も共に儒学を残す必要性を認識していたが、単に天理を追求する儒学者とは違って、両者ともに実践に関心を抱いていた。慥斎は佐藤一齋に就いて陽明学の知行合一を学び、また禅門を潜った。慥斎は『聖学問要』の中で「良知は聖・凡同じく具はる、而して其の致すと致さざるとの際に於て、君子と小人の界頭分る」(原漢文)と述べている。[58] 梧陰もまた既に青年期に、横井小楠との問答を通じて、朱子学から一歩踏み出し、「天理」追求と共に「勢」の重要性を認識していた。[59]

兆民もまた慥斎や梧陰と同じく、「孔孟の教」を重要視し、フランスから帰朝してすぐに開いた仏蘭西学舎(後に仏学塾と改称)でも「漢文素読」をカリキュラムの中に配したし、明治八年二月に東京外国語学校校長となった際にも「孔孟の書」を教科として置こうとしたほどであった。門弟の幸徳秋水は「故兆民先生追悼会の記」[60]に安藤謙介の談話として当時学校の規律甚だ乱れて居たので、先生は直ちに其改革の意見を立てた、(中略)第二に教育の根本は徳性の涵養に在る、如何に外国の文字を覚へ、智識が進むも、徳性が養はれ人格が高くならねば教育といふことは出来ない、西洋では宗教を以て徳育の根本として居るが、今日の日本で、且つ官立の外国語学校で、仏教を用ゆることも出来ねば、耶蘇教を教ふることも勿論出来ぬ、我国民の道徳を維持し、人格を高くするのに最も適当なのは、孔孟の教である、故に孔孟の書を以て、此学校の科程の一に加へるといふのであつた、然るに当時は、福沢派の即ち物質的教育が世間を風靡した折柄で、文部の局に当つて居るのも、田中不二麿、九鬼隆一、といふ福沢派の人々であつた、

と語っている。このために兆民はわずか二ヶ月半ほどで校長職を辞した。[61] 兆民は、これ亦慥斎・梧陰と等しく、儒教でもとりわけ実践的方面を重視する陽明学に深く傾倒していた。そのことは何よりも兆民が陽明学者慥斎の門を潜ったこと自体が明瞭に証明するであろうし、またフランスから帰国した後、明治八年十一月に執筆し、慥斎の手元に提出した「多口子伝」に

後に人に謂いて曰く、仁義以て己れを治めんか乎、自から良知の在る有り、販夫擔丁も、皆之れを知るべし、但だ士大夫、己れを治めて以て人を治めんと欲すれば、則ち書は読まざるべからず、且つ夫れ政を為す者は、時と勢にして権道の出づるを察せざるべからず、一部の経書は悉く聖人の正道にして権道は或いは略さる、則ち之れを史乗に求めずして亦安くに求めんや、吁嗟、殆うい哉、彼の不学無術の徒、変故に遭遇すれば、口給捷弁を以て頓みに衆人の上に托され、輒ち強いて汝き妄りに捜めらる、所謂、方枘を以て円鑿に入るる者なり、彼れ豈に時と勢を知らんや、彼れ豈に聖人の権道を知らんや、且つや富貴に蕩するの心、利欲に炎するの情もて、良知湮滅し、兇悪の至らざる所無んば、一愚夫にも之れ如かざるなり、と、

と書き、「良知」ばかりではなく、「時」「勢」「権道」を知らなければならないことを力説しているのを見ても明らかであろう。[62] この前後から兆民が禅門を潜ったことは既に見た通りである。

私が理解する限りでは、禅門では、法理と事理とに分けて、理法界と事法界を共に学びながら、先ずは行解相応の理事無碍法界にいたる修行をするのであって、その点では正に陽明学の知と行、そして知行合一に匹敵する。しかし、禅が陽明学と違うところは、更に事事無碍法界にまで至らなければならない点である。しかも禅門、それも臨済系では、老師から学人の境涯に応じた「公案」が与えられることである。学人は「提唱」、「作務」、「静坐」を通して「公案」の工夫に専念し、そして「参禅」によって老師に見解を呈し、本当に事事無碍法界の境涯に至っているのかどうかを鑑別してもらうのである。禅が今日までその命脈を保っている所以の一つは、この「鑑別」があるからではなかろうか。決して独り善がりの修行ではない。それぞれ一家言を持っている慥斎や兆民も、恐らく何度も「まだ不徹底じゃ」と見解を否定されたことであろう。しかしこの人情を涓滴も施さぬ「鑑別」があるからこそ、一つの公案を透った時の喜び、妙味は、筆舌に尽くし難いものがある。慥斎も兆民も、終世、参禅し続けたのは、多分この喜びが堪えられなかったからであろう。

他方、梧陰は慥斎や兆民のように直接禅門を潜ることはなかったが、しかし彼の周りには禅的な雰囲気が醸し出されていた。大内青巒、鳥尾得庵などの著名な人物以外にも、梧陰がその昇進に絶えず心を配っていた熊本出身の河野通倫[63]は、時折今北洪川を訪れては清談をしたり詩文の応酬をしたりしていたし[64]、法制局参事官で梧陰の下で調査立案などをしていた小池靖一[65]も、洪川から「隻手音声」の公案を貰って工夫を重ねていたし[66]、第二次伊藤内閣の時に梧陰と同じく入閣、大蔵大臣となった渡辺国武は無辺俠禅との号でも推測がつくように禅の修行をした人物であるが、梧陰との間で数多くの書簡をやり取りしている[67]。従って、梧陰もこのような人物たちから自ずと禅の影響を受けることがあったであろうし、また歳を取るにつれて自ずと禅的な境涯にも達したのであろう。後には梧陰も「禅味方熟、心猿貪眠、乍接玉音、驚懼不啻、時事益覚艱難、生窃有所見、即期面罄、頓首、毅」というような文句を書き綴るまでになった(68)。

兆民と梧陰とが以上のような関係にあったことがわかれば、両者の一見「矛盾」と見えるような関係も、無理なく理解できるのではなかろうか。「相対」の世界にどっぷりと浸かっている我々には、「相対」社会の価値基準を飛び越えることはなかなか困難であるが、しかし、一歩これを超えることが出来れば、即ち「両忘」の境涯に入ることができれば、何も実地に禅の修行をしていなくとも、それは禅者と同じである。所詮、坐禅の修行も公案の工夫も、相対界を飛び越えるための手段に過ぎない。「両忘」の境地に至れば、区々たる政治的立場など、取るに足りない。何も政治的関係だけが人間関係の総てではない。兆民が「政治的」には「矛盾」と思われる行動を取っても、また梧陰が植木枝盛その他の民権家と関わりがあったとしても、このように見てみると、大した問題ではないということになろう。次に掲げる『大日本民権家一覧表』(専修大学大学史資料室蔵)は、世間には梧陰を民権家の一人として見る人がいたという証拠である。

梧陰は「博学にして深思なる其の人」を待ちつつ、三昧になり、無我の境地になって驚嘆すべき数多くの仕事に取組んだが、他ならぬ梧陰こそ「博学にして深思なる其の人」であった。兆民が梧陰を「較や考ふることを知れり」と評したのも、故なしとしないであろう。

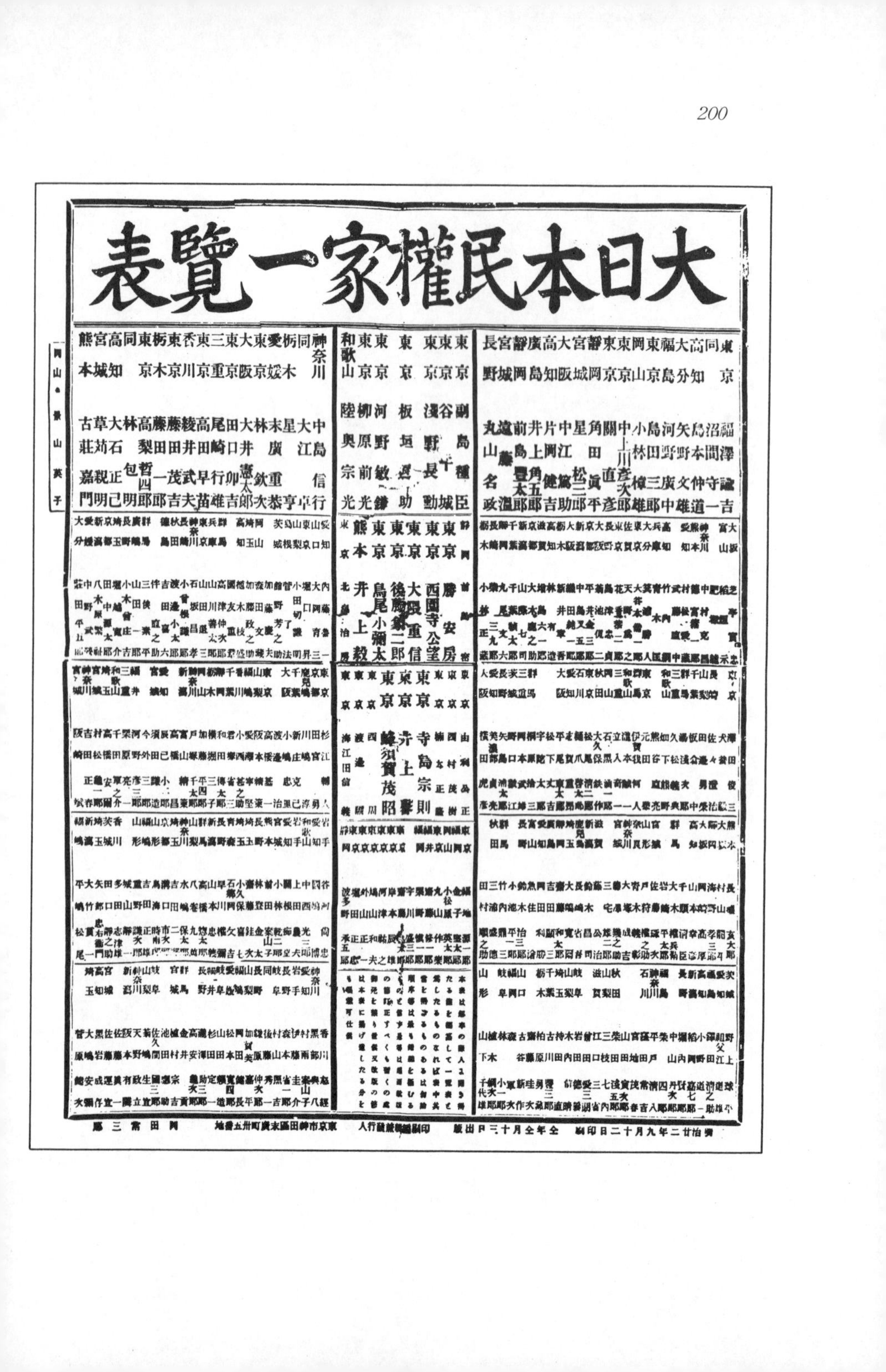

大日本民権家一覧表

- 東京 福澤諭吉
- 同 沼間守一
- 高知 島本仲道
- 大分 矢野文雄
- 福島 河野廣中
- 東京 島田三郎
- 岡山 小林樟雄
- 東京 中上川彦次郎
- 東京 關直彦
- 静岡 角田眞平
- 宮城 星松三郎
- 大阪 中江篤助
- 高知 片岡健吉
- 廣島 井上角五郎
- 静岡 前島豊太郎
- 宮城 遠藤温
- 長野 丸山名政

- 東京 副島種臣
- 東京 谷干城
- 東京 淺野長勲
- 東京 板垣退助
- 東京 河野敏鎌
- 東京 柳原前光
- 和歌山 陸奥宗光

- 神奈川 中島信行
- 同 大江卓
- 栃木 星亨
- 愛媛 末廣重恭
- 東京 林欽次
- 大阪 大井憲太郎
- 東京 田口卯吉
- 三重 尾崎行雄
- 東京 高田早苗
- 香川 綾井武夫
- 東京 藤田茂吉
- 栃木 藤田一郎
- 東京 高梨哲四郎
- 同 林包明
- 高知 大石正己
- 宮城 草苅親明
- 熊本 古莊嘉門

[illegible]

- 静岡 前島密
- 東京 勝安房
- 東京 西園寺公望
- 東京 大隈重信
- 東京 後藤象二郎
- 東京 鳥尾小彌太
- 熊本 井上毅
- 東京 北畠治房

[illegible]

- 東京 由利公正
- 東京 西村茂樹
- 東京 楠本正隆
- 東京 寺島宗則
- 東京 井上馨
- 東京 蜂須賀茂昭
- 東京 西周
- 東京 渡邊洪基
- 東京 海江田信義

[illegible]

岡山・景山英子

明治廿二年九月十二日印刷 仝年仝月十三日出版 印刷兼編輯發行人 東京市神田區末廣町卅五番地 岡田常三郎

六　おわりに

以上、鉄舟と兆民と梧陰との関係を探ろうとして書き始めた本稿は、奥宮慥斎という人物の出現によって予期せぬ展開を見せてしまった。まだ論じなければならないことが残されているが、しかし所期の目的もほぼ達成されたので、ここに本稿で明らかとなった歴史事実ないしは残された課題を列挙して筆を擱くことにしよう。

本稿で確認された史実の第一に挙ぐべきは、今北洪川を盟主とする両忘会は、明治八年十月二十一日に、奥宮慥斎と伊達自得の尽力によって設立されものであって、鉄舟や兆民はいわば脇役であったということであろう。奥宮慥斎も自得も明治十年五月という早い時期に没したために、時の経過と共に両忘会創設の功が忘れ去られたものであろう。

次に、その慥斎の元で、明治八、九年頃、兆民が実際に荘子を学んでいたということ、また慥斎の導きによって兆民が禅の修行を始めたということ、これも今後の兆民研究にとっては役に立つ史実となろう。

第三に注目すべきは、慥斎、兆民、長城それに植木枝盛などの人物が禅との関わりを持っていたことが明らかになった以上、自由民権思想と禅との関係を究明せざるを得なくなったこと、これである。

第四には、奥宮慥斎と梧陰との関係が明らかになったことである。これまでやや曖昧であった梧陰と民権家たちとの関係を考える上で、この事実は大きなヒントを与えることとなろう。

そして最後に、正直に告白すれば、鉄舟と梧陰との関係について、本稿では鉄舟の『武士道』講話に梧陰が列席していたとの大前提に立って論を進めたけれども、そのような事実が果たしてあったのかという一抹の不安がある。何となれば、鉄舟の講筵に出席していたという中村正直には日記『敬宇日乗』(静嘉堂文庫蔵)が存在するが、それには『武士道』講話について何の記録も残されていないからである。安部正人は「明治二十八九年頃より屢々、其の一部が新聞雑誌に採録され、世の注目を引き」云々と述べているので、そのような記事が存在するのかどうか探してみなければならないけれども、今はその遑がない。博雅の士のご教示を乞うや切である。

(附記)

本稿を草するに当たっては、両忘禅協会の大木宗玄老師からは両忘会寄書の写真撮影を許可され、筆者の書道の師内田自得先生からも寄書解読に当たって貴重な示唆を与えられた。本稿で述べた両忘協会は戦後、茂原市本納の両忘禅協会と市川市国府台の人間禅教団とにわかれて、「両忘会寄書」は両忘禅協会に引き継がれている。また東慶寺前住職の井上禅定師からは明治以降の円覚寺の歴史についての情報を得たほか、『蒼龍窟年譜』『蒼龍広録』閲覧の便宜を図っていただいた。更に高知市市民図書館では「奥宮文庫」の閲覧・複写を許可してくださり、択木道場の禅友たちからは禅語の解釈その他でお世話になり、梧陰文庫研究会の諸氏からも有益な示唆を与えられた。特に記して謝意を表する次第である。(平成十一年八月末日識す)

(1)『道友』第三十三号(両忘協会創立第三十五周年記年号、昭和九年十一月、財団法人両忘協会)。
(2)一九七九年七月、覆刻版。
(3)明治二十七年四月、北条時敬編輯、非売品。
(4)明治二十五年三月、非売品。巻四、三十葉。

（5）東慶寺蔵「蒼龍窟会上居士禅子名刺」。
（6）寺石正路著、昭和三年一月三版、高知・富士越書店。
（7）『論語』中（昭和六十年七月第三刷、朝日新聞社、中国古典選四）六五頁以下。
（8）昭和十一年九月第九版、森江書店。
（9）明治三十九年一月一日『立志独立進歩之友成功』八巻二号（『中江兆民全集』別巻一九八六年四月、四八九頁）。
（10）昭和二十九年五月、大本山南禅寺。
（11）昭和三十九年十二月、春秋社刊。
（12）高知市立市民図書館奥宮文庫蔵。受入番号自四九至五九、写本。原本（自七―三至七―五七）も存在するが、余程の異同がないかぎり写本に従う。
（13）高知市立市民図書館奥宮文庫蔵、受入番号三六。
（14）伊達自得については高瀬重雄『伊達千広、生涯と史観』（昭和十七年四月、創元社刊）があり、また『伊達自得全集』（大正十五年五月、雨潤会刊。昭和十五年八月、陸奥広吉刊）もある。
（15）『新版禅学大辞典』（一九九三年、大修館書店）。
（16）「兆民居士王学談」（原載明治二十九年十月二十日『陽明学』七号、『中江兆民全集』十七巻二〇四頁）。
（17）飛鳥井雅道『中江兆民』（平成十一年八月、吉川弘文館、二一一―二一二頁）。
（18）『中江兆民全集』第十七巻に写真及び翻刻がある。
（19）『植木枝盛集』第七巻（一九九〇年二月、岩波書店）。
（20）前掲『円覚寺史』六五四頁。
（21）加納彝軒「奥宮慥斎、暁峰兄弟事蹟」（『土佐史壇』十号、大正十三年三月）、『明治過去帳』（昭和四十六年十一月、東京美術）など参照。
（22）大久保利謙「愛国公党結成に関する史料―奥宮慥斎の日記から―」（『日本歴史』平成元年一月号）参照。
（23）いずれも『植木枝盛集』第七巻。

(24)『植木枝盛集』第九巻（一九九一年六月）。
(25)『植木枝盛集』第一巻（一九九〇年一月）。
(26)前掲『禅学大辞典』。
(27)一九九〇年三月、日本経済評論社。
(28)『書陵部紀要』第四十三号、平成三年三月。
(29)『鈴木大拙―続・禅選集』第四巻（昭和三十八年九月、春秋社）による。
(30)『中江兆民全集』別巻、二四五頁。
(31)前掲「両忘協会の由来」。
(32)主幹は熊本出身の自由民権家坂田哲太郎、『長野県史　通史編』第七巻（近代一、四〇六頁以下）。鉄舟の書は『新聞集成明治編年史』第四巻（昭和十年六月、財政経済学会）三頁に見える。
(33)『望月仏教大辞典』第二巻（昭和五十二年八月第九版、世界聖典刊行協会）。
(34)『井上毅伝　史料篇』第三巻（昭和四十四年三月、國學院大學）五〇二頁以下。
(35)原漢文、『東京日日新聞』明治十六年九月二十六日。
(36)『明教新誌』千五百六十七、一六一五号、一六一七―一七五六号。『東京日日新聞』明治十七年一月十五日。この後、明治二十一年三月、鉄舟は本荘宗武（道号は成庵、元宮津藩知事、子爵）らと発起して新たに「大日本国教社」を麟祥院内に設け、神儒仏三道を合わせて国教とする活動を始めた。社長は鳥尾得庵、主筆は川合清丸が担当し、社員は直ちに一一五〇余名に達したという。『朝野新聞』明治二十一年三月二十二日、『明教新誌』二二八八号、『蒼龍広録』巻三、三十葉など参照。
(37)原漢文、『井上毅伝　史料篇』第三巻六九三頁以下。
(38)『教育報知』第四一九号（附録八頁、明治二十七年四月二十九日）。
(39)『井上毅伝　史料篇』第三巻六五七頁以下。
(40)いずれも鉅鹿敏子編『史料　県令籠手田安定　II』（昭和六十年六月、中央公論事業出版）による。
(41)「祭山岡先生文」、前掲『史料　県令籠手田安定　II』四六九頁。

(42)　勝部真長編『武士道』(昭和四十六年、角川選書)。
(43)　『山岡鉄舟』(昭和四十三年初版、春秋社)。
(44)　昭和四十六年三月、講談社。
(45)　大森曹玄『山岡鉄舟』(一九九五年新装第十刷) 巻末「補遺」参照。
(46)　前掲稲田正次『教育勅語成立過程の研究』、家永三郎「教育勅語と理学鈎玄」(『日本歴史』昭和二十八年三月号)、松本三之介『中江兆民全集』第七巻解説、鈴木正「兆民の井上毅評をめぐって」(『UP』百四十一号)、山室信一『法制官僚の時代』(一九八四年十二月、木鐸社)、松永昌三『中江兆民評伝』(一九九三年五月、岩波書店)など。
(47)　『井上毅伝　史料篇』第四巻 (昭和五十二年)、四〇一頁。
(48)　『井上毅伝　史料篇』第一 (昭和四十一年十一月)、一頁以下。
(49)　たとえば前掲飛鳥井雅道『中江兆民』五九頁以下参照。
(50)　勁草書房版『勝海舟全集』第十九巻。
(51)　奥宮文庫蔵『奥宮氏系図』(受入番号六-四) による。
(52)　「貢進舎生名簿」『東京帝国大学五十年史』上冊 (昭和七年十一月) 一五三頁。
(53)　飛鳥井雅道『中江兆民』一〇七頁。
(54)　『井上毅伝　史料篇』第三、四九七頁以下。
(55)　『文稿』中巻 (受入番号三七)。
(56)　常世長胤『神祇官沿革物語』(明治十六年五月、國學院図書館蔵) 五十四葉以下。阪本健一『明治神道史の研究』(昭和五十八年十二月、国書刊行会刊) 五六頁以下。新田均『近代政教関係の基礎的研究』(平成九年四月、大明堂) 一八頁以下。
(57)　阪本健一『明治神道史の研究』六六頁。
(58)　『聖学問要』は高知市市民図書館奥宮文庫にある (受入番号二-三五)。これには「明治十年三月十八日写透関居士」の奥書もある。また松村巌「陽明学者奥宮慥斎」(『土佐史壇』第四十号、昭和七年) 参照。

(59)「横井沼山問答書留」(『井上毅伝　史料篇』第三、一頁以下)。なお横井小楠の「理」と「勢」については平石直昭「主体・天理・天帝」(一)(『社会科学研究』第二十五巻第五号、一九七四年)を、梧陰については坂井雄吉「幕末青年期の井上毅」(『井上毅と明治国家』一九八三年九月、東京大学出版会)を参照されたい。
(60)『中江兆民全集』別巻四八六頁以下。
(61) 飛鳥井雅道『中江兆民』九九頁以下。
(62) 読み下しは『中江兆民全集』第十七巻三頁に従った。
(63)『井上毅伝　史料篇』第四巻(二一頁、四二八頁)、『伊藤博文関係文書』第八巻(一〇八頁、三四三頁)など参照。
(64)『蒼龍広録』巻五、二四葉二五葉。
(65)『井上毅伝　史料篇』第四巻三九四頁以下参照。
(66)『蒼龍広録』巻三、二六葉。
(67)『井上毅伝　史料篇』第四巻六六二頁以下。
(68) 渡辺国武宛書簡。但し年代は未詳。『井上毅伝　史料篇』第四巻七〇五頁に翻刻されているが、読みに誤りがある。

没後の井上毅

—明治史研究進展との関わり—

柴田紳一

はじめに

一　大正～終戦　―「梧陰文庫」秘匿の時代―

二　戦後　―「梧陰文庫」公開の時代―

はじめに

「To live in hearts we leave behind, Is not to die.」、これは井上毅と同姓で大日本帝国最後の海軍大将となった井上成美の愛好した詩だという（英国詩人トーマス・キャンベルの詩集『Hallowed Ground』より）[1]。井上毅が残した遺文書「梧陰文庫」は現在、明治史その他の諸研究に従事する者にとって不可欠の史料群となり、また井上毅の名は高等学校の日本史教科書にも挙げられており、今日、井上毅は歴史に不朽の名を留めた感がある。

だが、井上毅がその事績に相応した評価を得るに至るまで、また「梧陰文庫」が今のように容易に利用できるようになるまでには、様々な関係者の強烈な意思が介在した。端的にいえば、井上を取り巻く歴史の実相を後世に誤りなく伝えようという願いである。

本稿は、井上の「後世への影響」すなわち井上が歴史に残した遺産と負債などといった大問題を検証するものではない。ただ没後の井上が、彼を知り、または彼を知ろうとする人々によって、どのように伝えられてきたのか、その経緯の概要をたどるものである。井上の事績が彼の意図に即して内在的に評価されるに至ったこと、「梧陰文庫」が井上の遺志に沿って学術的に広く活用されるに至ったことが、単に時の経過に連れて偶然実現したものではないことを具体的に明らかにすることを目的としている。

一　大正～終戦　──「梧陰文庫」秘匿の時代──

井上毅が逝去してから十七年四箇月余の後、「明治」は終焉した。改元から間もなく元東京帝国大学教授穂積八束の遺稿「憲法制定ノ由来」が『法学協会雑誌』三十巻九号に掲載された。いわく、「憲法ノ制定ハ事固ヨリ終始全ク叡慮ニ出デ一ニ聖裁ニ成ル」、「伝フル所ニ依レバ前ニ岩倉公アリ、後ニ伊藤公アリ、輔弼ノ功労最多シト謂フ」、だが「茲ニ一ノ記憶スベキ人アリ。井上毅氏ハ当時官貴カラザレドモ夙ニ廟堂重臣ノ間ニ信用セラレ賛画スル所少カラズ。初ハ大久保公ニ信任セラレ、中ゴロ岩倉公ヲ補佐ス、公ノ憲法意見書ノ類大抵井上太政官権大書記官旨ヲ承ケテ筆ヲ執リシモノ、如シ。後ニ伊藤公ノ憲法調査ヲ補助シ功アリシコトハ顕著ナリ。憲法ノ事小生教ヲ此ノ人ニ受ケタルコト多シ、明哲ノ頭脳、該博ノ学識、荘重典雅ノ文章、此ノ法憲編成ノ時代ニ於テハ最其ノ用ヲ見タルナリ」、しかし「人多ク氏ヲ知ラズ、故ニ茲ニ一言ヲ加フ」と。

世は「法制官僚の時代」から「大正デモクラシー」へと移りつつあり、井上毅はすでに「人多ク氏ヲ知ラズ」という有様となっていた。その一方で大正三年、宮内省内に「臨時編修局」が設置され先帝の伝記『明治天皇紀』の編修が開始される。昭和八年に完成し同四十三年から公刊された同書において、典拠として数多くの史料が利用されたが、その中に「井上子爵家文書」（＝「梧陰文庫」）が含まれていることはいうまでもない。

御紀編修の動きと並行して、井上家においても「井上毅伝記」編纂が企てられた。養嗣子匡四郎は、井上毅と同郷の漢学者古城貞吉を伝記執筆者に起用し、大正八年頃より古城をして関係諸家所持の井上毅関係史料を「伝記編纂資料」として収集させている(2)。

昭和三年は明治維新からちょうど六十年を経た「昭和戊辰」ということで、この前後、一種の明治回顧ブームが起きる。時の内大臣牧野伸顕は昭和天皇を「常侍輔弼」する立場にあったが、父大久保利通が抜擢し、父亡き後は自らを重用してくれた井上毅に関する談話を、昭和三年刊の大津惇一郎著『大日本憲政史』第十巻に寄せている。井上は死の二年前、明治二十六年に第二次伊藤内閣の文部大臣となり、次官には弱冠三十三歳の牧野を登用した。牧野はこの談話の中で次のように語っている。「井上子は元来蒲柳の質で」「予ねてより長く国家に御奉公が出来ない事を知つて、元気で居るうちに、出来るだけ仕事をして置きたいといふ考へから、在任中は少し位熱があつても休まず」「一意専心自分の所管事務に精を出されたので、僅か二年足らずの間に非常に多くの事蹟を遺して、宿痾の為に全くその任に堪へられなくなつて、文部省を去つたが我国の文政史上森文部大臣と相並んで、我国民の永久に忘るべからざる大恩人と言はなくてはならぬ(3)」。

明治回顧ブームの中で、吉野作造らによる『明治文化全集』刊行が始められ、昭和四年に出た同全集第二十五巻「雑史篇」には井上毅旧蔵「ロスレル答議　第一号」が収録された。これは、井上の手元から流出した「ロスレル答議」一冊（明治十四～五年のロエスレル答議全十三点）を吉野が古書店から入手して翻刻したものであり、井上旧蔵史料が活字化された嚆矢である(4)。

翌昭和五年にはロンドン海軍軍縮会議が開かれ、枢密顧問官金子堅太郎が政府の処置を「統帥権干犯なりと云はんが如き辞を弄せられた事」を憂慮した海軍艦政本部長小林躋造は、手記の中で「由来金子子の憲法制定功名談には、一種の定評があり、時の同僚伊東伯の如きも顰蹙されて居ると伝へられ、井上毅氏遺族の持て居られる文書中には、往々にして金子子の所説を裏切るものありとも云はれて居る」と記している(5)。井上匡四郎は海軍政務次官を務めたこともあり、憲法制定時の伊藤博文門下「三羽烏」などといわれた父・金子・伊東巳代治の一翼である金子があまりに突出することを押さえるため、父の旧蔵文書を根拠として暗に金子所説の誤りを海軍当局者に知らせたのであろう。父の伝記編纂を企図した匡四郎は、単に文書保存の遺命を順守しただけでなく、父の事績ばかりか遺文書の内容・意義もよく理解していたのである。

伊藤門下の「三羽烏」などといっても、井上は伊藤のわずか二歳年下だが、金子は井上の十歳年下、伊東は井上の十四歳年下で、伊藤・井上と金子・伊東とでは世代も政治的見識も別格であった。しかし金子・伊東は長生きし、特に昭和期に入ってからは憲法起草者を自任し、「憲法の番人」たる枢密院にあって歴代政府にとって口喧しい「鬼門」となる。昭和十年「天皇機関説問題」の最中、元老西園寺公望が秘書原田熊雄に「三羽烏」の実態を告げている。[6]「一体、金子とか伊東巳代治とかいふ連中は、憲法制定の場合に直接枢機に参した者ではない。たゞ憲法取調に洋行した時に独墺の学者の講義について通訳の任に当つたのは、巳代治一人の功といつてもよい。金子の如きは、たゞ英語をよくする者が他になかつたために、いろ〳〵参考に英書を調べてもらつたぐらゐのことで、憲法の制定の時に本当の意味において働かれた功労者は、井上毅の如き人で、或はフランスのボアソナード、或はドイツのグナイスト、この三人が主になつてやつたのである」。

この西園寺談の前後、井上と深く関連する二つの史料集の編纂・公刊が始められている。一つは伊藤博文旧蔵文書集の『秘書類纂』全二十七巻（昭和八～十一年刊）、もう一つは外務省調査部による『条約改正関係　日本外交文書』全四巻（昭和十一年編纂開始、同十六～二十五年刊）である。

前者の『秘書類纂』には、井上の意見書や御雇外国人答議多数が収載されているが、問題の多い史料集である。「全部ただアルバイトに写させぱなし」で、しかもアルバイトは「憲法史の知識がない」、その上「校訂にも責任者なし」という「ずさんな編集」に加えて、「印刷は省いたところも多く、ほんとうにダメ」な「大欠点」ある書物といわれている。(7) 現在、『井上毅伝　史料篇』・『井上毅伝外篇　近代日本法制史料集』が刊行され、研究上あえて『秘書類纂』に依拠する必要がない場合にもかかわらず、なお『秘書類纂』を典拠とする研究が散見される。

宮内庁書陵部が現蔵する『秘書類纂』原本の公開が待たれるところである。

後者の『条約改正関係　日本外交文書』にも、井上の意見書や御雇外国人答議多数が収載されているが、こちらは『秘書類纂』に比してはるかに厳密な校訂が加えられている。昭和十七年に出版された山本茂著『条約改正史』は、本書に多くを依り、井上が外政史上になした多大な貢献を、初めて史料に即して明らかにしている。

昭和十二年、衆議院内に憲政史編纂会が設置された。これは憲法制定五十周年記念事業の一環で、委員長に尾佐竹猛を迎え、諸家に散在する史料に当たり、前記『明治天皇紀』とは異なる憲政史の立場から歴史編纂を行なうことが目的であった。編纂作業自体は戦争で中断し、本会は、戦後昭和二十四年、国立国会図書館内に憲政資料室が開設される母体となった。委員の一人に新潟県長岡出身の歴史家渡辺幾治郎がいた。渡辺はかつて『明治天皇紀』の編修スタッフだったが、上司で臨時帝室編修局総裁の金子堅太郎と対立し、編修官の職を辞していた。御紀編修の必要上、渡辺は金子や伊東巳代治から談話を聴取したが、それには偽りが含まれ史料として扱うことは危険なことに気付く。(8) やがて御紀のある記述に関して金子直接の指示に従うよう求められた渡辺は、これを拒否して辞職したのであった。渡辺は臨時帝室編修局在職中に井上子爵家文書を調査する機会を得ていた。渡辺の金子への反発が、先記小林手記にいう「往々にして金子子の所説を裏切る」井上家文書に根拠を有していたことは容易に想像される。渡辺は井上を「立憲的日本主義の人」と評し、「皇室典範と明治憲法は、この人が主任として起草したといわれている」と述べている。(9)

戦前、明治史・憲政史を志向する研究者にとって「門外不出」の井上家文書は、垂涎の的であった。昭和十五年、その井上家文書が展示会で公開されることになる。帝国議会開設五十年記念式典に際し国会内で「憲政史料陳列」が行なわれることになり、憲政史編纂会に関与していた研究者達は一計を案じる。「井上家の憲法草案などが出品され」「それを写そうということで」「陰謀をたくらんで、五時に会場が閉じたあとで秘密裏に大急ぎで写しとった」、「これは学界のためになるので」「尾佐竹先生に、こういう方法で、これは非常に貴重な史料だから、しかも私するのではないから、ぜひやりたいと思うといったら、さすがに先生も、いささかへきえきされたようだったがわたくしはおしきった。そういう苦心談がありました」[10]。井上家文書が國學院大學に寄託される十七年前のことであった。

昭和十四年には臨時帝室編修局の編修官長三上参次が逝去した。國學院大學創設者の一人ともいうべき三上の死に際し、國學院大學学長河野省三が記した追悼記事「三上先生の追憶」の一節に、「明治二十三年七月、國學院が山田顕義伯［皇典講究所所長・司法大臣］の主唱と松野勇雄氏［皇典講究所幹事］の輔佐とによつて、皇典講究所の学生養成並に学問研究の機関として創立せられた際、其の最も多くの相談に与つた人は実に井上毅氏であり、三上博士も亦、今泉定助、畠山健氏等と共に其の計画に参加せられた」とあり、この頃までは國學院大學においても井上の名が語り継がれていたことを窺わせる[11]。翌昭和十五年には『憲法義解』が岩波文庫の一つに加えられ、宮沢俊義執筆の「解題」も同書作成への井上の貢献に言及しているが、世間一般では井上はどのように見られていたか。

日米開戦の翌年、昭和十七年に外交評論家の清沢洌が著書『外政家としての大久保利通』を刊行する。清沢は、明治七年の台湾事件善後処理をめぐる北京交渉における全権大久保のステーツマンシップを描くことで、戦時日本の外政指導者と国民一般に、あるべき指導者像を提示し、戦時外交に誤りなきを期待したのだが、本書を纏めるについて最も寄与したのは牧野伸顕であった。大久保に随行した井上に関して、清沢は本書一三二頁に次のように記している。「大久保利通の次男牧野伸顕は、井上毅の文部大臣当時、次官を勤めた。牧野伯は筆者［清沢］に語る。『［中略、井上は］頭脳が鋭敏であり、読書力において優れ、常に海外の著書を漁つた。その要領をつかむに天禀の才を有してゐた。当時大久保の調査その他には役立つた人であり、また伊藤の憲法制定についても貢献する所多く、その点について、余り世に著聞せられないのは、同氏に対し不公平かも知れない』」。昭和十七年は金子堅太郎が世を去った年でもある（伊東巳代治は昭和九年死去）。

昭和二十年に入り、戦局はさらに悪化し、米軍機による空襲も激化する中、前年まで東条内閣下で技術院総裁を務めていた井上匡四郎も、ついに井上毅文書の長野県善光寺納骨堂への疎開を決意し、実行にかかる。[12] 幸い東京の井上邸も空襲に遭うことなく、未曾有の大戦で多くの史料が失われた中、井上毅文書はついに戦災を免れた。ちょうど井上の没後五十年目のことであった。

二　戦後 ――「梧陰文庫」公開の時代――

戦後真っ先に井上毅の名を記録に留めたのは、管見の限りでは、井上の在藩時代の師木下犀潭の嫡孫木下道雄であり、当時侍従次長という要職にあった木下道雄が、牧野伸顕から聴取した談話の中に井上の名が出てくるのである。まことに奇遇なことである。井上家の親戚でもある木下が、日本の敗戦にともなう宮中の機構改革を進めるにつき、昭和二十年十月末、元内大臣の牧野に意見を求めたところ、牧野は一時間にわたり種々沿革や批評を語り、井上が初代長官となった文事秘書局にふれている。すなわち「文事秘書官長は請願に備うる為設けたるものにして、請願少なかりし為自然立ち消えとなれり。自分は秘書官、井上毅氏官長なり」と。[13]国民の請願権は帝国憲法第三十条で認められていたが、戦後の民主化に備えて、天皇への請願を取り扱う文事秘書局の復活が意図されたのであろうか。

占領五年目の昭和二十五年、元首相若槻礼次郎の著書『古風庵回顧録』が刊行される。明治二十五年に東京帝国大学を卒業し大蔵省に入った若槻は、直接は井上毅を知らなかったようだが、この本の中で「井上毅先生」という項を立てている。これは、大正時代の原敬内閣期、貴族院議員の若槻が陪審法制定に反対した時のことを綴ったものだが、当時若槻は井上匡四郎から井上毅も陪審制には反対だったことを示す史料を見せられ、意を強くしたと記している。なお識者の脳裏には井上が留まっていたのである。

日本が独立を回復した昭和二十七年、大久保利謙が論文「明治十四年の政変と井上毅」を発表する（開国百年記念文化事業会編『明治文化史論集』所載）。大久保利謙は、大久保利通の孫で、牧野伸顕の甥である。大久保は戦前、憲法制定五十周年記念事業の一つとして発足した貴族院五十年史編纂会に属し、本論発表当時は国立国会図書館憲政資料室の整備に全力を注いでいた。明治政治史に占める井上の位置の大きさを、実証的に分析した研究として画期的なものである。

昭和三十二年は井上毅文書が國學院大學に寄託された年でもあるが、この年、小嶋和司が「明治憲法起草過程の資料的研究」を発表している（『日本学士院紀要』十五巻三号所載）。これは、井上毅文書が國學院大學に寄託される以前、国立国会図書館憲政資料室に寄託されていた期間に井上毅文書を披閲して纏めたものである。同じく井上毅文書を駆使した稲田正次の大著『明治憲法成立史』上・下の刊行に先立つこと三年、井上毅文書を初めて本格的に利用した研究として特筆されるものである。

さて、井上毅文書の寄託を受けた國學院大學では、これに井上の号にちなんで「梧陰文庫」の名を冠し、鋭意整理・分析に当たった。そして約六年の日子を費やして、昭和三十八年、國學院大學図書館編刊『梧陰文庫目録』を世に送る。[14] 引き続き國學院大學では図書館内に「井上毅伝記編纂委員会」を設け、『井上毅伝　史料篇』の編纂・刊行に着手する。長らく「門外不出」だった井上毅文書の公開を積極的に推進するのであった。早くも昭和四十一年には『井上毅伝　史料篇』第一（明治四～二十年の井上意見書集）の刊行をみた。

昭和四十三年、海後宗臣らによる共同研究書『井上毅の教育政策』が出版される。憲法史以外の分野で、初めて井上毅文書を縦横に活用した書物の登場である。折しも「明治百年」を迎え、明治日本への関心が高まっていた。

以後、井上の全著作集というべき『井上毅伝　史料篇』も第六まで刊行され（昭和五十二年）、「梧陰文庫」に依拠する研究も逐次増加していく。書名に井上毅の名を掲げる研究書も同様である。それらの具体名についてもはやここで挙げる必要はないだろう。國學院大學法学部の有志による「梧陰文庫研究会」の活動についても省略する。直接井上を知る世代が去っても、その人々の思いは後代に引き継がれ、「没後の井上毅」も知己を絶やすことはないのであろう。

（1）阿川弘之『井上成美』、平成四年刊、新潮文庫、四五二～三頁。
（2）梧陰文庫研究会編『古城貞吉稿　井上毅先生伝』、平成八年刊、参照。

（3）拙稿「吉田茂と三代の『系譜』―大久保利通・牧野伸顕・吉田茂を結ぶ人脈」、吉田茂記念事業財団編『人間吉田茂』、平成三年刊、参照。
（4）この井上毅旧蔵「ロスレル答議　第一号」は、國學院大學日本文化研究所編『井上毅伝外篇　近代日本法制史料集』第四、昭和五十六年刊、にも原本と校合の上で収録されている。
（5）伊藤隆・野村実編『海軍大将小林躋造覚書』、昭和五十六年刊、五九頁。
（6）原田熊雄述『西園寺公と政局』第四巻、昭和二十六年刊、二六〇頁。
（7）座談会「維新史研究の歩み　第六回――明治憲政史を中心として――」における大久保利謙・深谷博治・鈴木安蔵・稲田正次の発言、『日本歴史』第二五一号、昭和四十四年四月刊、九三頁。
（8）拙稿「談話史料の危険性」、『國學院大學日本文化研究所報』第一九九号、平成九年十一月刊、一二頁。
（9）渡辺幾治郎『明治天皇』上、昭和三十三年刊、四三五頁。
（10）座談会「維新史研究の歩み　第六回―明治憲政史を中心として―」における深谷博治・鈴木安蔵の発言、註（7）に同じ、九二頁。
（11）拙稿「三上参次博士逸事考」、『國學院大學日本文化研究所紀要』第七十六輯、平成七年刊、参照。
（12）冨塚一彦「『井上匡四郎文書』にみる政治家井上匡四郎」、『國學院大學図書館紀要』第四号、平成四年刊、参照。
（13）木下道雄『側近日誌』、平成二年刊、一九頁。
（14）木野主計「『近代日本法制史料集』の編纂を回顧して」、『國學院大學日本文化研究所紀要』第八十四輯、平成十一年刊、参照。

（付記）本稿は、第一九九回梧陰文庫研究会（平成十年六月二十日、於國學院大學）における報告に加筆したものである。

訴願法成立過程の研究

——ロエスレル案を中心として——

木野主計

はしがき

明治憲法体制下における行政争訟制度には、特に法律の明文の規定を以て通常裁判所の権限に属せしめられた場合の外は、行政争訟手続として異議申立・訴願・行政訴訟等があった。異議申立については一般法の定めは無く、訴願については一般法として訴願法があり、行政訴訟には一般法として行政裁判法が定められていた。

一方、形式的意味から行政争訟制度を見ると、略式争訟と訴訟があり、前者には覆審争訟としての訴願があり、後者には普通行政訴訟が存在したのである。そして、訴願に関する法源は、明治二十三年十月十日に公布された法律第百五号の訴願法であり、普通行政訴訟に関する法源は、明治憲法第六十一条の「行政官庁ノ違法処分ニ由リ権利ヲ傷害セラレタリトスルノ訴訟ニシテ、別ニ法律ヲ以テ定メタル行政裁判所ノ裁判ニ属スヘキモノハ、司法裁判所ニ於テ受理スルノ限ニ在ラス」という規定を受け、憲法付属法令として定立をみた行政裁判法で、それは明治二十三年六月十日に法律第四十八号として公布された実定法であった。

我が国の行政争訟制度の法体系は、所謂訴願前置主義を建前としていた。しかして、行政訴訟事項を定めた法律に、これまた明治二十三年十月九日に法律第百六号として公布された「行政庁ノ違法処分ニ関スル行政裁判ノ件」という訴訟事項を列記した実定法が存在したのである。

さて、憲法付属法令としての行政争訟に深く関係する行政裁判法と訴願法の公布が、何故明治二十三年の同月日に公布されなかったのかという疑問が残る。それは端的に言えば、当該両法を制定するに際して、行政裁判法による行政訴訟事項と訴願法による訴願事項に関して、内閣法制局側が双方共に概括主義を主張し、内務省側が双方共に列記主義を主張したからに他ならない。ために、両法案の制定上で政府部内における調整が採れず、本来両法案は明治二十三年四月七日に枢密院会議に諮詢され、同十五日以後総委員会に付し、同三十日行政裁判法と同時に訴願法の第一読会が開催されたのにも拘わらず、訴願法のみが四ヶ月も遅れて公布されるという仕儀に相い成ったのである。

内閣法制局側は、行政官庁の違法処分を救済するという立場で立法に臨み、内務省即ち地方制度編纂委員会側は司法権の行政に対する干渉を排除し、行政権の独立を保証しようとする政治的立場を立法に際して主張したから双方の主張に食い違いが発生して、その調整に手間取って両法制定の時日に齟齬を来したのである。しかし、内閣法制局側も内務省側も行政の技術性に基づく専門性から特別の裁判制度を設けようとする法の技術的理由の立場は同じ態様を示していた。

抑、訴願法の問題が明治政府の俎上に登場したのは、明治十四年の国会開設の詔勅により、明治二十三年を期して議会を開き、立憲議会制国家として発足するために、その憲法理論と実際の運用の調査に、参議伊藤博文が明治十五年に欧州に派遣されるに際して、その調査事項を列挙した訓条の中に「諸請願若クハ行政裁判ノ事」と在った所にある。

憲法調査のため西欧に出張した伊藤参議は帰国すると、立憲制度の樹立に際して諸制度改革のために宮内省に制度取調局を明治十七年三月に設置した。長官には伊藤が自らなり、参事院議官の井上毅が制度取調局御用掛兼勤を仰せ付けられ、その中心となって、所謂、明治典憲体制のグランド・デザインを其処で描いたのである。

そこで、憲法付属法令としての行政争訟制度定立の経緯を一瞥すると、先ず井上議官はロエスレル（Hermann Roesler.1834〜1894）[1]に下命して、明治十七年十一月四日に「行政裁判法案」を、明治十七年十一月二十日には「行政願訴法案」の起草が成し遂げられた。これが我が国における行政争訟に関する西欧法を継受した最初の法案であった。

更には、明治二十年一月に内務省に設置された地方制度編纂委員会においてモッセ（Albert Mosse.1846〜1925）[2]は「地方制度編纂綱領」を同年二月に作り上げ、この綱領に従って府県制・郡制及び市制・町村制が立案された。そして、明治二十二年五月頃にこの綱領に依る内務省側の訴願事項の列記主義に基づく「訴願法案」をモッセが起草した。この法案は府県制・郡制が訴願事項について列記主義を採用していたために、モッセ起草の訴願法は訴願事項について列記主義を採用して行政権の独立を保障しようとする政治的理由から作成された経緯を元来保持していたのである。訴願法は結果的にはこのモッセ案が母体となって制定をみることとなったのである。この他に、井上法制局長官の作成した訴願事項の概括主義になる訴願法案を法制局参事官の馬屋原彰が修正した草案が内閣法制局側で準備され、内務省側ではモッセと地方制度編纂委員会書記官の小松原英太郎が修正を施した訴願法のモッセ・小松原案も作成された経緯もある。

本稿では、訴願法のかかる立法過程を明らかにすると共に、内閣法制局と内務省との間における調整過程をめぐる制定経緯を併せて闡明にしたいと思う。

一　訴願法成立前史の略述

(1)　明治政府の訴願法制定の遠因

曩に筆者は、「訴願法制定過程の研究」と題して『大倉山論集』第三十三輯（平成五年三月）及び第三十五輯（平成六年三月）更に第三十九輯（平成八年三月）の三回にわたって訴願法成立前史に係わる小論を発表している。従って、此処では訴願法成立前史に就いては略述するに留める。委細は先の三編の小論に譲ることにする。

さて、それでは訴願法成立前史を略述するに先立って、抑、明治政府が何故に行政裁判法や訴願法を制定する必要に迫られたのか、この経緯を簡単明瞭に物語る説明書が国立国会図書館憲政資料室所蔵の伊東巳代治文書(3)に収録されているので、本書によって明治政府部内における当該法案起草の経緯を先ず明らかにしてみよう。

本書は「行政裁判法并訴願法制定ノ件　附両法説明」と題簽を表紙の左肩上部に打付書にした「行政裁判関係文書三」と云う標題の文書である。本書の起草時期は明治二十二年六月以後と推定される。本書によると、帝国憲法第六十一条に「行政官庁ノ違法処分ニ由リ権利ヲ傷害セラレタリトスルノ訴訟ニシテ、別ニ法律ヲ以テ定メタル行政裁判所ノ裁判ニ属スヘキモノハ、司法裁判所ニ於テ受理スルノ限リニ在ラス」とあり、また市制町村制にも「亦行政裁判所ニ出訴スルヲ得」とあるが、憲法は既に明治二十二年二月に之を発布し、市制町村制も同年四月を以て施行したが、未だ行政裁判所の構成を定めていない。この事が行政裁判法の制定を急務とする所以であると説明している。

抑、明治五年に司法省第四十六号達を以て地方官を訟うる者は、皆地方裁判所に於てその訴訟を認めた。ために、地方官吏を訟うる案件が地方裁判所に蝟集して司法官が行政を牽制するという弊害を惹起するに至った。此処に於て、明治七年司法省第二十七号達を以て始めて「行政裁判」という名称を設けて、地方官を訟うる者は司法官に具状し、次に太政官に申稟せしめるものとしたが、これとても暫くの間の弊を救うことに過ぎなかった。

であるからして、行政裁判所の構成を定めるという事は将来に委ねられていた。爾来、行政裁判は太政官の指令と司法省の達指令を以てこれを慣例として行ってきた。郡区戸長を被告とする行政裁判は、先ず始審裁判所に出訴せしめ、更に府県知事以上を被告とする行政裁判は控訴院に出訴する事とした。

即ち、当時に於ける行政裁判の実態は所在裁判所で行政裁判を受理しようとする場合はその受理判決をする前に、先ず司法省に具状し、司法省は之に意見を付して閣議に提出し、皆参事院や内閣法制局の裁定を経て審理宣告すると言う状態であった。

この様に、行政裁判手続は一定の法律を以て規定したものではなかった。然るに、明治二十二年六月四日法律第十六号を以て、「市制町村制ニ依リ当分ノ内、内閣ニ於テ行フヘキ行政裁判ハ現行ノ行政裁判手続ニ従ヒ、控訴院ニ於テ受理審問セシメ、内閣ノ裁定ヲ経テ判決ヲ言渡サシムル」と言う事を定めた。之は要するに行政訴訟上の止むを得ざる当分の間の彌縫策に過ぎなかったのである。だから、此処においても内閣としては早急に行政裁判法の制定を迫られていた。

我が国において、今や行政裁判法を起草する急務に迫られ、そこで主として我邦の慣例情態を考據し、一方欧州各国の当該法を参酌すれば、孛国は郡行政裁判所・県行政裁判所・総理行政裁判所の三級を設け、初審控訴上告の手続を定めていた。仏国も亦概ね各省州参事局、州長郡長邑長及参事院の等級に之を分けていた。墺国に至っては一個の行政裁判所を其の首府に置き行政裁判法と訴願法と相俟って始終円滑に其の運営の宜しきを得ていた。

翻って、我が国における行政裁判の慣例は先述の如く其の手続頗る簡単にして、受理判決は皆内閣の裁定に帰着し、宛然一個の行政裁判所を首府に置き、以て全国の行政裁判事務を統理するものの様で、所在裁判所は其の命令に由て時日の調査審問を為すものに他ならなかった。而して、我が国の行政裁判なるものは始めより普通裁判とは殊別なるものとなし、閣議の裁定を経たる旨を宣告と共に言渡し、此の判決に対しては控訴上告を許さざるを慣例となし、これを人情世態は毫も之を怪しまざるに至っていた。

故に、今回行政裁判法を設けるに於ても孛国の如く始審控訴上告の等級を置き、複雑なる機関を設けるのは我が国の慣例情態に適せざるものと認定し、本案に於ては専ら我が慣例に基因し、傍ら墺国の法を参酌して、東京に一個の行政裁判院を設け、而して行政裁判の機関を円滑に運転せしめん為に、訴願法設定の必要を感じたるを以て、遂に行政裁判法と共に訴願法を起草するに至ったと、内閣法制局は当該二法の起草経緯を説明していたのである。

内閣法制局が明治二十三年六月以降、斯様にして行政裁判法と訴願法の二法案を起草するに際して、訴訟・訴願の両事項について如何なる関係を二法に持たして、行政争訟の円滑な審判を進めるかの法理を当該説明書によって次に見ることにする。

内閣法制局起草の訴願法の概要についての説明を見ると、先ず、訴願法に於て行政庁の処分に由り自己の権利若しくは利益を毀損せられたりと思惟する者は、其の処分に対し上級行政庁に訴願を提出し、その裁決を受け、其の行政庁に於て訴願の申立を相当なりと裁決したる時は、下級行政庁をして相当の処分を為さしめ、時として訴願の請求に拘束せられずして、其の職権に依り下級行政庁の処分を変更することを得るものとした。

次に行政裁判所の権限を見ると

第一　行政庁の違法処分に由り自己の権利を毀損せられたりとするの訴訟。

第二　市制町村制其の他の法律を以て行政裁判院の権限に属したる訴訟を審理するものとした。

其の行政庁と一個人との間に取結びたる売買貸借其の他の契約により起こりたる訴訟は、これを司法裁判所に任せ、行政裁判所の権限に属せざるものとした。

行政官吏に対する損害要償の訴訟は受理せず、法律に於て行政官吏に対し損害要償を許したる場合に於て司法裁判所に出訴せんとする者は先づ行政裁判所に出訴して、其の処分の違法なるや否やの判決を受けしむる事と成したのである。

行政訴訟の手続は、先つ訴願法により各行政庁の裁決を経たる後にあらざれば、之を提起することを得ざらしめ、其の訴訟に於ては最初行政処分を為したる行政庁を被告たらしめた。而して、行政裁判所に於て其の訴訟を審理し、行政庁の処分を不当なりと判決し、其の言渡を為したるときは、被告行政庁は其の判決の主旨に従い、直ちに相当の処分を為すべしと定めた。

行政裁判所の判決に対しては再訴することを得ずとした。行政裁判所は其の審理事件に関し必要なりと認める時は行政庁及び人民に対し訊問を為し、若しくは証憑を徴することを得るとした。また司法裁判所に嘱託して審判事件に関する事実の調査を為さしむることを得せしめた。

これが内閣法制局起草の行政裁判法・訴願法二法案の大要である。抑々当時（明治二十二年六月）の行政裁判手続に於て行政官庁は行政の公権を行う事件について、内閣の裁定を受けるものにして、司法官の裁判を受けるものではなかったが、実際司法裁判所の法廷に原被並立して審判を受けるものであるから、形跡上は司法権の監督を受けるの嫌いは無きにしも非ずであった。

この内閣法制局起草の行政裁判法・訴願法の編成によるときは、司法官の関係はこれを無からしめ、始終行政裁判機関中に在って行政争訟を為するものであれば、行政権の独立を保ち、毫も司法権の牽制を受ける嫌いはなくなったというくだりの説明書をもって見れば、内閣では当該二法案を枢密院に上程するばかりの準備を整えることが出来ていた事実が判明するのである。この説明書によれば、先述の如く明治政府が行政争訟制度を設ける理由は行政権の独立保障という政治的理由と行政の専門性に基づく技術的理由の二つから考案されていたという事実が良く分かるであろう。

(2) 明治政府の請願規則制定の因由

明治政府が行政裁判制度の必要を意識したのは、比較的早い時期であったことについては筆者が『大倉山論集』第十輯の「行政裁判法成立前史の研究」で既に論証した通りである。しかし、西欧で施行されていた行政争訟に係わる訴訟制度の研究に着手したのは、参議伊藤博文が明治十五年三月に憲法調査のためヨーロッパに派遣された際の訓条の中に在った事については先述した。

井上毅は明治十二年三月の「岩公上疏」の代草の中[4]で夙に「行政裁判ヲ設ク」として太政官で調査することを指摘していた事実がある。だが、広い意味で請願までも含めてロエスレルが実際に行政争訟制度関係の調査研究に着手したのは、明治十五年十二月の太政官布告第五十八号の「請願規則」の起草に係わる問題が最初であった。即ち、『近代日本法制史料集』第五所収の「請願ニ関スル〔ロエスレル〕答議」〔明治十五年〕[5]がそれである。

孛国ニ於テハペチ、オーンノ権ヲ分チテ二様トス。（第一）訴願ノ権、ベシエールデ（第二）請願ノ権、是ナリ。

一　訴願ノ権　臣民ヨリ行政ノ官衙及国王へ上書スルノ権ニシテ、其事既往ニ関スルモノ多シ。

二　請願ノ権　臣民ヨリ立法府即チ議院へ上書スルノ権ニシテ、其事将来ニ関スルモノ多シ。

此処に始めて訴願（Beschwerde）の法律用語が登場したのである。訴願は行政作用を違法又は不当とする者から、その取消・変更・原状回復を求めるために行政庁に一定の形式的手続に従って再審査を請求する行為である。

従って、ロエスレルも態々「其事既往ニ関スルモノ多シ」と注解を付している事の意味が了解できるのである。

ここで、問題となった請願規則ついて略述して置く。何故、政府が請願規則を制定する必要に駆られたかというと、やはり直接的には自由民権運動がその原因と認められる。即ち、憲法調査のため在欧中の伊藤参議に宛てた明治十五年五月二十日付の参事院議官井上毅書簡によると、(6)

(前略)各地ニ於而政党之名を以而結社同団し、小団結之数其幾何なる歟を知らず。就而全国之結社を禁する之説も有レ之候へとも、如レ是果決之政略ハ一大機会ニ於而施行するに非されハ却而徒ニ激動を引起し、変して秘密之結社と成り、内攻之毒種を蒔候歟と被レ存候へハ、此般ハ一二之増補ニ止メ猶後日大有為の日を待つとの論ニ被レ決候。此事将来之問題ニ有レ之候へハ、御賢慮奉レ冀候。別紙ロエスレル氏意見書奉二供覧一候。

政社ヲ禁スル之発議ハ、今村和郎也。同人事憂国之念、極而懇篤ニして、世運之挽回せざるべからざる事を論し、仏国之覆轍に痛省し、深く苦心いたし候。実ニ前日之今村にあらず。

又、古沢(滋)、植木(枝盛)等之煽動ニ而、関西之酒屋会議連より追々直願之書を宮廷に呈上スル之企有レ之、其他各府県抔ニも請願論を唱へ、追々種々名義を拵へ、多衆紛擾う企つる之様子ニ付、急に請願規則を公布せられ、一定之規則を以而截斷いたし候筈ニ有レ之候。(後略・注記は筆者)

と井上議官は滞欧中の伊藤参議に請願規則の必要を説いている。書簡で言うロエスレル答議とは恐らく『近代日本法制史料集』第四巻所収の明治十五年三月の「政治ニ関スル秘密ノ集会・結社」(7)の意見書と思われ、明治十五年六月の集会条例改正に至る経緯を物語るものであろう。更に、同年六月九日付の伊藤参議宛の井上書簡では、次の如く通信している。即ち、

自由党は頻ニ人民を煽動し、百般之苦情を以而請願となし、太政官門ニ迫る之内謀と相見へ申候。ペチシオ

ン之事、是迄一定之規則無レ之候得ハ、又以一昨年之例により、官府を愚弄する様之事無レ之様、山県(有朋・参事院議長)殿苦心有レ之、近日請願規則制定発布之筈に有レ之候。(8)

と請願規則公布の近い事を報告している。

参事院議官井上毅は国内では、参議兼内務卿山田顕義に請願規則の必要を説き、ほぼその了解を得る事が出来ていた。即ち、山田参議は明治十五年五月二十九日付の井上議官宛の書簡で、「請願規則云々承知仕候。然処此事向後最も切要之件と存候間、酒屋会議之願ニ間ニ合と否ニ拘らす考究致置ものと存候」(9)と言って来ていた。

そして、井上議官はこの山田の書簡を山県議長へ送付した。そこで、井上議官は参事院議長山県有朋請願規則請議案を代草して太政官の閣裁を仰いだのである。即ち、

有朋、窃ニ惟フ、言路ハ洞開スベクシテ、而シテ雍塞スベカラズ。疾苦ハ疏通スベクシテ、而シテ抑蔽スベカラズ。従前人民ノ訴願、之ヲ受理セザルニ非ス。而シテ各々其管掌ノ官衙ニ止マリ、未タ上司ニ申請スルノ路アラズ。独リ内務省ニ直願規則アリ、以テ地方官ニ対スル人民ノ申訴ヲ受理シタリ。従テ司法法廷ニ告訴スル者、続々踵ヲ繼クニ至ル。夫レ朝廷ニ申文ヲ受ケ、聴斷ヲ親ラシ玉フハ上世相因ノ美徳ナリ。平城天皇以前、天子聴斷ヲ親ラシ玉フ。嵯峨天皇ヨリ後廃シテ行ハレズ。而シテ近世政理ヲ談スル者、請願ヲ以テ民権ノ一大件トス。此レ宜シク請願申訴ノ路ヲ開キ、平允公明ノ意ヲ示シ、以テ古ニ則リ今ヲ通スベキナリ。更ニ現今ノ情勢ヲ観ルニ世ノ変態ニ際シ、事ヲ好ム者多衆ヲ教唆シ、党類ヲ団結シ、一二ノ疾苦ヲ摘発シ名ヲ請願ニ仮リ、以テ上下ヲ離間シ、怨望ヲ嫁センコトヲ謀ル者アリ。上ヲ侮リ、下ヲ欺キ姦情百端窮詰スベカラズ。而シテ、法ノ以テ之ヲ制スルナシ。若シ其為ル所ニ任放セハ、其大政ヲ妨害スル亦料ルベカラズ。而シテ、愚民ノ誑惑シテ罪戻ニ陥ル者亦救フニ由ナカラントス。是レ亦宜ク請願ノ路ヲ慎ミ、其規律ヲ設ケ、

以テ邪慝ヲ斥ケ、浮言ヲ懲シ教唆煽動ノ路ヲ絶ツベキナリ。今請願規則ヲ草シ、一ハ以テ上司ニ申請スルノ路ヲ広メ、下郡区ヨリ、上朝廷ニ至リ、一ハ以テ健訟多事徒ニ煩擾ヲ為シ、禍端ヲ啓ク者ヲ厳究セントス。謹テ閣裁ヲ仰ク(10)。

斯くして、請願規則案は閣議を通過し、これを元老院の院議に付す段階へと立ち至った。

井上議官は明治十五年七月十九日に元老院で請願規則案が審議されるのに際しては、その説明のために内閣委員となった。同月二十一日より元老院会議第三三九号議案の「請願規則布告案」審議に内閣委員として井上は出席したのである。斯様にして請願規則は明治十五年十二月十二日太政官布告第五十八号として公布されるに至った。井上は「言路ハ洞開スベクシテ、而シテ壅塞スベカラズ。疾苦ハ疏通スベクシテ、而シテ抑蔽スベカラズ。従前人民ノ訴願、之ヲ受理セザルニ非ス。」としたが、自由民権の言路を塞ぐ結果になったことは否めない事実であった。

請願規則を元老院の院議に付すべき段階となって、その説明の為に内閣委員となった井上毅は、郷土熊本の先輩である元田永孚を一日訪ねて密議を凝らした。当時、元田永孚は宮内省皇宮宮大夫から侍講に転じ、宮中では明治天皇の竜顔を直々拝して、種々の情報の授受を交わしていた。或いは、その一部を井上毅に漏らしていたと思われる。

元田永孚の明治十五年七月二十三日の「日記」には次の如く認めてあった。即ち、

十一日之夜、井上毅来、有レ所二密語一、爾後無レ所レ聞、至レ是投翰、得二吉報一返書之尾書レ詩以贈レ之。

不レ惜レ歳華頭上霜　猶憐二顔色一帯二恩光一
眇軀自負二邱山一重　涓滴難レ酬雨露流

万巻功夫帰二謹独一　十年心事在レ含レ章
唯祈二国祚一無二虧缺一　未三レ識孤誠達二彼蒼一

井上毅の心事は十年国祚の虧缺で無いことを唯祈るのみで、孤誠は未だ蒼く其を知らない。しかし顔色には恩光を帯び、歳月を惜しまず働く君には既に華頭には白いものがある。もっと励めよと、元田永孚は心ならずも自由民権の言路を井上の努力で塞ぐ結果となった事の成り行きの結果について、後輩の心中を忖度して七言絶句に託してその述懐を吐露していたのである。(11)

この様な経緯で成立を見た請願規則は訴願法が制定されると廃止となったのである。さて、それでは項を改めてロエスレルの訴願法案の起草の経緯について触れることにする。

二　ロエスレル起草行政裁判法案と訴願との関係

(1)　請願と訴願の別義に関する答議

孛国に訴願の制度のあることをロエスレルより教示された井上毅は、「訴願ノ権　臣民ヨリ行政ノ官衙及国王ヘ上書スルノ権ニシテ、其事既往ニ関スルモノ多シ」と言うが、一体その訴願の期限は何時まで有するかと言う疑念が在った。そこで、井上は明治十五年十二月にロエスレルに対して「請願ノ権利ニ関スル質議」と題して答議を依頼した。即ち、

民事ノ期満得免（時効）ニハ、訴訟ニ対シ其期満得免ノ権ヲ得ベキ期限ノ既ニ経過シタル時間ヲ除棄スルコトアリ。今茲ニ、新ニ請願規則ヲ設クルニ当リ、其付与スベキ期限ニ対シ、亦此除棄ヲ設クヘキ歟。若シ之

ヲ設クベキモノトセハ、始メニ通常裁判又ハ行政裁判ニ訴へ、次テ救ヲ恩恵ノ道（請願）ニ求メタル者ニ対シテモ、亦之ヲ設ケザルヲ得ザルベキ歟。如何。[12]

と井上はロエスレルに問議を発した。これに対してロエスレルは次の様な答議を出した。

（前略）余ハ茲ニ左ノ意見ヲ陳述セントス

一　請願権ノ施用ノ為メ、一定ノ期限ヲ定ムルヲ得ベシ。但シ此ノ期限ハ、期満得免ノ期限ニアラズシテ、全ク失権ノ期限タルベシ。

二　此期限ハ之ヲ停止スルヲ得ルモ、其期限ノ已ニ経過シタル時間ヲ除棄スルコトヲ得ズ。

三　此停止ノ原由ハ、（仏国）訴訟法第四四四条以下ト均ク、之ヲ定ムルコトヲ得ベシ。

四　請願ノ権利ハ、通常裁判及ヒ行政裁判ノ事項ニ就テハ、憲法ノ原則ニ適合セザルベシ。然ト雖モ若シ此等ノ事項ニ就キ一時請願権ヲ付与シタルコトアルトキハ均ク失権ノ期限ヲ定ムルヲ得ヘキモ、民事ノ期満得免ヲ定ムルヲ得ザルベシ。

五　何レノ場合ニ於テモ、失権ノ期限ハ確定ノ判決ノ送達ヲ得タル日ヨリ之ヲ起算スベシ。

六　已往ノ事項ニ就テハ、其期限ハ何レノ場合ニ於テモ、皆ナ請願ノ権利ニ関スル法律発布ノ日ヨリニアラズンバ、之ヲ起算スベカラザル旨ヲ掲クルコトヲ得ベシ。

一八八二年一二月二〇日　ロイスレル記

と請願規則の時効期限についてロエスレルは答えたのである。特に注目する所は「四　請願ノ権利ハ、通常裁判及ヒ行政裁判ノ事項ニ就テハ、憲法ノ原則ニ適合セザルベシ。然ト雖モ若シ此等ノ事項ニ就キ一時請願権ヲ付与シタルコトアルトキハ均ク失権ノ期限ヲ定ムルヲ得ヘキモ、民事ノ期満得免ヲ定ムルヲ得ザルベシ。」とあるが、請願権は通常裁判・行政裁判の訴訟事項に在っても、憲法の定める裁判権とは性格を異にし、だけれども一旦請願権を付与した以上はその失権の期限は定められているが、民法の時効とはその性格を異にしていることを述べている所である。

(2) 官吏責任法と損害賠償に関する答議

請願と訴願の別義について知見を得た井上参事官は明治十六年六月頃、官吏の職務執行に関する懲戒規律を考慮していた。更には、官吏の職務執行上で被った損害について庶民を如何に保護するかという官吏責任法の如き法案も準備していた。そこで井上参事官はロエスレルに対して「官吏責任法ナルモノハ、之ヲ設クルノ必要ナリト為スヤ否」の問議を発し、ロエスレルより明治十六年六月二十七日次の如き答議を得た。[13] 即ち、

官吏ノ私法的ノ責任法ヲ設クルハ、甚タ困難ニシテ最モ危険ナルモノ、一ナリ。凡ソ一個官吏ノ不正随意ナル職務執行ニ対シテ民庶ヲ保護スルハ固ヨリ必要ナリト雖モ、一方ニ向テハ之カ為ニ官庁ノ威厳ヲ損シ、又後日ノ損害賠償ヲ恐ル、カ為ニ、官吏カ其職務義務ヲ不羈自由ニ執行スルコトヲ阻碍セシムルコトナキヲ要ス。諸国ノ立法ヲ通覧スルニ、多少皆損害賠償ノ民事詞訟ニ対シテ、官庁ヲ保護シ、殊ニ行政事務ヲシテ単一ナル私法上ニ属スル法庭ノ裁判ヨリ独立セシメントスルノ傾向、即チ官吏殊ニ行政官吏ハ一私人ノ如ク処分セシメサラントスルコトヲ発見スヘキナリ（中略）。

余ハ官吏ノ責任ニ対スル特別ナル法律ノ発行ヲ以テ決シテ必要ナリト為サ、ルナリ。然レトモ人若シ将来ノ疑問ヲ預防シ、或ル特定条規ヲ発行セント欲セハ必ス左ノ諸点ニ制限スルヲ要ス。

として、五項目の条件を挙げて官吏の責任を論じた。即ち、

一　官吏が職権踰越により人に財産上の損害を与えたる時は被害者の要求に応じて官吏は損害賠償の責に任じる。
二　損害賠償の訴を受ける場合は官吏の本属官署に於いて犯罪の事実と法律とを議決した上にて之を許す。
三　死去した官吏の遺産又は相続人に対しては損害賠償の訴訟を提起する事は出来ない。
四　本訴訟の時効（期満特免）は官吏の処分を被害者が知り得た日より満一ケ年とする。
五　上官の命に依って成した処分は常に上官の責に帰す。

と官吏責任について答えた。

更に、ロエスレルは孛国の現時法を引用して、次の如く答議を続けた。

現行ノ成規ハ載セテ孛漏生憲法第九十七条及千八百五十四年二月十三日ノ法律ニアリ即チ、

(甲)公然ノ官吏カ其職権ヲ越エタルカ為ニ、権利ヲ毀傷シタルコトニ対シ、法庭ニ向テ訴訟ヲ為スヘキ条規ハ、法章ヲ以テ之ヲ定ムヘシ。

(乙)行政官ニ対シテ起スヘキ詞訟ハ、其所轄行政庁ニテ権限裁判ヲ起シテ、之ノ拒否スヘシ。然レトモ、是レ裁判官ニ適用スヘキモノニアラス。

是故ニ此問題ニ関スル孛漏生国ノ立法ノ原則ハ、左ノ如シ。

(甲)　法官ト行政官トヲ分別ス。

(乙)行政官ニ対シテ、詞訟ヲ起スコトヲ得ルハ、唯、該官吏カ其職権ヲ越エ、或ハ其職務ニ背キタル時ニ限リ、且ツ該官ノ上ニアル官署カ法庭ニ訴ルコトヲ許シタル時ニ限ルトス。

(丙)此訴訟ハ、三ケ年ヲ以テ期満得免ノ期限トス。要スルニ、官吏ノ為ニ蒙リタル損害ノ賠償ヲ請求スヘキ

他ノ詞訟法ナキ時ニアラサレハ、起訴スルコトヲ得ス。（普通法典第二巻第十章第九十一条）

と答えて、最終的には「余ハ示サレタル法律草案ニ同意ヲ表スルコト能ハス。余ハ之ヲ以テ太酷ニシテ、政務ノ公益及官吏ヲ待遇スルノ道ニ背行スルモノ多シト信スルナリ」と官吏責任法案に対して反対の意見をはっきりと表明している。

ここで重要な事実は、井上毅が明治八年二月に博聞社より出版した『孛国憲法』の第六章司法権の第九十七条で「文武官吏職権ノ姦弊ヲ以テ法衙ニ提喚スルノ約束ハ法章ヲ以テ之ヲ定ム」という規定を既に認識していて、更にロエスレルより今又この条項を示されて官吏の職務執行に関する責任論を再認識させられたと言うことである。しかし、ここでは飽くまでも官吏の民事上の損害賠償責任論で行政争訟上の官吏の責任については、孛漏生国の立法原則は、行政官に対して詞訟を起すことを得るは、唯該官吏が其職権を越え、或は其職務に背きたる時に限り、且つ該官の上にある官署が法庭に訴ることを許したる時に限るという知識を井上は獲得しているという事実が重要である。又、ロエスレルが「行政官吏・司法官吏共ニ唯、行政裁判即チ権限裁判ノ道ニ由テ判決セラル、モノト定ムヘシ」と、行政争訟上の提言を井上にしている事実は、今後の井上とロエスレルの間で交わされる行政訴願の論議にとって重要な示唆を与えるので、改めて此処で再確認をして置く必要がある。

(3) 制度取調局の設置とその役割

ヨーロッパにおける憲法調査を終えて、伊藤博文は帰朝するとその成果を基に、憲法制定に係わる諸制度の調査・企画に当たる取調べの機関を設立するため、明治十七年二月に明治天皇に拝謁して、この旨を上奏した。これが認められて、制度取調局は太政官内ではなく宮内省に設置された。

制度取調局長官には参議伊藤博文がなり、継いで宮内卿をも兼任した。これは、井上毅の「憲法起草手続意見」(明治十四年六月二十二日)に従い、宮内省に内記局を設け此処で憲法を起草するという欽定憲法制定の方針に伊藤参議が賛意を表したからに他ならないのである。であるから、制度取調局の上席の御用掛には参事院議官井上毅が当たり、加うるに、同議官尾崎三良、同補伊東巳代治、太政官権大書記官金子堅太郎、同権少書記官荒川邦藏、同渡辺廉吉、同山県伊三郎、東京大学教授小中村清矩等が御用掛兼務を命じられたのである。

制度取調局では先ず天皇の藩屏を築くべく華族制度の構築に取り掛かり、明治十七年七月には華族令の制定を成し遂げた。勿論、その中心となって西欧の制度をロエスレル等の御雇法官に諮問を発し、その答議を参酌してこの制度を完成したのは井上毅であった。

だが、制度取調局においてはその眼目であった憲法起草は実際の処行われず、国会規則の調査立案に従事していた位であった。[14]一方では、井上毅は渡欧中の伊藤博文に明治十五年七月頃起草して送付していた「憲法私草」の第六章の第八十一条の中で、既に「裁判所ト行政官属ノ権限ノ争ハ、参事院ニ於テ之ヲ判決ス。其章程ハ法律ヲ以テ之ヲ定ムベシ」と司法と行政の争訟権限の法律を謳っていた。稲田正次氏は、その大著『明治憲法成立史』上巻の「井上毅の憲法私案」の中で「プロイセン、ベルギーなどの憲法を参照しているが、工夫されている」とこの条項を評価されている。

多分、この問題、即ち司法と行政の争訟に関する法律を速くから気にしていた井上毅は制度取調局において行政裁判制度の調査に力を注いでいた。制度取調局の本務は「法律規則ノ創立改廃」の検討調査にあり、それは飽くまでも憲法制定上必要とする視点から見たものについてであった。其処で制度取調局は行政裁判制度について、ロエスレルとオットー・ルドルフに対して[15]次の如き諮問を発していた。即ち、

一　行政裁判の利害及び目的
二　一個の中央行政裁判所を設置すると等次を分ち数多の行政裁判所を設置するとの可否
三　願訴と行政訴訟との区別
四　政府に対する民事訴訟と行政訴訟との区別
五　行政裁判所の権限
六　行政官吏の責任
七　懲戒裁判所の要否

この諮問に対してロエスレルは明治十七年五月、ルドルフも同年五月に各回答を提出している。(16)ロエスレルは先ず先の諮問の第一項目の行政裁判の目的及び利害の箇所だけの答議を作成して提出した模様である。即ち、伊藤博文の『秘書類纂　雑纂　三』にはロエスレル起草の「行政裁判ノ目的及利害」と題する一八八四年五月付の答議が収録されていることからも分かる。(17)

更に、この行政裁判制度の調査に関する事実を挙げれば、制度取調局より明治十七年七月に『孛墺仏行政裁判法纂輯』(18)が出版されていた。更に明治十七年十一月四日には「ロエスレル氏起稿行政裁判法草案」が荒川邦藏監修で今村研介訳で制度取調局において作成されている。(19)

この「ロエスレル氏起稿行政裁判法草案」については、筆者が『大倉山論集』第二十七輯（平成二年三月刊行）で「行政裁判法制定過程の研究－ロエスレル案を中心として－」と題して小論を纏めているので詳細についてはそれに譲ることにする。

(4)「ロエスレル氏起稿行政裁判法草案」の法理

此処では、当該法案がロエスレル起草の訴願法案と密接に関係を持っているので、その拠って立つ法理論とロエスレル氏起稿行政裁判法草案の簡単な内容について説明を施すことにする。

ロエスレルの行政裁判に関する法理論であるが、彼は日本に赴任する以前に既に二つの次のような行政裁判に関する論文を公表していた。即ち、

1. Uber Verwaltungsgerichtsbarkeit in : Zeitschrift für das Privat-unt öffentliche Recht der Gegenwart.
   1. Band 1874, Wien. (20 Seiten)
2. Der österreichische Verwaltungs-Gerichtshof nach dem Gesetze vom 22. October 1875. in : Zeitschrift für das Privat-unt öffentliche Recht der Gegenwart. 4. Band 1877, Wien. (152 Seiten)

今、J・ジーメス教授が『日本国家の近代化とロェスラー』[20]の中で説明しているこの行政裁判に関する論点を整理して次に抄録してみよう。

先ず、第一論文でロエスレルが言うのにはドイツでは当時未だ比較的行政裁判の概念と理論が展開されていなかった中で、「行政裁判権は行政の行使の特殊な一形態として考えられるべきであるが、この行政裁判権を含む(行政の)法的行使は今や事柄の本性に従って、行政機関そのものの責務であることが明白である。何故なら行政の行使は行政裁判権なしには考えられないからである。即ち、もし行政の行使が決定的なものであれば、とりわけ行政事件に関する裁判権も執行権と結ばれていなければならない。さもなければ後者はその自立性を奪われて、助言を与える専門家の地位に下落させられることになろう」と言って、行政の執行権の保証に行政争訟制度がなっていることを論証していた。

第二論文で、ロエスレルは当時のプロシャにおける行政と行政裁判の組織を鋭く批判して「プロシャには地方分権や素人官吏の引責、及び法律の厳密な内容に従っての裁判監視権は全く存在しない。」「プロシャにおいては行政法は存在せず、また見たところ、存在することも許されていない。行政は通常全く政府の行政となっている。行政の規範は大臣と共に変えられている。何故なら、法律解釈が専ら大臣の権限に帰せられているからである。行政事項はその都度の大臣の手に委ねられ、その権力手段となっていて、大臣は行政の位階制度全体を意のままに処している。」とプロシャの行政裁判制度の法理の混乱と官僚機構の煩瑣な複雑さを非難しているのである。この論文でロエスレルはオーストリヤの行政裁判所が本質的に統一性と効力において、プロシャのそれより優れているとその長所を主張したので、同国のフランツ・ヨゼフ勲章を授与されたのである。

ロエスレルは社会的自由の法的秩序即ち「社会法」の意識を養成するためには社会の文化活動の様々な領域に対して自由な自治機関を形成する必要があると説いている。そして国家は社会的自治機関の活動を促進し、特に立法・司法・行政において国民を積極的に社会的法秩序の充実に導かなければならないとした。社会的正義を守るための最も重要な国家の機能の一つに、ロエスレルは行政裁判制度があるとしたのである。

行政法学を思弁的且つ歴史的、社会的に深化させ、それを社会学の中心にしようとした南ドイツ学派の領袖であるウィーン大学教授ロレンツ・フォン・シュタイン法学の影響を強くロエスレルは受けて、後述するドイツ公法学におけるプロイセン学派の理論家であるベルリン大学教授ルドルフ・フォン・グナイストのプロシャ国家の行政法学理論に基づく行政裁判制度の本質的欠陥を鋭く抉り出して、これに痛烈に批判を加えたのである。グナイストの言う近代法治国家は抽象的な法理念の強制的機関となり、この法理念では自治は国家の恩典よりなるものとなって社会を秩序付ける力となることは出来ないとロエスレルは言っている。

社会的な国家問題の根本的な解決は民主主義的な多数決原理に基づく立憲的国家形態や国家行政的官僚主義には余り期待せず、ロエスレルは近代国家においては社会的自由と社会法の意識の強化によって社会の秩序に力を与えることによってのみ利益団体間の抗争に耐え、この事によって国家問題は解決されると先の二論文は結論付けられているとジーメス教授は述べて居られる。

(5) ドイツ行政争訟制度の二つの法理論
―南ドイツ学派とプロイセン学派―

更に、これに加えるにドイツ行政争訟制度の二つの理論、即ちウィーン大学のシュタイン教授に代表される南ドイツ学派とベルリン大学のグナイスト教授に代表されるプロイセン学派に関して、後述で触れるロエスレル起草訴願法案とモッセ起草訴願法案の法理が之と深く関係して成立しているから予め両学派の法理論を説明して置く必要を認めるものである。

此処では南博方教授の「行政裁判制度[21]」より両派の法理を援用させて戴き、最初に南ドイツ学派の行政争訟制度の法理論を整理して置きたい。

1 南ドイツ学派の行政争訟制度理論

① 行政裁判の権利保護的目的を強調し、行政裁判所の裁判機関的性格を重視する立場から人民に対して、より実効的な権利の保護を与え、法規を維持するために行政より完全に分離され、裁判の公正が保障されている独立の裁判所を設置することが最も望ましいことになる。此処では民事、刑事の外に行政の裁判所を設置する必要は司法権に対する行政権の独立性保障という政治的理由からではなく、行政事項の複雑・

多岐に亙る専門的・技術的な面から私法中心の民事裁判官では不適当であり、行政に関する特別の知識と経験を有する裁判官に担当せしめる方がより合理的であるという技術的理由によってのみ肯定される。

② 行政裁判の目的が権利保護にある以上民法に於ける民事訴訟と同様に法の完全な保護を与えるものでなければならない。民事裁判が私法上の関係について生ずる一切の問題を審理しなければならないと同様に行政裁判も又公法上の一切の関係について審理すべきである。斯して訴訟事項に関する列記方法は排斥され、所謂概括主義の採用が行政裁判の理想となる。

③ 行政裁判の目的を権利保護と法規維持に求める以上、行政裁判所の審理権は厳格に法的統制に限らねばならない。所謂行政庁の自由裁量の問題はそれ故行政裁判所の審理権より除外される。行政裁判の批判的性格を重視する限り、行政の合目的的活動の当否は専ら行政的・政治的コントロールに委ねられるべきであってこれに裁判的統制を加えることは妥当ではない。

④ この学派の法理論的帰結として行政訴訟と民事訴訟との間の基本的な共通性が承認される。行政訴訟法規の不備、不完全を補う為に民事訴訟の規定が適用され或いは類推されるのである。

2 プロイセン学派の行政争訟制度理論

此処で、事の叙にグナイスト教授で代表されるプロイセン学派の行政争訟理論について、グナイスト教授の愛弟子であるモッセが我が国の内務省側の地方制度編纂委員会において起草した行政裁判法案がその学説を援用して成立しているので、これまたモッセの訴願法案とも深く関係しているために、南博方教授の『行政裁判制度』より援用させて戴いて、プロイセン学派の行政争訟理論を整理して置きたい。

① 行政裁判は行政の作用に属すると解する。このことから行政事件の審理を担当するために司法裁判所か

ら独立の行政系統に属する特別官庁即ち行政裁判所が肯定される。

② この理論は行政裁判所において判断さるべき事項の範囲を限定し、これを立法者の自由な選択に委ねことを可能にする。即ち、訴訟事項に関する列記主義の採用は自明のこととして是認される。

③ 行政裁判所に対し法律問題の外、行政庁の自由裁量に属する問題の審理権を与えることも、行政裁判の本質に矛盾しないものと考えられる。従って行政裁判所が行政庁の自由裁量問題を審査しても行政権を侵犯したことにはならない。此に於いて行政裁判の権利保護的側面は後退し、その行政監督的色彩乃至自己抑制的性格が強調される。

④ この学派の理論的帰結として行政訴訟と民事訴訟と異なる特殊性が強調される。行政訴訟の目的は国家の公の秩序の確保にあるのであるから民事訴訟の原理がその侭行政訴訟に適用されるべきではない。そこで民事訴訟に於ける弁論主義乃至当事者主義に対して行政訴訟に於ける職権主義が強調されることになる。

(6) 「ロエスレル氏起稿行政裁判法草案」の内容

先にも触れた様に筆者は『大倉山論集』第二十七輯（平成二年三月刊行）で「行政裁判法制定過程の研究―ロエスレル案を中心として―」と題して小論を纏めているので、此処では訴願法制定過程の研究を進める意味から、その論に関係する所についてのみ「ロエスレル氏起稿行政裁判法草案」の内容説明に留める。[22]

ロエスレルは先の答議「行政裁判ノ目的及利害」の中で既に何故日本に行政裁判が必要であるかという事を、南ドイツ学派の法理を踏まえた上で、

① 行政争訟事件に関しては不羈独立の特別裁判所に委任するという行政裁判法は立憲制度に適している。

②　日本においては行政上の訴訟は通常裁判所の裁決に任されているが、これでは行政庁は法律上委附された不羈独立の処分権を喪失してしまうので、最上裁判権は行政庁に有る様にして、通常裁判所に属せしめてはならない。

③　行政争訟事件の裁判を担当する特別庁を設け、当該庁職員の全部乃至一部の官吏が司法裁判官と同一の不羈独立の地位を占有して判決言渡をする。

④　政治的に中立で法律上、学識上、行政上経験豊富の深遠有為の行政官吏を以て組織した参事院において行政裁判をなすは日本における行政裁判の沿革と法理に適当している。

⑤　行政裁判は行政の放恣及び無責任の弊害を排除し、行政官吏は自ら法律を厳粛鄭重に取扱い、深く注意して行政を施行するに至る。

⑥　行政裁判は行政庁の処分に依って臣民の権利を侵害されたる事を保護する利益が在ると共に、行政庁をして純正完美の体面を保全する効用がある。

とロエスレルは行政裁判の権利保護的目的を強調した南ドイツ学派の法理そのもので当該制度の必要性を述べている。

従って、ロエスレルが明治十七年十一月四日に起草した行政裁判法草案は先の答議「行政裁判ノ目的及利害」の上に則って構築されているのである。即ち、今ロエスレルの行政裁判法草案の内容の特徴を列記すると、

一　行政裁判所は独立した裁判所とはしないで、参事院内に設置した。（第一条）

二　行政裁判所の構成は参事院議長・同副議長・参事院議官を以て組織した。（第二条）

三　行政裁判所内に大審廷と小審廷を設けた。（第四条）

四　行政裁判制度を施行するに際しては、訴願前置主義を採用した。（第十二条）
五　行政裁判における訴訟事項に就いては所謂概括主義と列記主義を併用した。（第十三条）
六　行政裁判の訴訟手続には職権主義を採用した。（第十六条）
七　行政庁と行政裁判所との権限争議は行政裁判所が裁決し、通常裁判所と行政裁判所との権限争議は参事院委員会にて裁決する所とした。（第十六条第二項）
八　行政裁判所の審判を予審と本審に分けた。（第二十五条）
九　行政裁判所は一審制とした。（第三十四条）
十　行政裁判所の判決に準拠してなしたる行政庁の処分に齟齬ある時は太政官に訴願を許した。（第三十五条）
十一　行政裁判所の代言人は行政裁判所に登記した代言人とした。（第三十七条）

以上、見てきた様にロエスレルの行政裁判法案の特徴は、特別の独立機関を設置せずにフランスのコンセーユ・デタの制度に似て、参事院内で行政裁判所の名を以て行政訴訟を裁判するものとし、行政裁判所の構成は参事院議長・同副議長・参事院議官を以て組織した行政裁判所とした点が、以後起草された井上毅案を除いては内閣法制局案や内務省案等の当該法案と比較して極めて特異な性格を保持する法案であった。

三　「ロエスレル氏行政願訴法草案」の起草経緯

(1)　訴願と行政訴訟との区別

ロエスレル起草の行政願訴法草案に触れる前に、一言申し述べて置く。それはロエスレル起草の「行政願訴法草案」とあるが、これは彼が起草した訴願法案のことである。

扨、制度取調局は、明治十八年一月に、先に述べた明治十七年十一月四日起草のロエスレル氏起稿行政裁判法案を主に掲載した『行政裁判法草案　上巻』と言う刊本を、継いで同局より『行政裁判法草案　下巻』を明治十八年四月に出版した。今、その内容の目次のみを一瞥する。(23)

行政裁判法草案　巻上　目次

行政裁判法草案　巻下　目次

第一章　行政裁判所ノ構成
第二章　行政裁判所ノ権限
第三章　行政訴訟
第四章　審判
第五章　費用及罰
第六章　判決ノ不服
第七章　代言人
リョースレル起稿行政願訴法草案
　附　行政願訴法草案ノ理由及説明

以上が制度取調局より出版した行政争訟制度に関する図書の内容目次であるが、此処で問題としたいのは「ロエスレル氏行政願訴法草案」の起草経緯を見るために、「リョースレル氏著行政裁判論」上巻の第三章で触れている「願訴ト行政訴訟トノ区別」を先ず検証する処から始めたい。

「願訴ト行政訴訟トノ区別」は孛国の立法上より起こったもので、同国の地方官制組織法に行政事件の処分に対する争訟の方法を定めてあるために、願訴とは所謂行政上の処分に対する不服の訴の事である。行訴訴訟とは行政裁判手続を履行した行政処分に対して之を言うとしている。しかし、この願訴と行政訴訟との区別は厳格には行われていない。行政庁の決議処分に対し予め願訴を為さずして直ちに行政訴訟を為すことが出来、又同法第百十条には願訴は行政処分の訴に限らず通常裁判所におけるが如く、行政裁判所の手続に付いても之を為す事が出来るとしている。

即ち、下等裁判所の裁判手続に関し不服を申し立てる願訴も出来る場合がある。これらの特別の場合を除いて、凡そ願訴は行政上の決議手続を以て裁決を請願するもので、行政訴訟は行政上の裁判手続を以て裁決を請願するものと解釈出来る。

即ち、願訴と行政訴訟の区別の要点は次の通りである。

1　願訴は、総ての行政事件（訴訟事項の概括主義）に就いて提出出来るが、行政訴訟は法律に明文（訴訟事項の列記主義）ある場合だけである。

2　願訴は行政庁に提出し、行政訴訟は行政裁判所に提出する。

3　願訴の裁決に対しては再び願訴できるが、行政訴訟の裁決に対しては上告を為す事が出来る。

4　願訴は書面を以て審理裁決するが、行政訴訟は原告被告を裁判所に召喚して対審裁判の手続を以て審理裁決する。

5　決議処分の手続は特別の法律又は主任卿の布達で規定するが、裁判手続は何れの場合を問わず法律を以て統一的に制定する。

6　願訴裁決は上等行政庁より下等行政庁に対して指令するが、行政訴訟の裁決は行政裁判所の自己の断案を以て自由に為せる。

7　行政庁において願訴又は為した処分は上等監督庁は職権を以て無効とできるが、行政訴訟の裁決は上告の手続を履行するにあらざれば争訟する事は出来ない。

8　決議手続を以て為したる処分には費用を支払わせないが、裁判手続を以て為した処分は敗者より相当の費用を支払わせる。

以上の様に、ロエスレルは訴願と行政裁判の区別を列挙して指摘を加え、特に意見を以て日本においては太政官に総て訴願を為すことは宜しく変更して、今後は国民の権利毀損事件に関しては、行政訴訟を行政裁判所又は参事院に提出出来るようにした方が良いと制度取調局の御用掛に進言をしていた。

この提言に沿った形でロエスレルは明治十七年十一月二十日に行政願訴法草案を起稿したのである。

(2) 明治十七年当時の行政訴訟の実態

さて、此処で院省使府県に対して訴え出ていた行政訴訟の実態を見ることに依って政府が行政争訟制度の定立にどの程度関心を寄せていたかを実証してみよう。

国学院大学図書館の梧陰文庫の中には、井上毅が「行政裁判参考書類」として彼が行政裁判法案と訴願法案を起草するために集めた史料が九十四点も収められている。その中、行政裁判法案関係史料三十九点、訴願法案関係史料三十一点、孛・英・仏・墺国関係行政争訟関係調査史料十七点、権限裁判関係史料七点に及んでいる。其処で今府県・郡区長・戸長に宛てた人民の明治十七年一月の「行政詞訟月表」によって行政訴訟の件名別調査表を見る事にする。

この「行政詞訟月表」[24]によって、分かる事は明治二十三年に公布された行政裁判法及び訴願法に列記した各訴訟事項・訴願事項の種別がこの行政詞訟の項目から或る程度の確かさを以てそれが類推できるのである。

この「行政詞訟月表」の調査によって、内閣法制局が行政争訟制度は国民の権利保護的目的に従って制定する必要があると力説主張したが、一方地方制度編纂委員会の内務省側が市町村制を制定して、最初に行政訴訟や訴願の訴訟事項・訴願事項について列記主義を採用しなければならなかった理由の根拠も、これに依って理解でき

明治十七年一月中行政詞訟月表

件名		知事県令（土地・山林・地券・租税・要償・社寺・相続・雑）計	知事県令 件別	郡区長（地券・公売・雑）計	郡区長 件別	戸長（土地・金銀・地券・租税・帳簿・戸籍・要償・水利・公売・公証・鉱山・議会・財産・相続・雑）計	戸長 件別	合計
受附	受否	二	一 一	三	二 一	二九	一 二 二 三 五 一 一 九 一 一 三	七二
	判決	二	一 一	一	一	一五	二 一 三 一 一 一 二 一 一 二	
	解訟			二	二	二〇	一 一 二 二 一 一 一〇 二	
上申	受否			一	一	一二	一 一 一 三 三 一 三	三七
	判決	五	一 一 二 一	二	一	四	一 二 二 一 一	
	解訟	三	一 一 一			一〇	二 一 一 五 二	
調査中	受否	三	一 一 一	四	二 二	二九	二 二 一 四 五 二 一 七 一 四	七九
	判決	六	二 一 一 一 一	一	一	一七	一 四 二 一 一 二 一 一 四	
	解訟					一九	一 二 二 一 一 一〇 二	

るのである。

即ち、明治十七年当時、地方において行政訴訟として提起されていた事項はこの「行政詞訟月表」の件名に挙げられているように、土地・山林・地券・租税・帳簿・戸籍・要償・水利・公売・公証・社寺・鉱山・議会・財産・相続に集中している。後の行政裁判法や訴願法に列記されている訴訟事項・訴願事項は略これらの事項に尽きるのである

以上の様に制度取調局では、行政裁判法案と訴願法案に関する調査検討を加えて、愈その起草準備に取り掛かったのである。

(3)　ロエスレル氏行政願訴法草案

それでは、明治十七年十一月二十日にロエスレルが獨逸語で起稿した行政願訴法草案を当時は参事院書記官で山口県出身の新進官僚の今村研介が翻訳を施し、之を太政官少書記官兼宮内省制度取調局御用掛の荒川邦藏が検視を加えた行政願訴法草案を次に掲載することにしよう(25)。

リョースレル氏行政願訴法草案　今村研介譯

第一条　凡行政庁ノ処分又ハ裁決ニ対シ関係者ハ其上班庁

ニ願訴ヲ提出スルコトヲ得。

但法律ニ反対ノ明文アルトキハ此限ニアラス。

第二条　裁判所ニ於テ裁判ヲ拒絶シ、又ハ延滞スルトキハ司法卿ニ願訴ヲ提出スルコトヲ得。裁判所官吏ノ懲戒ニ関スル事件ニ付テモ同シ。

第三条　各省卿ノ其主管事務内ニ於テ為シタル処分、又ハ裁決ニ対シテハ、左ノ事件ニ関スル願訴ニアラサレハ、之ヲ太政官ニ提出スルコトヲ得ス。但別法ニ記載シタル場合ハ此限ニアラス。

第一　公吏ノ懲戒ニ関スル事件

第二　官吏ノ免職又ハ非職

第三　官吏其職務上ノ義務ニ背反シタルカ為メ、之ニ対シテナス損害要償訴ノ受理不受理

第四　臣民ノ憲法上ニテ有セル権利ノ毀損

第五　公用ノ為ノ私有地ノ引上

第六　裁判ノ拒絶又ハ延滞

第七　行政庁ノ職権僭越

第四条　願訴ハ願訴人ノ権利毀損、法律ノ誤用、及事実上ノ現状又ハ利害ニ関シテ之ヲ提出スルコトヲ得。

第五条　願訴状ニハ願訴人ノ氏名、身分、及住所竝ニ各不服ノ条件ノ詳細及一定ノ請求ヲ記載シ、且其不服ナル処分書、又ハ裁決書を添付セサルヘカラス。

第六条　処分又ハ裁決ノ発布後五年ヲ経過スルトキハ何等ノ理由アリトモ、之ニ対シ願訴ヲ為スコトヲ許サス。但通例願訴ハ宥恕スヘキ充分ノ理由アルニアラサレハ、処分又ハ裁決ヲ関係者ニ通知シタル後四週日

ヲ過クレハ之ヲ提出スルコトヲ得ヘカラス。

第七条　願訴ヲ提出スルモ、之カ為メ其不服ナル処分又ハ裁決ノ執行ヲ延期セサルモノトス。但其延期申立ニ充分ノ理由アリテ且上班庁ニ於テ公安ヲ妨害シ、又ハ法律ニ背反スルコトナシト認ムルトキハ此限ニアラス。

第八条　官庁、団社、又ハ協会ノ名義ヲ以テ為ス願訴ハ法律ノ委任ニ準拠スルニアラサレハ、之ヲ提出スルコトヲ得ス。

多数ノ人員共同シテ願訴ヲ提出スルトキハ代理人ヲ其内ヨリ選挙シ、之ニ願訴ノ手続ヲ委任セサルヘカラス。但此場合ニ在テハ関係者全員ノ氏名及選挙ノ正当ナル證明ヲ記載スルヲ要ス。

第九条　凡願訴状ニハ願訴人署名シテ其実印ヲ押捺シ竝ニ其住地区戸長ノ公證ヲ載セサルヘカラス。代言人ニ於テ願訴状ヲ作リタルトキハ其代言人ノ署名ヲモ亦必要トス。

第十条　総テノ願訴ハ書面ニ認メ最初其事件ニ付テ処分ヲ為シタル官庁ニ郵便ヲ以テ提出スヘシ。但其住地区戸長ニ口述シテ筆記セシムルモ妨ナシ。

第十一条　願訴ハ総テ下班庁ヲ規避シテ直ニ上班庁ニ提出スルコトヲ得ス。必ス法律上各官庁ノ等次ヲ順次ニ経由スヘシ。

第十二条　願訴ヲ受ケタル官庁（第十条）ハ若シ対手アレハ二週日以上四週日以下ノ期限内ニ答弁ヲナサシムル為メ、其対手ニ願訴ヲ通知スヘシ。又時宜ニ依リ関係者ノ申立ニ従ヒ又ハ職権ヲ以テ事実ヲ査定又ハ補充シ、而シテ後報告書ヲ作リ総テノ證書類ヲ添付シテ、願訴状ト共ニ其裁決ノ任アル官庁ニ送達スヘキモノトス。其主任庁ハ自己ノ見込ヲ以テ裁決準備ノ為メ必要ナル手続ヲ更ニ命スルコトヲ得。

第十三条　願訴ハ預シメ原被雙方ノ審問ヲ為サスシテ議決スルモノトス。上班庁ハ其議決ノ際原被ノ申立ニ拘束セラルルコトナシ。特殊ニ願訴人ノ不利トナルニモ拘ハラスシテ、其不服ナル処分又ハ裁決ヲ変更スルコトヲ得。

太政官ハ之ニ提出シタル願訴ニ付テハ預シメ参事院ノ意見ヲ聞キタル上議決スルモノトス。

第十四条　願訴ノ裁決ニハ理由ヲ付シ、而シテ下班庁ヲ経由シテ原被雙方ニ通知スルモノトス。

第十五条　理由ナキコトノ明白ナル願訴又ハ暴漫ノ願訴ヲ提出シ、又ハ既ニ裁決ヲ経タル願訴ヲ故ナク再タヒ提出シ、又ハ願訴ヲ以テ侮辱罵詈、又ハ其他不当ノ挙措ヲ為シ、又ハ本人自ラ願訴ヲ屢提出シテ官庁ヲ煩ハス者ハ、十五日以上一年以下ノ拘留ニ処ス。

第十六条　前条ニ記載シタル罰ハ原謀者及煽動者ニ対シテハ二倍ヲ科ス。

第十七条　願訴ハ既ニ官庁ニ提出シタルト否トヲ問ハス新聞紙又ハ其他ノ方法ヲ以テ之ヲ公ニスルコトヲ許サス。違フ者ハ十五日以上一年以下ノ拘留ニ処ス。

一八八四年一一月二〇日　リョースレル起稿

(4)　行政願訴法草案の理由と説明

さて、ロエスレルは彼が起草した行政願訴法草案について長文のその理由と説明を加えている。これはロエスレルの行政争訟制度に対する法理論とその施行に関する実際の法的手段の気配りが良く理解出来る史料なので非常に長い引用になるが煩瑣を厭わず逐条に亙って、彼が言わんとする箇所を掲載して、ロエスレルの訴願法の実態に迫ることにする。(筆者注　史料引用の場合は「願訴」とするが、地の文で説明を加える場合は「訴願」と言うことにする。）

第一条　行政訴願に付いては其の事件を完全周密に記載する法律及び布達は通常はない。当該法に付いては彼是の事件に付いて、専ら特別規定のみ設けるものが多い。

大概は、従来の慣習、就中「行政事件ニ関シテハ総テノ場合或ハ否ラザルモ通例各下班庁ニ対シ其上班庁ニ願訴ヲ呈出スルコトヲ得ヘシ」と言う普通の原則（訴願事項のの概括主義）に従うものである。しかし、最近の行政争訟制度では、

第一　行政裁判法ヲ興シ、之ニ依テ願訴法ヲ廃シ、之ニ代フルニ行政訴訟ヲ以テシタルモノ最モ多シ。其事件ハ各省ニ対スル願訴ニ関スルモノアリ、亦或ハ各省ニ当テ、呈出スヘキ願訴ニ関スルモノアルガ故ニ、以前高等庁ニ対シ国君又ハ各省ノ上班ニ位スル最高等行政庁ニ呈出セシ許多ノ願訴ハ、今日之ニ代ヘテ行政裁判所ニ行政訴訟ヲ提起スルコトヲ得ヘキ場合ニ限リ廃棄セラレタリ。而シテ今日其行政訴訟ヲ提起スルコトヲ得ヘキモノハ、以前願訴人カ其所有権又ハ其他ノ権利ヲ害セラレタルニ付キ願訴セシ事件即是ナリ。

第二　近世ニ於テハ行政訴訟ヲ許スヘカラサル場合、即チ所謂ル自由行政ノ範囲内ト雖モ亦願訴ヲ制限セントスルノ傾向アリ。其所以ハ、一ハ所謂自治行政法ヲ実施スルノ結果ニ出ルモノニシテ、自治庁ハ専ラ人民ノ代理ニ外ナラスト雖モ、自己ノ政務ヲ司掌スルモノナレバ、其法ニ於テハ無論之ヲ不羈独立ノモノト定メサルヘカラス。又一ハ自治行政ノ外ト雖モ各省卿ヲシテ常ニ頻繁増殖スル行政ノ責務ヲ軽クシ、及進捗発達スル行政ニ省卿カ直接ノ干渉ヲナスコトヲ制限セントスルノ主旨ニ出ルモノナリ。

と言う行政訴訟及び訴願を制限するの傾向を指摘している。更にロエスレルは孛国の一八八三年の所謂権限

法において各種の行政事件に関する訴願の規定を掲げたが、これは孛国行政法の特別なる組織に因るもので之は模倣すべきではないと言っている。バイエルン国では営業、警察、戸籍、寄留、結婚、町村行政、救恤その他の事件に関する各種の新法において訴願に関する規定を掲載しているけれども、法律又は布達にその規定を明らかに記載せざる部分においは尚「何人タリトモ自己ノ事件ニ関シ願訴を呈出スルノ権利ヲ有ス」と言える普通の原則を遵守していると訴願事項の概括主義に触れている。この訴願権は独り臣民が行政庁の不当又は不便宜の処分に対して己を保護し得るための利益があるばかりではなく政府においても各行政部の長たる省卿及び一般に上班庁が下等庁を監督し及び矯正する事が出来、法律布達を総ての場合において統一的に正当に行政事務を執行せしめる為にこれは利益があるとも言っている。そもそも訴願権は行政庁がその本分の職務上処分を延滞し又は拒絶しこれに依って臣民に損害を加えた時、及臣民の申立又は訴願に関する処分を故なく為さざる時、又は之を為すも職務上の義務に背戻してして臣民に損害を加えたる時に之を執行すべきである事は論を俟つことなく明らかである。この場合において訴願手続を履行して全く保護を受けることが出来ない時は、一定の事由に基づき関係の官吏に対し損害賠償の民事訴訟を提起することができると言っている。以上がロエスレルの第一条に関する主要なコメントである。

第二条　司法裁判所事件と雖も、司法卿の権限内に属する純粋の司法上行政事件に関する部分に於いては亦訴願を許すものなり。此類の訴願は孛国に於いては一八四六年七月二一日及一八五九年一月二日制可の布達、バイエルン国に於いては一八六九年の訴訟法第五六条及第五七条を以て明らかに之を許したり。抑裁判所は不覊独立なれば司法卿は其の裁判上裁決の主意に干渉出来ない故に、訴願は裁判所に於いて其の裁決を不当に延滞するか、又は全く裁決を為さざる場合に非ざれば、之を許すべからず。此の訴願は無論司法卿に直接提出するも妨げなしと雖も、司法事件に於いても又通例の等次を追って提出するを便宜なりとし、且又普通の慣行なりとす。何となれば、裁判所においても又等次を追って司法事務を分掌せんがため、逓次上等庁を設けたるが故に、高等裁判所に訴願し其の保護を受ける事能はざるときに非らざれば、司法卿に訴願を提出することを得べからざればなり。これが第二条に関するロエスレルのコメントである。

第三条　本条に於いては、「通例省卿カ其主管内ニ於テ為シタル裁決及処分ニ対シテハ復タ他ニ願訴ヲ以テ不服ヲ訴フルコトヲ得ヘカラス」と言う原則を明記するものである。高等行政庁の裁決には再審を許さないと言う原則を述べたのである。

抑例外として、太政官に訴願を提出することを許す場合は、其の必要ある毎に各個の特別法に之を記載する事を得べし。例えば行政裁判法草案第三十三条の為に之を規定すべきである。然れども、「諸国ニ於テ是認シ、而シテ現行普通ナル「各省卿ハ通例其主管内ニ於テハ不羈独立ニシテ自己ニ責任ヲ負担シ処分ヲナスモノナリ」ノ原則ヲ採用セントスルトキハ、太政官ニ願訴ヲ許スノ場合ハ甚稀ナルヘシ」とロエスレルがコメントをしている箇条について井上毅は自筆で朱点を施して注意を促している。

「但本条ニ於テハ太政官ニ願訴ヲ許スヘキ二三ノ場合ヲ集載ス。而シテ固ヨリ他国法律ノ先例ニ依ルト雖モ、日本ニ於テ今日マテ何レノ場合ヲ問ス、総テ太政官ニ願訴ヲ為スコトヲ得セシムルモノハ、甚タ急激ニ此新法ニ転遷スルコトナカランカ為ノ便道ナリシコトヲ眷顧シ、他国ニ比スレハ一層右願訴ノ場合ヲ拡メタリ。

何レノ国ト雖モ、総テ官吏ノ利益及権利ハ特ニ太政官又ハ参事院ノ高貴ナル保護ヲ受ケシムルノ例ナリ。殊ニ之ニ属スルモノハ左ノ事件ナリトス。

第一　省卿又ハ其他ノ懲戒庁カ官吏ニ対シテ、為シタル懲戒罰ノ処分。（中略）

第二　懲戒ヨリ他ノ理由ヲ以テスル官吏ノ免職又ハ非職。一八五二年七月二一日ノ孛国法律第九〇条即チ之ナリ。（中略）

第三　官吏ニ対シ其職務上ノ義務ニ背反シタルヲ理由トナシ損害ヲ要償スルノ民事訴訟ノ拒否（中略）官吏本分ノ外、尚臣民ノ利益及権利モ亦其臣民竝ニ行政庁ニ取リ甚タ重要ナルカ為メニ、最高等庁ノ保護ヲ受ケシムモノ二三之レアリ。此場合ニ於テハ特ニ巴国ノ法制ヲ模範トセリ。此法制ニ拠ルニ、行政庁ノ為ニ此重要ナル権利ヲ毀損セラレタルトキハ、元来省卿全員ノ会合ヲ以テ成立ツ所ノ参事院ニ願訴スルコトヲ得。（中略）

第四　行政上ノ処分ニ依テ蒙リタル憲法上原有権ノ毀損。

此憲法上原有権トハ国家ノ憲法ニ依テ得タルモノニシテ、憲法ニ関スル所謂臣民ノ国民権、即チ参政権ナリト解スヘシ。故ニ此ニ其二三ノ例ヲ挙クレハ、議会ニ関スル選挙・被選権、君主政体ノ憲法ニ関スル権利義務、憲法上宗教権ノ執行、及其憲法ニ於テ明文ヲ掲ケ直接ニ与ヘタル権利即チ之ナリ。此場合ニ於テハ、専ラ国家ノ憲法ニ関スル権利ニ限リ認定スルモノニシテ、決シテ各地方ノ憲法ニ関スル権利、即チ町村会、県会又ハ州会ヲモ併セテ認定スルモノニアラス。此各地方憲法ニ関スル権利ハ行政裁判所ノ権限ニ属スルモノナリ。何トナレハ此権利ニ関スル争訟事件ハ、国家憲法ノ原則上重要ナルモノニアラスシテ、之ヲ取捌クハ多ク内務ノ現行事務ニ属スルモノナレハナリ。（中略）

第五　公益の為に私有地の引上げに就いて提出する訴願は損害賠償に関する場合に限り行政裁判所の権限に属するものとする。其の私有地を引上げるべきや否を詳言すれば、所有主に於いて公益の為め、その土地を引渡すべきの義務を有するや否の問題は、事実上の現状及び公業実施の目論見如何の判定に関係するものなるが故に、是れ純粋の行政事件である。

第六　裁判の拒絶又は延滞に就いての訴願は司法省に於いて一も保護を受けるときが無い場合は同省より始めて太政官に宛て之を提出するものとす。何となれば司法の確実なると否とは国家安寧の重要なる事件に属するものであるからである。

第七　官庁又はその他の公廨に対し、其の官務上処分並びに処刑権の執行及びその他のこの類に関する職権を僭越することを許さざるときは、これ又臣民の普通権利保護法に属するものである。さて、その官権の僭越の場合においては、各個人の権利又は利益に関すると否とを問わず主務の省に於いて全く保護を受けることが出来ない場合は、之が為に太政官に訴願を提出する事を許す。」

以上が第三条に関する訴願の概括主義以外に特に国民が権利を侵害されたときには、行政庁の処分・裁決に対して太政官に訴願を提出する事を許す事項を列記したものに関するロエスレルのコメントである。

第四条　行政訴訟は権利の毀損又は法律背反の条件がなければ之を提起することは出来ないという制限があるが、訴願は之に反してその理由に就いては全く制限なくして単に之を提出できる。故に、訴願人は他の裁決又は処分を訴願することを至当と認める理由あれば、直に訴願を提出することができる。だから、行政訴訟を提起する事を得る事件についての訴願と、その他の事件に関する訴願との間に区別を立てることはない。仏国及び墺国においても又之れと同一の規定を施行している。孛国においては之に反して始審より終審に至るまで行政裁判の組織一種特別なるが為に、既に下等庁において行政訴訟を提起することができるので、行政訴訟を以て訴願に代用する場合が最も多いのである。

これがロエスレルの訴願法案第四条に関するコメントである。

第五条　本条の理由は訴願の法理を解すれば自明のことである。故に、訴願人は権利上又はその他に関すると否とを問わず、訴願する点及び訴願する処分又は裁決の代わりに求むべき事実を明陳しなければならないとするのが、本条のコメントである。

第六条　本条は訴願提出期限に関するものにして、訴願はこの期限内に必ず提出しなければならない。之に違うときは別に審査を要せず、直ちに却下することができる規定である。しかし、訴願の提出は又公共の利益になることが在るので無制限なる先例も採用したが、徒に訴願の提出を延滞する弊害を防ぐために左の改正を加えた。

第一　各訴願は通例遅くとも四週間内に提出するものとした。

第二　十分の理由あるときは四週の期限経過後でも訴願を提出できるものとした。

第三　然れども、五年を経過したる後は、決して訴願を提出する事を許さないものとした。

以上が、ロエスレルの第六条の解説コメントである。

第七条　訴願を提出するも、行政訴訟提起におけると均しく、通例処分又は裁決を中止するの効力はないものとした。何となれば、行政法の執行は公共一般の利益の為に之をなすもので、一個人が之に対して故障を申立たとしても、その為に中止することは馴じまないからである。これは各国においても通例である。孛国法律においては、行政庁が即時執行することを要せずと認めるときは、直ちに中止すると言う規定がある。ロエスレルの訴願法案第七条の解題コメントである。

第八条　本条は他人名義及び代理を以てなす訴願について設けた規定である。官衙、議会、又は協会の名義を以てする訴願は法律の明許する者、即ち通例はその長において職員の議決に準拠して、一般に訴願を許されたる事件に関係する者のみについてしか、之の提出をすることができないとする。

ロエスレルの訴願法案第八条の解題コメントである。

第九条　本条の趣旨は別に説明を要せず、何人たりとも訴願を提示する者は、必ず本人が之をなす。且つその身元の確かなることを要するのは自明の事である。

ロエスレルの訴願法案第九条の解題コメントである。

第十条　本条と同一の規定は一八一〇年二月一四日の孛国法律第三条及び第四条、及び一八八三年の同国法律第一二二条にも之を掲載している。本条は訴願人が自ら出頭して上班庁を煩わすの憂いを防ぐためである。

ロエスレルの訴願法案第十条の解題コメントである。

第十一条　抑、総ての行政事件は必ず法律上規定した官庁の等次を経由して施行されるべきものである。この規定を遵守しなければその不当なる手続を以て提出した訴願を受けた行政庁は、その見込みを以て随意に処分することができる。特に訴願を却下し、又は放棄し、又は権限を有する行政庁に送付することができる。而して、その訴願に就いては自ら裁決することはできない。若し、之にも関わらず裁決した場合はその裁決は無効となる。故に訴願人は何の利益を受けることはない。

蓋し、その裁決を執行した場合は、之に対して関係者は何人でも官権僭越の訴願を提出することができる。故に、訴願の受理庁と裁決庁とはその区別を立てられない。各訴願は何れの場合を問わず、必ず直接上班庁に提出しなければならない。而して、独り当該庁のみがその訴願について決議をなすの権を有するものとする。前条によれば、各訴願は之に反して総ての事件について最初処分を為したる行政庁に必ず提出し、又は口述して筆記せしめなければならない。（受理庁）。その最初処分をなした行政庁に訴願を提出するのは事務取扱の便宜上において之を至当なりと認定するからである。何となれば、上班庁の決議準備のため、受理庁に尚、他の手続を為さしむることを必要なりと認める時はその手続を当該庁に執行せしむることを最も便宜だとするからである。

ロエスレルの訴願法案第十一条の解題コメントである。

第十二条　本条は行政庁に提出する訴願の取扱方を規定したもので、徒に時間を費やさざるの益を求めたものである。且つ一般に上班庁をして手続上においてなるべく訴願の決議を容易に為さしめる利を規定したものである。

これがロエスレルの訴願法案第十二条の解題コメントである。

第十三条　純粋の訴願事件に関しては、一定画一の裁判手続を設けず、また原告被告双方の審問を為さざるものとする。これは訴願事件を純粋の訴訟事件と区別するからである。何となれば、行政庁は法律の執行については常に公共一般の利益を旨とし、職権を以て訴願を裁決しなければならないからである。

これが即ち、ロエスレルの訴願法案第十三条の解題コメントである。

第十四条　本条の規定は、前後二段に分かれ、前段は裁決に理由を添加することに関係するものにして、行政庁をして各訴願の審査を正確に為さしめ、而して訴願人に裁決の理由を認知せしめるの効用がある。後段は裁決を原告被告に告知することに関係するものにして、下班庁をして職務上上班庁の裁決を知了せしめ、而してその裁決を直に執行する事を得せしめる効果があるものである。

これが即ち、ロエスレルの訴願法案第十四条の解題コメントである。

第十五条　本条の理由は、悪意又は暴慢を以て為す訴願は行政庁に対し徒に煩労を負わしめ、且つ無益の時日を費やさしめ、陰では法律及び官衙の威光に反抗するの意を訴願人が含むものと言うにある。この法律の第八条より第十一条までに違反して不当に訴願を提出する場合は、その訴願をその侭捨置くか、又は訴願人に別段の処分なく直に却下するを以て既に足れりと思う。

ロエスレルの訴願法案第十四条の解題コメントの理由付けである。

第十六条　罰せられるべき訴願の原謀者及び煽動者に対して二倍の罰を科する所以は、原謀者及び煽動者は人民をして官衙に対し反抗する罪を侵すものにして、これはその他の政治上騒擾及び公安妨害を起こし易きものと言う所にある。

これが即ち、ロエスレルの訴願法案第十四条の解題理由のコメントである。

第十七条　本条と同一の禁令は一八四五年一一月七日の孛国勅令においても、少なくとも直接国王に宛て提出する請願について之を掲載している。総てその他の訴願にも又之を採用すべきであると思う。何となれば、公共一般をして官庁を非難するために怨恨の主旨を以て訴願をなし、或いは輿論を撹乱し以て官庁の裁決を左右しようとして法律上許されない主旨で訴願をなすものであるからである。元来行政に関する手続においては直接に公行を許すことを得ないものであるが、この勅令の如くすると間接に行政手続の公行をするようになるからであるとロエスレルは解説を加えている。(26)

以上、長文に亙ってロエスレル起稿の行政願訴法草案の理由と説明について触れてきたが、これでも理解できる様に彼は孛国の行政争訟制度については随分と批判的で、その法理の根拠は南ドイツ学派の行政争訟制度を援用して行政願訴法草案を起草したことが良く理会することが可能である。

即ち、訴願法案でありながら、第一条では人民の権利保護的面が窺え、第三条では基本的に訴願事項は概括主義が踏襲されている。又、第四条では独立の裁判所的性格が見え、行政作用の一部とは見做しえない。第十二条をみると民事・行政訴訟に係わる当事者主義が察候できるのである。又第十三条では訴願であっても行政庁の自由裁量が制限されている事が分かる。

(5) 制度取調局御用掛井上毅の行政訴願法に対する意見

制度取調局御用掛井上毅は同局長伊藤博文に対して、局長より官吏責任法に関係して行政訴願について調査するように内命を受けて、明治十八年二月十三日付けの次の如き長文の書簡を発していた。[27] 即ち、

昨日貴諭之件に就、（官吏責任論と思われる筆者注以下同）） 仏国之規則ハ山崎（直胤）担当取調候筈ニ談合仕置候。別冊ハ（官吏責任法案）ハ下官司法省在勤之節取調候ものニ而、粗略之至ニ御座候へとも、先ツ御参考之為奉二差出一置候。猶熟考仕候ニ今度之行政訴願法案（多分ロエスレル案と思える）者全ク英国ペテション之性質ニして、固より仏国行政裁判之類ニあらず。今先ツ仏国行政裁判之良否と、又其果し我邦に採用すべき哉を講究する事必要なるべし。仏国の法学者に行政裁判の非を論するもの少からず、其説は行政権と裁判権と混淆闌雑なるを謂ふなり。蓋し社会上既ニ専門の裁判権あり、然るに裁判権の外、更に又行政裁判を設くるハ重複といはざるへからず。

次に行政裁判をして果して良法ならしむるも、亦之を我邦に適施すべき乎の問題に至而困難の件々如レ左、

第一　政府に参議院の設なし、府県に参事議院なし、故に行政裁判之器具未タ備へず。

第二　仏国ニおいて司法裁判に属すべき事件と、行政裁判に属すへき事件と、其区別ハ甚タ曲折繁瑣にして法学者の尤も苦む所たり。例へハ直税ハ行政裁判に属し間税ハ司法裁判に属する之類、尤も説明に苦むな

り。普魯西にてハ間税も行政裁判に属す。是において、実際に臨ミ、行政権と司法官と権限の争、往々にし而起り、従而権限裁判之設けあらざることを得ざるに至候。我邦未タ各法の完備せざるに当り、遽カニ行政裁判を設けて、其管属事件を定めんと欲するハ、実際甚タ難く、縦令法案にハ之を定メ得るも、後日実施之時ハ意外に紛雑多事を生するに至るべし。

右の原由を以て、欧州大陸之行政裁判法あるに拘はらず、我邦ハ断して現在未来とも此法を採用せざるべき也。以上、行政裁判を転用すへからざることを論す。

と、この段階では未だ井上毅は積極的に訴願法の実施を考慮はしていなかった模様である。しかし、司法権の行政権へ行政争訟を通じて牽制することの弊害については、訴訟ではなく嘆願と言う新法案を設けて対処しようとしていたようである。(28)

当時、既に制度取調局を廃止して新たに内閣制度を発足させて、此処に内閣法制局を新設し、明治二十二年を期して憲法を施行するための付属法令の起草準備をしなければと言う状況は着々と進んでいた。その為に、井上毅は憲法起草準備として陸続として御雇内閣法律顧問のロエスレルに憲法関係の諮問を発していた。

昨年三月に完成を見た『近代日本法制史料集』全二十巻の大半の御雇外国人答議は之に関するロエスレルの答議史料と言って過言ではない。

明治二十年四月三十日にロエスレルが起草『日本帝国憲法草案』の全九十五条に亙る憲法草案こそが、その結実と見られるものである。その年の五月二十八日の井上のロエスレルに対する諮問の中に「憲法上ノ事ニ付、貴下ノ教ヲ煩セシコト、既ニ百有余件ニ及ヘリ。然ルニ余カ憲法ノ根元主義ニ付、問題ヲ設ケタルハ今日ヲ以テ初トス。此問題ハ主トシテ政略ノ区域ニ属スルカ如シト雖、政法ニ於テモ亦、実ニ密着ノ関係ヲ有ス。即チ選挙法、税法、議院組織ノ如キ、一モ此ヲ以テ照準点トナサザルハナシ。願クハ精細ニ此ノ問題ヲ判決シ、余及余ト同感ナル我カ国ノ政学ヲナス者ノ為ニ将来ノ進路ヲ示セ。余ハ貴下ノ此ノ問題ニ関リ、十分ナル自由ヲ以テ説明ヲ与ヘラレンコトヲ望ム。(29)」と憲法質議について虚心平意に述懐して答議を求めていた。

これにロエスレルは答えて「中等社会ハ大体ニ於テ自由主義ニ傾向スルハ世人ノ知ル所ニシテ、日本ニ於テモ勢ノ免レサル所ナルヘシ。日本ノ中等社会カ専、英米ノ政治主義ニ服従スルハ疑フヘカラサルコトニシテ、議院政治、無限ノ集会及出版自由、自治等ヲ希望スルニ至ルハ勢ノ自然ナリ。此ノ傾向ハ必ス英国ノ声援ヲ得ルナルヘシ。蓋、外国ノ人民ニ左袒シ、政府ニ反対シテ自由ト権利トヲ得ルノ教唆ヲナスハ、英国慣手ノ政略ナリ。此英国ノ企図ヲ非常ニ助クルモノハ、日本ニ於テ英語ヲ専用スルト、裁判ノ制度及法学ヲシテ英国ノ権内ニ帰セシムル目今ノ条約改正、是レナリ。」と英国裁判制度の導入を厳しく批判して、南ドイツ学派の法理論を推奨していた。(30)

四　ロエスレル起稿「日本帝国憲法草案」中の行政争訟に関係する規定

(1)　ロエスレルの「日本帝国憲法草案」の制定過程

図書頭井上毅に対して、伊藤宮内大臣は明治十九年十一月頃に愈憲法の立案調査を委嘱した。(31)そこで先述の如く、井上は憲法に関して集中的にロエスレルに諮問を発していた。そこで、訴願関係についてのロエスレルの意見を一瞥すると、ペチシオンの権を憲法制定の際には特に掲載する必要ありやと諮問を井上はロエスレルに出すと、彼は同年十二月二十一日に次の様な答議を提出した。即ち現今ノ如ク司法及行政ノ体裁発達シタルノ時ニ当リテハ請願ノ効力ノ一部ヲ失フコトトナレリ。何トナレハ裁判所及行政裁判所ノ判決ニ対シテハ高等ナル国権ノ直接ノ干渉ニ依リ之ヲ変更シ能ハザレハナリ。但シ今日ニ於テモ尚請願権ヲ施行スルノ場合ヲ存シ、而シテ其場合ハ殊ニ左ノ如シ。

一　純然タル行政区域ニ於テ、憲法若クハ他ノ法律ノ毀損ニ対スル訴願及裁判所、又ハ官庁カ其義務ヲ毀損シタル行為ニ対スル訴願、例ヘハ裁判ヲ拒ムコト、若クハ之ヲ延滞スルコト。

二　正当ナル利益ヲ保護スル為メノ嘆願及建議、例ヘハ或ル法律ノ発布、若クハ法律ノ変更ニ就テノ嘆願及建議、又或ル事項ニ就テノ規定ニ関スル嘆願及建議、例ヘハ貨幣ノ制度、又ハ外国ニ於ケル或ル利益ヲ保護スルコト等ナリトス。

請願ノ権利ヲ施行スル場合ハ又甚タ多シ。普魯西及巴威里ノ下院ニ於テ毎週一回請願ノ為メニ日ヲ設クルヲ以テ知ルニ足ル。(32)

と請願と訴願の別を述べて、それでも尚請願の規定を憲法に掲げる必要を井上に答えている。

更に、井上はロエスレルに対して、将来議院を開くに際しては法律と命令の区別をし、何の法律を議院に付し、如何なる命令は付す必要ないかと問うて、孛国憲法では法律を以て定める条項を掲載しているが、その適用状況について説明を乞うていた。これに対してロエスレルは明治十九年十二月二十三日に、一八五一年の孛国憲法は法律を以て制定する事件を列挙しただけで、その事件たる行政部内に属する法律は往古に比すれば立法区域が広く、だから以て国王の命令権を制限する主旨から出たものである。今や立憲制度漸く発達し、且つ法治国及び行政裁判の思想が普及し、孛国は勿論独逸全国においても、英国の如く権利及び国家の秩序に関する事件の一般基準は法律を以て之を制定すべきであるという原則が行われるように至ったと述べて行政の法治主義を主張して

いる。(33)

又、同日付けの答議でロエスレルは次の様にはっきりと行政庁の違法処分に対する訴願の重要性を述べている。(34)

臣民ノ原権（基本的人権）ハ特別法ノ規定ヲ竢ッテ初メテ其用ヲナシ、若シ特別法ノ規定ナケレバ、実際未タ何等ノ価値ヲ有セサルモノ甚タ多シ。左レハ此場合ニ於テモ亦、普通ノ場合ト等シク行政官庁ヲシテ法律ヲ毀損セサラシムルコトヲ目的トス。

此目的ヲ達セント欲セハ立法上更ニ政府ノ行政権ノ作用ヲ規定セサル可ラス。若シ這般特別法律ノ設ナクシテ政府ノ所為ヲ監督スル為、臣民ニ訴訟・訴願等ノ権、存セサルトキハ仮令ヒ憲法上ニ於テハ判然存在スト雖モ、亦有名無実ノ原権ト云ハサルヲ得ス。

以上の様に、度重なる井上毅の諮問に答えてロエスレルは行政争訟に関係する南ドイツ学派の法理を開陳して、プロイセン学派の法理によるドイツ行政争訟制度の採用を拒否し続けたのである。

(2)　ロエスレル起稿「日本帝国憲法草案」中の行政争訟に関係する規定

ロエスレルは憲法の法理論的最終の結論として、明治二十年四月三十日に日本帝国憲法草案を起草して提出した。(35) 今、その草案中の行政争訟に関わる条項のみを抄出する。

Art.59　Das Petitionsrecht steht Jedermann zu. Die öffentlichen Behörden können nur an ihre vorgesetzten Stellen Wünsche und Beschwerde richten; ebenso die öffentlichen Beamten in bezug auf ihre durch ihr Amt gegebenen Rechte und Pflichten.

Art.79　Die Schutz der Rechte gegen gesetzwidrige Entscheidungen und Massnahmen der Verwaltungs ehörden wird durch Gewährung der Klage vor dem Verwaltungsgerichtshof gesichert. Das Verfahren bei diesem Gerichtshof wird durch Gesetz bestimmt.

Art.80 Die civilrechtliche Haftung der Beamten für die durch grobe Verletzung ihre Amtspflichten zugefügten Vermögensbeschädigungen kann, nachdem solche Pflichtverlezungen im Verwaltungs wege festgestellt sind, vor den Gerichten verfolgt werden.

Art.81 Competenzconflikte zwischen der Verwaltung u. den ordentlichen Gerichten, oder zwischen diesen und dem Verwaltungsgerichtshof werden entschieden durch einen zur Hälfte aus Mitgliedern des Obersten Gerichtshofs und zur andern Hälfte aus Mitgliedern des Verwaltungsgerichtshofs bestehenden Gerichtshof, in welchem der Präsident des Letzteren den Vorsitz führt.

以上がロエスレル起草のドイツ語原本であるが、梧陰文庫所蔵の「日本帝国憲法草案」の当該条項の日本語訳を参考のために次に掲載することにしよう。

第五十九条　請願権ハ各人ニ属ス。公署ハ其本属官署ノ外ニ請願及訴願ヲナスコトヲ得ス。公ケノ吏員ハ其職務ニ依リテ与ヘラレタル権利義務ニ関スルモノニ非サレハ之ヲナスコトヲ得ズ。

第七十九条　行政庁ノ違法ノ裁決及処分ニ対スル権利ノ防護ハ行政裁判院ニ出訴スルノ権ヲ与フルニ依テ之ヲ安全ニス。此裁判院ニ於ケル裁判手続ハ法律ヲ以テ之ヲ定ム。

第八十条　職務上ノ義務ヲ破リタルニヨリ生シタル財産上損害ニ関スル官吏ノ民法上責任ハ行政上ノ手続ヲ以テ其義務背反タルコトヲ確定シタル後、裁判所ニ於テ之ヲ糺治スルコトヲ得。

第八十一条　行政庁ト通常裁判所ト又通常裁判所ト行政裁判所トノ権限争議ハ最上裁判院及行政裁判院ノ裁

判官各半数ヲ以テ組織シ、行政裁判院長ヲ以テ裁判長トナス所ノ裁判之ヲ裁決ス。(36)

之がロエスレル起稿の日本帝国憲法草案の訴願と行政裁判に関わる条項である。即ち、行政争訟の権利保護的目的が強調され、行政裁判所の独立が保証され、行政訴訟と民事訴訟との間の基本的共通性が認められるという南ドイツ学派の法理が適用されているのが、矢張り本草案の最大の特徴である。

(3) 立憲議会制を目指した法制局の訴願法対策

ロエスレル案を基礎として出来た帝国憲法の夏島草案に対する井上図書頭の逐条意見(37)の内、第六十二条の臣民の請願権については、以前ロエスレルより請願と訴願の区別の答議を得て知見をもっていたので「本条請願ヲ以テ天皇ニ限ル者ハ之ヲ議院ニ呈スルコトヲ許サザラントスルカ、是レ立憲各国ニ於テ一モ其例ヲ見ザル所ナリ(中略)今国民請願ノ権ヲ許シテ而シテ議院ニ請願ヲ受ルノ権ヲ奪フハ内外ノ怪疑スル所タルコトヲ免レサルヘシ」と意見を加えている。かってロエスレルは請願権は通常裁判・行政裁判の訴訟事項に在っても、憲法の定める裁判権とは性格を異にするが、一旦請願権を憲法に認めた以上はこれを奪うことは出来ないことを述べていた。

更に、重要な事は明治二十年十月七日の逐条意見第六十八条の行政裁判の規定について井上毅は、「行政訴訟ハ其制限ニ於テ一定ノ分界ヲ為サザルヘカラズ。即チ行政処分ニ由テ其利益ヲ損害セラレタル者ハ其損害ヲ理由トシテ訴訟スルコトヲ得ズ。特ニ行政官ノ違法ノ処分ニ由テ其権理ヲ傷害サレタル者ニ限リ訴訟スルコトヲ得。之ヲ略言スレハ利益ノ 訟ハ受理セズシテ権理ノ訟ヲ受理スルナリ。此レ其民事裁判ト殊異アル所タリ。若諸般ノ争件ニシテ普通ニ制限スル所ナク行政庁ヲ訴訟スルコトヲ得セシメハ行政ノ権力ハ地ニ墜チン。(中略)本条ノ正文ニ依拠スルトキハ凡ソ人民ノ行政庁ヲ訴フル者ハ何等ノ名義理由タルヲ問ハズ一般ニ之ヲ行政裁判所ノ裁判ニ属スト謂フニ似タリ。此レ蓋起草ノ際、偶然ノ遺脱ニ係ルノミ。即チ小生ノ起案モ亦之ヲ遺脱シタリ。（傍線筆者）或ハ又本条ニハ汎ク之ヲ通言シ而シテ訴訟規則ニ由リ之ヲ制限スルノ方法ヲ取ル者ナリトノ弁解アラハ如何」と夏島草案の起草の際、偶然の遺脱によって、無制限の行政訴訟を認める法案となってしまった事を吐露している。しかし、此処で井上は行政訴訟事項の概括的一般原則は認めるが全く無制限の行政訴訟については不可であることを言っている。之は、後に井上が行政裁判法では行政訴訟事項の列記主義を認めるが、訴願法の訴願事項については国民の権利保護的意味から概括主義を主張する事の意向が窺える証拠と之はなるので重要である。

この第六十八条の逐条意見の最後の処で、井上毅は明治二十年十月七日現在で、「但シ小生ハ未タ新定ノ行政裁判法ヲ見ルノ栄ヲ得ザルヲ以テ前陳スル所ハ其果シテ我カ行政裁判ノ受理スヘキ事件ノ制限ト異同如何ヲ知ル能ハズ」と言って法制局がロエスレル起草行政裁判法案を基として作成していた新法案を見ていない事実を言明している。

(4) 法制局長官井上毅の訴願法案の起草

愈、憲法草案も煮詰まってきて、憲法審議のための枢密院会議を準備する段階に来て、伊藤首相は明治二十一年二月七日、井上毅を内閣法制局長官に任命した。

伊藤首相は井上に明治二十一年二月二十三日付で「内務大蔵両省より行政裁判創立之儀ニ付、意見書差出候ニ付、御熟覧之上御改正相成度」との要請をなした。政府部内ではこの頃、行政裁判法を巡っては法制局、内務省、外務省、大蔵省、司法省と各々の考案があって個別的に各省毎に調査立案をしていた。政府の行政争訟に関する統一的見解よる当該関係法の起草は未だ着手していなかったのが現状である。(38)

そこで、井上長官は同年四月二十六日に伊藤総理に向かって、「憲法御発布相成候は、請願法并行政裁判ハ忽ち必要物と相成可レ申候。請願法ハピゴット氏之起草[39]、行政裁判ハロスレル氏之原稿を種子として[40]、病中ながら竊ニ研究仕居候[41]。」と答えて、我が国の行政争訟制度に着手したことを報じた。そして、同年八月二十八日に井上枢密院書記官長は伊藤枢密院議長に対して、「貴命ニ従ヒ、行政裁判法試草案并ニ内務大臣（山県有朋）殿意見書一袋といたし、奉二呈出一候。右は先日御指示の趣も有レ之候へども、いまだ改正ニ至らずして、原試稿のまゝにて先呈覧。更ニ台教を得候て再案可レ仕候。或は大綱の所、錯誤も可レ有レ之。何分重大の法案に候へば、可レ然叱正奉レ仰候のみ[42]。」と書簡を致して、法制局案の行政裁判法が訴訟事項について概括主義を採用し、内務省案の行政裁判法は訴訟事項について列記主義を採用している事の重大性を指摘している。

これは既に明治二十一年四月十七日に公布された市町村制が、市町村及公民たる権利の有無、選挙権及被選挙権の有無、選挙人名簿の正否並其の等級の当否、代理を以て執行する選挙権及市町村会議員選挙の効力に対する訴願は市町村会が裁決するという列記主義が明擧され[43]、更に又内務省が起草している府県制・郡制案がこれを踏襲しようとしている事[44]に対して、井上書記官長は伊藤議長に大綱の所でこれらの法律は錯誤も之れあり、何分重大の法案だから、可然叱正を仰ぎたいと建言しているのである。

訴願事項について概括主義を採用した法制局の訴願法案が成立したのは明治二十一年八月であった。

以上がロエスレル起稿「行政願訴法草案」を基として内閣法制局が訴願法案を起草した経緯の大略である。しかし、定められた原稿の紙幅は既に尽きている。

五　枢密院の訴願法諮詢案の審議経緯

本来ならば、内閣法制局の訴願法の起草過程、及び内務省地方制度編纂委員会の中心メンバーであったA・モッセの起草した訴願法案の起草過程、そして最後に枢密院における訴願法案の審議経過を明らかにしなければ本稿は完成したことにはならない。そこで枢密院の訴願法諮詢案の審議にいたる迄の経緯を略述して委細は他日の論考に譲る。

(1)　内閣法制局の訴願法の起草過程

兎に角、市町村制が発布されて訴願事項の列記主義を法制局で察知すると、該局では府県制・郡制の審議を進めることの危機感を持ち、井上長官は「内務省ニ而専郡制施行取急有ㇾ之、町村制之実施すら地方之多事可ㇾ想候ニ法律之新条如二雨霰一降来候事、実際地方之不ㇾ堪所ニ可ㇾ有ㇾ之歟。因而ハ当冬にも地方官招集之上、憲法御煥発有ㇾ之、其序選挙法ニ付而委曲ニ未発之草稿を以而指示有ㇾ之事、必要歟ニ奉ㇾ存候。右ニ付郡制施行は来年ニ延引有ㇾ之度候」(45)と明治二十一年八月二十二日に伊藤議長に泣き付いた。

府県制・郡制案が地方制度編纂委員会の手を離れて内閣法制局に提出されたのは明治二十一年九月十二日であった。法制局では之を修正の上、同月二十五日に閣議決定した。当該法案を元老院に下付したのは十月一日であった。該法案への元老院の反対は強く、勿論之には法制局の支援があったからで、十二月八日には内閣に法案が返上された。

そのため山県内相は、憲法発布という明治政府の重大な局面をむかえているに拘わらず明治二十一年十二月二日より地方制度調査のため渡欧する次第となったのである。府県制・郡制がかくも難産した理由は、山県内相が当該法案を元老院に下付した際の演説で「抑モ本案ニ於テ地方分権ノ実ハ郡府県参事会ニ委任シタル事項ニ在リ、而シテ其事項ノ重大ナルモノハ市町村ノ行政及郡制ノ監督ニ参与セシメ、法律ニ於テ指定シタル場合ニ限リ訴願ヲ裁決シ、又ハ事ヲ処分セシムルニアリ」と既に市町村制で訴願前置主義で行政訴訟を提起し得ると制定している事に法制局が疑義を呈していたからである。内務省の屋上屋を重ねるが如く府県制郡制案でも訴願事項に列記主義を採用するのでは立憲制度下で国の行政と地方の行政で一貫性を欠くこの法体系では、法制局としては絶対に府県制・郡制案に対して反対の立場を主張せざるを得なかったのである。

府県制郡制案は結局暫くの時を置いて、二十二年七月に法制局の改正案が成立し、同年十二月二十八日、帰国(明治二十二年十月二日)した山県首相の下で法制局と内務省の合同協議が成立、更に修正を加えて二十三年一月二十一日に閣議決定、二月十日に元老院下付、元老院の上奏は三月二十日、之を枢密院の院議に三月二十四日に付して五月五日同院の議定上奏、内閣は即日閣議において枢密院修正通りに決定し、同月十七日裁可を得て府県制を法律第三十五号、郡制を法律第三十六号として同日公布したのである。

しかし、当該法は市町村制が既に訴願事項について列記主義を採用しているという既成の事実を以て、行政訴訟の訴訟事項も、訴願法の訴願事項も法体制を整える上から列記主義を採用したのであった。訴願法は少なくとも国民の権利保護の上から概括主義を、行政裁判法には列記主義を採用しても可という井上長官の主張は、内務省側の主張を入れて此処に脆くも崩れ去ったのである。

法制局としては明治二十二年六月二十一日に枢密院の院議に付すばかりの訴訟事項に概括主義を持つ行政裁判

法案[46]を提出したがこれは藻屑と消えたのである。明治二十二年十二月十五日、山県首相の下で法制局と内務省の合同協議が成立する事を知った井上毅は法制局長官の辞職の意を伊藤枢密院議長に漏らしたのである。彼が当該法制定経緯上で如何に無念であったかが窺えると云うものである。

(2)　内務省の訴願法案の起草過程

明治二十年一月、内務省は立憲議会制下における地方制度の確立を目指して地方制度編纂委員会を設置した。その中心メンバーであったモッセは当年二月二十四日には「地方制度編纂綱領」[47]を纏め上げた。当該綱領第七款で行政裁判を取り上げた。モッセの行政裁判の法理をその綱領から適録すると、

① 司法裁判所から独立の行政官衙系統に属する行政裁判所を設置する
② 行政裁判の訴訟事項は列記主義とする
③ 行政作用の監督的色彩が強調されている
④ 行政裁判所の権限に職権主義を採用している

以上の適録から、モッセの行政裁判の理論は明らかに、先述のプロイセン学派の法理論的性格が如実に現れていると判断できる。

地方制度編纂委員会における明治二十年二月十八日の「府県自治ニ関シ山県大臣、青木（周蔵）諸氏トモッセトノ問答」[48]を見ると、外務省編纂の行政裁判法案は訴訟事項に概括主義を採用していることを批判し、且つ法制局における各省大臣の指令案等に対する不服の裁決を否定している。そして、重要な事はこの中で行政裁判所の草案は地方制度編纂委員会が起草することを委員長の山県内相が決定していることである。更に、市町村制案に

行政裁判所への出訴は訴願前置主義にすることを認めたのはこの時に決定したのである。[49]

明治二十一年後半頃、井上長官は町村制が訴願前置主義で行政裁判と訴願を行う事を明文化しているが、何れの場合でも出訴の対象は裁決庁か処分庁判然としないのでモッセに諮問を発した。モッセはその答議の中で、こう言っている。即ち、「行政訴訟ニシテ原被双方ノ訴訟ナルト権利訴願ナルトニ依テ、第一又ハ第二ノ場合ノ結果ヲ生スルモノトス。行政裁判法草案ハ孰レノ方法ヲ採ルノ旨意ナルヤ、予ニ通知セラレサルノミナラス、未タ其全体ヲ知了スルニ由ナシ[50]」と答えて、モッセは法制局起草の当該草案を見せられていない事が分かる。法制局としては市町村制について行政争訟に問題があるのは既に承知していたので、内務省から上がってくる当該法案を審査するまで、手の内を明かしていなかったことが之に依って分かる。

モッセは明治二十二年七月頃に「地方制度編纂綱領」第七款の行政裁判を基として全文四十七条の行政裁判法案を起草していた。[51]本法案の特徴を挙げてみると、

① 行政裁判所の組織は独立機関
② 行政裁判所裁判官の身分保証の確立
③ 行政訴訟事項は列記主義を採用
④ 行政官吏の損害要償の民事訴訟は先決問題として行政裁判所の判決を必要
⑤ 行政裁判所の判決に再審を認めた
⑥ 行政訴訟は法律に特別の規定ある場合の外、行政庁の処分又は裁決を停止しない
⑦ 行政訴訟手続きに職権主義を採用

矢張り、プロイセン学派の法理論的特徴は色濃く残っている。

モッセはこの行政裁判法案と同時に訴願法草案も起草していた。ここでは、『近代日本法制史料集』第十巻所収の第六一五号の「モスセ・小松原英太郎訴願法案」を紹介することにする。本案は全文二十三箇条で、その「第一条　行政庁ノ違法又ハ不当ノ処分ニ依リ自己ノ権利若クハ利益ヲ毀損セラレタリトスル者ハ其処分ニ対シ上級行政庁ニ訴願スルコトヲ得」の様に、訴願事項について概括主義を採用していることである。しかし、実際に公布された訴願法は第一条で訴願事項について列記主義を掲げていた。

モスセ・小松原英太郎訴願法案の起草時はモッセの原案が起草されて、それを内務大臣秘書官兼地方制度編纂委員会書記官の小松原英太郎が修正を加えたのは明治二十二年十二月中と筆者は推定している。何故ならば、モッセの原案は埼玉県用朱十三行罫紙に墨書されているからである。小松原英太郎は明治二十二年十二月二十六日に埼玉県知事に任命されている。これは小松原が埼玉県に赴任して、其処の官用罫紙を使用してモスセ訴願法案を翻訳して邦文に認めた事実が、史料操作に依って分かるからである。

この間の事情を知る史料に内務省総務局書記官試補一木喜徳郎の談話がある。[52]

予が初めて小松原氏と相知るに至ったのは大学を出て内務省に職を奉じたときである。然し氏は内務省に於ては余程先輩であったから余り親しく話をするといふ様な事はなかった。当時は恰も帝国議会開設の間際であったから開設前一通り諸の制度を完備する必要ありとして前後に比類のない程多くの法律が制定せられた。その中で内務省に関係ある主なるものは市町村制郡制府県制等であった。此外にも行政裁判所法制定のことがあったが、是に付てはその根本主義に於て内閣と内務省との間に大なる意見の相違があり、就中我国が模範とし参考としたる普魯西と墺土利との二国の制度の間には根本的の隔りがあった。即ち、墺土利は所謂概括主義を採り概括的に広く行政訴訟を許すのに反し、普魯西は各法律の定むる所に依ることを要すとした所謂列記主義をとってゐたのである。

然して当時我政府に於て法律制度に関する顧問は内閣に於ては墺土利人ロイスレル氏であり、内務省では普魯西のモッセ氏であった。仍て前者は概括主義を主張し、後者は列記主義を唱へたのである。是と深い関係があったかどうか確には解らないが、兎に角内閣側殊に井上氏は概括主義を採り、内務省側は列記主義を主張して敢て下らなかった。小松原氏はこの問題に就き、内務省の代表者として奔走せられ、予も之に付き氏の命を承けてモッセ氏の意見を質して報告書を書いたことがあった。当時小松原氏がどの程度にこの問題に関係して居られたかは知らぬが、予が命ぜられた点などから考へると氏は内務省側を代表して斡旋せられてゐた様である。

しかし、内務省側の訴願法案第一条の訴願事項を概括主義に変更したが故に、小松原は内務本局から埼玉県知事に飛ばされたと筆者は見ている。即ち、枢密院会議で訴願法案が審議に掛けられて、訴願法案も列記主義に改正された事を知った小松原知事は明治二十三年五月二十九日に伊東巳代治枢密院書記官長宛てに「拝啓益御清祥奉二恭賀一候。陳者行政裁判法之義ニ就而者非常御配慮被二成下一、先以完全ナル列記法之主義相貫キ候様相成候趣感喜此事ニ御座候。然ルニ訴願法モ行政裁判法同様ニ列記法ニ可レ致トノ議、枢密院ニ於而相起リ、為ニ右二法按ハ先ツ高閣ニ被二相束ネ一候情況ニ立至リ候趣承知仕、誠ニ遺憾之至奉レ存候。元来右二法ノ起草者ノ主意ハ行政訴訟ハ列記法ヲ採リ、市町村制ニ於ケル立法主義ヲ貫キ候義肝要ナリ。但行政庁ノ違法又ハ不当ノ処分ニ対シ権利又ハ利益ヲ毀損セラレタル場合ノ救済ハ訴願法ニ依リテ其道ヲ与フレハ差支ナシ。即チ行政訴訟ハ場合々々ニ就テ之ヲ列記ニ可レ成、之ヲ狭クスヘシ。併シ行政処分ニ対スル救済法ハ訴願法ニ依リテ広ク之ヲ与フヘシト云フニ有レ之候。今若シ右二法共列記法ヲ採リ出訴及訴願ノ道ヲ狭クスルトキハ人民ヲシテ行政処分ニ対シ救済ヲ求ムルノ道ナカラシムル場合多々可ニ相起一奉レ存候。」[53]と早急にこの問題に対処願い度いと申し出た。何をか言わん、この二法共列記法に改正を進めたのは伊東書記官長であった。（之は後述する）小松原は井上毅に明治十四年の政変の時に救われて外務省に転ぜられた過去があり、訴願法案作成に当たっても井上の意を酌んで前述の様にモッセ案を改正したと思われるのである。この法理を持っている小松原では内務本局に居られる訳はなく体よく埼玉県知事に配転させられてしまったという次第である。

行政争訟制度定立の問題は簡単に解決が着くとは考えられず、ために法制局と内務省の両者間の意見調整が困難なことから、行政裁判法案と訴願法案の枢密院への諮詢は非常に遅れて、府県制郡制案が枢密院の院議に付されたのと相前後した明治二十三年四月三十日迄延期されるに至ったのである。

(3)　枢密院における訴願法案の審議経過

問題の府県制郡制案は先述の如く、明治二十二年十二月二十八日に法制局と内務省との間で合同協議が成り、更に地方制度編纂委員会で若干の修正の上、明治二十三年一月二十一日に閣議決定をみるに至った。同年二月十日に再び元老院の院議に付した。

井上馨の明治二十三年二月二十五日付の地方制度編纂委員会委員の青木周蔵宛書簡を見ると「今日、伊藤（博文）江参り候処、大山（巌）、松方（正義）、山田（顕義）居合、終地方自治之談ニ立至り、山県（有朋）今朝参り候而、凡テ合議躰者如何可レ有レ之哉之質問も為レ之候由、生者為何言モ不ニ申出一、只可レ成者主義判然不レ致候而者、正道ニ有レ之間敷、且方地方庁之關渉も不レ為ニ好手段一、人民之ライトヲ不レ認候而者国之強勢を為ス不レ能と申候処、如何にも御尤と申事に有レ之候。就而者二十八日会議之前にモッセー壱人を御同行被レ成候而、伊藤江御熟話有レ之候方好手段と相覚へ申候。実者此機不レ可レ失。山田杯者亦山県之論ニ同意スルハ必定と認め申候。松方事も筋合了解シ居ルニハ感心之至ニ御座候。今日も老台之主意を解シ居候而賛成致シ居申候間、御含迄ニ申述置候(54)」と井上馨が伊藤・井上毅ラインの法制局側の訴願法案列記主義への説得工作を青木に授けている。しかし、未だ決着は着かない。

法制局は行政裁判法と訴願法を調査裁定の上、公布の必要を認め、遂に該局は明治二十三年三月二十五日に行政裁判法案と訴願法案を上奏した。明治二十三年四月七日、訴願法案を行政裁判法案と同時に枢密院に諮詢案下付との命が電信にて京都より着いた。翌四月八日に訴願法案と行政裁判法案諮詢案の写を枢密院に回付した。（「枢密院訴願法議事筆記」に拠る）

訴願法下付原案は行政処分に関する一切の請願を以て悉く訴願手続に依らしむる精神なので、以て明治十五年十二月の太政官布告第五十八号の請願規則は廃止する手筈となっていた。

枢密院における訴願法案の審議の模様を伊東伯爵家文書の「訴願法議事筆記」によってその大略を述べると、明治二十三年四月七日、行政裁判法案と同時に訴願法案も諮詢に付され、同月十五日以後枢密院の総委員会を開き、討論審議の末既に一定の修正案をみた。　この修正案を見た井上長官は「行政裁判ノ外ニ訴願ノ門ヲ狭局ニスルハ人民ノ利益ヲ制限シ、且即チ民事訴訟ニ行政庁ヲ訟フルノ道ヲ広シテ訴願法ノ原旨ニ非サル事」と枢密院修正案の不都合を論じ、「若修正案之通ニ而通過候ハヽ、極而不当之法律と相成可レ申候。生愚見別冊欄外ニ記入候而奉二進呈一候間、司法大臣（山田顕義）殿御清閑を以而御一閲被レ給度奉レ冀候。且枢密院ニ而本会議ニ取掛候事ハ更ニ閣議ヲ尽され候迄之間暫く見合候様有レ之度候。高命ニ依而は小生早々帰京いたし候而、枢会ニ出頭シ、及ふ丈原案維持を試候歟、又ハ司法大臣殿御自身御担当被レ給候歟、左右共周布（公平）内閣書記官長へ御下命御垂教奉ㇾ冀候。馬屋原（彰）参事官（法制局）へハ修正案ニ同意いたし候事不都合之旨生より申遣候筈ニ候」と枢密院修正案では不当の法律になると山県首相と山田法相に宛て明治二十三年四月二十九日に書簡を提出した。(55)

しかし、翌日の同月三十日の本会議において総委員会修正案を以て原案とされ、その総委員会の午前の会議を枢密院の第一読会と見做した。そして、同日午後より訴願法の第二読会を開催した。その問題の条項は、

訴願法第一条　訴願ハ法律勅令ニ依リ之ヲ許シタル場合ニ於テ別ニ規程ヲ設ケサルモノハ本法ニ依ルヘシ。

これは、訴願法の訴願事項を列記主義に枢密院の第一読会の総委員会で内閣提出案の概括主義を修正して本案の如く改正したのである。この第一条に対して、先程の井上の書簡を以て山田顕義顧問官（司法大臣）は強い反対意見を主張したために、議決せずに他の第十七条までは第二読会を通過して、枢密院本会議は閉会となった。

同年五月一日、第二読会の継続として第一条の審議に枢密院は入った。総委員会を代表して福岡孝弟顧問官は「第一条ハ総委員会ノ修正即チ目下ノ原案簡ニ過キテ明亮ナラスト云フノ廉ヲ以テ昨日ノ会議ニ於テ議長ノ預リトナリ、更ニ再議ニ附セラレタリ。依テ更ニ総委員会ニ於テ再議ヲ遂ケタルニ依然前案ヲ可トシ且ツ列記ノ主義ヲ採ル以上ハ文字モ亦本案ニ優ルモノヲ見ストセリ。依テ之ヲ報告ス」と述べたのに対して山田顧問官は「総委員会ニ出席セサルニ依リ模様ヲ詳悉セスト雖モ、前案即チ目下ノ原案ヲ以テ完全トセラルルニ至テハ驚キ入タル決議ト云ハサルヘカラス。行政裁判法ト対照シテ訴願モ亦列記ニスヘシト論セラルルト雖、甚タ其ノ当ヲ得ス。要スルニ訴願ハ請願ヨリ出ツ、請願ニ哀願訴願ノ別アリ。哀願ハ制限ナキモ訴願ハ制限アリ。唯タ其ノ法律勅令ニ標準ナキモノハ本法ニ依ルヘシ。然ルニ原案ニ依ルトキハ哀願ニ至ルマテモ皆本法ニ依ルヲ得ヘキカ如シ。」と論じて山田顧問官は次の様な修正案を提出した。

訴願ハ行政庁ノ違法又ハ不当ノ処分ニ依リ自己ノ権利若クハ利益ヲ毀損セラレタリトスル者ハ其処分ニ対シ

之ヲ提起スルコトヲ得。

法律又ハ勅令ニ於テ別ニ規程アルモノハ各其規程ニ従フ。

この案は訴願は基本的において概括主義として、別に法律勅令に定めのある場合は列記主義を認めると言う妥協案であった。

この山田の修正案に対して伊東書記官長は次の如き激烈な反対意見を陳述した。即ち、

九番（山田顧問官）ノ修正ハ其ノ精神諮詢ノ案ト同一ニシテ原案ト雲泥ノ相違アリ。即チ従来ノ請願規則ヲ廃シ之ニ代フルニ訴願法ヲ以テセントスルモノナリ。抑モ憲法ノ請願ハ其ノ区域極メテ広シ若シ悉ク此ノ請願ヲ訴願ノ手続ニ依ラシメハ其結果ハ実ニ容易ナラスト云フヘシ。訴願ニ有式無式ノ別アリ。有式ノ訴願ハ其ノ手続稍々訴訟ニ類ス。故ニ之ヲ法律勅令ニ列記シタル者ニ限ラントス。是レ原案ノ精神ナリ。九番ノ昨日ノ動議ハ只タ文字ニ関シ既ニ精神ニハ同意ヲ表セラレタルニ拘ハラス、今日ノ修正ハ本法全体ノ大主義ニ関セリ。黙々ニ付シ難シ。依テ重テ原案ノ主義ヲ弁明ス。

と伊東書記官長は説明を加えたが、山田法相は修正案第一条に依れば法律勅令に特に許るしたる場合の外は訴願を提起する事が出来なくなり、現在の市町村制のみが訴願を規定しているだけで、他には何もないのであるから原案の侭では到底不可なりと強行に主張した。且つまた賛成者もいない様だからもう一日調査の余裕を頂きたしと述べ、これに佐野常民顧問官が延会の動議を提出し、之を裁決の結果多数を以て会議は閉会となった。

明治二十三年五月六日、山田顧問官は法制局の調査になる行政裁判法・訴願法参考書十二冊を各顧問官に送付して反対意見を陳述した。その参考書の目録は①英国訴願法　②仏国法参照　③伊国行政裁判及ヒ訴願法ニ関スル意見　④陛下並ニ官省ニ差出スヘキ請願及訴願ニ関スル布告　⑤訴願之部　⑥行政裁判之部　⑦澳国行政裁判

院設立ニ関スル法律　⑧ウルブリヒト澳国国法抜粋　⑨孛国行政事件裁決攻撃法ノ三種ノ解題　⑩訴願権説明　⑪修正案配付之調査書類　⑫五月三日付ロエスレル答議等である。(56)

これに対し、伊東書記官長は「司法大臣ノ提案ニ対スル意見」を五月八日に提出した。その山田法相の意見を非とする理由は、

①法相は訴願を許さざる時は憲法の主義に背くと言うが、訴願法は請願より鄭重の手続を設けたものである。

②法相は市町村制は概括主義を取り、我が国は概括主義と言うが、市町村制は列記主義なり。

③法相は行政訴訟が列記主義ならば訴願の門を広くすべしと言うが、各国の例は行政裁判法列記なら訴願法列記なり、行政裁判法概括なら訴願法概括なり。

④法相は列記法より概括法が優れていると言うが、行政裁判法が列記法の立法趣旨なるが故に優劣の問題ではなく訴願法もその精神に依るべきなり。(57)

の四箇条に集約されている。そして、訴願法が列記主義を採用した参考書類五冊を準備して各顧問官に配付した。即ち、①普魯西及巴丁ノ例（ステンゲル氏行政字典）　②行政訴訟及有式訴願列記主義類例（ブラウヒッチュ氏著書）　③澳国行政訴訟并有式無式訴願ノ例（マイエルホーフェル氏行政職務必携）　④明治二十三年四月ロエスレル氏孛国行政訴願制度ニ関スル答議　⑤行政訴願ノ義（ボルンハック氏普魯西国法論）等である。(58)之等は枢密院の内閣側説明員の法制局参事官馬屋原彰が用意したものである。馬屋原は枢密院側に着いて法制局側に離反していた。職務上井上法制局長官の意に沿わない仕事をしなければならないという事は或いは酷な仕事と言うべきか。ロエスレルやモッセやピゴットという御雇外国人の法知識を役立てたとは言え、法制局側も、内務省の意向を受けた枢密院側も、あらゆる調査能力を発揮して両法制定について法理論闘争を繰り返していた。

この論争に井上長官は「窃ニ惟フニ枢府ノ行政裁判法ニ於ケル成議ハ不幸ニシテ言フニ忍ヒサルノ結果ヲ成セリ。蓋其ノ成議ハ憲法ニ矛盾スル者一、憲法義解ニ矛盾スル者一、市町村制ニ矛盾スル者一、事殆ト既遂ニ属シ駟馬追フヘカラサルノ勢アリト雖、生願クハ一タヒ高明ノ為ニ之ヲ陳フルコトヲ得ン」と明治二十三年五月十一日に大木喬仁枢密院議長と寺島副議長に宛て長文の枢府修正反対意見を発し、出来れば各枢密顧問官に配付されたいと願い出た。(59)

この井上長官の書簡に対し伊東枢密院書記官長は「井上毅氏ノ書牘ニ対スル意見」と言う長文に亘る文書を大木議長と寺島副議長に宛て同年同月十四日に提出した。その史料は、

頃日井上毅氏ハ行政裁判法ニ於ケル枢密院ノ修正ヲ不可トスルノ意見ヲ両閣下ニ致サレ、小官幸ニ一閲スルノ栄ヲ得タリ。氏ノ弁難攻撃ノ主眼ヲ挙クルハ本院成議ノ結果ハ一、憲法ニ矛盾ス、二、憲法義解ニ矛盾ス、三、市町村制ニ矛盾スト云コトニ在リテ鋭鋒ヲ縦横シタリ。伏シテ惟フニ本院ハ聡明ヲ裨補シ、偏聴ナキヲ期セラルルノ至高詢謀ノ府ナルヲ以テ仮令事殆ト既遂ニ属スト雖、万一ニモ氏ノ弁難スル如キ実アリトセン乎、復ヒ熟議平翻スルハ洵ニ本院ノ責守ナリトス。殊ニ枢密院顧問ハ憲法又ハ法律ノ屛翰タルノ任ナルヲ以テ苟モ其成議ノ憲法及法律ニ矛盾スト云フニ至テハ事駁レヨリ重大ナルハナシ。然リト雖行政裁判法及訴願法ハ之ヲ今古ニ鑑ミ、之ヲ学理ニ徴シ、精査細覈数日ノ熟慮審議ヲ経テ、始メテ成案ヲ得タルモノナリ。而シテ其ノ修正ノ理由ニ至テハ確然タル根拠ノ存スルアリ。故ニ小官ハ一己ノ私見ヲ以テ氏ノ説ヲ反駁スルニ非ラス。不肖ヲ以テ書記官長ノ任ヲ砌リスル間ハ本院ニ於テ諮詢案ニ修正ヲ加ヘラレタルノ理由ヲ臚列シ、以テ両閣下ノ瀏覧ヲ乞ヒ、且氏ノ駁撃ノ当ラサルヲ證論スルハ職任上当然ノ義務タルヲ信セリ。(60)

と長文の意見を認めて大木・寺島の両閣下に送り、これまた枢密顧問官宛てに提覧して欲しいと希望を述べた。

伊東書記官長は本文の中で「既ニ発布セラレタル市制町村制并ニ刻下諮詢中ニ係ル府県制郡制ハ列記主義ヲ採リタルヲ以テ、仮令行政裁判法ニ於テ概括主義ヲ是トスルモ前後矛盾ヲ避クルカ為ニ枉ケテ列記主義ニ同意セサルヲ得ス」と本音をちらと漏らしてしまっている。

一方、枢密院における行政裁判法の審議は明治二十三年五月一日に第三読会を決了していた。但し、当該法第十七条の訴願前置主義を定めた条項のみについては訴願法案の審議が未了となっていたために、改めて同年六月一日に正式に行政裁判法枢密院諮詢案の第三読会の審議にかけた。

しかし、同年六月三日に山県首相は枢密院における訴願法諮詢案御下戻の儀を上奏した。翌六月四日に訴願法案の枢密院諮詢案を御下戻すべき命があり、即日この諮詢案を枢密院では返上する旨の本会議を開き、その会議を中止した。

明治二十三年六月五日に改めて次の様な行政裁判法枢密院諮詢案第十七条修正案を寺島宗則枢密院副議長他七顧問官が提出して之を裁決したのである。即ち、

副議長

兼テ諮詢ニ附セラレ居候訴願法ノ義、此度内閣ニ於テ再調査ヲ可レ試ニ付、御引戻相成候様内閣総理大臣（山県有朋）ヨリ上奏有レ之候趣ヲ以テ、一ト先返上候様御沙汰有レ之、昨日右御沙汰ノ通御取計相成候趣承候。然ル処行政裁判法ハ訴願法ト同時ニ発布ノ都合ヲ以テ議決相成居候義ニ有レ之、第十七条ノ立言ハ全ク一方ニ訴願法アリテ設ケタルモノニ付、両法同時ニ発布不ニ相成一義ニ候ハハ差向キ別紙修正案ノ通修正相成候義必要存候。

行政裁判法ハ既ニ三読会ヲ経過致居候ヘトモ右修正ハ訴願法諮詢案御引戻ノ結果トシテ巳ムヲ得サル義ト存

候間、該条修正ニ付、再ヒ会議ヲ被レ開度、依テ別紙修正案相添此段建議候也。(61)

と行政裁判法第十七条の訴願法前置主義を盛り込んだ修正案を枢密院会議に提出した。同年六月十日に枢密院は行政裁判法諮詢案の第三読会を決了した。六月十二日に枢密院議長大木喬仁は山県首相に行政裁判法決議を上奏した。翌十三日に行政裁判法を内閣の閣議に附した。六月二十八日に行政裁判法は裁可、六月三十日に法律第四十八号として行政裁判法は公布された。公布後、直ちに元老院の検視に付され、元老院は七月十四日に検視経過を奉還した。

井上法制局長官は明治二十三年七月十一日正式に内閣に辞表を提出した。その理由は憲法施行上の残務処理も終わり、且つ法制局及び臨時帝国議会事務局総裁の事務も略片づいたというにあった。彼が主張した訴願法案が下げ戻しと相成ったこともその大きな理由であったろう。しかし、正式の依願免職は翌年五月八日であったが。

ところがである、明治二十三年十月一日に行政裁判所が開庁されると、行政訴訟は訴願前置主義であるがために、訴願法調査委員会が十月三日に設けられ、委員には馬屋原彰（当時行政裁判所評定官）、山脇玄（当時法制局参事官後に行政裁判所評定官となる）と花房直三郎、有賀長雄（両名共内閣総理大臣秘書官）の四名がなった。当時内閣総理大臣は西欧の地方行政調査から帰国直後の山県有朋で内務大臣も兼務していた。馬屋原彰は法制局司法部長から同年七月九日には行政裁判所評定官に任命されていた。前述の如く枢密院の訴願法案審議に際しては内閣側の説明員を彼は兼任して伊東枢密院書記官長の説明を補佐していた仲で在ったことは先述の通りであった。斯様に山県首相の息の懸かったメンバーの同委員会で訴願法案を調査した結果、行政訴訟事項の列記法よりして、訴願法案も訴願事項の列記主義の必要を感じ、同内容の訴願法案を起草し、枢密院会議の決議を経て同年十月七日に法律第百五号として訴願法を公布した。この訴願法による訴願事項は、

一　租税及手数料ノ賦課ニ関スル事件
二　租税滞納処分ニ関スル事件
三　営業免許ノ拒否又ハ取消ニ関スル事件
四　水利及土木ニ関スル事件
五　土地ノ官民有区分ニ関スル事件
六　地方警察ニ関スル事件
　其他法律勅令ニ於テ特ニ訴願ヲ許シタル事件

等だけしか訴願を認めなかっのである。行政裁判は訴願前置主義であったから行政裁判所で判断されるべき事項の範囲を限定し、之を立法者の自由な選択に委ねる事を可能にしてしまった。

井上毅が生命を賭けて人民の権利保護を目指して行政裁判法の訴訟事項は列記主義を認めても良いが訴願法の訴願事項は広く人民の訴願を受け付けるべく概括主義にすると言う彼の構築しようとした行政争訟制度は一体何で潰れてしまったのであろうか。その理由は訴願法制定経過の中で既に論証した通りである。

行政裁判を行政の作用と解する内務省側の主張した行政争訟制度となり、井上の意図した制度は敢えなく潰れ、この様な経過を以て内務省側の勝利に終わったのである。明治政府における内務官僚の果たした役割を考慮し、又戦後において占領軍がこの内務省の官僚機構を解体せずに占領政策に利用した事実を思い起こす時に、その評価は一応抜きにして、現代政治におけるビュロクラシーの有り方の問題の所在がこれらの経緯からして歴史的に如実に浮かび上がって来るのである。

明治憲法の問題の箇条を挙げれば①統帥権の規定のないこと　②地方自治の規定のないこと　③会計法の規定

の曖昧なこと等々である。不磨の大典としての明治憲法の之等の欠陥は、制定当初から井上毅の危惧した箇条であり、行政争訟制度もその大きな一であったと言わなければならない。

あとがき

明治二十三年制定以来訴願法は種々の欠陥を指摘され、その改正の必要が論じられ、大正十二年に至り内閣は臨時法制審議会に対して訴願法改正の諮問を発し、昭和三年にこの諮問に関する答申が為され、その改正綱領も発表された。その後、この改正綱領を基礎として行政裁判法及訴願法改正委員会において審議の結果、訴願法案の決定を見た。その改正の基本的要点は①訴願事項の拡張で、従来の列記主義を改めて概括主義にし、②訴願と行政裁判との関係の整理統一、③訴願審理の詳密な規定等であった。

しかし、明治憲法下では一回の改正も行われず、現憲法下では明治憲法の改正と同時に行政裁判所は廃止され、行政事件訴訟特例法が制定されたが、なお疑義が多く昭和三十七年第四十回国会で行政事件訴訟法が定められた。戦後の行政上の諸制度の変革に際して行政上の不服審査について適当でない不備欠陥が指摘され、昭和三十四年訴願制度調査会が設けられ、翌年十二月訴願制度改善要綱が提出され、訴願法に代わる行政不服審査法案が添付された。昭和三十七年第四十一回国会において当該法の成立を見た。

現代社会では行政の法治主義と行政争訟の手続だけでは行政処分に対する法的コントロールは十分とは言えず、行政手続法の制定の必要性が叫ばれ、平成五年十一月の第百二十八回の臨時国会で当該法が公布されるに至った。行政処分の手続への市民参加は個人の権利保障的な公正手続であり、行政計画の手続への住民参加は直接民主制の保障である。

井上毅の意図した行政争訟制度が、少なくとも或る程度の行政救済を目指したのに対し内務省の当該制度は行政の作用に属すると解するもので、本稿で訴願法の成立過程を論証することによって、両者の相違は検証できたと思う。ここに「訴願法成立過程の研究」と題して、『井上毅とその周辺』を明らかにした次第である。

(1)　ロエスレルは二七歳でロシュトック大学の国家学教授に就任した。彼は自治概念を巡ってグナイスト教授と論争し、学会の地位を築いてきた。明治一一年（一九七八）にドイツ公使青木周蔵との間で、外務省法律顧問として六年間在日勤務の雇用契約を結んだ。来日直前、彼はプロテスタントからカトリックに改宗したためにプロテスタント系のロシュトック大学の地位を失った。これを知ったベルリン政府のビスマルクは日本赴任を取り消そうとしたが、日本政府としては緊急に法律専門家の顧問を必要としていたので、信仰問題は関係ない事として日本に招聘することにした。

(2)　モッセはグナイスト教授の高弟で、ベルリン市裁判所判事を勤め、地方制度に詳しく、伊藤博文が憲法調査の為渡欧した時に青木周蔵の通訳で講義をしていた。明治一二年、駐独日本公使館顧問となり、明治一七年に内閣法律顧問として青木公使を通じて日本に招聘された。

(3)　国立国会図書館憲政資料室所蔵「伊東伯爵家文書」（天―三一〇―三〇七）表題「行政裁判法并訴願法制定ノ件附　両法説明」の題簽を付す。

(4)　『井上毅傳　史料篇』第六所収第一五号文書「岩公上疏」。

(5)　国学院大学日本文化研究所編『近代日本法制史料集』第五所収第二九九号文書「請願ニ関スル〔ロエスレル〕答議」。

(6)　『井上毅傳　史料篇』第四所収伊藤博文宛第六四号井上毅書簡。

(7)　国学院大学日本文化研究所編『近代日本法制史料集』第四所収第一九六号文書「秘密集会」ロエスレル答議。

(8) 『井上毅傳　史料篇』第四所収伊藤博文宛第六六号井上毅書簡。
(9) 『井上毅傳　史料篇』第五所収井上毅宛第三号山田顕義書簡。
(10) 『井上毅傳　史料篇』第六所収第三一号文書「参事院議長山県有朋請願規則請議案」。
(11) 元田竹彦・海後宗臣編『元田永孚文書』第一巻　日記　三〇〇頁。
(12) 国学院大学日本文化研究所編『近代日本法制史料集』第四所収第二一一号文書（四）「請願ノ権利ニ関スル質議」。
(13) 国学院大学日本文化研究所編『近代日本法制史料集』第四所収第二六四号文書（一）「官吏責任法ニ関スル答」。
(14) 稲田正次著『明治憲法成立史』上巻第一六章「伊藤帰朝後制度取調局時代の調査」七三〇頁には「制度取調局においては憲法の起草は行わず国会規則の調査立案に主として従事していたことが略判明したのである」とある。
(15) 『秘書類纂』雑纂三「行政裁判ノ目的及利害」三一八頁。
(16) 『秘書類纂』雑纂三「行政裁判ノ目的及利害」三二六頁。
(17) 『秘書類纂』雑纂三「行政裁判ノ目的及利害」三一八頁。
(18) 制度取調局編『孛墺仏行政裁判法纂輯』明治一七年七月刊。
(19) 国学院大学日本文化研究所編『近代日本法制史料集』第五所収第三〇六号文書「ロヱスレル氏起稿行政裁判法草案」。
(20) J・ジーメス著本間英世訳『日本国家の近代化とロェスラー』未来社、一九七〇年刊、第一篇第一章ロェースラーのドイツにおける学問的業績、二九頁。
(21) 南博方著『行政裁判制度』有斐閣　昭和三五年刊。
(22) 前掲注（19）参照。
(23) 制度取調局編『行政裁判法案　下』明治一八年四月刊。
(24) 国学院大学図書館所蔵（梧陰文庫B－一九八九）。

（25）　国学院大学日本文化研究所編『近代日本法制史料集』第五所収第三〇九号文書「リョースレル氏行政願訴法草案」。

（26）　国学院大学日本文化研究所編『近代日本法制史料集』第五所収第三一〇号文書「行政願訴法草案ノ理由及説明」。

（27）　『井上毅傳　史料篇』第四所収伊藤博文宛第八九号井上毅書簡。

（28）　前掲注（27）の中で、井上毅は「行政官吏ハ牽製の不便を免れざる現況之弊害ハ已ニ人々の普ク知る所にして更に喋々するを用ひず、即チ訴訟を廃して嘆願とする之新法案ある所以なり」と同書簡で言っていた。

（29）　国学院大学日本文化研究所編『近代日本法制史料集』第一所収第四号文書「憲法ノ根拠ハ人心ヲ得ルニ在ルノ問」。

（30）　国学院大学日本文化研究所編『近代日本法制史料集』第一所収第四号文書「憲法ノ根拠ハ人心ヲ得ルニ在ルノ問」に関する答議（一八八七年六月四日）。

（31）　『井上毅傳　史料篇』第四所収伊藤博文宛第一〇六号井上毅書簡（明治一九年一一月二二日付）の中に、「試ニ別帋（憲法）起草奉供御参考候」とある。

（32）　国学院大学日本文化研究所編『近代日本法制史料集』第五所収第二八二号文書（五）「請願之権ヲ掲ケ并ニ議院ニ請願ヲ受ケシムルノ答議」。

（33）　国学院大学日本文化研究所編『近代日本法制史料集』第五所収第二七九号文書（二）「法律ト命令ノ区別ニ関ス答議」。

（34）　国学院大学日本文化研究所編『近代日本法制史料集』第一所収第四八号文書（六）「臣民ノ原権ニ関スル答議」。

（35）　国学院大学日本文化研究所編『近代日本法制史料集』第六所収第三一八号文書「ロエスレル起草日本国憲法草案獨逸文原本」。

（36）　国学院大学日本文化研究所編『近代日本法制史料集』第六所収第三一八号文書「ロエスレル起草日本帝国憲法草案」。

(37)『井上毅傳　史料篇』第一所収「憲法逐条意見（第二）」五九〇頁。
(38) 拙論「行政裁判法成立過程の研究－モッセ案を中心として－」(『大倉山論集』第一一輯）一七二頁。
(39) 国学院大学日本文化研究所編『近代日本法制史料集』第十七所収第七六七号文書「ピゴット氏請願条例草案」。
(40) 国学院大学日本文化研究所編『近代日本法制史料集』第五所収第三〇六号文書「ロエスレル氏起稿行政裁判法草案」。
(41)『井上毅傳　史料篇』第四所収伊藤博文宛第一一四号井上毅書簡（明治二一年四月二六日日）本書簡の年代推定を明治二〇年とするも之は誤り。
(42)『井上毅傳　史料篇』第四所収伊藤博文宛第一五一号井上毅書簡。
(43)『法令全書』第二一巻ノ一　法律第一号「市制・町村制」。
(44) 前掲注（41）参照。
(45)『井上毅傳　史料篇』第四所収伊藤博文宛第一五〇号井上毅書簡。
(46)『井上毅傳　史料篇』第四所収伊藤博文宛第一五〇号井上毅書簡には「行政裁判案、不日上申いたし、休暇前枢議ニ被付度心組いたし居候」とある。
(47) 拙論「行政裁判法成立過程の研究－モッセ案を中心として－」(『大倉山論集』第一一輯）二三〇頁。
(48) 拙論「行政裁判法成立過程の研究－モッセ案を中心として－」(『大倉山論集』第一一輯）一八八頁。
(49) 拙論「行政裁判法成立過程の研究－モッセ案を中心として－」(『大倉山論集』第一一輯）一九〇頁。
(50) 国学院大学日本文化研究所編『近代日本法制史料集』第十所収第六一〇号文書「行政裁判所出訴ニ係ル処分庁裁決庁ノ問題ニ関スルモッセ氏答議」。
(51) 国学院大学日本文化研究所編『近代日本法制史料集』第十所収第六一四号文書「モスセ氏行政裁判法案」。
(52)『小松原英太郎君事略』大正十三年刊。
(53) 国立国会図書館憲政資料室蔵伊東伯爵家文書所収「訴願法制定関係資料」より抄出。
(54) 青木周蔵文書　七七所収井上馨書簡。

(55)　『井上毅傳　史料篇』第四所収山県有朋宛第一六号井上毅書簡。
(56)　国学院大学図書館所蔵梧陰文庫所収。
(57)　国立国会図書館憲政資料室藏伊東伯爵家文書所収「訴願法制定関係資料」。
(58)　①梧陰文庫B－二〇二五　②梧陰文庫B－二〇二7　③梧陰文庫B－二〇二八　④梧陰文庫B－二〇二六　⑤梧陰文庫B－二〇二三。
(59)　『井上毅傳　史料篇』第二所収第二四〇号文書「行政裁判法意見」。
(60)　国学院大学図書館所蔵「佐佐木高行文庫」所収「井上毅氏ノ書牘ニ対スル意見　書記官長伊東巳代治」。
(61)　国立国会図書館憲政資料室藏伊東伯爵家文書所収「行政裁判法枢密院諮詢案第十七条修正案」。

（第五十四回敗戦記念の日に稿了）

議会質問と内閣責任

前田英昭

一　質問の定義
二　大日本帝国憲法と質問
三　議院法と質問
四　衆議院規則と質問
五　質問の先例と発展
六　日本国憲法と質問
終わりに

一　質問の定義

衆議院や参議院の会議または委員会で、議員が大臣や政務次官に質問するのは、本稿で言う「質問」ではない。法案などの審議の対象である議題について議員が提案者に質問するのは、国会用語で正式には「質疑」と言い、「質問」とは区別される。この「質疑」は諸議会の母国イギリスではディベートと言われる。イギリス議会では政府・与党と野党の議員は対等であって、審議は与野党または議員同士のディベートの形をとる。したがってイギリス議会の審議の逐語的記録は Pariamentary Debates（議会の討論集）という公式名称がつけられている。

およそ会議体というものは、会議のメンバーがその会議に提案される議題について審議する場であり、議題以外のことについての発言は、本来は認められるものではないが、会議のメンバーが特に認める場合には、議題と関係ない発言も可能となる。同じ理由から議会における質問も例外的発言である。

この異例な発言として認められた大臣に対する質問は、十九世紀における行政権の優越化に伴ってイギリス衆議院では次第に多用され、ルール化されていく。質問は、内閣が行政について議会に対して責任を負うという考え方が定着したことのコロラリーとして認められてきた。責任はコントロールされるということと対概念の言葉であって、議院内閣制では、議会の構成員である議員は大臣の所管事項について大臣に対して質問することが公式に認められる。衆議院の「質問時間」(question time) の約一時間がこの質問に当てられる。議員は月曜日から木曜日まで四日間、会期中定期的に当面の問題について質問を行うことができる。この「質問時間」は、議員や国民から、議院の会議の中で最も人気のある時間として関心を持たれているのみならず、「民主主義のとりで」

として重要視されている。

本稿は、この質問が日本で帝国議会時代に行われていたにもかかわらず現在の国会で全く行われなくなった経過をたどりながら、質問の持つ意義と日本の国会の特殊性を明らかにすることを目的とする。

まず、ここで取り上げる質問のイギリス・モデルを確認しておく。

①本会議場で口頭で行われる質問は、行政の情報開示を促し行政に対するコントロール機能を発揮する。これとは別の書面質問は、議員と所管大臣との手紙のやりとりのような形で行われ、議院の問題にはならず、コントロール機能をほとんど発揮しない。

②大臣の答弁は義務的かつ適切でなければならない。義務的かつ適切な答弁がなされるから、単なる質問は、行政へのコントロール機能が働いて「民主主義のとりで」となる。大臣が答弁を拒否するとか、不適切な答弁をして大事なところをはぐらかすとか、または「検討する」「調査中」といって答弁を先送りすることは、質問が持つ行政へのコントロール機能の妨げになる。

③質問には、大臣の適切な答弁を引き出すための保障措置が必要である。答弁に満足できない場合、再質問や関連質問を行うとか、問題を議院全体で議論することは、適切な答弁を引き出すための保障措置の例である。衆議院では、本会議散会前の三十分間がこういう問題の議論に充てられる。これは「延会の討論」と呼ばれる。

④質問者は、会議における議題の事前通知と同じく、事前に質問項目を所管大臣に通知する。その通知のための文書は質問主意書と言われる。質問の題名は、議事日程表の議題の前に、質問番号を付して記載される。この先例は一八四九年に始まる。

⑤問題が緊急性をもつ場合、三時間前の事前通知で緊急質問を行うことが認められる。緊急性は議長が判断す

る。

⑥政治的に重要な問題は、野党党首の内閣総理大臣に対する質問を通じて、党首同士で討論に付される。これは「首相質問」と言われる。首相質問は一九六一年に導入され、火曜日と木曜日の各十五分間行われていたが、ブレア内閣になってから水曜日三十分間に変更された。

イギリスの質問は、他の制度と同じくスロー・グロスの発展過程ででき、それがやがて先例として認められ、やがて議院規則の中に取り入れられる。イギリスの質問はヨーロッパで理論化され、質問（クェスチョン question）と問責質問（アンテルペラシオン interpellation）の二種類に分かれ発展する。書面質問 question ecrite は別にある。アンテルペラシオン（問責質問）は討論を伴う質問であり、答弁が不適切な場合には、討論を行い、討論終了後に議院の意思を確認するため採決に付される。賛成多数の場合、議院は大臣の答弁を不満とするという意思を表示したことを意味する。質問は大臣に対する責任追及の手段にもなる。不満の院議は、大臣に対する不信任決議とは異なるが、重みがあり、内閣総辞職の引き金にもなる。アンテルペラシオンは、第三共和国及び第四共和国で大臣問責の手段として多用された。内閣または行政の主導性の確保のため、ド・ゴール大統領は、第五共和国憲法制定の際にアンテルペラシオンを廃止した。

二　大日本帝国憲法と質問

議会の質問は日本では大日本帝国憲法制定に際して問題となった。大日本帝国憲法は、国会開設の年、一八九〇（明治二十三）年に施行された。その制定に際して、イギリスの政党内閣制を採用するか、またはドイツの大権内閣制を採用するか、ごく大雑把にいえば、この二つの意見に集約された。明治十四年の政変で大隈重信の政党内閣制論は否定され、大権内閣制論を基本とする憲法制定の方針が決まった。その決定の主役は伊藤博文であるが、陰の主役は井上毅である。井上は伊藤に政党内閣制を採用しないように強く働きかけた。伊藤その他多くの者は、憲法制定の基本方針に従って、憲法取り調べのためドイツにわたり、ドイツの各邦憲法をグナイスト、モッセ、スタインらについて学んだ。法律顧問として日本に招いたドイツの学者ロェスレルを通じて、井上毅、伊東巳代治、金子堅太郎もまたドイツ諸憲法を学んだ。こうしてドイツ・モデルの明治憲法は制定される。

質問は、ロェスレル起草の「日本帝国憲法草案」（明治二十年四月三十日）には、次のように規定されている。

第四十五条　各院ノ議員ハ各々政府ニ質問（インテルペラチオン）ヲナスノ権ヲ有ス　但、少クモ三日前ニ本院ヨリ簡単ナル理由書ヲ以テ之ヲ政府ニ通知シタル後ニ限ル

政府ハ其質問ニ返答スルヲ至当ト認ムルトキハ即時ニ又ハ相当ノ時日内ニ其返答ヲナス議院ハ其質問ノ事件ヲ討議センコトヲ議決スルコトヲ得(1)

ここでは質問はアンテルペラチオンと表現されているが(2)、議員の権限と解されている。稲田正次教授によると、ロェスレルは、一八七二年のバイエルン議院法やプロイセン代議院規則を参考にしたとされている(3)。

オーストリア議院法も参考にしたと思われる。

オーストリア議院法第二十一条「議会ノ両院ハ其ノ権限ニ属スル一切ノ事項ニ付キ国務大臣ニ質問……スルコトヲ得」。

ロェスレルもこの点に触れている(4)。

墺国千八百六十七年ノ憲法第二十一条ニ於テハ「インテルペラチオン」ナル語ヲ用フルノミ。固ヨリ、或ル

事実ニシテ果シテ存在スルヤノ問ト、政府ニ於テ或ル処置を行ヒタルヤ若ハ之ヲ行ハント欲スルヤノ問ヲ以テ、政府ニ干渉スルヲ目的トスルモノトノ問ニ区別ヲ為スヲ得ヘシ。而シテ此乙者ヲ特ニ「インテルペラチオン」ト云フヲ得ヘシ。蓋シ此場合ニ於ケル「インテルペラチオン」ハ、政府ニ督促、若ハ忠告スルノ意義ヲ有ス。恰民法ニ於テ負債者ニ向テ其弁償ヲ督促スルコトヲ以テ「インテルペラチオン」ト云フ如シ」

井上毅（宮内省図書頭、明治二十一年二月七日法制局長官就任）の明治二十年五月起草の憲法草案甲案（四十三条）と乙案（四十六条）には「各院ハ必要ナリトスル場合ニ於テハ内閣大臣ニ質疑ノ文書ヲ送付シ其弁明ヲ求ムルコトヲ得」と規定されている。井上案はロェスレル案のアンテルペラチオンを認めていない。伊藤博文は、ロェスレル案はもちろん、井上案さえ認めず、夏島草案（二十年八月）では質問に関する規定を全部削除した。

これに対して、井上は、二十年八月の「逐条意見」で、「欧州各国で認められている質問権、請願受理権、建議奏上権までも認めないのは一八〇〇年代初めのドイツ諸邦の憲法にも劣るものとなり、全国の世論を沸騰させ、やがて憲法改正を促し根本基礎を動揺せしめるやもしれない」[5]と鋭く抗議した。次の十月草案では、井上の意見が受け入れられて、「両議院ハ必要ナリトスル場合ニ於テハ政府ニ質問ノ文書ヲ送付シ其弁明ヲ求ムルコトヲ得」と修正され、さらに二月草案では「両議院ハ必要ナリトスル場合ニ於テ政府ニ対シ文書ヲ以テ質問ヲ為スコトヲ得」となる。

この憲法草案規定の「質問」について、ロェスレルは次のように評した（「憲法草案意見概要」ロェスレル述、伊東巳代治訳）[6]。

「質問ヲ為スノ権ハ議員各自ノ権利ニシテ、議院全体ノ権利ニアラス然レトモ其権利ノ使用ハ議院ノ定ムル規

> 程ニ載スル所ノ条項ニ循由セサルヘカラス然ルニ本条立案ノママニ之ヲ解スル時ハ議院ノ多数決ニ依ルニアラサレハ質問ヲ為スコトヲ得ストスルカ如シ……此ノ如キ質問ニ対シテ政府答弁ノ任ニ当ラサルヘカラサルコトハ宜シク此憲法中ニ明条ヲ掲ケサルヘカラサルナリ」

つまり質問権は議員各自の権利であり、しかも、議院法で予定されるように、議員多数の同意がなければ質問できないとするのであれば、酷に過ぎる、質問に対して答弁しなければならない義務規定ぐらい憲法に規定しておくべきであると批判したのである。

井上は、憲法草案審議のために設置された枢密院の第一審会議において質問権の内容を具体的に説明する。三條實美内大臣が、憲法原案第五十一条「両議院ハ必要トスル場合ニ於テ政府ニ対シ文書ヲ以テ質問ヲ為スコトヲ得」について、「質問に対し、主任者は議院に出頭して答弁することを請求することを得るか」と質したのに対して、井上は次のように答えている(7)。

> 質問ニ対シテハ文書ヲ以テ答弁スヘキモノニシテ口頭ヲ以テ答弁スルコトハ許ササルノ旨趣ナリ蓋シ議院ニ於テ国政上ノコトニ付キ質問スルコトアレハ其事件ヲ文書ニ認メ議長ヨリ政府ニ送リ豫メ其質問ノ事件ヲ熟知セシメ而シテ政府ハ日ヲ期シ議院ニ於テ之ニ答弁スルモノトス又事ノ外交ニ渉リ答弁スルノ時限未タ来ラサルトキニハ其質問ニ対シ答弁セサル旨ヲ答フルモ可ナルカ如シ此等詳細ナル事件ハ議院法ニ譲ルノ意ナリ各国ニ於テモ此等ハ皆議院法ニ掲載セリ英国ニ於テハ此等ハ大凡習慣ヨリ生シタルモノニシテ質問ノ当日尚ホ質問ヲ乞フモノアレハ大臣自ラ其席ニ於テ答弁スルノ自由ヲ与ヘタリ而シテ答弁スルト否トハ大臣ノ権ニアルモノトス

また、鳥尾小彌太顧問官が「質問は文書を以てするを要し答弁は文書に限らざるか」と質したのに対して、井上は「然リ」と答えている。

これらの答弁から見ると、井上は、書面質問に限ること、大臣は答弁を文書で行おうが口頭で行おうが構わない、答弁するかどうかは大臣の権利であると考えていたことが窺える。原案は異議なく全会一致で枢密院で可決された。

次に伊藤は、この井上の説明に加えて、イギリスでは口頭質問がいかに他の議事の審議を妨げているかを数字を挙げて異例なほど長く説明している。質問に対する伊藤の心根が窺える。(8)

立憲国ニ於テハ議院ヨリ政府ニ対シテ質問スル箇条ハ大臣豫メ之ヲ知リ其調査ヲ卒リタル後期日ヲ定メテ答弁スルモノナリ故ニ大臣ノ議院ニ出席スルヲ待テ突然之ニ質問スルコトハ許サヽルモノトス又議院ニ於テ其質問スル箇条ヲ印刷ニ付シテ先ツ議長ニ差出シ而シテ議長ニ於テ其質問ノ事件ヲ以テ適当ナラストスルカ又ハ其文字及方法ニ於テ穏当ナラサルコトアリト認ムルトキニハ其印刷ヲ禁スルコトアリ或ハ印刷スル前ニ於テ議長ハ書記官ヲ以テ其事件ヲ議員ニ伝ユルコトアリ外国ニ於テハ質問ノ事件ハ大概其場所ニ於テ之ヲ知ルカ故ニ其期日ヲ定メテ之カ答弁ヲナスモノナリ而シテ其答弁スルノ区域ト答弁スルト否トノ事ハ全ク答弁者ノ考ニ委ヌルモノトス英国ニ於テ質問ノタメ他ノ議事ヲ妨ケタルコト実ニ容易ナラサルモノトス依テ今爰ニ質問ノ数ヲ列記シテ各員ノ参考ニ供セントス千八百五十七年ニハ四百五十一件、千八百六十七年ニハ九百十二件、千八百七十七年ニハ千三百四十三件。此質問ノ為メ議事ニ消費シタル時間ノ数ハ千八百五十七年ニハ九百三時、千八百六十七年ニハ千四百十三時、千八百七十七年ニハ千二百時

件数の数字は恐らく日程表に掲載された質問の数であって、これすべてが口頭答弁されたものと考えるべきではない。質問時間が終われば、残余の質問は書面質問に切り換えられるか、次会に回されるのであって、伊藤の

説明は明らかに正確性を欠き、相当オーバーな数字となっている。質問に要した時間数に至っては、何を誤解したのか、仮に一日一時間の質問が行われ、議院の会議が年間三六五日全部開会したとしても（それは事実あり得ない）三六五時間で、伊藤の披露した数字はその三倍以上にも達する数字であり、これが正しい数字でないことは明らかである。この答弁に伊藤の質問に対する恐怖感ともいえるようなものがにじみ出ているように思われる。

さらに第三審会議において、質問に関する第五十一条「両議院ハ必要トスルトキハ政府ニ対シ文書ヲ以テ質問スルコトヲ得」は「両議院ニ於テハ文書ヲ以テ政府ニ質問スルコトヲ得」と修正された。修正理由は、伊藤によれば「両議院ハト云フトキハ必ス議院ノ名ヲ以テスルヲ要スル」からだと説明されている。つまり「議院ハ」は、質問の主体をあらわし、質問の主体が議院になることを意味するのに対して、修正した後の「議院においては」は、質問主体の「議員が」が省略され、議院では議員は書面で質問できるというふうになる。つまり議院の会議の場で口頭質問することを認めると受け取られることを避ける趣旨で「両議院ニ於テハ」と修正しようとしたと考えられる。この修正によって、質問は議員の権限であると改めて確認されたことになる。(9)

第三審の会議の席では、この修正案は、結論を憲法附属法典である議院法の審議のときに譲るとの趣旨で、質問に関する条文を全部削除して先送りとなり、質問の文字は、この段階において憲法の規定から姿を消すのである。

三　議院法と質問

議院法草案は、憲法草案と並行して枢密院会議で、明治二十一年九月十七日から審議されていた。伊藤博文が議長となり、伊東巳代治が井上の代理として説明に当たった。

「質問」は、議院法原案第十章、第四十八条から三カ条にわたって規定された。

第四十八条「政府ニ対シ質問ヲ為サントスルノ発議者ハ二十人以上ノ賛成者ト共ニ連署シタル簡明ナル主意書ヲ議長ニ提出スヘシ」

第四十九条「質問主意書ハ議長之ヲ朗読セシメ演説及討論ヲ用ヰスシテ直ニ議決ニ付シ其ノ可決シタルトキハ議長ヨリ之ヲ政府ニ送付ス国務大臣ハ直ニ答弁ヲ為シ又ハ答弁スヘキ期日ヲ定メ又ハ答弁ヲ為サヽルノ理由ヲ示明スヘシ」

第五十条「議院ニ於テ答弁ヲ得タル時ハ其ノ事件ニ付キ討論スルコトヲ許サス但更ニ建議ヲ提出スルコトヲ得」

この条文は、三ヵ条とも、バイエルン憲法法律 Verfassungsgezetz（一八六九年佛国ラフヱリヱール纂輯　巴威里憲法　曲木如長重訳）の第十八条以下と全く同一である。井上はこれを議院法起草の際にそのまま使用したものと思われる。

第一審会議第一読会において、第四十九条の質問方法について鳥尾顧問官から「発議者はまず議場において発議し、しかる後これを書面に認むるか、又は議事にかける前において書面を差し出すの意か」と疑義を質したのに対して、伊東は「あらかじめ書面を議長に提出し、しかして議場においてその書面を朗読して議決を取るの意なり」と答えている。質問主意書が議場で朗読されるのであれば、口頭質問と同じにならないかとの疑問が残る。この点は後に削除される。「朗読シテ」とバイエルン・モデルの議院法草案にあったから、伊東はそのとおり答えたものであろう。[10]

佐々木顧問官は「答弁を得たる時はその事件を討論することを許さざるの意（五十条）はいかん」と質した。これに対する伊東の答弁「既に政府より答弁したるときには再びその事件については議場において批評討論することを許さざるものとす。しかれども議院においてその答弁についてなお不満足なることあれば議院は憲法によりその意見を上奏し又はさらに建議することを得るものなり」。

第二読会における鳥尾顧問官の質疑「質問と建議とは性質相同じからざるべし。本条末段に『但しさらに建議を提出することを得』とあれば、前の質問に対し不十分なるときは再び質問してその答弁を求むるを得るがごとくに見ゆ。しかるにここに質問と言わずして建議と言うはいかん」。

伊東の答弁「質問は一回にとどまりこれを再するを得ず。もし政府の答弁不満足なるか又は政府において答弁せざるときは、議院はただこれに対して建議することを得るのみ。しかして建議は採否の権、政府にあり、答弁の義務なし」。再質問を許せば、政府批判を必然的に伴うから、再質問は認められないとされるのである。

なお、伊東巳代治が枢密院の議院法審議の際の説明のために執筆した「議院法説明」では次のように説明されている。[11]

質問提出に当たり「賛成ヲ必要トスルハ徒ニ政府ニ対シ多事ヲ為スノ弊ヲ防クナリ箇明ナル主意書ヲ用ヰルハ質問ノ目的ヲシテ審確単一ナラシムルヲ欲スルナリ」。「質問主意書ハ演説及討論ヲ用ヰスシテ直ニ可否ノ決ニ付スルハ空論日ニ渉ルコトヲ防クナリ」。「答弁ヲ得タルノ後議院ニ於テ討論スルコトヲ許サルハ徒ニ政府ノ政略ヲ非難スルノ事ニ益ナキカ為ナリ。其ノ更ニ建議ヲ提出スルコトヲ許スハ当然ノ路ニ依リ言議ノ権ヲ与フルナリ」。

最終的に決定・公布された議院法第四十九条は「質問主意書ハ議長之ヲ政府ニ転送シ国務大臣ハ直ニ答弁ヲ為

シ又ハ答弁ヲスヘキ期日ヲ定メ若答弁ヲ為ササルトキハ質問ノ事件ニ付議員ハ建議ノ動議ヲ為スコトヲ得」と改められている。原案の「質問主意書ハ議長之ヲ朗読セシメ演説及討論ヲ用ヰスシテ直ニ議決ニ付シ可決シタルトキハ議長ヨリ之ヲ政府ニ送付（転送）ス」のワキ線部分を削除し、括弧内のように一部修正されているのを発見することができる。明治二十二年一月に議院法最終案が確定し天皇に上奏された後に、憲法審議の経過を見て、急遽このように「質問主意書は議院の会議で朗読されずに直ちに政府に転送される」とストレートに読めるように修正された。質問主意書を議院の会議で朗読させれば、質問を口頭で行ったと同じことで、衆議院議員全員及び公開された会議を通して国民にも伝わることは必至である。それでは、これまで伊藤らが、質問を本会議で口頭で行うことを極力避けようと主張してきたことに反して、質問を議院の会議で行い、一般に公表することと同じことになる。これでは議院の権限の発動と何ら変わらなくなり、議員個人の質問にとどめようとするこれまでの主張が崩れる。ここでも憲法草案の字句の修正と同じく「議院の権限」と読み違いされることを避けて字句を削除したと見ることができる。こうして議院法は、再修正の上、天皇の裁可を経て、明治二十二年法律第二号として公布される。ここに議院運営の基本原則を定めた議院法はでき上がった。

以上の経過から、議場では口頭質問を行わない、大臣は質問に対して答弁義務がない、質問は議院の会議で議員間で議論されることはない、こういうことが「質問」について確認された。議院内閣制に固有の手続であるイギリスやフランスにおける質問またはアンテルペラシオンは、日本の大権内閣制の下で変容された形の質問として帝国議会に導入されることになった。憲法及び議院法の上では、日本の質問は、イギリス及びフランスの質問との間に基本的に大きな相違が生じたのである。

四　衆議院規則と質問

憲法第五十一条は、「両議院ハ此ノ憲法及議院法ニ掲クルモノノ外内部ノ整理ニ必要ナル諸規則ヲ定ムルコトヲ得」と規定した。議院規則は議院法の範囲内において議院内部の運営を規定する規則である。議院は、召集・開会後、何よりも先に憲法及び議院法の枠の中で議院規則の立案に当たらなければならない。

議院規則は、議院の自主性に基づいて議院みずからが決める。新議員が規則を制定するのに便宜なように、政府は臨時帝国議会事務局に草案をつくらせ、それを参考にして各議院が自主的に規則を制定しやすいように草案を準備した。臨時帝国議会事務局は、総裁井上毅を中心にして貴族院と衆議院の規則案を作成し、そのうちの議会開院と議員の召集に必要な「成立規則」だけを政府は勅令で公布した。その間、金子堅太郎ほかは外国の議会運営の実情を調査して帰国した。

井上らの手による貴族院と衆議院の両院規則案は、貴族院令と関係ある部分を除いては、ほとんど同一であった。この規則案について、当時、臨時帝国議会事務局の一員として規則案制定に当たり、後に衆議院書記官長を務めた林田亀太郎は、その著「政界側面史」の中で、事務局の作成した「規則案がごく一部字句修正されたのみで、現行の衆議院規則になった」と記している。しかし、実は衆議院は、質問に関しては、憲法及び議院法を超える内容を規則に盛り込んで政府を震撼させたのである。

井上らのつくった衆議院規則案は、明治二十三年十月一日に公表された。それには「質問」については何も規定がなかったにもかかわらず、実際に衆議院が決定した衆議院規則の中には「質問」の章が新たにつけ加えられていた。これにより、確定した「質問」内容は大きく変えられた。具体的に言えば、質問を書面質問に限ったはずのものが、口頭質問に改められ、かつ答弁に不満があるときは議院でそれを議題として討論することが認められたのである。政府側では、衆議院が衆議院規則の中に質問の一章を新設し、第百四十一条及び百四十二条の二箇条を加えて、新たに大臣の出席を求めて口頭質問を行うことができることとした点、並びに、質問の討議を認めた点を、憲法及び議院法に違反するものとしてとらえた。衆議院規則に新たにつけ加えられた質問に関する規定は次のとおりである。

第八章　質問

第百四十一条　議員政府ニ対スル質問ニ付キ国務大臣ノ答弁其ノ要領ヲ得サルトキハ議場ニ出席ヲ求メ更ニ精細ノ質問ヲ為スコトヲ得

第百四十二条　質問ニ対スル答弁若ハ答弁ヲ為ササル理由ニ付動議ヲ提出スルモノアリ三十人以上ノ賛成アルトキハ之ヲ議題ト為スコトヲ得

召集された後の衆議院は、明治二十三年十二月一日の本会議で、議院規則制定のための委員を九名選出した。各委員はその日のうちに、臨時帝国議会事務局案を参考にして、衆議院規則案を起草、本会議に報告し、そこで委員決定のとおり衆議院規則は確定した。

これまで憲法及び議院法制定に際して質問を書面質問に限定しようとしてきた政府関係者の愕然とした驚きは、次の文書にあらわれている。(12)

議院法第四十八条第二項ニ曰ク「質問ハ簡明ナル主意書ヲ作リ賛成者ト共ニ連署シテ之ヲ議長ニ提出スヘシ」ト然ラハ答弁ハ口頭ヲ以テスルニ拘ラス質問ハ書面ヲ以テスルハ議院法ノ明示スル所ナリ然ルニ精細ノ質問

ニ至リテハ口頭ヲ以テスルヲ得ルト規定スルハ同法ノ条文ニ反スルモノト言ハサルヲ得ス且質問書ハ議長ニ提出ス」ト云ヒ（第四十八条）「議長之ヲ政府ニ転送ス」ト云ヒ（第四十九条）議院法ハ直接ノ質問ヲ許ササルナリ又同法第五十条ニ「質問ノ事件ニ付議員ハ建議ノ動議ヲ為スコトヲ得」トアリテ質問ヨリ生スル討論ハ建議ノ為ニスル場合ニ止メ質問者及答弁者間ノ討論ヲ許ササルコトヲ黙示セリ然ラハ新定規則第百四十一条ハ併テ議院法ノ精神ニ背クモノト謂フヲ得ヘシ

又新定規則第百四十二条「答弁又ハ答弁ヲ為ササル理由ニ付動議」ノ文字頗ル不明ノ感アリ若議院法第五十条ノ質問ノ事件ニ関スル建議ノ動議ヲ指スモノトセンカ同法第五十二条ニ於テ「建議ハ三十人ノ賛成者ヲ以テ議題トナル」コトヲ規定シタルカ故ニ新ニ本条ヲ設クルノ要ナキナリ蓋シ「事件」ト云ハスシテ「理由」ト云フ所以ハ此ノ「動議」ナル文字ニ包含セシムルニ彼ノ「説明請求ノ討議」（アンテルペラシオン）ヲ動議スルノ意義ヲ以テシタルナルヘシ果シテ然ラハ本条モ亦議院法ノ外ニ於テ政府員ヲ拘束スルモノト謂ハサルヲ得ス何トナレハ上ニ示スカ如ク議院法第五十条ハ質問ヨリ生スル動議ヲ建議ノ為ニスルノ場合ニ止メタレハナリ

明治二十三年十一月二十五日召集された第一回議会の政党別構成は、当時議員であった大津淳一郎の著書「大日本憲政史」によると、準政府派は、大成会七九名、国民自由党五名、中立派として無所属四五名、政府反対派（いわゆる民党）は、立憲自由党（弥生倶楽部）一三〇名、立憲改進党四一名、議員の合計三〇〇名である。反対派の合計が過半数を大幅に超えているが、議院規則の内容は反対派の意向のみに従って決定されたのではない。反対派第一党の立憲自由党案は、第八章に新たに「質問」の一章を加え、「内閣に対する質問の手続は議院法第四十八条ないし第五十条の手続によるべし」、「質問者は国務大臣議場において答弁するに当たりさらにその精細の質疑をなすことを得」、「質問者国務大臣の答弁に対しその要領を得ざるときはさらに精細の質疑をなすことを得」、「質問の答弁もしくは拒絶の理由につき議員二十名以上の建議あるときはその事件を継続討論することを得」（郵便報知新聞）との四カ条の追加を求めるものであった。

準政府派の大成会案は、第二節「速記録」の部の第百二十一条を削り、その間に「質問」の節を置いて二カ条を追加するものであった。その内容は「議員は政府に対する質問につき国務大臣の答弁その要領を得ざるときは、出席を求めてさらに精細の質問をなすことを得」、「質問に対する答弁もしくは答弁をなさざる理由について、動議を提出するものあり、三十名以上の賛成あるときはこれを議題となすことを得」（読売新聞）。

両派の要請した修正内容に若干の違いはあっても、質問権を強化する点では、両者の趣旨は全く同一であることが注目される。召集直前の十一月十九日の朝日新聞には、「立憲自由、立憲改進、大成会の委員、十七日、星が岡茶寮で協議、十九日再び相談会にて修正を加えて、同規則案どおりに決定すという」と、各派が協議して決定した事実を伝えている。十二月二日の郵便報知新聞からも衆議院が自主的に議院規則を制定したことが推測される。「上院にては議院規則を議するに政府の仮りに編制せしものをそのまま採用し……たるほどなるに、下院はその処置全く反し政府の編制せしものは議員の大半ただその表題を見たるのみにて無論採用せざるものと決したり。下院議員は一切政府の処置を好まず権利を伸し得る限りは自動自作の決意なりと」。それゆえ、衆議院規則の中に新たに質問規定を挿入したのは、与党多数の意見であるのみならず、全議員のほとんどの意見であったと考えることができる。

五　質問の先例と発展

さて、質問は衆議院でどのように行われたか。質問の先例を見てみる。

明治二十三年十二月六日、山縣首相の施政方針演説が行われた。これに対する質問は、今日では代表質問として定着しているが、当時、施政方針演説に対して質問することは議院規則のどこにも書いてなかった。新井章は、「質問」の手続に従って、三十一名の賛成を得て質問主意書を提出し、首相の演説に対して質問を要求して、十二月十三日、教育、殖産興業、海陸軍の方針及び条約改正の成り行き並びにこれに関する将来にわたる内閣の方針について質問を本会議場で口頭で行った。議場では質問の性格が論ぜられた。質問者新井章「議場で質問し答弁をいただいた以上は、質問は議院の問題となった。質問者に限らず議員は誰でも答弁について質問できる。議長が発言を差しとめるのは不都合である」。末松三郎「大臣答弁は議場の質問者に対してのものでなく、質問者の求めに応じて議場でなした答弁だから、誰でも質問できる」。ここに、多くの議員によって質問が議院の権限であると意識されていたと見てとることができる。

衆議院は質問を口頭で行うことを実現したのみならず、施政方針演説に対する質問の先例をつくった。これは憲法制定者の意図に全く反することである。

原敬は、陸奥宗光農商務大臣秘書官当時、衆議院の質問の実態を次のように憂いていた。それは政府側の共通した認識であったと思われる。「質問を呈出するの方法は最も厳確なる方式あり　然るに今日の議会に行はるる質問の如きものを許すとせは　あるいは之を乱用して遂に同章質問の方式を烏有に帰するに至るの恐れなしとせす依て今にして相当の処置を施し豫め其の弊端を防止せんことを要す　右閣議を請ふ」[13]。

第一回議会、衆議院では質問主意書による質問二十一件、大臣出席・答弁のあったもの四件、書面答弁十六件、答弁のなかりしもの一件。質問主意書を提出し、質問の趣旨弁明を本会議で行い、質問は口頭で行うものだという先例を次々に積み重ねていった。明治四十一年版の「衆議院先例彙纂」は、「第一回議会以来議員より質問主意書を提出するときは概ね提出報告の当日、議場においてその質問の趣旨弁明をなすを例とし第十回議会よりは当日以外にもこれをなすことができることとなった。いずれも会議の初めにおいてなし、やむを得ざるときは会議の後に弁明したこともある。」と記している。なお、当時は貴族院においては施政方針演説もこれに対する質問も行われなかった。

明治四十三年二月五日には質問に関する規程ができ、第二十六回議会から火曜日を質問日と決定し、質問の件名を議事日程の初位に掲載し、議事日程に先立って質問者に趣旨弁明、つまり口頭質問を行わせ、答弁を得た後、日程第一に入ることを先例集に記載するに至る。質問者は再質問を認められ、さらに質問者以外の者でも関連質問をすることが認められる。これはイギリス衆議院の「質問時間」を彷彿とさせるものである。言いかえれば、衆議院は憲法や議院法の枠を超えて質問権を拡大し、口頭で質問する慣例をつくり上げたのである。議会は憲法によってつくられた権限しか持ち得ないものであるが、衆議院は憲法を超える権限を実際に行使してきたと考えることができる。

美濃部達吉教授は、大正五年十二月一日発行の「国家学会雑誌」で「議会ノ質問権」を取り上げ、衆議院がこういうふうに質問を発展させてきた先例を背景にしつつ、明治憲法の大権内閣制の下でも政党内閣制に固有の質問が可能であると議院の質問権を次のように解釈している。

質問権ハ決シテ総テノ議事機関ニ伴フ当然ノ権能ト見做スベキモノデハナイ。現在ノ議事ニ関係ノ無イ質問ヲ為スコトハ議事ノ秩序ヲ紊ルモノデアッテ、普通ノ議事機関ニ於テハ許スベカラザル所デアル。独リ一国ノ議会ニ於テ其レガ憲法ノ明文ヲ持タナイ当然ノ権能ト認ムベキコトハ、議会ノ特別ノ性質ニ基クモノデアッテ、即チ議会ガ政府ノ行為ヲ監督スルノ権能ヲ有シ随テ国務大臣ガ議会ニ対シテ政治上ノ責任ヲ負担スルコトヲ認ムルニ依リテノミ之ヲ説明スルコトガ出来ル」。

さらに教授は次のように論を進める。

わが国憲法は議会が政府の監督機関であり、国務大臣が議会に対して責任を負うようには明文上なっていないが、単に憲法上の明文のみで決することはできない。欧州諸国の議会では議会は政府の監督機関であり、これに特に反対の規定がない限り、同制度を採用したわが国議会においても同様の権限を持つものと考えられる。その上、憲法は国務大臣が議会に出席・発言できることを定め、また大臣が天皇輔弼の責任者であることを認めている以上、国務大臣は議院に対して政治上の責任を認めているものと解すべきは当然である。したがって議会は、憲法上の明文の規定の有無にかかわりなく、政府に対して、単なる質問のみならず、問責質問をなし得るは当然のことであり、議院法で質問を認めているのはその理由による。質問に関する議院法及び議院規則の規定は決して憲法を変更したものではない。議院の質問権は同時に政府の答弁義務を認めたことを意味する。答弁の義務なき質問は法律上の権能としては無意味である。

このようにして問責質問、言いかえればヨーロッパで言うアンテルペラシオンを日本の議会でも認めることができるとする解釈が展開された。

これに対して、質問権を議員の権限とする解釈は依然として根強く存在した。例えば清水澄「国法学1　憲法

編」（明治三十九年　大正八年増補第十二版）

この質問権を議員の権利となさずして議会の権利もしくは両議院の権利のごとく考え、議会もしくは各議院はこれをもって政府の責任を問うものなりと唱うる人ありといえども、この説は誤れり。何となれば、政府に対する質問は議会もしくは各議院の決議をもってするものにあらざればなり。要するにこの質問権なるものは不明なる点について説明を求めるにすぎずして、対議会の政府の責任と関係なきものなり。

昭和六年発行の衆議院書記官長田口弼一「帝国議会の話」には、質問のその後の経過が記されている。

衆議院では質問は本会議中、火曜日の会議の劈頭においてこれをなすことになっております。これはなるべく口頭で質問をなし、政府も口頭をもって答弁せんとするがため、特に火曜日と定め、同日関係国務大臣または政府委員は努めて繰り合わせ出席することになっております。しかし質問に対し書面で答弁することが漸く多くなってきました。書面で答弁があればその質問者に対しまして趣旨弁明は許さないのでありますから、次の質問者に移ります。……近来、答弁に対する意見陳述ということがあります。すなわち自分の質問に対し書面答弁があったについては、この際その質問または答弁に関し自分の意見を述べておきたいというのであります。これは質問の趣旨弁明が全部終わった後、許すのであります。また、自己の質問または質問に対する答弁に関するものであるから、議事日程の変更を要しない取扱いになっております。……緊急質問に対しては、火曜日に限りません、いつでも許すわけであります。」

この中にあるように「書面答弁が漸く多くなって」口頭質問が急に姿を消すのは、議会が戦時下に入って自由な政府批判の活動ができなくなっていったことと関連するのであり、容易に想像できるところである。

質問は、第六十七回議会に十七件、本会議において趣旨弁明が認められたのを最後に、昭和十年三月、口頭質問は本会議場から消えた。僅かに書面質問だけ残った。

六　日本国憲法と質問

昭和二十年、戦争終了後に、新たに日本国憲法の制定と国会を民主化するための改革が行われた。議院法にかわる国会法は、装いを新たにし、第八章に「質問及び自由討議」を設け、自由で活発な言論機関としての国会活動を期待した。条文と提案理由とを公式文書から引用する。

国会法第八章　質問及び自由討議

第七十四条　各議院の議員が、内閣に質問しようとするときは、議長の承認を要する。質問は、簡明な主意書を作り、これを議長に提出しなければならない。議長の承認しなかった質問について、その議員から異議の申立があったときは、議長は、これを承認するかどうかを議院に諮らなければならない。議長又は議院の承認しなかった質問について、その議員から要求があったときは、議長は、その主意書を会議録に掲載する。

〔理由　従来質問は三十人以上の賛成が必要であったが、今後は賛成者は不必要とし、議長の承認を要することにした。議長の承認しなかった質問について質問者が異議の申立をしたときは、議院の会議において承認するか否かを決することにし、また議長が承認しなかった質問で異議の申立のなかったもの及び議院が承認しなかった質問については、要求があれば、議長はその主意書を会議録に掲載することにした。〕

第七十五条　議長又は議院の承認した質問については、議長がその主意書を内閣に転送する。内閣は、質問主意書を受け取った日から七日以内に答弁しなければならない。この期間内に答弁をしないときは、理由を明示することを要する。

〔理由　承認された質問については、議長は従来通りその主意書を内閣に転送するのであるが、今後は、内閣がそれを受け取った日から七日以内に答弁すべきことにし、七日以内に答弁をしないときにはその理由を明らかにすべきことにした。質問の回転率の向上により再質問、再々質問が容易になる。〕

第七十六条　質問が、緊急を要するときは、議院の議決により口頭で質問することができる。

〔理由　従来先例によって認められていた緊急質問について、明文の規定を設けた。〕

第七十七条　質問に対する内閣の答弁に関し、議員の動議により、討論又は表決に付することができる。

〔理由　質問に対する内閣の答弁が不満足であるような場合、議員の動議により、これを討論に付し、また表決にも付し得ることにした。〕

第七十八条　各議院は、国政に関し議員に自由討議の機会を与えるため、少くとも、二週間に一回その会議を開くことを要する。自由討議の問題につき、議員の動議により、議院の表決に付することができる。自由討議における発言の時間は、特に議院の議決があった場合を除いては、議長がこれを定める。

〔理由　議員に政党の政綱、個人の意見、政府に対する質問等自由に発言させるために、自由討議の制度を設け、二週間に一回は必ずその会議を開くべきことにした。また、自由討議においては、なるべく多くの議員に発言の機会を与えるため、特に院議で議決がない限りは、議長がその発言の時間を定め得ることにした。〕

第七十七条は日本型のアンテルペラシオンだと考えられる。国会法制定当時、浅井清教授は、これに期待を込めて次のように説明された。

明治憲法時代の本会議における質問は、その迫力が弱く、国務大臣は、遁辞を弄して当座を糊塗する傾向があり、ために予算委員会で一問一答の質疑の形式をもって、国政全般に関する質問の効果の実を挙げることが慣例となっていた。もしこの答弁に対して、討論又は表決がなされ、答弁した国務大臣又は内閣の信任、不信任が決せられるようになれば、質問も答弁も真剣になされるであろう。この制度は国会として大いに活用すべきである。（「国会概説」昭和二十三年）

また、蠟山政道教授は、第七十七条について、「内閣の答弁が甚だ不十分であった場合などに適用せられる議員の権利であるとともに、国政審議の権限でもある。これの活用によって緊急事件に対する政府の適宜の措置を確保することもできる。」との期待を表明された。第七十八条の自由討議については、これにより、議員個人の意見表明と党議拘束のない自由な発言を期待された。（「国会法」（新憲法附属法講座第一巻昭和二十三年）

しかし、期待に反して、第一回国会では、口頭質問は緊急質問に限って三六件、書面質問は一二件、第五回国会では緊急質問は「緊急やむ得ざるものに限る」と早くも口頭質問を制限し始めた。「緊急やむを得ざるものとは天変地変、騒擾等に関するもので、その他議院運営委員会において緊急やむをえざるものと認めたものをいう」という申し合わせにより、その後、口頭質問は漸減し、ついに今ではゼロになってしまった。答弁に関して討論・表決は一度も行われなかった。また、新設の自由討議制は昭和三十年に廃止された。その廃止の理由は、第七十七条については「本条は、何らの実益がないからである」、第七十八条については「本条は、自由討議の実施状況にかんがみ、その必要性ないと認めたことによる。」というのである。

この質問と自由討議は当時の関係者にはほとんど理解されていなかったものと思われる。

国会法の制定に数々のサジェスチョンを行ったＧＨＱのウィリアムズ民政局国会課長は戦前の日本の議会を「インポテントなおしゃべり社交場」と酷評し（市雄貴、星健一訳「マッカーサーの政治改革」）、議会を真の言論の府としない限り、議会の民主化は成功しないと考えた。ウィリアムズ課長は、いっしょに来日したギクレー教授の指導を受けた。教授は一九三五年に'Japanese Government and Politics'という本を出版されている日本通であり、課長の先生格であった人である。戦後、一九五六年出版の'New Japan'の中で自由討議について、こう書いている。「このユニークな特色は、大臣（恐らくは官僚――引用者）に支配されないようなディスカッションの雰囲気の中で議員が free-for-all なディベートにより経験を積んでいく場を提供するのであり、正規の立法過程の外にあって、立法過程改善に貢献するであろう」。それが自由討議制サゼスチョンの一つのヒントとなった。

もう一つのヒントは、アメリカ議会のワン・ミニット・ディベートという制度である。開会直後に議員は一分間だけ自由にしゃべる機会が与えられる。一分間で意を尽くせないのを、会議録の Extention of Remarks 欄でその補足をすることが認められる。自由な発言は他の自由な発言を妨げないように時間制限が必要となる。こういう発想から自由討議のところに「発言の制限」という言葉が入ったと推測される。

また、アメリカ議会には adress the House という制度があって、議員は、当面の外交問題や内政問題について十分程度自由に意見を述べることができる。これもまた自由討議制のヒントとなった。

さらに、人気のあるイギリスのクエスチョン・タイムをアメリカに導入しようとする動きももう一つのヒントとなった。一九四三年、キーホーバー Kefauver 下院議員は、「各省及び独立機関の長は、議員が提出する口頭質問及び書面質問に対する答弁のために、少なくとも二週間に一回、下院に出席しなければならない」と提案したことがある。(14) これは日本の自由討議制と極めて似ている。賛成者が多かったが、議院内閣制を前提とした質問を大統領制の土壌に移すことは難しいということで実現しなかった。その提案内容は、後にウィリアムズ国会課長が日本側に対して指示した「自由討議制」に関する部分と次のように全く同じである（アンダーライン部分）。

Debate

a. Provision to be made for all menbers at least once every two weeks to take the floor and speak freely on national policy and important measures (possibly in the Committee of the Whole House).

b. If a time limit on speaking is fixed , speakers to be privileged to have their remarks extended in the official record.

Interpellations

a. to be subject to a definite time limit and thus permit more menbers to interpellate the Government.

終わりに

現在、日本における口頭質問の沈滞化とは逆に、議院内閣制の国の議会ではイギリス、フランス、ドイツなどにおける質問の充実ぶりは目を見張らせるものがある。列国議会同盟の調査報告書には、議院内閣制の国では「日本のみ質問及びこれに類する制度がないように見える」(15)とある。最近、国会では、国会活性化の起爆剤として、イギリス議会の「クエスチョン・タイム」を導入し、委員会で与野党党首による論戦を毎週一回開こうという提案がなされ、各党合意を得たと報ぜられた。

日本国憲法制定後五十余年経った一九九九年、西暦二〇〇〇年を期して、衆議院と参議院の両院に「国家基本で質問を行う点が外国の質問制度とは異なるが、今後の推移を期待しつつ見守ることとする。

政策委員会」を設置し、イギリス衆議院の「首相質問」をモデルにした首相と各党首によるディベートを毎週行うことが決まった。国会活性化の手段として、またしても質問がクローズアップされた。本会議でなくて委員会

(1)　国學院大学日本文化研究所編「近代日本法制史料集」第六　二〇―二一頁。

(2)　このような影響を受けたのであろうか、憲法制定前に発行された永井久満次「議院法講義」(明治二十二年) 七五頁には質問は「議院の権利」とされている。

(3)　稲田正次『明治憲法成立史』下　一一二頁。

(4)　「近代日本法制史料集」第二　二七頁。

なお、ここには憲法と書いてあるが、Verfassungsgesetz（憲法法律）であり、内容的には日本の議院法に相当する。

(5)　稲田、前掲書二三〇頁。

(6)　稲田、前掲書五七四頁。

(7)　稲田、前掲書六九八頁。

(8)　稲田、前掲書六九九頁。

(9)　この点について、大石眞教授は、「質問権は、もはや立憲制の要求に基づく議院の本来的な固有権限としてではなく、たんに議員の質問権として位置づけられるようになったことが、窺い知られよう」と指摘され、修正は単なる字句の修正にとどまらずに重要な意味ある修正であることを強調される（大石眞「日本立法資料全集　3　議院法」七六頁)。「議院の本来的な固有権限」の内容いかんにもよるが、議院内閣制の原則に由来する議院の権限としての質問を議院の会議における口頭質問ととらえると、伊藤、井上らは、質問についてこの段階において「議院の権限」から「議員の権限」に後退させたのではなくて、議会の「質問」が政府への批判や問責の手段に発

展するに至ることを懸念して、最初から「議員の権限」にとどめておこうとしたが、質問に関する規定の字句から議院の権限と誤って拡大解釈されるおそれが出てきたのでそれを防ごうとの配慮から、この最後の段階で字句を改めたと考えることができる。そのように考えると、井上や伊藤にとっては、この段階における修正は趣旨の変更にわたるものではなくて、もとの趣旨を貫徹するための字句の修正であったということになる。

（10） ワキ線は引用者。

（11） 大石眞「日本立法資料全集」3「議院法」（信山社）二七七頁。以下、議院法制定の経過については同書による。

（12） 伊東巳代治文書「新定衆議院規則中大臣及政府委員ニ関係ヲ及ホス規定」（憲二七三）。

（13） 原敬関係文書　第五巻五一一頁。

（14） Ogg and Zink, Modern Foreign Gvernment, 1949. p.105.

（15） Gaston Bruyneel, Interpellations, Questions and Analogous Procedures for the Control of Government Actions and Challenging the Responsibility of the Government. (Constitutional and Parliamentary Information 115) pp.66-89.

皇室制度形成過程における井上毅と柳原前光

——「皇族の範囲」を中心に——

川田敬一

はじめに

一　岩倉具視と井上・柳原

二　内規取調局立案「皇族令」と井上

三　宮内省立案「帝室典則」と柳原

四　「皇室典範」案の起草と井上・柳原

五　高輪会議における柳原意見

六　枢密院における審議

むすび

はじめに

戦後に形成された皇室制度について、最近では、とりわけ皇位継承者問題（皇統の保持）に関する議論が活発である。戦前においても、皇統を保持し皇室の基礎を鞏固にするため、「皇族の範囲」に関する制度についてさまざまな議論がなされた。

明治新政府樹立後、皇室制度の本格的な調査は、明治十五年（一八八二）設置の内規取調局にはじまり、二十二年に『皇室典範』が制定され、一段落する。その後、三十二年設置の帝室制度調査局や大正五年（一九一六）設置の帝室制度審議会において、皇室制度（『皇室典範増補』・皇室令等）は、詳細に調査・立案され、明治四十年以降大正十五年までにほぼ完備されるのである。

そのうち、まず、明治十六年までは岩倉具視が国家制度・皇室制度形成の中心であったが、岩倉の薨後は伊藤博文が主導権を握り、大日本帝国憲法や『皇室典範』を完成させることになる。この岩倉・伊藤と密接な関わりをもち、皇室制度形成に最も貢献したのが、井上毅および柳原前光にほかならない。

ところで、皇室制度のうち、皇位継承法が最も重要であるのはいうまでもないが、「皇族の範囲」を確定することは、皇位継承者を明確にするために不可欠であり、また皇室運営に不可欠な財産規定とも関係がある。

問題は、皇統を絶やさないようにすることは大前提であるが、①皇統に属する者すべてを皇族とするのか、②天皇からある程度の世数までの者を皇族とするのか、いずれを採用するのかである。①を採れば、皇位継承者が絶える可能性はほとんどなくなるが、皇族が増加しすぎれば皇室の財政は逼迫する。逆に、②を採れば、皇室の財政は安定するが、皇位継承者が途絶える可能性が生じる。

この問題は、『皇室典範』制定過程において、井上と柳原との間で親王宣下や臣籍降下の制度も含めて議論された。そこで、本稿は、柳原・井上が「皇族の範囲」をいかに制度化しようとしたのかを、両者の相違点に着目して明らかにする。そのうえで、彼らの皇室制度構想が、戦前の皇室制度史上、どのような意義をもったのかを改めて検討する。

一　岩倉具視と井上・柳原

まず、井上毅・柳原前光の経歴を概略してから、皇室制度調査における岩倉具視との関わりを明らかにする。

井上毅は、天保十四年（一八四三）十二月十八日、熊本藩家老米田家の家臣飯田権五兵衛の三男として生まれ、慶応元年（一八六五）、同家中の井上茂三郎の養子となった。明治四年（一八七一）に司法省出仕となり、翌年渡欧（六年帰国）、また七年大久保利通の随員として清に派遣された。十四年には参事院議官となり、法制局御用掛・内閣書記官長・図書頭なども兼任した。そして、十九年から伊藤博文のもとで憲法・『皇室典範』の草案を作成したのである。二十一年より法制局長官・枢密院書記官長を務め、二十三年教育勅語を起草し、同年枢密顧問官、二十六年からは第二次伊藤内閣の文部大臣となった。明治二十八年（一八九五）一月子爵に叙せられたが、同年三月十五日に薨去したのである（数え五十三歳）。

柳原前光は、嘉永三年（一八五〇）三月二十三日、公卿（従一位）柳原光愛の長男として京都に生まれた。妹愛子は、大正天皇の生母である。明治三年（一八七〇）清に派遣され、条約締結の予備交渉を行い、翌年、岳父伊達宗城に随行して再び渡清し、日清修好条規の締結を成功させた。八年に元老院議官に任ぜられ、十三年には特命全権公使としてロシアに駐劄した。帰国後、十六年に賞勲局総裁となり、十七年伯爵に叙せられ、その後、元老院副議長、同議長を兼任した。その間、十九年以後、伊藤のもとで『皇室典範』の草案を起草し、帝室制度取調委員長（二十一年）にも任命されたのである。さらに貴族院議員（二十三年）、宮中顧問官（二十七年）を歴任したが、明治二十七年（一八九四）九月三日に薨去したのである（四十五歳）。

士族出身の井上は法制官僚、公家出身の柳原は外交官であったが、両者とも、清およびヨーロッパに派遣されて活躍し、しかも伊藤博文にその才能を見いだされ、『皇室典範』の制定に貢献したのである。

さて、岩倉具視との関係である。井上毅は、明治九年（一八七六）の元老院に対する憲法取調の詔にこたえて、岩倉に「上岩右相意見書」(1)や「奉儀局取調不可挙行意見」(2)を提出し、ヨーロッパ型の立憲制度の本質およびその重要性を説いた。また、十四年、岩倉に提出した憲法意見書「大綱領」「綱領」(3)が政府の憲法構想の基準となり、皇位継承法を憲法と区別して起草することが決定されたのである。

いっぽう、明治十三年（一八八〇）にロシア公使を命じられた柳原前光は、ヨーロッパ各国の王室制度を調査し、十五年、岩倉に、皇室制度調査の重要性や方法を記した書翰を再三送付した。(4)彼の示した調査方針は、①立憲政体の樹立を見すえて、鞏固でかつ国民からも尊敬される皇室制度を確立すること、②特別の一局を設けて国家制度とは別に皇室制度を調査すること、③日本古来の制度の長所を残し、ヨーロッパ王室制度を参考にして皇室制度を整備すること、であった。そのためであろう、十五年十二月、岩倉の建議により宮内省に内規取調局が設置され、岩倉が総裁心得となる。(5)

以上のように、井上も柳原も、当時、政府の中枢にあった岩倉に対して、ヨーロッパ型の近代立憲君主制度をわが国でも整備すべきとする意見書を提出し、それぞれの建議が認められ、皇室制度形成の初期方針が確定されたのである。

二　内規取調局立案「皇族令」と井上

柳原前光の建議により設置された内規取調局で、明治十六年（一八八三）に「皇族令」(6)が起草された。そこには、まず、規定意図が以下のように記されている。

皇親ヲ冊封シ、位号ヲ定ムルハ根ヲ深クシ、本ヲ固クシ、以テ不抜ノ基ヲ扶クベシ。(略)皇族ハ、皇親ノ等差ニ応ジ親王以下世数ヲ定メ、以テ親疎ノ秩序ヲ正シ尊卑ノ分ヲ明カニシ、要スルニ、皇親ヲ待遇セラルルヤ、私情ヲ以テ正理ヲ害スルコトナク、国体ノ益ス鞏固ナランコトヲ企望ス。

つまり、「皇族令」は、皇統を保持し皇室の基礎を磐石にするため、親疎に応じて客観的に皇族の待遇を定めようとしたものである。これにつづけて、「皇族の範囲」については、左のような規定があった。

一、皇子女ヲ親王・内親王ト称シ、其他皇族ヲ王・女王ト称ス。
一、親王ヨリ五世ニ至リ、姓ヲ賜ヒ華族ニ列シ、家産ヲ賜ヒ帝室ノ支給ヲ止ム。
但、養子トナルモ、仍ホ其世数ヲ変ズルコトナシ。

つまり、「皇族の範囲」を四世までに限定して、五世以下には姓を与え華族とし、その際、一家存続のための財産を与えると規定したのである。これには、皇統を保持するためには皇族を確保しなければならないが、「皇族の範囲」が拡大しすぎれば、皇族の品位を保つことができず、皇室の尊厳を損うことになるので、「皇族の範囲」を制限して、皇室の経済基盤を鞏固にしようとする意図があった。

ここで、問題は、四親王家および親王宣下を廃止するのか否かである。四親王家（世襲親王家）とは、室町時代に成立した伏見宮、および戦国末期から江戸時代に創設された桂宮・有栖川宮・閑院宮の四家のことで、その嫡子が天皇の養子となって親王宣下をうけ、皇統の備えとしての役割を担った。

しかし、親王宣下は、皇子を親王とする「皇族令」の趣旨に反し、また四親王家についても「皇族令」では明確にされていないが、その先行草案と思われる「皇族内規」[7]に「四親王家ノ称ヲ止ム」とあった。よって、「皇族令」が四親王家および親王宣下の廃止を予定していたことは、確かであったといえる。

そこで、十六年七月に山県有朋が「皇族令」に対する修正意見[8]を提出し、四親王家および親王宣下の存続を主張した。つまり、直宮には親王宣下を及ばせる必要はなく、親王・内親王と称すべきであるが、その他の皇族には、親王宣下の例を廃してはならない。また、五世以下を皇族でないとしたのは、大宝令や周の制度を参考にしたようであるが、古典の間違った解釈だと反論したのである。

この意見書を実際に起草したのが、井上毅である。同年六月二十七日、同じ内容の「皇族考」[9]を山県に送付している。さらに、その後も、井上は、皇族が五世になったからといって臣籍に列したことは古来に例がなく、かえって将来不便が生じるとして、臣籍降下に反対している。[10]

三　宮内省立案「帝室典則」と柳原

明治十六年（一八八三）七月、「皇族令」が完成しないまま、内規取調局総裁心得岩倉具視が薨去した。また、内規取調局は、調査にある程度の成果があったことから、同年十二月、廃局となった。[11] 翌十七年三月、宮中に制度取調局が設置され、伊藤博文が長官に任命された。同局員には、寺島宗則・井上毅・牧野伸顕・尾崎三良・岩倉具定・小中村清矩・富井政章らが選ばれた。[12] ここで引き続き、皇族制度が調査されたのである。

制度取調局での成果は「牧野文書」に残っており、その「皇族令」[13]には、左のような「皇族の範囲」に関する規定がある。

第一　皇胤ニシテ臣籍ニ列セザルモノヲ、惣テ皇族ト称ス。

第五　親王・諸王ノ二男以下、丁年以上ニ至レバ、華族ニ列スルコトアルベシ。

つまり、内規取調局の「皇族令」と同様、原則として永世皇族主義を採りながら、臣籍降下の道も開いている。また、それだけでなく、制度取調局での調査書から、[14] 四親王家の存続も検討されていたことがわかる。ところが、制度取調局は、十八年十二月二十二日、内閣制度の成立にともない廃されたのである。[15]

制度取調局の廃局後は、宮内省で皇室制度の調査が続けられた。宮内省で立案された最初の草案が「宮内省立案第一稿皇室制規」（以下「皇室制規」）[16]で、つづいて「宮内省立案第二稿帝室典則」、[17] 明治十九年六月に「宮内省第三稿帝室典則」[18]が起草された。これらは、制度取調局での調査を土台にしたもので、「皇族の範囲」に関する規定は、制度取調局の「皇族令」とほぼ同様のものであった。以下に、「宮内省第三稿帝室典則」のうち、「皇族の範囲」と臣籍降下の規定を抄出する。

第十二　皇胤ニシテ臣籍ニ列セザルモノヲ、総テ皇族ト称ス。

但、親王・諸王ノ妃ハ内王ト称シ、皇孫ノ礼遇ヲ享クベシ。

第十六　親王・諸王ノ二男以下、丁年以上ニ至レバ、特旨ヲ以テ華族ニ列スルコトアルベシ。

なお、「皇室制規」や「帝室典則」には、皇位継承法が規定されており、その意味では、内規取調局や制度取調局の「皇族令」とは決定的に異なるものである。また、「皇室制規」には、「第十九　親王及諸王ノ二男以下ハ、華族ノ養子トナルコトヲ得」とあり、皇族が華族の養子になることも認めていた。

ところで、明治十六年に帰国した柳原前光は、十九年六月の「宮内省第三稿帝室典則」に対して、尾崎三良・東久世通禧など（三条實美グループ）と検討を加え[19]、「帝室法則綱要[20]」を起草し、七月八日、三条實美に提出した。以下に、「皇族の範囲」および臣籍降下に関する部分を抄出する。

第四章　皇族

第十八条　皇胤ニシテ臣籍ニ列セザル者、都テ皇族ト号ス。

第二十八条　近属ノ皇胤男子、繁昌スル時ハ、遠属中ヨリ庶少ヲ先ニシ嫡長ヲ後ニシ、漸次、氏ヲ賜ヒ華族ニ列スベシ。

但、特別ノ理由アル時ハ、此限ニ在ラズ。

この修正意見で、柳原は、「帝室典則」と同様、原則として臣籍に列さない皇胤はすべて皇族としながら、皇胤男子が増加するときは華族に列することを可能にした。しかし、「帝室典則」と異なり、臣籍降下を認めるのは、皇位継承資格者が増大したときに限定しており、皇統の保持だけでなく皇室財政も考慮している。このように、柳原は、皇統の連続や皇族の品位を第一に考えながら、皇室の財政不足を回避できる皇族制度を、議会開設前に整備しようと考えたのである。

なお、井上毅は、「皇室制規」に対して「謹具意見」[21]、「宮内省立案第二稿帝室典則」に対して「帝室典則意見」[22]を提出したが、原則的に永世皇族主義が採用されていたためか、直接「皇族の範囲」に関する意見はない。

四 「皇室典範」案の起草と井上・柳原

宮内省で立案された「帝室典則」も、結局施行されなかった。その後、伊藤博文の主導で、柳原前光・井上毅が中心となり、「皇室典範」案が起草される。まず、明治二十年（一八八七）一月、柳原は、「皇室法典初稿」（以下「柳原初稿」[23]）を伊藤に提出した。このうち、「皇族の範囲」および臣籍降下に関する規定は左の通りである。

第三章　皇室組織

第十九章　皇族列臣籍

第二十二条　皇子以下臣籍ニ列セザル男女、総テ皇族ト号ス。

第百六十四条　皇玄孫以上ハ、皇親ニシテ適当ノ皇位継承者タルヲ以テ、容易ニ臣籍ニ列スベカラズ。

第百六十五条　皇族繁昌シ、歳俸支出ニ苦ム時ハ、近族ノ継承者十員内外ヲ存立シ、其他ハ、嵯峨帝勤倹ノ例ニ依リ、臣籍ニ列スルコトヲ得。此時ニ当テハ、前条ノ限ニ在ズ。

第百六十八条　皇位継承者不足ナキ時ハ、疎少ヲ先ニシ親長ヲ後ニシ、漸次臣籍ニ列スベシ。

つまり、柳原の「帝室法則綱要」と同様、皇胤に属すれば皇族と称するとしたうえで、皇位継承者が充分な場合にのみ、臣籍降下の道を開いている。この「柳原初稿」をうけた井上は、同年二月、修正を加え、皇室関係事項を規定した「皇室典範」と皇族関係事項を規定した「皇族令」とに区別して起草した。[24] 以下に「皇族令」のうち「皇族の範囲」および臣籍降下の規定を抄出する。

第一章　皇族身分

第一条　皇族ト称スルハ、太皇太后・皇太后・皇后・親王・内親王・親王妃・諸王・女王・諸王妃ヲ謂フ。

第二条　諸王ノ姓ヲ賜ヒ人臣ニ列シタル者及女王ノ他姓ニ嫁シタル者ハ、皇族ノ列ニ在ラズ。

第九章　皇族列臣籍

第六十二条　皇位継承ノ権アル者、十員以上ニ充ツルトキハ、皇玄孫以下疎遠ノ皇族ヲ以テ、逓次臣籍ニ列スルコトアルベシ。

但、皇族蕃殖シ、皇位継承ノ権アル者不足ナキトキハ、皇玄孫以上モ亦臣籍ニ列スルコトアルベシ。

右の規定は「柳原初稿」と同旨であるが、このころ、井上は、柳原と意見の一致しない事項に関し、伊藤に裁定を仰いでいる。[25] 柳原は、皇子は親王宣下をしなくても生まれながらに親王とする現在の制度をすすめ、皇玄孫にまでこれを及ぼすべきことを希望している。また、四親王家を存続させれば、皇位継承規定（客観的に天皇からの世数により継承者を定める）に抵触するので、「断然廃スル外、道ナシ」としている。

これに対し、井上は、嫡出の皇子を生まれながら親王と称し、庶出皇子および他の皇族は親王宣下の式を終えてはじめて親王とすべきことを提案している。また、ヨーロッパの例を挙げ、四親王家の存続も訴えたのである。

その後、三月、柳原は、「皇室典範再稿」[26]を伊藤に提出した。その第十章「皇族列臣籍」は、「柳原初稿」の規定とほぼ同様のものであった。

五　高輪会議における柳原意見

明治二十年（一八八七）三月二十日、伊藤博文の高輪別邸で、「皇室典範」および「皇族令」についての会議が開かれた。[27]

ここでも、柳原前光は、皇族は五世に至れば「親尽ル」といい、臣籍に降下するまでは皇族と称するものであるが、逓次臣籍に列するのが「本朝ノ典憲」で、「往古、世襲皇族ノ制」はない。世襲皇族の制度は、封建時代に起こったもので、一種の「家株」のようなものであるから、「皇系」から論じれば「甚ダ妥当ナラザルモノ」である。よって、今日では、世襲皇族の制度を廃して、皇玄孫までを親王、それ以下は単に皇族の地位とし、漸次、遠系より臣籍降下させてはどうか、と提案した。

これに対し、伊藤は、柳原と同様、世襲皇族は「素ヨリ廃セザルベカラズ」と考えたので、「皇玄孫以上ヲ親王ト称シ、以下ヲ諸王ニ列シ、皇系疎遠ナルモノハ逓次臣籍ニ降シ、世襲皇族制ヲ廃スル事」が決定された。これにともない、親王宣下も廃止されることになった。

そして、高輪会議の決定をもとにして、柳原は、四月に、「皇室典範艸案」[28]を起草した。そこには、起草理由が附箋で示された。

第九章　皇族

第四十六条　皇族ト号スルハ、太皇太后・皇太后・皇后・皇太子・皇太子后・皇太孫・皇太孫后・親王・親王后・内親王・王・王后・女王ヲ謂フ。

第十一章　皇族列臣籍
第七十一条　皇位継承ノ権アル者増加スルニ従ヒ、皇位ヲ距ルコト五世以下疎遠ノ皇族ヨリ逓次臣籍ニ列スベシ。
「附箋　皇族ハ、即チ皇位継承ノ権アル者ナリ。皇位継承ノ権アル者ハ、即チ皇族ナリ。故ニ、左ノ如ク修正スルヲ穏当トス。
皇族増加スルニ従ヒ、五世以下ノ疎属ハ、逓次臣籍ニ列スベシ。」

さらに、翌二十一年五月、井上毅は、七十七条からなる「皇室典範」（以下「七七条典範」[29]）を立案したが、これも高輪会議の結果に準じたものであった。

ところが、井上の「七七条典範」に対し、伊藤が「皇族ヲ臣籍ニ列スル二条ヲ削ルベシ」[30]としたので、臣籍降下規定は削除されたのである。

ここで、疑問なのは、従来から永世皇族主義を主張していた井上が、彼の草案に「皇族列臣籍」の規定を残したことである。これは、井上の永世皇族主義は、四親王家および親王宣下とセットで考えられたものであったから、それらを否定された以上、皇室財政のことを考慮すれば、臣籍降下を規定せざるをえなかったと思われる。

また逆に、高輪会議において「皇系疎遠ナルモノハ逓次臣籍ニ降シ、世襲皇族ノ制ヲ廃止スル事」と、臣籍降下の制度に賛同していた伊藤が、「七七条典範」に対して、臣籍降下の規定を削除すべしとしたことも疑問である。これは、枢密院でも問題提起されることになるが、解釈で臣籍降下の道を残そうとしたようである（次節参照）。なお、寺島宗則や伊藤の修正を経た草案[31]が、枢密院御諮詢案となる。

六　枢密院における審議

枢密院で「皇室典範」が審議されるのは、明治二十一年（一八八八）五月二十五日からであるが、柳原前光は、その前日、伊藤に対して左のような建議をなした。[32]

①皇族が増加すれば、「帝室費」が不足し、皇族の歳費額が減少することになるので、皇室の威厳が損われる。

②「賜姓列臣籍」の制度は、長年の慣例であり、皇室の尊厳を維持するものである。

③ヨーロッパの「永世王室」は、一夫一妻によるものなので、わが国のように支系が増加することはない。

このように、柳原は、財政問題および日欧両制度の相違を理由に、永世皇族主義に異議を唱え、従来の主張通り、臣籍降下の制度を『皇室典範』に規定すべきことを建議したのである。

また、六月四日および六日の枢密院会議[33]において、その諮詢案に臣籍降下のことが規定されなかったにもかかわらず、内大臣三条実美は、皇室財政問題を理由に、臣籍降下を『皇室典範』に規定すべきであると次のように主張した。

五世以下ハ王・女王ト称フトアルニ拠レバ、百世ノ後ニ至ルモ、皇族ハ永世皇族ナルガ如シ。皇統ノ御繁栄ハ固ヨリ願フ所ナリト雖ドモ、例令ヘバ百世ト云フトキハ、皇統ヲ距ル既ニ遠シト云フベシ。而シテ、皇族ノ数モ甚ダ増加スベキニ付、或ハ帝室ヨリノ御支給充分ニ行届カズシテ、却テ皇族ノ体面ニ関スルガ如キコト起ラザルヲ保セズ。故ニ、或ハ但シ書キヲ以テスルモ可ナリ。桓武天皇以来ノ成例ヲ存シ、姓ヲ賜フテ臣下ニ列スルノ余地ヲ存シ置タシ。然ラズシテ、他日已ムヲ得ザルノ場合ニ臨ミ、遽カニ姓ヲ賜フテ臣籍ニ列スルノ例ヲ復スルガ如キコトアラバ、一旦確定セラレタル典範ノ条規ヲ傷クルノ嫌アリ。故ニ前述ノ但書ヲ加ヘンコトヲ請フ。

これは、柳原が三条に近い存在であったことから、柳原の示唆によるものと考えてよい。また、宮内大臣土方元久、司法大臣山田顕義、逓信・農商務大臣榎本武揚、枢密顧問官佐野常民、宮内次官兼枢密顧問官吉井友美、枢密院副議長寺島宗則、元老院議長兼枢密顧問官大木喬任も三条に賛成した。

これに対し、井上毅は、大宝令や継体天皇の例を挙げて、多少の支障があっても、なるべく皇族の範囲を拡張することが皇室の利益（皇統の確保）になるとして強行に反対したのである。また、枢密院議長伊藤は、『皇室典範』は必ずしも臣籍降下を認めないとするものでないと述べた。結局、三条の意見は否決され、臣籍降下の制度を明文化することは採用されなかったのである。

なお、井上は、枢密院での審議中、六月五日、皇室財政のことを考慮し、親王宣下の制度を残すべきとする以下のような書翰を、伊藤に送っている[34]。

昨日之議題ニ付、退而猶愚考仕候ニ、皇親・皇族と区別いたし居候而も、実際にやはれ（ママ）、皇族供給之多費ニ堪へざるに至る憂ハ、同様に有之候半歟、且各国に無例事歟とも被存候。

此に一愚案を提出候て、奉供取捨候。

皇族之多ニ過る掛念は、畢竟妾腹之制限なきに因る也。（略）

依て者皇庶子孫ニ限リ親王宣下之旧制を存せられ、御直之宮ハ宣下を以て始て中外に御披露有之。丁度欧州流之私生児を公認するの式に類せしめ、其他、二世以下之親王及諸王は、都合により適宜に宣下公認ありて可然。若公認なき皇子孫は華族になさるる歟、又ハ相応之家産を賜はり、従而氏姓を賜はる様之の便法になされ候はば、後来の変状に従ひ、伸縮自在ニ而実際之都合よろしく、且体面においても尤妙ニ奉存候。文武帝慶雲ノ詔ニ、五世以下承嫡者、相承為王、自余如令（大宝令）、とある事ニも符合いたすべく候。（略）。

いっぽう、柳原は、『皇室典範』が制定される一か月前の明治二十二年一月十二日、井上および伊藤に、「皇族遠系ヨリ漸次賜姓授爵ノ事アルベシ」とする書翰を送付している。以下は、井上に宛てたものである。[35]

此事ハ、祖宗以来ノ慣例ナリ。且実際ニ於テ数回考案スルニ、嫡庶出ヲ論ゼズ、公認スル皇族ノ制アル上ハ、必ズ欠クベカラズ。欧州ノ例ヲ援キ難シ。現ニ昨年清棲家教（伏見宮弟）モ伯爵ヲ授ケラレタリ。蓋シ、皇族ノ歳俸少ナキ時ハ体面ヲ保チ難ク、多クスルトキハ帝室費支ヘ難シ。試ニ永世皇族ノ制ヲ立ルトキハ、今日数百万ノ源平以下皇別ノ人種ハ皆皇族タルナリ。議論ヨリハ実際ニ於テ行ハレ難シ。

但シ、皇族臣籍ニ下ルトキハ、皇位継承権ヲ失スルユヘ、濫ニ之ヲ行フヲ防グタメ、此時ハ枢密院ニ諮詢ヲ要ス。此説ハ、宮内大臣以下一般之ヲ主張ス。

強テ永世皇族ノ制ヲ主張スルモ、実際ニ於テ十年ヲ出デズ。必ズ此コトニ於テ典範ヲ改正スルニ至ラン。

このように、枢密院で「皇室典範」案の審議中に、井上は親王宣下の制度を、柳原は臣籍降下の制度を、明確にすべきことを強調した。両者とも、将来起こりうる皇室の財政問題を憂慮してのことなのは明らかである。しかも、柳原は、永世皇族制は必ず改正することになると断言している。

枢密院の審議を終えた『皇室典範』は、明治二十二年二月十一日、大日本帝国憲法と共に制定されたが、そこには親王宣下はもちろん、臣籍降下の制度も規定されなかった。「皇族の範囲」に関係する規定（第七章「皇族」）は左の通りである。

第三十条　皇族ト称フルハ、太皇太后・皇太后・皇后・皇太子・皇太子妃・皇太孫・皇太孫妃・親王・親王妃・内親王・王・王妃・女王ヲ謂フ。

第三十一条　皇子ヨリ皇玄孫ニ至ルマデハ、男ヲ親王、女ヲ内親王トシ、五世以下ハ、男ヲ王、女ヲ女王トス。

つまり、皇統に属すればすべて皇族と称されることになったのである。

むすび

井上毅も柳原前光も、明治十年代から、政府の中心人物であった岩倉具視や伊藤博文に認められ、皇室制度・国家制度の基礎を作った。そのうち「皇族の範囲」について、両者とも、皇統（皇位継承者）の確保および皇室の財政を考慮して、法文化しようとしたのは明らかである。

その方法はそれぞれ異なり、井上は、従来からある、皇統を確保するための四親王家および親王宣下の制度を存続させることにより、「皇族の範囲」を制限しようとした。いっぽう、柳原は、原則として、皇統に属する者すべてを皇族とすることにより皇位継承者を確保しつつ、増加しすぎれば遠系の者から臣籍降下させようとしたのである。

岩倉・伊藤も、柳原と同様、四親王家や親王宣下の制度を廃して、皇統に属する者すべてを皇族にし、臣籍降下の道も明文化するとの方針であった。そこで、井上が反論したのであるが、皇族の待遇を恣意的に決めないとする当初の方針を守るためには、四親王家や親王宣下の制度は不適当であった。それだけでなく、臣籍降下の制度も、明治二十一年五月の井上の「七七条典範」に対して伊藤が異議を唱えたため、「皇室典範」草案から削除された。つまり、皇統の確保だけが優先されたのである。

これに対して、あくまで、井上は親王宣下の存続を、柳原は臣籍降下制度の明文化を、伊藤に建議したが、『皇室典範』に、彼らの意見は反映されなかったのである。

ところが、明治三十年代になると、皇室費の不足が顕著になったことや、他の皇室制度も整備すべきことが建議され[36]、明治三十二年に帝室制度調査局が設置された。総裁伊藤が同局設置当初になした訓諭にも、『皇室典範』制定時は皇族の人数が少なく、皇統を保持する必要から「皇族の範囲」を制限しなかったが、その後、皇族の人数が増加したので、財政上の理由から「皇族の範囲」を設定することは、今日の急務になった、とある[37]。そこで、皇室の尊厳を永遠に保持するために、「祖宗ノ遺法」によるとして、「五世以下ノ皇族男子ヲ臣籍ニ列スルノ制」が立案され、臣籍降下が明確に規定された。その後、数度の修正が加えられ、明治四十年（一九〇七）、五世以下の王に臣籍降下を認める『皇室典範増補』が公布されたのである。その立法趣旨は、このまま皇族の人数が増加すれば皇室財政が逼迫するおそれがあるので、それを回避することにあった[38]。つまり、明治十六年以来の柳原の主張が、二十年以上経ってようやく法文化されたのである。

以上のことから、「皇族の範囲」に関する規定について、方法は異なるが、井上も柳原も、皇室制度全体を考慮して起草したことは明かである。しかも、「皇族の範囲」を制限しようとする彼らの意見は、『皇室典範』に採用されなかったが、結局、柳原の主張通り、財政問題から臣籍降下の道が開かれた。

また、井上の主張（親王宣下の存続）は、皇位継承者が恣意的に決められる可能性がある。そこで、天皇を中心とした国家の基礎を磐石にするには、客観的に「皇族の範囲」を定める必要があったため、採用されなかったと思われる。

なお、現在の皇位継承問題を考えるには、女帝や養子、庶出皇子についても検討しなければならないが、それは今後の研究課題としたい。

（1） 梧陰文庫研究会編著『梧陰文庫影印―明治皇室典範制定前史』昭和五七年・國學院大学（以下『梧陰文庫影印前史』）四九～五九頁。井上毅伝記編纂委員会『井上毅伝・史料篇』第一 昭和四一年・國學院大学図書館（以下『井上毅伝・史料篇』一）九二～九四頁。小林宏・島善高編著『立法資料全集16 明治皇室典範』上 平成八年・信山社（以下『立法資料明治典範』上）二九二～二九三頁。

（2） 『梧陰文庫影印前史』六〇～六九頁。『井上毅伝・史料篇』一、一一九～一二一頁。『立法資料明治典範』上、二九七～二九八頁。

（3） 『梧陰文庫影印前史』一五八～一六三頁。多田好問編『岩倉公実記』下 昭和四三年・原書房（以下『岩倉公実記』）七一五～七三七頁。『立法資料明治典範』上、二九九～三〇一頁。

（4） 明治十五年七月二十七日・八月十八日・十月十九日・十一月二十七日付の岩倉宛柳原書翰（『岩倉公実記』九六九～九八〇頁）。

（5） 宮内庁『明治天皇紀』五 昭和四四年・吉川弘文館、八三六頁。

（6） 国立国会図書館憲政史料室所蔵「三条家文書」三九―二。『梧陰文庫影印前史』四八八～四八九頁。『立法資料明治典範』上、三〇五～三〇六頁。「皇族令」の起草理由は「皇族令ヲ定ムルノ議」に記されている。

（7） 国立国会図書館憲政資料室所蔵「憲政資料室収集文書」一一三九―一六。『立法資料明治典範』上、三〇四～三〇五頁。

（8） 國學院大学所蔵「梧陰文庫」（以下「梧陰文庫」）A三〇。『梧陰文庫影印前史』二五一～二五七頁。『立法資料明治典範』上、三〇六～三〇八頁。

（9） 『井上毅伝・史料篇』一、三六一～三六五頁。

（10） 明治十六年六月二十七日・七月七日に主張した（『井上毅伝・史料篇』一、三六一頁。井上毅伝記編纂委員会

『井上毅伝・史料篇』第四　昭和四六年・國學院大学図書館（以下『井上毅伝・史料篇』四）昭和五〇年、六一八〜六一九頁）。

(11) 宮内庁『明治天皇紀』六　昭和四六年・吉川弘文館（以下『明治天皇紀』六）一四八頁。

(12) 『明治天皇紀』六、一八一。春畝公追頌会『伊藤博文伝』中　昭和一五年・統正社、三七二頁。

(13) 国立国会図書館憲政資料室所蔵「牧野伸顕文書」（以下「牧野文書」）八。『立法資料明治典範』上、三四四〜三四五頁。

(14) 「牧野文書」八。『立法資料明治典範』上、三四一〜三四五頁。

(15) 『明治天皇紀』六、五一八頁。

(16) 「梧陰文庫」A三二。『梧陰文庫影印前史』二五八〜二七〇頁。『立法資料明治典範』上、三四五〜三四七頁。

(17) 「梧陰文庫」A三三。『梧陰文庫影印前史』二七一〜二八三頁。『立法資料明治典範』上、三五四〜三五五頁。

(18) 「梧陰文庫」A三四。『梧陰文庫影印前史』三〇四〜三一〇頁。『立法資料明治典範』上、三六一〜三六二頁。

(19) 尾崎三良『尾崎三良日記』中（平成三年・中央公論社）二四〜二七頁。

(20) 「三条文書」三九―七・八。伊藤博文『秘書類纂　帝室制度資料』上（原書房・昭和四五年。以下『秘書類纂帝室』）四一〇〜四一六頁。『立法資料明治典範』上、三六六〜三六九頁。

(21) 『梧陰文庫影印前史』四九九〜五〇六頁。国立国会図書館憲政資料室所蔵「憲政史編纂会収集文書」（以下「憲政」）四八三。『秘書類纂帝室』二五九〜二七七頁。『立法資料明治典範』上、三四七〜三五四頁。

(22) 『井上毅伝・史料篇』一、四九八〜五〇二頁。『梧陰文庫影印前史』二八四〜三〇三頁。『立法資料明治典範』上、三五六〜三五九頁。

(23) 梧陰文庫研究会編著『梧陰文庫影印―皇室典範制定本史』（昭和六一年・國學院大學。以下『梧陰文庫影印本史』）七五〜一四三頁。「三条文書」三九―一〇。『立法資料明治典範』上、三七〇〜三八〇頁。

(24) 「皇室典範」（「梧陰文庫」A三九。『立法資料明治典範』上、四〇〇〜四一〇頁）。「皇室令」（「梧陰文庫」B五六。『梧陰文庫影印本史』一八四〜二二一頁。『立法資料明治典範』上、三八三〜三八八頁）。

(25) 「皇室典憲ニ付疑題乞裁定件々」（「梧陰文庫」B五三。「憲政」四七七。『秘書類纂帝室』二二九〜二五二頁。

『井上毅伝・史料篇』一、五〇三〜五一六頁。『立法資料明治典範』上、三八八〜三九八頁）。「疑題件々ニ付柳原伯意見」（「憲政」四七七。『立法資料明治典範』上、三九八〜四〇〇頁）。

（26）「憲政」一八。『秘書類纂帝室』一六九〜二〇〇頁。『立法資料明治典範』上、四三四〜四四二頁。

（27）「皇室典範皇族令草案談話要録」（「憲政」五三。『梧陰文庫影印本史』四八八〜四九八頁。『立法資料明治典範』上、四四七〜四五七頁）。

（28）『梧陰文庫影印本史』二七九〜三一八頁。『立法資料明治典範』上、四五七〜四六七頁。

（29）「梧陰文庫」A四〇。

（30）「憲政」二一。

（31）「梧陰文庫」A五一。「憲政」二三。

（32）「皇室典範箋評」（「憲政」三七。『秘書類纂帝室』二〇一〜二一三頁。小林宏・島善高編著『立法資料全集17明治皇室典範』下　平成九年・信山社（以下『立法資料明治典範』下）五一七〜五一八頁）。

（33）国立公文書館『枢密院会議議事録』一（昭和五九年・東京大学出版会）六九〜八〇頁。『立法資料明治典範』下、五七二〜五八〇頁。

（34）『井上毅傳・史料篇』四、一二二〜一二三頁。伊藤博文関係文書研究会編『伊藤博文関係文書』一　昭和四八年・塙書房、三七八頁。

（35）井上毅伝記編纂委員会『井上毅伝・史料篇』第五　昭和五〇年・國學院大学図書館、二四〇〜二四一頁。伊藤博文関係文書研究会編『伊藤博文関係文書』八　昭和五五年・塙書房、六八〜六九頁。

（36）伊藤が天皇に奉呈した意見書（春畝公追頌会『伊藤博文伝』下　昭和一五年・統正社（以下『伊藤博文伝』下）三三五〜三四八頁）。

（37）『伊藤博文伝』下、四一九〜四二六頁。

（38）『皇室典範増補』の説明文（東京大学法学部附属近代法政史料センター所蔵「岡本愛祐関係文書」第一部［一］一九。『立法資料明治典範』下、八二五〜八三一頁）にその規定意図が記されているので抄出する。

皇室典範第三十一条ノ趣旨ヲ推スニ、皇族ハ子孫百世ヲ経ルモ、仍其ノ身位ヲ享有ス。親親ノ恩誼焉ヨリ篤キハナシ。諸ヲ大宝ノ令ニ稽フルニ、正親司ノ掌ル所ハ四世以上皇族ノ名籍ニ止マリ、爾後、時ニ因革アルモ、未ダ雲仍ノ遠支ニシテ、永ク皇親ノ列ニ在ル者アラズ。蓋、其ノ制限洵ニ止ムヲ得ザルモノアルニ由ルナリ。今ヤ、至仁ノ宏謨ハ已ニ曠古ノ特例ヲ開カレタリト雖、国運ノ進張ハ皇室ノ経用ヲ益シ、潢裔ノ繁盛ハ内帑ノ資給ヲ滋クス。歳月ノ悠久ニ随ヒ、勢無限ノ需ニ応ジ難ク、根幹ノ鞏固ヲ図レバ、或ハ均霑ノ典ヲ曠クセムコトヲ恐ル。此ニ由リテ之ヲ観レバ、皇族支胤ノ蕃衍ハ適々以テ皇室ノ尊厳ヲ無窮ニ保維スル所以ニ非ザルヲ知ルベシ。因テ、既往ニ鑒ミ、将来ヲ推シテ、以テ之ガ疎通ノ途ヲ開カザルベカラザルモノ是レ其ノ一ナリ。(略)

また、『皇室典範増補』第一条を左に記す。

王ハ、勅旨又ハ情願ニ依リ、家名ヲ賜ヒ、華族ニ列セシムルコトアルベシ。

なお、柳原と皇族制度との関係および『皇室典範増補』については、拙稿「皇族経済制度の形成と柳原前光―明治典憲体制形成期における臨時帝室制度取調局立案「皇族令」の意義―」(『産大法学』第三二巻第一号・平成一〇年)参照。

ロェスレル起草憲法上諭案の翻訳文

小島伸之

はじめに

明治憲法上諭制定過程の先行研究には、稲田正次の『明治憲法成立史下巻』（有斐閣、昭和三十七年）と、『明治憲法成立史』重版（昭和四十四年）の際に付された「補注」、そして『明治憲法成立史の研究』（有斐閣、昭和五十四年）所収の「ロェスレル起草憲法上諭草案と明治憲法上諭の成立」がある。

稲田は『明治憲法成立史下巻』の各所（二、六七、八二、一三八、五五七、八四三頁）で明治憲法制定過程の各段階における上諭起草過程を叙述し、さらに「補注」にて、ロェスレルによる上諭独文原案が梧陰文庫に存在することを指摘した(1)。そしてその事実の指摘にとどまる「補注」に加え、「ロェスレル起草憲法上諭草案と明治憲法上諭の成立」を著したのである。

憲法上諭制定過程を研究するにあたり、これら稲田の業績を前にすると、まさに「これ以上付け加えるべき何ものも存在せず、訂正を施すべきいかなる部分もないように思(2)」われてくる。しかし、稲田の業績を手がかりに第一次資料にあたっていくと、確かに「いくつか不明の点が見出され、疑念を挟みたい箇所(3)」が、上諭制定過程に関しても存在することが分かってきた。本稿のテーマに関して言えば、梧陰文庫に遺されている上諭草案及び上諭に関するモッセ答議資料が紹介されていないこと、そして「ロェスレルの上諭草案の訳文は当時は必ずあったに相違ないが、現在は遺っていない(4)」と述べられていることがそれである。

本稿は、梧陰文庫に遺されている上諭に関する資料を紹介し、それに考察を加えることによって、明治憲法上諭制定過程研究に若干の寄与をなすことを試みるものである。

なお、引用文において旧漢字の一部を改めた。

一　梧陰文庫の上諭草案

(1) 梧陰文庫A－四七五資料

稲田の業績を土台として上諭制定過程を概観すると、上諭の原案はまず①明治十九年十一月、ドイツ人法律顧問ロェスレルの手により独文にて起草された(ロェスレル案)(5)。この独文草案を基に、②同年十一月、井上毅が上諭草案を起草、伊藤博文に提出している(井上案)(6)。そして、③明治二十年五月、井上毅が憲法甲案付載の上諭を起草(甲案付載案)(7)、その後④さらなる修正を重ねて⑤明治二十一年四月、枢密院諮詢案付載の上諭草案となる(枢密院諮詢案)(8)。そうして⑥明治二十一年十一月頃から最後の検討に入り、更に改訂を重ねて(9)、⑦最終的な上諭正文となった。

しかし、國學院大學図書館所蔵の梧陰文庫資料番号A－四七五には、稲田が触れていない上諭草案が遺されている(以下この草案を「梧陰文庫案」とする)(10)。まず以下に全文を紹介する。同草案は内閣罫紙に筆で書かれている。（ ）は後で加筆されたところ、══は後で抹消されたところを示している。

朕

祖宗ノ遺烈ヲ承ケ萬世一系ノ帝位ヲ継キ朕カ親愛スル所ノ臣民ハ即チ朕カ

祖宗ノ恵撫慈養シタマヒシ所ノ臣民ナルヲ思ヒ其康福安寧ヲ保護シ其懿徳（性）智能ヲ自由ニ發達セシメン

コトヲ願ヒ又宇内変遷ノ世運ニ當リ往古來今ノ大~~勢~~（局）ヲ察シ我カ臣民ト倶ニ文明ニ進~~ム~~（行スル）ノ必

要ヲ認メ（而シテ）諸般ノ法律ニ就キ（公義ノ府ヲ設ケ）臣民ニ諮詢《コンシルテー》スルノ便（宜）ヲ廣メンコトヲ欲シ乃明治元年　月　日ノ誓文及明治十四年十月二十四日ノ詔命ヲ履践シ茲ニ大命ヲ下シ（國ノ大典ヲ宣布シ）首メニ國土國民ノ分（統治大権ノ大義ヲ明カニシ次ニ臣民ノ権）義ヲ示シ（掲ケ）次ニ上下議院（及帝国議会）ノ組織権限ヲ定メ又行政司法諸部及諸般ノ制置《インスチユシオン》ヲ條擧シ各々踰ユヘカラサルノ範圍ヲ明確ニ（画）シ以テ建國ノ大典トシ（朕カ俯就率由スル所ヲ示シ）朕カ子孫（後嗣）及臣民（及臣民ノ子孫）タル者ヲシテ（愆ラズ遺レス）永遠ニ循守スル所ヲ知ラシム

國ノ主（大）権ハ朕之ヲ
祖宗ニ承ケテ之ヲ子孫ニ傳フル所ナリ朕及朕カ子孫ハ将來此ノ憲法（ノ條章）ニ循由シ各大臣ノ補弼ニ依リ（ヒ）之ヲ施行シ及施行セシメントス両議院ヲ召集シ開閉シ既ニ開キタル議会ヲ中止シ又ハ解散スルハ総テ朕カ詔命ニ由ル、法律ヲ公布シ法律ヲ施行スル為ニ必要ナル命令ヲ下附シ又ハ下付セシメ文武ノ官制及俸給ヲ定メ官吏ヲ任免シ爵位勲ヲ叙授シ陸海軍ヲ統率シ及編成シ兵役ヲ徴募シ外國ト戦争ヲ宣告シ和平ヲ講盟シ交際ノ條約ヲ締ヒ及交際スルハ総テ朕カ攬ル所ノ大権《プレロガチフ》ナリ

朕ハ我カ臣民ノ身體家宅財産ノ安全ト営業移転帰依著述印行集會ノ自由トニ向テ安寧治紀（及）公益及（ノ為ニ又ハ）戦機事変ノ為ニ必要ナル制限ヲ除ク（ノ）外ハ之ヲ貴重シ之ヲ保護シ又必要ナル約束及能力ノ條項ニ依リ一般ニ國（臣）民ノ公権及私権ノ享有ヲ（平等）完全ナラシメ法律ノ平等ヲ持シ以テ其幸福ヲ（可及最高ノ度ニ迄）（増）進（セシ）メンコトヲ期（望）スヘシ

上下（帝國）議院（會）ハ二十三年ノ冬期ヲ以テ之ヲ開キ（召集シ）二十四年度ノ豫算ヲ議スルニ適當ノ時間ヲ誤ラザラシムヘシ開會以後ニ制定スヘキ諸般ノ法律及新ニ租税ヲ徴シ國債ヲ起シ紙幣ヲ發行シ年金ノ増

額ヲ定メ國庫保證ノ事業ヲ許可スル（ス）ノ類ハ朕自發議《イニシアチフ》ノ権ニ據リ起案《プロゼット》ヲ草セシメ之ヲ議院（會）ノ議ニ付（スヘシ）シ議成ルノ後ニ於テ更ニ朕カ裁可ヲ経之ヲ公布施行セシムヘシ

此ノ憲法ヲ公布スル前ノ法律ニシテ此ノ憲法ニ矛盾セザル者ハ其法律規則條例又ハ何等ノ名称ヲ用ヒタルニ拘ラズ総テ将来ニ遵行ノ力ヲ有セシムヘシ此ノ憲法ヲ公布スル前ノ税法ハ将来更ニ新法ヲ制定スルノ要用ヲ見ル迄ハ総テ旧額ニ依リ徴収スルノ効力アラシムヘシ此ノ憲法ヲ公布スル前ニ既ニ定メタル國債國庫ノ保證及年金ハ将来年度豫算ノ議ニ由テ之ヲ変更スルコトヲ得ザルヘシ

將來若シ此ノ憲法ノ中或ル條章ヲ改正スルノ必要ナル事宜ヲ見ルニ至ラハ朕及朕カ継統ノ子孫ヨリ發議ノ権ヲ執リ起案ヲ以テ之ヲ上下議院（會）ニ付シ上下議院（會）ハ合同会議ヲ行ヒ出席員四分ノ三ニ充チ三分ノ二以上ノ多数ヲ得テ之ヲ可決スルニ非サレハ敢テ専ニ之ヲ（此ノ憲法ニ定メタル要件ニ依リ之ヲ議決スルノ外朕カ子孫及臣民ハ敢テ容易ニ）紛更スル（ヲ試ル）コト勿（ヲ得ザ）ルヘシ其他上下議院ハ憲法改正ノ建議《プロポジション》ヲ提出スルノ権ナキ者トス

朕ハ國（家）ノ隆盛（昌栄）ト臣民ノ幸福トヲ以テ朕カ中心ノ欣栄トシ上ハ
祖宗ニ對シ謹テ盟誓ヲ宣ヘ下ハ朕カ現在及將來ノ忠實ナル臣民ノ為ニ憲法ヲ公布スルコト此ノ如シ（不磨ノ宝典ヲ宣布ス）自今朕カ在廷ノ大臣ハ朕カ為ニ此ノ憲法ヲ施行スルノ責ニ任スヘク朕カ現在及將來ノ臣民ハ此ノ憲法ニ對シ朕カ継統ノ子孫ニ對スルト同ク永遠ニ従順ノ義務ヲ負フヘシ

（この後、最終節として後の憲法発布勅語の原型となる文章が墨で書かれているが、紙幅の関係から省略する。）

(2) ロェスレルの上諭草案と梧陰文庫の上諭草案

梧陰文庫案は、稲田が紹介していない草案というだけでなく、上諭制定過程においてより大きな意味をもつ。以下に最初に起草されたロェスレル案と各節毎に比較してみる。(11)

Wir Mutshito, durch Vorsehung unserer Vorfahren die ewig auf die Kaiserliche Familie erbliche Kaiserwürde innehabend, wollen, um einerseits eingedenk des von unsern Vorfahren geliebten Volkes die Wohlfahrt und die Sicherheit desselben zu schützen, die Tugend und die Fähigkeiten desselben frei zu entwickeln und um anderseits mit Rücksicht auf die weltgeschichtliche Entwickelung und auf das Bedürfniß des Fortschrittes des Volkes alle Gesetzentwürfe mit demselben zu berathen, nach dem Decret von 14, ten Mäidi das Staatsgebiet, die Rechte und Pflichten des Volkes, die Organisation und Befugnisse beider Kammern und die Einrichtungen der Verwaltung, der Justiz und der übrigen Organe näher bestimmen und als die Competenz der Staatsorgane normierendes Staatsgrundgesetz von unsern Nachfolgern und von dem Volke dauernd beobachten lassen.

朕
祖宗ノ遺烈ヲ承ケ萬世一系ノ帝位ヲ継キ朕カ親愛スル所ノ臣民ハ即チ朕カ
祖宗ノ恵撫慈養シ玉ヒシ所ノ臣民ナルヲ思ヒ其康福安寧ヲ保護シ其懿徳智能ヲ自由ニ發達セシメンコトヲ願ヒ又宇内変遷ノ世運ニ當リ往古來今ノ大勢ヲ察シ我カ臣民ト倶ニ文明ニ進ムノ必要ヲ認メ諸般ノ法律ニ就キ臣民ニ諮詢(コンシルテー)スルノ便ヲ廣メンコトヲ欲シ乃明治元年　月　日ノ誓文及明治十四年十月二十四日ノ詔命ヲ履

践シ茲ニ大命ヲ下シ首メニ國土國民ノ分義ヲ示シ次ニ上下議院ノ組織權限ヲ定メ又行政司法諸部及諸般ノ制置（インスチユシオン）ヲ條擧シ各々踰ユヘカラサルノ範圍ヲ明確ニシ以テ建國ノ大典トシ朕カ子孫及臣民タル者ヲシテ永遠ニ循守スル所ヲ知ラシム

Die Souveränität des Staates haben wir von unsern Vorfahren erworben und wollen sie unsern Nachfolgern übertragen ; wir und unsere Nachfolger müssen nach Maßgabe der gegenwärtigen Verfassung mit Beistand der Minister dieselbe ausüben oder ausüben lassen, die Berufung, Eröffnung, Schließung, Vertagung und Auflösung der Kammern ; dies aber soll durch unsere Verordnung geschehen, die Sanktion und Publikation der Gesetze ; die Ertheilung der zur Ausführung der Gesetze (und zur Aufrechterhaltung des Gemeinwohls) nöthigen Anordnungen, die Organisierung der Civil = und Militär-behörden, die Besoldung, Ernennung und Entlassung der Beamten, die Verleihung von Adel, Titel und Orden, die Organisierung des Heeres und der Marine, der Oberbefehl über dieslben, die Berufung zum Kriegsdienste, die Erklärung des Krieges, die Schließung des Friedens und die Eingehung der Verträge und der Verkehr mit fremden Staaten ; dies alles ist unsere Vorrechte.

國ノ主權ハ朕之ヲ
祖宗ニ承ケテ之ヲ子孫ニ傳フル所ナリ朕及朕カ子孫ハ将來此ノ憲法ニ循由シ各大臣ノ補弼ニ依リ之ヲ施行シ及施行セシメントス両議院ヲ召集シ開閉シ既ニ開キタル議会ヲ中止シ又ハ解散スルハ総テ朕カ詔命ニ由ル、法律ヲ公布シ法律ヲ施行スル為ニ必要ナル命令ヲ下附シ又ハ下付セシメ文武ノ官制及俸給ヲ定メ官吏ヲ任免シ爵位勲ヲ叙授シ陸海軍ヲ統率シ及編成シ兵役ヲ徴募シ外國ト戦争ヲ宣告シ和平ヲ講盟シ交際ノ條約ヲ締ヒ及交際スルハ総テ朕カ攬ル所ノ大権（プレロガチフ）ナリ

Wir wollen unserem Volke unter Einhaltung der für das Gemeinwohl, die öffentliche Ordnung, das Gemeinnutzen, den Krieg und Aufruhr erforderlichen Einschränkungen die Sicherheit der Person, der Wohnung und des Eigenthums, die freie Wahl der Gewerbe und des Aufenthaltsortes, die Freiheit der ~~Naturalisation~~ (Einwanderung und Auswanderung), der literarischen Thätigkeit, des Druckes, der Versammlung und der Vereinigung zu Gesellschaften beachten und gewährleisten sowie unter Einhaltung der von den Gesetzen festgestellten Bedingungen und Fähigkeiten (den Genuß) der bürgerlichen und politischen Rechte vervollständigen und die Gleichheit vor dem Gesetze aufrechterhalten, damit die Wohlfahrt desselben gefördert werde.

朕ハ我カ臣民ノ身體家宅財産ノ安全ト営業移転帰依著述印行集會ノ自由トニ向テ安寧治紀公益及戦機事変ノ為ニ必要ナル制限ヲ除ク外ハ之ヲ貴重シ之ヲ保護シ又必要ナル約束及能力ノ條項ニ依リ一般ニ國民ノ公権及私権ノ享有ヲ完全ナラシメ法律ノ平等ヲ持シ以テ其幸福ヲ進メンコトヲ期スヘシ

Beide Kammern sind im Winter von 23sten Mäidi zu eröffnen, damit der Staatshaushalts = Etat des Rechnungsjahres vom 24sten Mäidi rechtzeitig berathen werde ; alle Gesetzesvorschläge insbesondere über die neue Steuer, über die Aufnahme vom Staats = Anleihen, über die Emittierung des Papiergeldes, über die Vermehrung der Leibrenten, über die Erlaubnißertheilung der vom Staate zu garantierenden Unternehmungen, weden durch unser Initiativrecht von uns den Kammern vorgebracht und wir werden die Selben erst, nachdem darüber in beiden Kammern Beschluß gefaßt ist, sanktionieren, verkünden und zur Ausführung bringen.

上下議院ハ二十三年ノ冬期ヲ以テ之ヲ開キ二十四年度ノ豫算ヲ議スルニ適當ノ時間ヲ誤ラザラシムヘシ開會以後ニ制定スヘキ諸般ノ法律及新ニ租税ヲ徴シ國債ヲ起シ紙幣ヲ發行シ年金ノ増額ヲ定メ國庫保證ノ事業ヲ許可スルノ類ハ朕自發議（イニシアチフ）ノ權ニ據リ起案（プロゼット）ヲ草セシメ之ヲ議院ノ議ニ付シ議成ルノ後ニ於テ更ニ朕カ裁可ヲ経之ヲ公布施行セシムヘシ

Gesetze und Verordnungen ohne Rücksicht auf ihre Benennung, welche der gegenwärtigen Verfassung nicht zuwiderlaufen, bleiben in Kraft, die bestehenden Steuern werden nach den bisherigen Beträgen forterhoben, bis sie durch ein Gesetz abgeändert werden, die bestehenden Staats = Schulden, = Garantieen und Leibrenten dürfen nicht in Zukunft bei der Berathung des Staatshaushalts = Etats abgeändert werden.

此ノ憲法ヲ公布スル前ノ法律ニシテ此ノ憲法ニ矛盾セザル者ハ其法律規則條例又ハ何等ノ名称ヲ用ヒタルニ拘ラズ総テ将来ニ遵行ノ力ヲ有セシムヘシ此ノ憲法ヲ公布スル前ノ税法ハ将来更ニ新法ヲ制定スルノ要用ヲ見ル迄ハ総テ旧額ニ依リ徴収スルノ効力アラシムヘシ此ノ憲法ヲ公布スル前ニ既ニ定メタル國債國庫ノ保證及年金ハ将来年度豫算ノ議ニ由テ之ヲ変更スルコトヲ得ザルヘシ

Wenn wir nachher die Verfassungsbestimmungen abzuändern für nöthig halten, so werden wir und unsere Nachfolger dem Initiativrechte gemäß einen Gesetzesvorschlag den Kammern vorbringen, die in vereinigter Sitzung won 3/4 der gesammten Mitglieder nach Stimmenmehrheit von 2/3 der Stimmenden darüber zu beschließen haben ; in diesem Falle haben die Kammern ebenfalls kein Initiativrecht.

將來若シ此ノ憲法ノ中或ル條章ヲ改正スルノ必要ナル事宜ヲ見ルニ至ラハ朕及朕カ継統ノ子孫ヨリ發議ノ権ヲ執リ起案ヲ以テ之ヲ上下議院ニ付シ上下議院ハ合同会議ヲ行ヒ出席員四分ノ三ニ充チ三分ノ二以上ノ多数ヲ得テ之ヲ可決スルニ非サレハ敢テ専ニ之ヲ紛更スルコト勿ルヘシ其他上下議院ハ憲法改正ノ建議（プロポジション）ヲ提出スルノ権ナキ者トス

Da der Aufschwung des Staates und die Wohlfahrt des Volkes das Glück unseres Herzens ist, so verkünden wir gegen unsere Vorfahren einen verfassungstreuen Eid schwörend für das gegenwärtige und zukünftige, treue Volk unsere Verfassung in dem oben erwähnten Sinne; nun sollen unsere Minister für Ausführung der selben verantwortlich sein, während das gegenwärtige und zukünftige Volk gegen dieselbe eben so gehorsam sein soll, wie gegen unsere Nachfolger.

朕ハ國ノ隆盛ト臣民ノ幸福トヲ以テ朕カ中心ノ欣栄トシ上ハ祖宗ニ對シ謹テ盟誓ヲ宣ヘ下ハ朕カ現在及將來ノ忠實ナル臣民ノ為ニ憲法ヲ公布スルコト此ノ如シ自今朕カ在廷ノ大臣ハ朕カ為ニ此ノ憲法ヲ施行スルノ責ニ任スヘク朕カ現在及將來ノ臣民ハ此ノ憲法ニ對シ朕カ継統

ノ子孫ニ對スルト同ク永遠ニ従順ノ義務ヲ負フヘシ

この和文は梧陰文庫案の修正前の文章（原文）である。各段落毎に対照させてみると、両者が際だって類似していることがわかる。

文書全体の構成を比較すると、「文」の前後関係は完全に一致しており、文中の「節」や「語」の配置は翻訳の都合上前後している箇所もあるが、天皇の大権や臣民の権利など列挙事項の順は全く同じになっている。内容を詳細に比較しても、以下の五点を除いて完全に一致しているといってよい。内容が一致していないのは、a・第一節中、和文の「乃明治元年　月　日ノ誓文及」に対応する語が独文にはない、b・第一節中、和文の「茲ニ大命ヲ下シ」に対応する語が独文がない、c・第二節中、独文の「die Sanktion und Publikation der Gesetze」の「Sanktion（裁可）」に対応する語が和文にない、そしてd・第六節中、独文の「die in vereinigter Sitzung von 3/4 der gesammten Mitglieder nach Stimmenmehrheit von 2/3 der Stimmenden daruber zu beschließen haben（3／4の議員を集めた合同会議で2／3の多数得票にて可決する）」に対応すると思われる和文「合同会議ヲ行ヒ出席員四分ノ三ニ充チ三分ノ二以上ノ多数ヲ得テ之ヲ可決スル」がやや意味不明瞭な文章である、e・第六節中、独文では単に改正の条件が述べられているのに対し、和文では「敢テ専ニ之ヲ紛更スルコト勿ルヘシ」と改正の濫用を戒める文言が付されている、以上五点である。

しかし、これらの相違点についても、いちがいに相違とは言い難いものもある。すなわち、cについては和文の修正によって「裁可シ又之ヲ」という文言が添えられている。さらにすぐ後ろの箇所について独文に「(und zur Aufrechterhaltung des Gemeinwohls)」という書き加えがあるが、和文にもそれに対応する「及安寧ヲ保持スル為ニ」という文言が書き加えられている。そして、「裁可シ又之ヲ」「及安寧ヲ保持スル為ニ」の両修正は、完全に断定することはできないが、他の修正との筆跡の違いから、修正前の文と同時期に書かれた可能性が高い。つまり、修正の結果書き加えられたと言うより、原文と同じと考えられるのである。dに関しても、「(総)議員の3／4を集めた合同会議」と「出席員3／4以上に充ち」との関係がイコールなのかどうか判然としないが、誤訳・迷訳という可能性も考慮しなければならないのではあるまいか。eの「敢テ専ニ之ヲ紛更スルコト勿ルヘシ」の部分は、文のニュアンスを若干変えるものではあるが、意味を変じるものとまではいえない。翻訳上言葉を補うことの範囲内といったら過ぎるであろうか。

従って、明確な相違点といえるのは、独文にa・「乃明治元年　月　日ノ誓文及」b・「茲ニ大命ヲ下シ」に対応する文言が無いことの二点となる。この二つの相違点も、おそらくは、訳文として和文を作成する過程において補われた文言ではないかと考えられる。しかし、もしそれらの相違点を考慮に入れても、ロェスレル案と梧陰文庫案の類似は顕著であり、両者の本文訳文の関係性は否定できないと言っていいだろう。

以上の考察により、梧陰文庫案の修正前の文章は、稲田による先行研究において現在遺されていないとされていた、ロェスレル案の「当時の訳文」の一つであると考えることができる。

ただし、「当時の訳文」ではあっても、梧陰文庫案が、ロェスレル案作成後、「最初に作られた訳文」と同一の内容を有するかどうかについては、疑問の余地がある。すなわち、独文と和文には若干の語句の相違があることが気になるし、井上案や甲案付載案を踏まえた上で「最初に作られた訳文」の文言や文の体裁を整え、新たな訳文が作成された可能性もあるからである。(12)

二　上諭制定過程の再検討

(1) 梧陰文庫上諭草案の成立時期

梧陰文庫案はいつ頃作成されたものなのであろうか。この草案には作成日時は記されていないため、その文言及び内容から時期を測っていかなければならない。

まず、他の草案との文言の比較によって草案の作成次期を探ってみる。草案の作成時機をうかがうことのできる箇所をいくつか挙げてみよう。まず、この草案の第一節「其懿徳智能ヲ自由ニ發達セシメンコトヲ願ヒ」の部分の「懿徳智能」は、「徳性智能」に修正されている。[13] 同部分は、甲案付載案（前章第一節の区分における③の時期）では原文と同じ「懿徳智能」、枢密院諮詢上諭案（⑤の時期）では修正文と同じ「徳性智能」とある。同様に、この草案第一節「諸般ノ法律ニ就キ臣民ニ諮詢（コンシルテー）スルノ便ヲ廣メンコトヲ欲シ」は、「諸般ノ法律ニ就キ」が「公議ノ府ヲ設ケ」に、「便ヲ」が「便宜ヲ」と修正されている。同箇所は、甲案付載案では、やはり原文と同じ「諸般ノ法律ニ就キ得失ヲ諮詢（コンシルテー）スルノ便ヲ廣メンコトヲ欲シ」、枢密院諮詢案では、修正文と同じ「公議ノ府ヲ設ケ臣民ニ諮詢スルノ便宜ヲ廣メンコトヲ欲シ」となっている。他にも原文の文言が甲案付載案と同じであり、修正文の文言が枢密院諮詢案と同じという箇所が数多くあり、梧陰文庫案の作成時期は③と⑤の間である④の時期に絞られる。

次に、天皇の大権事項が全部削除されていることも、草案の作成時期を探る大きな手がかりとなる。そもそも上諭案は、「帝王ノ大権ハ人民ニ明示スル為ニハ是ヲ詔勅ノ中ニ平叙シ而して憲法條章之中ニハ掲ケザル方體裁ヲ得ル歟ト奉存候」[14]という井上の方針に沿って起草されたとされる。[15]その後、明治二十年六月頃の夏島草案起草の段階――正確にはその準備段階である、ロェスレルの「日本帝国憲法草案」をもとに伊藤博文が井上の甲案乙案に加筆修正をした五月下旬頃――から、天皇の大権事項を憲法正條に明掲するというロェスレルの意見が採用されることになった。[16]それに伴って、上諭から大権事項を宣示する部分が削られることになったのである。梧陰文庫案をみると、原文では第二節に大権事項が書かれているが、修正によって全削除されている。このことから、この草案は夏島草案作成の頃、もしくはそれより後に、修正作業がおこなわれたものと推測できる。

④の時期の他の草案資料との比較によって、梧陰文庫案の時期をさらに後付けてみる。この時期のものと考えられる草案には、国立国会図書館憲政資料室伊東巳代治文書に遺された二つの草案がある。一つは内閣罫紙に書かれたもの（伊東文書A案）でもう一つは参事院罫紙に書かれたもの（伊東文書B案）である。[17]これらの草案について、稲田は枢密院付載案直前の草案として紹介している。稲田は伊藤文書B案に加えられた修正増補の方が、伊東文書A案より後と見られるとしているが、[18]順番に確認していこう。

まず、伊東文書A案の原文は、前章第一節で紹介を略した後の勅語となる部分も含めて梧陰文庫案修正文と同じであり、梧陰文庫案修正文の修正を受けてその後に作られたことは間違いない。また伊東文書A案に伊藤博文が加筆修正した結果は、枢密院諮詢案ですべて採用されているが、第一節中の「乃明治十四年十月二十四日」はいまだ修正されていないままである。

次に、伊東文書B案の原文は、井上案の修正文[19]とほぼ同じであり、相違点は、梧陰文庫案第五節と同じ内容の憲法施行前既に存在する諸法令の効果云々の部分が、第三節として加えられている点のみである。[20]一方、同草案の修正文は枢密院諮詢案とほとんど同じであり、相違点は、第一節中、前者の「乃明治十四年十月二十四日」が、後者では「乃明治十四年十月十四日」となっていること、および前者には後の憲法発布勅語にあたる部分が伊東により書き加えているが、後者にはその節がすべて削除されていることのみである。ちなみに、伊藤文書B案の後の勅語にあたる部分の内容は、伊東文書A案の同部分に加えられた修正を踏まえたものになっている。つまり、伊東文書B案への加筆増補は、稲田の言うとおり枢密院諮詢案の直前の時期に行われたと思われるが、一方、同案原文の作成時期は修正増補の書き込みから相当遡った井上案と甲案付載案の間の時点だと推測できるのである。この「原文」と「修正文」の作成時期の隔たりについては、後に検討する。

以上の点により、④の時期の草案は「梧陰文庫案修正文→伊東文書A案原文→同修正文→伊東文書B案修正文」という順序で作成されたと思われるのである。こうして、梧陰文庫案の作成時期は④の時期のうちの早期——おそらくは明治二十年五月下旬から七月頃の夏島草案作成に近い時期——であると推定できるのである。

(2) 上諭に関するモッセ答議

ここで、モッセの上諭に関する答議について検討する。当資料は、上諭とはいかなるものであるかについてモッセが答えたものであり、『近代日本法制資料集第十』(國學院大學、昭和六十三年)にも所収されているが(一二一～一二三頁)、稲田の研究では触れられていない。この答議資料の日時は「七月八日モッセ述」とあり、その後井上毅が「二十年」「渡邉廉吉筆記」と墨書で書き加えている。

モッセ答議は二つの部分に分けられる。第一は、上諭とはいかなるものでなければならないかについて答えた部分であり、第二は、上諭修正意見を箇条書きに挙げた部分である。なお、この答議書では上諭ではなく「勅諭」という文言が使用されている。

モッセはまず、上諭とはいかなるものかについて、ひとつには憲法の主義を要約したものであり、もうひとつには憲法制定の理由を表しかつ説明するものでなければならない、と答えている。そして、憲法制定の理由説明について、欽定憲法の説明は天皇自らが行うのが最もふさわしく、それが上諭を発する重要な理由であるとも述べている。さらにモッセは「然リ而シテ此勅諭ハ憲法ノ明條ト能ク相調和スルヲ要ス。苟クモ其間ニ符合セサル所アル𪜈ハ、世人ハ其何レカ是、何レカ非ナルヲ、判別スルニ苦シムヘシ。是レ詳密ノ注意ヲ要スル點ナリ」と述べ、上諭と憲法正條が調和し、相互に矛盾がないよう注意をうながしている。モッセに対しどのような質問がなされたのかは不明であるが、モッセの回答には議会による大権事項の干犯防止云々という井上の方針に関することは全く述べられておらず、天皇自らが憲法の内容を要約し説明するものが上諭であるという、ある意味でシンプルな上諭像が示されている。(21)

続いて箇条書きの憲法修正意見であるが、まずこれがどの上諭案に対する修正意見であるかが問題となる。この点については、モッセが「現存租税ハ別段ノ法律ヲ以テ規定セラル、マテ、引續キ之ヲ徴収ス云々」という文面に対して修正意見を述べていることが手がかりとなる。すなわち、これに該当する文は井上案にも甲案付載案にもなく、ロェスレル案には存在する。つまり、このモッセ答議が前提にしている上諭案は、ロェスレル案だと考えられるのである。明治二十年七月八日の段階で、ロェスレル案を対象とした答議が行われているという事実は重要な意味を有すると考えられる。(22)

次に、モッセの修正意見がどの程度梧陰文庫案に採られているかを調べてみる。モッセの意見に従って修正が行われている箇所もあるが、意見が採用されていないものもある。例えば、前者の例としては第一節中「諸般ノ制置」の削除（モッセ答議書では「其他ノ機関」と訳されている）、後者の例としては同じく第一節中「行政ノ組織」の削除が採用されず、そのまま生かされていることを挙げることができる。最も、修正意見の多くが、後に全削除された第二節の大権事項や第五節に関するものであったため、モッセ意見がどの程度尊重されたのかは判然としない。

しかしモッセ答議後——梧陰文庫案へ修正が加えられた後——の上諭制定過程の流れを見ると、天皇の大権事項（梧陰文庫案第二節）、臣民の具体的諸権利（同第三節）、憲法施行前既に存在する諸法令の効果（同第五節）、憲法改正手続の内容（同第六節）、後の憲法発布勅語となる部分（修正で書き加えられた第七節）等、憲法の要約・説明にとどまらない実体的効力を有すべき部分が上諭より削除されてゆく。臣民の諸権利は井上甲案において既に正條化されていたが[23]、天皇大権は、既に述べたように、伊藤博文による甲案乙案への修正の際に（明治二十年五月下旬頃）、その他の部分も夏島草案以降憲法正條ないし憲法発布勅語へと移されて行くのである。モッセ答議がこうした動きの直接のきっかけになったのではなかろうが、モッセの示したとおり、上諭が憲法正條の要約・説明としてシンプル化されていったことは間違いない。

さて、モッセ答議の最大のポイントは、上諭制定作業がある程度の進展をみせていた明治二十年七月になって、なぜ「上諭とは何か」という問いが発せられたのかという点にある。すなわち、モッセ答議の存在は、この時期に上諭制定過程が大きな転機をむかえたことを示唆するものではないだろうか[24]。

(3) 上諭制定過程における単線モデルの破綻

上諭制定過程の中途で作成された梧陰文庫案の原文が、なぜ上諭制定過程の最初に作成されたロェスレル案の翻訳文であったのか、また、モッセ答議が示唆する上諭制定過程上の転機とは何なのかについて、その理由を考えてみたい。

まず、最初に考えられるのは、上諭制定方針が変更されたことに伴い、井上毅の手による作業が一度白紙に戻され、ロェスレル案に回帰したのではないか、という仮説である。この仮説は、夏島草案が作成された時期、「自らの手を離れて意にそぐわない方向へと憲法が作られていく動き[25]」に対して井上が危機意識を抱いたという状況が、上諭制定の場面においては、ロェスレル案への「原典回帰」という形で表れたのではないかという推測に基づいている。周知のように、夏島草案は「井上とロェスラーそれぞれの手になる草案のいわば折衷の上に成り立っていたとはいえ、……ロェスラーの特徴的な勧告のいくつかが採り入れられ、少なくとも井上の草案に比較する時、著しくロェスラー色の濃い[26]」と評される草案である。憲法正條制定過程において井上を抜きにして伊藤博文・伊東巳代治・金子堅太郎によりこうした草案が作成されたことと、上諭制定過程において井上毅の作業が白紙に戻されロェスレルの案への「原典回帰」がなされたこととは、軌を一にしていたのではなかろうか。こうした「原典回帰」は、伊東巳代治や伊藤博文の指示によって行われた可能性もあるし、井上毅の判断で行われたのかもしれない。この仮説の背景としては、井上案への伊東巳代治の修正がロェスレル案に依拠したものであったことが挙げられる[27]。すなわち、ロェスレル案をもとに、井上がそれを取捨選択しながら起草した井上案に対し、伊東が「原典」に忠実に戻す方向で修正を加えていたという事実を前提にすれば、上諭起草方針変更に際し、伊東や伊藤がさらに徹底した「原典回帰」を指示したのではないだろうかと考えられるのである。もちろん、度重なる伊東の修正指示と起草方針変更を受けた井上が、いっそ最初から考え直そうと判断した上で、彼自身の主導により「原典回帰」を行った可能性もゼロではなかろう。しかし、夏島草案作成当時の時期的背景を考えると、伊藤ないし伊東の主導によって「原典回帰」が行われた可能性が高いのではないか[28]。

次に考えられるのは、その時期までに為された議論・修正の結果をまとめて整理するときに、手元にあったロェスレル案の訳文を流用して作業のたたき台としたのではないか、という仮説である。この仮説に立てば、伊東文書B案の原文と修正文の作成時期が相当隔たっていることと、梧陰文庫案の原文がロェスレル案の訳文であったことの両方の説明が一度につく。[29] しかし、この仮説は伊東文書B案には当てはまる可能性が高いが、梧陰文庫案には必ずしも当てはまらないと思われる点がある。例えば、伊藤文書B案の修正増補の書き入れは伊東の筆跡と思われるもののみで、「清書」の感が強いが、梧陰文庫案のそれは伊藤によると思われるものや井上によると思われるものなど複数の筆跡が認められるし、書き入れも多く、修正に修正を暫時重ねた感が強い。しかも、甲案付載案修正文と梧陰文庫案原文では、細部の文言の差異が多い。[30] すなわち「井上案→甲案付載案」の過程と「梧陰文庫案→伊東文書A案→枢密院諮詢案」の過程は前草案に加えられた修正加筆がもとになって次の草案が作られるという関係が比較的はっきりしているのだが、甲案付載案と梧陰文庫案との間にはそうした関係が見えにくいのである。

明治憲法制定史における夏島草案当時の状況や、甲案付載案への伊藤博文の修正が梧陰文庫案には採られていないという事実は、[31]「原典回帰」説を示唆しているように思える。また、稲田正次は、枢密院諮詢案の段階で「これまで顧みられなかったロェスレル案の第三節がはじめてとりあげられ、個々の権利及び自由をあげるのを省くなど簡約した上でこれを採用した」[32]と述べているが、「原典回帰」説を採れば、井上案や甲案付載案で顧みられなかった臣民の権利に関する部分がはじめてとりあげられた理由の説明もつくと思われる。[33] また、前節で検討したように、モッセ答議の前提となった上諭草案がロェスレル案であったという事実も、この説を間接的に裏づけていると考えられよう。よって、本稿は当時ロェスレル案への「原典回帰」が行われたという仮説を採りたいと思う。

上諭制定過程の中途に「原典回帰」が行われたとすると、上諭制定過程を漠然と単線的直線的イメージで捉えてきたことを修正しなければならなくなる。本稿の冒頭で紹介した稲田の諸研究によって上諭の制定過程を概観すると、最初の草案を土台とし、それを修正して次の草案がつくられ、またそれを修正してその次の草案が作られ……というように、最初の案に順を追って修正が加えられ、それが繰り返されて最終的な成案になるという、いわば単線的連続的に発展した過程を経たものであるかのように思えてくる。もっとも、稲田自身が明確にそのような単線モデルを提示しているわけではないが、ある時期の草案を直前期の草案と比較して分析するという手法が採られている故に読者にそういった印象を与えやすい。もちろん、過去の立法過程の分析を各段階における草案資料を中心に進める場合は、他の傍証が得られない限りそうした相互比較の方法を採らざるを得ないが、各草案の比較という手法故に、新たな資料が見つかった場合は、従来の研究成果を訂正する必要が出てくる。梧陰文庫案がロェスレル案の和訳文であったという事実は、上諭制定過程が、漠然と単線的イメージで捉えられてきたことそのものに修正を迫るのである。

また、仮に「原典回帰」がなかったとしても、梧陰文庫案と伊藤文書B案の「原文」と「修正文」の関係は、全「資料」が単線的連続的経過を経て作成されているとは限らないことを示している。もちろん、各資料を時期的に整理することは可能だが、その際、ある資料の原文と修正文の時期が隔たっている可能性などにも注意しなければならない。他にも、同一資料に加えられた修正が同時期に行われたとは限らないわけだし、また、別の人物がそれぞれ所持していた資料に対して同時的に修正をしたり、共同作業の中で他人の行った修正を自分の持っている資料に書き加えたり、修正が加えられた資料が途中顧みられなくなったり等々、起草作業が錯綜した過程であった可能性を常に念頭に置いておく必要があるのではないか。

おわりに

以上、本稿は主として、稲田正次の上諭制定過程研究において触れられていなかった梧陰文庫案について考察を進めてきた。その結果、同草案の成立時期を夏島草案作成の頃と推定し、またそれがロェスレル案を翻訳したものであることを明らかにした。稲田は、ロェスレル案が井上案の下敷きとなっていることと、その骨子が明治二十二年二月十一日公布の上諭正文までおおむね維持されたことを評して「当時きわめて重視されたこともほぼ明らかとなった[34]」と述べているが、上諭制定過程が途中で「原典回帰」したという仮説に立つ本稿は、稲田とは違った意味で、ロェスレル案を重視する彼の評価を裏付けることになった。

上諭制定史上における「原典回帰」は、坂井雄吉が指摘する「井上対ロェスレル」・「井上対伊東・伊藤」という対立図式を連想させる[35]。

モッセ答議がいうように「勅諭ハ、憲法ノ明條ト能ク相調和スルヲ要ス[36]」とすれば、上諭文言の変遷を跡付けることによっても、憲法正條制定過程をめぐる思想的葛藤が透けて見えてくるのである。

（1） 稲田は、ロェスレルが一八一八年のバイエルン憲法を参照した形跡があることを指摘しているが（稲田正次『明治憲法成立史の研究』（有斐閣、昭和五四）二四五頁）、ロェスレル案の書き出しの部分は一八三一年ザクセン憲法に似ている。ロェスレルがドイツ諸邦の憲法典を参照したことは間違いないとおもわれるが、直接下敷きにしたと言えるほど類似性のある憲法典は見あたらない。なお、ドイツ諸邦の憲法典は、例えば、http://www.uni-wuerzburg.de/rechtsphilosophie/history.html でも参照することが出来る。

（2） 大石眞『日本憲法史の周辺』（成文堂、平成七）一六九頁。

（3） 同右一七〇頁。

（4） 稲田『明治憲法成立史の研究』二四一頁。

（5） 國學院大学図書館梧陰文庫整理番号A－一〇、稲田同前二三九頁、國學院大學日本文化研究所編『近代日本法制資料集第六』（東京大学出版会、昭和五八）欧文一頁、所収。

（6） 国立国会図書館憲政資料室伊東巳代治文書二〇－一、稲田『明治憲法成立史』下巻（有斐閣、昭和三七）三～四頁、所収。

（7） 稲田『明治憲法成立史』下巻六七～六八頁。

（8） 同右五五七～五五九頁。

（9） この時期の上諭草案として、憲政資料室伊東文書二〇－四、同二〇－五、梧陰文庫A－四七五枢密院罫紙がある。なおこの時期の修正過程について、稲田『明治憲法成立史』下巻八四三～八四六頁参照。ちなみに、各草案の前後関係は、枢密院提出案→梧陰文庫A－四七五枢密院罫紙→伊藤秘書類纂憲法1所収上諭案（稲田同前八四三頁）→上諭の一部（稲田同八四五頁）→伊東二〇－五蒟蒻刷り（稲田同前八四六頁）、だと思われる。

（10） 梧陰文庫A－四七五には、ここで紹介した梧陰文庫案以外にも、枢密院罫紙に書かれた上諭草案（（注9）参照）と、憲法発布勅語の草案がまとめて収められている。

（11） 稲田『明治憲法成立史の研究』二四一～二四二頁に、ロェスレル案の稲田試訳がある。独文と和文の比較の際に参照されると便利であろう。なお、稲田の同論文では、稲田試訳と井上案の文言比較が行われている。しかし、文章の意味内容の比較には意味があるとしても、「人民を臣民とあらため」（二四七頁）など自らの試訳との文言比較には無理があると思う。

（12） 梧陰文庫案と井上案・甲案付載案の文言比較のみによっては、文言採用の相互関係を明らかにできないと考える。ニワトリが先か卵が先かのジレンマになってしまうからである。

（13）梧陰文庫案に加えられた修正は、恐らく大半が井上自身による修正であり、いくつか見られる太い墨の筆による修正は伊藤博文によると思われる。
（14）明治十九年十一月二十二伊藤宛井上書簡、稲田『明治憲法成立史』下巻二頁。
（15）稲田同右四頁参照。
（16）伊藤の井上甲案乙案に対する修正は稲田同右一三三頁参照、ロェスレルの上諭中の大権事項に関する意見については稲田同前七〜八頁参照。
（17）憲政資料室伊東文書二〇—二、同二〇—三。
（18）稲田『明治憲法成立史の研究』二五一頁。
（19）憲政資料室伊東文書二〇—一参照。
（20）憲法施行前の諸法令云々の内容は、梧陰文庫案のものと同じであるが、それが置かれている位置は天皇の大権云々の節と議会開催は二十三年云々の節との間にある。これは、ロェスレル案や梧陰文庫案原文における同箇所の位置が、議会開催は云々の跡の節になっていることに比して対照的である。おそらくは、井上案修正以後こうした部分をロェスレル案から採用して挿入することになり、その際、意図的かミスによるものかわからないがロェスレル案とは異なった位置に挿入したのであろう。
（21）この点、明治十九年三月二十一日のグナイスト談話において、彼が前文について「第一憲法ヲ立ツルトキハ帝王勅令ヲ以テ人民ノ幸福ノ為メ國ヲ強ク為スタメ好意ヲ以憲法ヲ布クト云事ヲ記載スヘシ云々」と述べているのも、モッセに通ずる意見として興味深い（稲田『明治憲法成立史』上巻、有斐閣、昭和三五、五七六頁）。また、井上毅の「欽定憲法考」には、欽定憲法はその公布に際して臣民に権利を与える詔勅を発する、と述べられており、上諭論の原点として興味深い（井上毅伝記編纂委員会編『井上毅伝資料編第一』（國學院大學図書館、昭和六一）二二三頁以降、稲田同前四八一頁）。
（22）また、これにより以下のことも推測できよう。すなわち、ロェスレル案の訳文として梧陰文庫案が作成されたのもモッセ答議と同時期であろうこと、また梧陰文庫案に修正が加えられたのはモッセに質問が発せられた七月始めよりは後であろうことである。

(23)　明治二十年五月に作成された井上毅の憲法甲案第七条に臣民の具体的諸権利が列挙されている。井上が井上案・甲案付載案に、臣民の権利を列挙したロェスレル案第三節を採らなかったのは、彼が最初から臣民の権利を憲法正條に置く方針だった事によるのかもしれない。

(24)　モッセ答議に関する興味深い事実をもうひとつ指摘する。それは、夏島草案に対する井上毅の「逐条意見」の中に、このモッセ答議の影響を見ることができることである。井上は、夏島草案第十三条「天皇ハ文武官ヲ任免シ其俸給恩給年金及其他ノ給與ヲ定ム」に対し、「各國ノ憲法ニ大臣ヲ任シ又ハ免スト謂テ文武官ヲ任免スト謂ハズ蓋大臣ハ進退トモニ君主ノ意ニ任スルモ其佗ノ官吏ハ君主之ヲ任シ而シテ之ヲ免スルハ懲戒法ニ據ル……」、又「次ニ俸給恩給年金ハ同一性質ノ者ニ非ス恩給年金ハ契約ノ義務トシテ國債ト同シク國庫ノ負擔トシ若シ故ナクシテ支給ヲ欠クトキハ訴訟要求ノ権利アル者ナリ故ニ恩給年金ノ制ハ法律ヲ以テ之ヲ定ムルヲ各國ノ例トシ又至当トスルニ似タリ」という意見を述べている（稲田『明治憲法成立史』下巻二二一〜二二二頁）。夏島草案第十三条の規定の内容は、ロェスレル案第二節の大権事項に含まれているが、その第二節についてモッセが述べている意見は「俸給云々」の削除、「官吏ノ任免」の大臣の任免への修正であった。すなわちモッセは、「俸給云々ハ、君主ノ特權ノ中ニ入レス、法律ヲ以テ制定スルヲ便トス……」、「官吏ノ任免云々ハ、大臣ノ任免云々ニ脩正シタシ。大臣ハ政事上ノ方向ニ支配セラル、モノナリト雖モ、通常ノ官吏ハ一ノ専門官ナレハ、之ヲ免スルハ唯懲戒手續ニ依ルヲ要ス……」（『近代日本法制資料集第十』（東京大学出版会、昭和六三）一二二〜一二三頁）と述べている。俸給・官吏の任免に関して井上「逐条意見」がこのモッセ答議を下敷きにしていることは明らかである。

(25)　坂井雄吉『井上毅と明治国家』（東京大学出版会、昭和五八）一六三頁。

(26)　同右同頁。

(27)　稲田『明治憲法成立史の研究』二四八頁参照。

(28)　こうした全面的「原典回帰」が行われる前にも、例えば（注20）で述べたようなロェスレル案からの節の採用の際など、部分的な回帰は既に行われていたとも言える。その意味で憲法正條の「会計」の章について「特徴的なロェスラーの勧告がそこに全く何の影をも落としていない」と評される（坂井前掲一六〇頁）井上甲案・乙案の段階においても、上諭に関しては徐々にロェスレルの影が浸透してきていた、といえるかもしれない。

(29) この仮説にたつと梧陰文庫案が、ロェスレル案の最も初期の訳文であることになる。

(30) 伊藤博文が甲案付載案に加えた修正――第一節「明治十四年十月二十四日」について「十四日ナラン」、「建国根本ノ大典」について「建国ノ二字ヲ除クヘシ」、「國ノ大政」について「國ノ大政ヲ立法行政ノ大権トセハ奈何」とそれぞれ書き加えたもの(稲田『明治憲法成立史の研究』二五〇頁、参照)――は梧陰文庫案原文ではまったく採用されていない。ところが伊東巳代治が井上案に対して行った修正(憲政資料室伊東文書二〇一一制度取調局罫紙および稲田『明治憲法成立史の研究』二四八頁、参照)の一部は、甲案付載案では採用されなかったにもかかわらず、梧陰文庫案の原文には採用されている。例えば、伊東は井上案第二節「大政ノ主権」を「國ノ主権」に、また「将来此憲法ニ循由シテ之ヲ施行シ」を「将来此憲法ニ循由シ責任アル各大臣ノ補弼ニヨリ之ヲ施行シ」に修正しているが、このいずれの修正も甲案付載案には採用されず、梧陰文庫案の原文で採用されている。

(31) 前注参照。

(32) 稲田『明治憲法成立史の研究』二五一頁。

(33) (注23) 参照。

(34) 稲田『明治憲法成立史の研究』二三九頁。

(35) 坂井前掲第三章参照。

(36) 『近代日本法制資料集第十』一二一頁。

明治二十二年帰化法案作成をめぐる憲法論議について

原田一明

はじめに

明治憲法制定史を論ずる場合、明治二二年二月一一日の憲法「発布」を以て、一応の区切りとすることは誤りではなかろう。しかし、当然のことながら、実際の憲法解釈が問題となるのは、むしろ、その「発布」後であるということも忘れられてはならないであろう。特に、本稿が扱う憲法附属法としての国籍法は、憲法の制定から実に十年を経た明治三二年になって漸く制定されたのであって、このことを想うと明治憲法体制が、憲法「発布」を以てなれりとすることは、やはり正確だということはできない。

そこで、本稿では、憲法制定後、はじめて本格的になされた憲法解釈論争である大隈条約改正案と帰化法の制定をめぐる議論を取り上げて、これら正しく多元的に展開された憲法解釈論争の一端に触れ、法制官僚井上毅を中心に憲法制定者がどのような想いを懐きつつ、憲法制定後の憲法運用に携わったのかについて、いささか従来とは異なった角度から光を当ててみたいと思う。

ただ、この検討に向かうに際して、予め、明治二一年から明治二二年にかけて展開された大隈条約改正交渉に関する政府部内での政治史的な動向と井上毅の検討過程とを略年表に纏めて示しておくことにしよう（次頁参照）。

これらを概観して、まず気づくことは、改正条約案の大きな柱であった外国人判事任用問題に関連して帰化法の制定がとりわけ重要な意味を有していたという点である。さらに、憲法制定後においては、この問題が、条約と憲法との間の抵触問題という意味合いをも有することになり、その検討が喫緊の課題ともされたのであった。

明治二二年条約改正関係略年譜

	政府の動向	井上関係
明治二一年		
二月	大隈外相就任	
十一月	条約改正交渉着手	
八日		黒田総理宛条約改正意見書（大隈文書A－五〇七〇）↓帰化した外国人の任用を説く
明治二二年		
一月三一日	枢密院憲法草案審議了	
二月十一日	憲法公布	
三月二九日	陸奥文書照会↓外人判事任用は憲法違反	
四月十九日	タイムズ紙条約案スクープ	
五月三一日～六月二日	大隈条約案リーク記事「日本」に翻訳掲載	
六月十一日		山田司法相に「帰化法案」提出？（伝史料第四　六三七頁）
七月三日	山田司法相「帰化法案」を内閣に提出↓十九日にかけて郵便報知新聞（改進党系・矢野文雄主筆）に条約改正擁護論が連載（明治天皇紀）	
四日		総理・外務大臣宛「帰化法早期発布の意見書」提出
七日		谷千城と会談、大隈案に対してある部分は反対、ある部分は賛成との返答（谷千城遺稿）
十七日	山田　帰化法の必要性を説く（明治天皇紀）	
十九日	閣議（井上毅列席）↓帰化法と公文との関係が問題となる。井上は第二公文の発布を主張	「条約改正意見」（伝史料第二　一六五頁、山田伯爵家文書　七　三七六頁）↓帰化法と公文との相違検討
二二日	天皇元田を大隈へ遣わし、説明求む	

二三日	ロエスレル帰化法意見書（伊藤宛伊東書翰）	井上辞表提出、その理由は、帰化法の制定に反対にまわったため（「保守新論」十一月十日付「條約改正の歴史」）
二六日	大隈伊藤井上三伯会談→公文の取消、実施延期を大隈が承諾（伝史料第二　一九二頁）	
八月二日	「外人判事＝帰化した法官」との閣議決定	
三日		帰化法ロエスレル修正案の検討（伝史料第四　一五五頁）→これが「ロエスレル氏身分法草案（意見書附属）」（伊東二八七－一（憲政三三三））か？
五日	帰化法の制定を提議（明治天皇紀）	
八日	日露新通商航海条約締結	
十日頃	新聞等で条約改正案への批判が展開される	
十三日	帰化法案内閣提出	
十四日	枢密顧問官副島・鳥尾、元老院議官海江田等大隈を訪い、条約改正中止を主張	
二一日	「帝国臣民身分法」枢密院審査委員会へ提出（二二日付伊藤宛伊東書翰）	
二二日		黒田首相に「条約改正ニ付テノ困難覚書」提出→ここで、当初主張していた帰化人採用説を改め、条約中止論を訴える（参照、八月十一日付松方正義宛井上書翰、伝史料第四　五二九－三四頁）
九月十日		井上哲次郎『内地雑居論』（梧陰和書三二九、明治二二年刊）を読む
十六日		条約改正問題に付き再度辞意を表明（明治天皇紀）
二二日		『内外臣民公私権考』出版（哲学書院）
十月十一日	伊藤枢密院議長辞表提出	
十八日	大隈遭難→黒田内閣総辞職	
十九日	外国人公民権に関するロエスレル答議	

ところが、これら大隈条約改正案と帰化法制定論議とに関する従来の研究には、これを法的観点から扱う試みはあまり見られず、多くの先行業績は、主として政治史的な側面に力点が置かれてきたように思われる。(1)

これに対して、その唯一の例外ともいえる研究が、小嶋和司教授の「明治前期国籍立法沿革史」(2)である。この論考では、明治三二年の国籍法制定に至る過程を三期に分けた上で、その考察がなされている。すなわち、第一期は、明治十九年頃までで、特に内外人婚姻に係わる条規改正との関係で、外務省において帰化法立案の動きが見られた時期までを対象とする。次いで、第二期は、明治二〇年から二四年までの「帰化法」案作成の時期に当てられ、小嶋教授による考察の中心も、主として、この時期にウェートがおかれている。第三期は、明治三二年の国籍法の制定までということになるが、この時期の検討は、残念ながら、他日の考察に委ねられている。このように小嶋論文においても、その第三期については具体的な考察がなされておらず、明治国籍立法沿革史の全体像は未だ示されていない。そこで、本稿筆者は、この点を補うべく国籍法沿革史の検討に着手しているが、本稿では、紙数の関係上、その全体をここに述べることはできない。以下では、小嶋論文によって整理・考究された研究成果を前提としながら、国籍法制定史の中でも特に注目される第二期の帰化法制定をめぐる憲法解釈論争に焦点を当てて、井上毅とのかかわりを中心に、小嶋教授が語られなかった視点から、若干の論点を補うことにしたい。

ところで、この作業に取り掛かるにあたっては、やはりその出発点として、どうして第二期における帰化法の制定が挫折したのか、この点に関する小嶋教授の分析に耳を傾けておくことが有意義だと思われる。曰く、

「…この『帰化法』も結局、成立しなかった。その直接的理由は、これと一体となって国籍法を形成すべき民法典じしんが、その施行について大論争の対象となり、…（施行延期）がなされたという事情があろう。が、

さらに基本的には、条約問題があったことを忘れてはならない。すなわち、条約改正の無期延期が決せられてみると、二〇年当時のように政治的目的をもった帰化法を制定する必要は消滅した。これは、日本国の国際的地位が第一期と同じになったことであり、日本国かぎりで実効ある立法をなしえないことをも意味している。(3)」

ここで明らかなように、小嶋教授は、帰化法不成立の基本的な原因として、条約改正の無期延期という点を強調されている。このことは、とりもなおさず、これらの条約改正をめぐる政治史的動向と帰化法との帰趨とが、小嶋教授によっても、密接に連動していると観察されていたことを示していよう。そこで、本稿においても、この両者の動きを必要な限りにおいてスケッチしながら、「外国人法官任用」問題の流れを跡づけつつ検討を行いたい(4)が、その前提として、まずはこの問題に対する井上の基本的な考え方を確認することから始めることにしよう。

一 「外国人法官任用」問題をめぐる政府の対応

1 大隈条約改正案をめぐる二つの井上意見

大隈重信は、明治二一年二月に外相に就任し、同年十一月頃から、中断していた条約改正交渉に着手する。この大隈条約案の特徴は、外国人判事任用と法典編纂の二つに関連して、条約正文ではなく、外務大臣宣言（外交告知文）という形式で文書化した点にあるとされてきた。(5)ところが、こうした「宣言」という形式も、その後の経緯などから判断する限り、実質的には、前任者である井上馨外相が作成した改正案と同様の問題点を抱え込まざるを得なかったことにむしろ留意すべきであろう。加えて、大隈条約案は、憲法が明治二二年二月十一日に公布され、その施行（＝帝国議会開会日）を目前に控えていたことから、さらに深刻な法律問題、すなわち、憲法違反の問題をもたらすことになったのであり、このことがひいては政府内外における憲法論争にまで発展することになった。

この点について、当時駐米特命全権公使の職にあった陸奥宗光は、明治二二年三月二九日付で、大隈外務大臣に宛てて「外人裁判官任用ニ関スル憲法上ノ擬点ニ関スル件」と題する文書を発していたことはよく知られている（因みに、この文書の日本への到着は、四月二三日）。このなかで陸奥は、大隈案のような外国人判事の任用は、憲法二四条の「法律に定めたる裁判官の裁判を受ける権利」並びに憲法五八条の「裁判官は法律に定めたる資格を具ふる者を以て之に任す」という規定に抵触するのではないかとの疑問を呈し、政府の見解を確認すべく照会を求めてきたのである[6]。

また、憲法典の編纂に直接に携わった井上毅内閣法制局長官も、この外国人判事任用問題が難しい憲法問題に発展しかねない案件であるとの認識を比較的早い時期から懐いていたようである。実際、井上は、大隈が外相に就任した早々の明治二一年十一月には、黒田総理大臣に宛てて「謹而下問ニ答ヘ意見具上奉供参考候」と述べて、意見書を提出していたからである[7]。これによれば、まず、日本に帰化しない外国人を日本の裁判官に任用すれば、これは正しく外国人を裁判官とすることにほかならず、「エヂプト流ノ立合裁判」を認めることになると主張する。その上で、こうした立合裁判について、井上は、これは「憲法ノ精神ト矛盾シ立憲ノ独立国タル権理ヲ傷害スル」ことになると説き、立憲各国においても「外国人ハ帰化ニ依ラザレハ本国臣民タルノ権利ヲ有セズ並ニ高等ノ官職ニ就クコトヲ得ズ」としているのであって、このような保障なしに立会裁判を認めることは、結局のところ「憲法ハ廃紙ニ帰スヘシ」とまで述べたのであった。要するに、井上は、この時点ですでに大隈案を受け入れるには、少なくとも帰化法等の法整備を行うことが不可欠であるとの認識をいだいていたことになる。

このような井上の考え方の背景には、お雇い外国人との意見交換からの影響があったことを無視することは出来ない。例えば、外国人裁判官の任用問題については、すでに明治二〇年五月一〇日付で井上とボアソナードとの間には意見のやりとりがあって、ボアソナードはかなり率直に次のようにも述べていたからである。

「通常此ノ裁判（外国人による裁判）ハ日本人ノ為ニ不利益ナルヘシ。訴訟ノ件ニ付、看々不公平ノ裁判ヲ得、不利益ノ結果ヲ蒙リタル日本人ハ…寧ロ政府ノ国民ニ対シ、此ノ如キ境遇ヲ與ヘタルコトヲ怨ムルナルヘシ」(8)

さらに、先の井上の考え方は、これら一連の憲法問題が顕在化した明治二二年七月四日付の黒田総理大臣及び大隈外務大臣宛の「意見書」になると、憲法典との関係を踏まえて、より一層明確な形をとって表明されることになる。すなわち、外国人判事の任用は、日本臣民の公務就任の平等を定めた憲法十九条に違反するとして、本条はあくまでも、日本臣民の公務就任権という公権を定めた規定であって、本条から外国人の文官任用を導くことはできない、と主張されたのである。

その上で、井上は、こうした憲法と条約との抵触を回避するためには、外国人に関する「国民身分及帰化法」を制定することが必要であると述べて、「公権」に係わる官吏としての外国人は日本に帰化しなければならないと説き、外国人判事違憲論を回避するための法的対応についても検討を加えている。すなわち、憲法と条約との抵触を回避するための方法として帰化法という法律を制定して外国人の帰化を認め、外国人が官職に就く場合には、まず特別帰化証を付与し、日本臣民と均しい権利義務が付与されていることを要件とすべきであると主張したのである。こうした井上の議論が、その後の憲法論議に大きな波紋を投げかけることになるのであるが、[9]この点については、改めて後述することにしよう。[10]

ここでは、ひとまず、このような井上の見解に大きな影響を与えたと考えられるロェスラー答議の内容を確認しておくことにしたい。一八八九（明治二二）年七月三日付のロェスラー答議[11]は、井上からの次のような質疑に対する回答であった。そこではまず、憲法十九条は、外国人を文武官に任用すること、あるいは、公務就任を禁ずる明文上の根拠となすことはできないとしても、特別法に基づいて、外国人に対して公務就任権を付与することが可能か否か、が質された。次いで、特別法によらずに外国人に対して「政権」を付与するとすれば、これが「憲法ノ主義」に矛盾するかどうかについても質問されている。

ロェスラーはこれに対して、まずは、総論として一切の官職への任用は、その資格要件を有する者すべてが平等に取り扱われるということを意味するのであって、このために外国人の任用が一般的に禁止されることはないとする。

しかしながら、裁判官の任用については、憲法五八条の規定により必ず法律によって規定しなければならないことになっている。そして、特別法に基づかずに外国人を任用することは、「憲法十九条ノ精神ニ矛盾」し、さらに、憲法「第五八条ニ抵触」することになると述べられた。また、外国人の任用が、直ちに帰化の効力を有するか否かについては、帰化法によって定まるのであって、例外がないとは言えない、との見解も伝えている。

その上で、結論として、ロェスラーは、次のような考え方を提示し、井上の参考に供している。

①「特別法ニ依ラスシテ、外国人ヲ裁判官ニ任用スルハ、何レノ點ヨリ見ルモ、第五十八条ニ照シテ憲法矛盾ナリ。予ハ又第十九条ニ照シテモ、之ヲ許スヘカラストス。」

②「外国人ヲ行政官ニ任用スルハ、行政権ノ任意ニ在リ。故ニ法律上ノ委任ナキモ、憲法矛盾ト謂フヲ得ス。」

先の井上の憲法十九条違憲説は、おそらくこのロェスラー意見を踏まえつつなされたものであろうと思われるが、井上とロェスラーとの間においても、外国人法官任用問題について、必ずしもすべて見解が一致していたということはできず、後に述べるように、例えば、内外人平等観については、両者の間にいささかの見解の相違があったことにも留意が必要であろう。ただ、ここでは、外国人法官の任用問題に関する基本的な考え方については、ロェスラーも、ボアソナードもともに消極的であると井上が解して[12]、議論を組み立てていたということだけを確認しておきたい。

2 帰化法案の制定経緯

(1)「帰化法」試案の作成

以上のようなロェスラー答議を踏まえた井上の考え方からすれば、外国人法官任用について帰化法を制定することは、非常に大きな意味を有することになった。しかし、この時期の帰化法案がどのような立案過程を経たかについてはなお不明な点も多いのであるが、ともかくも以下では、その起草過程を辿ってみることにしよう。

まず、井上による帰化法試案「国民身分法」[13]の作成は、すでに明らかなように、明治二〇年六月であった。法律取調委員長[14]でもあった山田司法大臣宛の六月十一日付井上書翰[15]によれば、次の諸点が明らかとなる。すなわち、

①「嘗て腹稿」が存したこと

②「一昨日（筆者註、六月九日）来取掛り候而一応試草仕候間」

③「尊意次第可然御取捨有之候而　御提出有之候ハヽ、栄幸之至奉存候」

条文対照表

明治二十年七月井上起草
『試案　国民身分法』

第七条　帰化ノ願書ハ之ヲ現住地ノ地方長官ニ当テ呈出スベシ。地方長官ハ意見ヲ附シテ司法大臣ニ進達シ司法大臣ハ願書ヲ審査シタル上公共ノ利害ヲ商量シ更ニ内閣ノ議ヲ経帰化証状ヲ下付スベシ

（第二項　略）

第九条　帰化証状ヲ得タル者ハ日本国民ニ属シタル一般ノ民権ト及第十四條ニ掲ゲタル例外ヲ除キ諸般ノ公権トヲ得有シ兵役及其他各般ノ義務ニ服従スベシ

明治二二年七月三日
『原案　帝国臣民身分法』

第一二条　帰化ノ願書ハ之ヲ現住地ノ地方長官ニ由リ司法大臣ニ呈出スベシ司法大臣ハ願人ノ品行及其ノ他必要ナル事項ヲ取調ベ上奏シテ勅裁ヲ請フノ後地方長官ヲ経テ帰化証ヲ付与スベシ

第一三条　帰化人ハ帰化証ヲ受領スルノ日ニ於テ日本臣民タルノ義務ニ服従スルコトヲ宣言スベシ

明治二二年七月二三日
「ロエスレル修正案」

第一二条　帰化ノ願書ハ之ヲ現住地ノ地方長官ニ由リ内務大臣ニ呈出スベシ内務大臣ハ
（以下同上）

第一三条　帰化人ハ帰化証ヲ受領スルノ日ニ於テ日本帝国ニ臣従ノ誓ヲ為スベシ但シ帰化証ハ此ノ誓ヲ為シタル後ニ非サレハ効力ヲ有セス

帰化証ヲ付与セラレタル者ハ日本帝国ニ於テ内地出生ノ日本臣民ノ享有スル一切ノ権利及特典ヲ享有シ及其ノ服従スル一切ノ義務ニ服従スルモノトス但シ第十八条ニ掲ケタル特例及法律ニ反対ノ正条アル場合ノ外或ル他ノ国家ノ法律ニ従ヒ其ノ国家ノ臣民タルノ

明治二二年八月初旬
「井上意見」

仏白二国ニテハ司法大臣ノ管轄タリ　但シ内務大臣ニテモ差支ナシ　英ニテハ特赦モ亦内務大臣ノ管轄ナリ　勅裁ヲ要セザルコトハ却テ同意スベシ

紫色修正尤妙　但第二項ハ左ノ如クスベキニ似タリ

帰化証ヲ付与セラレタル者ハ日本国臣民ニ属スル一切ノ私権及十八条ニ掲ゲタル特例其他法律ニ反対ノ正条アル場合ヲ除ク外諸般ノ公権ヲ得有シ并ニ一切ノ義務ニ服従ス

紫色案、他ノ国家云々ハ二重ノ国民資格アルコトヲ認ムル者ナリ　此事事実上ニコレアルヲ免レズト雖各国国法ニハ認メザル所ナリ

第一二条　日本政府ノ官吏ニ任用シタル外国人ハ任用状又ハ認可状ヲ以テ帰化証状ニ代ヘ其任用ノ間帰化ノ臣民ト看做シ第九条ニ依リ権利及義務ヲ有セシムベシ（独国民籍法第九条、瓦憲十九條）

（但書　略）

第一四条　帰化証状ヲ得タル後満十年ヲ経タル者ハ又ハ日本国ノ為メニ著明ノ功労アル者ハ更ニ大帰化証状ヲ受クルノ願ヲ呈出スルコトヲ得

（第二項　略）

大帰化証状ヲ受ケタル者ニ非ザレバ両議院ノ議員ニ任命又ハ選挙サレ内閣大臣並ニ大臣ニ准ズル高等親任官及陸海軍司令官ニ任ゼラルルコトヲ得ズ（巴威爾憲法四条、葡憲百六条・百八条、白憲五条及八十六条）

第一六条　外国人ニシテ日本ニ功労アルニ由リ又ハ必要ニ由リ日本帝国内ニ於テ官吏ニ任用セラレントスル者ハ枢密院ノ議ヲ経勅裁ニ依リ前数条ノ規定ニ依ラズシテ特ニ帰化証ヲ付与スベシ其ノ帰化ヲ願ハザル者ハ官吏ニ任用スルコトヲ得ズ

第一八條　第二条第四条第五条第二号第三号第六条第十六条第十七条ニ依リ日本臣民身分ヲ得有スル者ハ其ノ身分ヲ得タル日ヨリ十個年ヲ経タル後特ニ帝国議会ノ承認ヲ得ルニ非ザレバ両院ノ議員国務大臣枢密顧問及陸海軍ノ将官ト為ルコトヲ得ズ

身分ヲ保有スルノ間与政ノ権ヲ行フコトヲ許サレザル場合ハ此ノ限ニ在ラズ（紫修正）

第一六条　凡日本帝国ニ於テ官吏ニ任用セラルベキ者ハ第十三条ヲ除ク外前数条ノ規定ニ依ラズ枢密院ノ議ヲ経勅裁ヲ以テ帰化証ヲ付与セラルルコトアルベシ（紫修正）

（同上）

紫色修正極是　但日本帝国内。ノ内ノ字ヲ削ルトキハ名誉領事ノ如キモ亦帰化人トナスヲ要スルニ疑ハシ今和蘭国法ニ倣ヒ第二項ヲ加フベキカ

但領事又ハ公使館領事館ノ附属官税関官吏及学術技芸ニ依リ一時任用スル者ハ誠実ニ勤仕スルノ契約ヲ為サシメ帰化臣民タルノ義務ヲ免ルルコトヲ任用状ニ記載スルコトヲ得

（修正意見なし）

④一日を争うから、休暇前にも閣議に附されること。
⑤仏文へ翻訳して、ロスレル、ボアソナド両氏へ質問すること。
⑥試案第三章（臣民身分の喪失＝除籍）は英国主義では不要だが、ドイツ主義に従って起草したこと。
⑦この法は内国法として公布されるべきであること。

さらに、同年六月二四日付の書翰では、「帰化法試案原稿ニ、猶追加之二條を記入シ、更ニ奉差上候、…臨時雇として、所謂ステート、ホンクション之部類ニ入らざるものハ、例外たる事相見え候、是も一條相加へ候。[16]」とされ、六月九日案に二条を加えた草案を起草したとして、具体的には、臨時雇いは国家官吏（ステート・ホンクション）には属さないとして、これについて一条を加えたと述べられている。この臨時雇いの件は、井上の持論で、後に『内外臣民公私権考』の中でも強調されることになるが、明治二〇年七月に起草された「国民身分法」案第十二条但し書きには、公使館や領事館の書記官や税関官吏等については、誠実に勤務する契約を締結させるが、帰化国民でなくともよい旨任用状に記載することができるとの規定が存し、さらに、同三四条には「従前竝将来トモ日本政府一時ノ雇ニシテ何時ニテモ解任スルコトヲ得ルノ外国人ハ本法ノ限外トス。」との規定が第四章の「附則」に付け加えられている。同様の趣旨は、明治二二年七月のロェスラー修正案に対する原案十六条への井上による欄外記載ともなって示された。また、この試案では、外国人官吏の任用について「帰化証状」に代えて「任用状又ハ認可状」で代替できるとされ、「其任用ノ間帰化ノ臣民ト看做シ」国民と同様の権利義務を有するとの規定も存したのである（十二条）（前頁の対照表を参照）。

(2)明治二二年夏の検討―二重国籍問題と第二公文の発行問題

1 「原案・帝国臣民身分法」の作成とロェスラー修正意見

それから二年後の明治二二年七月に「原案・帝国臣民身分法」が伊藤枢密院議長に対して伊東から提出された。この辺の事情については、次の七月二日付伊東書翰によって明らかである。

「別冊国民身分及国民権に関する法案は今度条約改正の提案中大審院に外国人を採用するの一事、憲法上の明条に抵触するの嫌有之候に付、一旦帰化せしめたる上にて我国の裁判官に採用相成候事に致置候へは穏当ならんとの趣意にて起草相成候ものの由、文字上に於ては未た充分の錬磨を要する廉も不少候へとも、兎も角外国人を大審院に採用する為めの便法なりしとて御熟覧に供し度、…[17]」

この草案は、先の井上試案とは別のルート、おそらく司法省サイドによって起案された別案であると考えられるが、この「原案」の内容上の特徴としては、まず、帰化法の管轄が司法大臣とされていること（第十二条）、さらに、本案では「其ノ帰化ヲ願ハサル者ハ官吏ニ任用スルコトヲ得ス」（第十六条）とされ、明治二〇年井上試案第十二条のような官吏任用と同時に日本国籍が付与されるあり方とは大きく異なっている点を挙げることができる。

このことに関連してやや気になるのは、明治二二年六月三〇日付とされる山田宛の井上書翰の次のような一節である。

「帰化法ニ付、…佛白之国ニてハ、司法大臣之管轄ニ有之候、其故ハ若シ争議ある時ハ、司法裁判之民法事件ニ属すへきによると見え候、即コゴルダン氏之帰化法編ニ相見え候、生之起草ニ、内務大臣之管轄ニいたし候ハ、獨逸之州総督ニ属せしめたるに泥ミたる事ヲ悔イ、即ちコゴルダン氏及ドホルウィル二氏之著書相添奉供参覧候[18]」

これは、先に示した条文対照表からすれば、後述するロェスラー修正案（明治二二年七月下旬〜八月上旬）において従来の司法大臣管轄であったものを内務大臣管轄に改めたことに対応する意見であるようにも思われるが、先に述べたような明治二〇年の一連の流れからすれば、井上の二〇年当時の検討であったと解することもできるからである。しかし、この点については今のところこれ以上のことはわからない。

ところで、この「原案」は、七月三日には、山田司法相から内閣へ提出された。そして、この草案について伊東は伊藤に対して、「昨日差出置候山田司法大臣之提案に係る帰化法、裁判所構成法中判事之資格等に付各条に抵触いたし候廉不少、昨日得拝青候節可申上義失念仕候に付御含迄申上候」と述べ[19]、同法案が当時枢密院で審議中の裁判所構成法のなかの裁判官の資格条項に抵触する旨を示唆していた点に留意しておきたい。すなわち、裁判所構成法案では、裁判官には、二回の競争試験と三年の実地修習が課されており、大審院に関しては、さらに、「何人ト雖モ十年以上判事検事又ハ帝国大学法科教授若クハ弁護士タル者ニ非サレハ大審院判事ニ補セラルルコトヲ得ス」(七〇条原案)となっていたのであり、これらの規定との抵触が問題とされたのである。

そして、同じく三日には、前述したようにロェスラー答議が提出され、翌七月四日には、井上毅により「国民身分及帰化法ヲ速ニ発布セラレンコトヲ請フノ意見[20]」が黒田清隆内閣総理大臣及び大隈重信外務大臣に提出されている。伊藤宛の書翰の中で井上も、この「原案」は不十分であるから枢密院で再検討する必要があると述べ、その上で、「司法省にても猶再議之由に有之候」と伝えている。

これに加えて、七月四日夜には山田司法大臣に宛てて、井上は「条約改正意見[21]」として、憲法十九条の「就官の平等」規定に関連して次のようにも述べている。

「(本条は)任用資格ノ平均ヲ望ミ或ル種族ノ為ニ特典ヲ存スルコトヲ許サヽルノ精神ナルトキハ外国人ヲ任用シテ裁判官ト為スカ為ニ五十八條ノ法律上ノ資格ニ特例ヲ許シ内国人ニ対シテ平均ノ主義ヲ敗ラシムルコ

トハ之ヲ何レノ点ヨリ論究スルモ到底憲法ノ許サヽル所ナルヘシ…故ニ帰化案ニ於テハ外国政府ノ感触如何ニ拘ラス十分有効ナル法文ヲ用ヰテ一点ノ曖昧ナカラシメ以テ憲法ノ主義ヲ保護スヘキナリ」

このことから、帰化法の制定には十分注意して、曖昧な点を排して、以て憲法の主義を保護すべきことが強調されている。このように井上や伊東は、司法省サイドから提出された「原案」について、それぞれに検討を加えていたのであり、おそらくこの検討結果を受けて、伊藤博文から内閣筋に再検討の要請が為されたものと思われる。渡邊廉吉『秘事覚書』の中では、次のように記されているからである。

「伊藤伯之気付ニテ原案不備ト云ノ事ニテ更ニ審査スル事ニナレリト云フ」

その後、七月一〇日には、伊藤と井上との協議[22]が行われ、七月十四日の朝には、伊藤が語った内容が井上を通じて山田法相に伝えられている[23]。そこで伊藤は、「コンペタンス（註、competence 資格）の事なお掛念にて、構成法は発布相成らざる方然るべく、かつ帰化法は効用これあるまじく」といい、さらに「到底ノット（註、note 公文）の取消しか、または再度のノットにて挽回するかのほかこれあるまじきや」と述べている。ここからも読みとれるように、伊藤としては外国人裁判官を帰化外国人裁判官とするためには、帰化法の制定だけで解決できる問題ではなく、さらに、旧公文の取消か、新たに第二公文の発行が必要であると考えていたことになる。

翌七月十五日には、条約改正案について大隈外相に対して条約改正中止派に属する元老院議官等が意見聴取[24]を求めるなど、にわかに議論が展開を見せる。また、七月十六日には、法制局より帰化法案を閣議に上申、その後すぐに枢密院に回付[25]するというような審議手続までも示唆され、同日付の伊藤宛伊東書翰では、次の事柄が伝えられている。

①井上が帰化法に修補を加え、閣議への提出の手筈であること。

②帰化法を議院に付託すれば、裁判所構成法や条約改正案と抵触する恐れがあり、現在調査中であること。
③七月十五日に大隈外相と佐野、寺島、副島、東久世、元田、鳥尾、福岡との会談があったこと。

こうした動きを受けて、七月十九日に内閣会議が開かれ、帰化法と公文との関係が正面から議論されている[26]。この閣議では、まず、山田法相から帰化法制定の提案がなされたが、この山田提案に対しては、閣僚の中から、これではすでにアメリカ・ドイツ両国に発した「公文」に反することになるのではないかとの反論が提起された。すなわち、公文の前段で、「外国出身の法律家」となっていたのに対して、後段は、「条約により日本の裁判権に服すべし」とされていたことから、ここでの外国人裁判官とは外国籍裁判官を指すことが明らかであったからである。

この点、井上は山田司法大臣に宛てた意見書の中で、「公文ヲ取消す為ニ第二ノ公文ヲ発セザレハ到底条約ハ憲法ノ主義ヲ破壊スル者ナリ憲法ヲ以テ與ヘタル所ノ国民公権ヲ減裂スル者ナリ憲法ハ是レヨリ値直（ママ）ナキ廃紙トナルヘシ」と述べて、加えて、公文を取り消す方法は二つあると続けている。すなわち、「一ハ此ノ公文ノ署名者自之ヲ取消スナリ二ハ冣高ノ執権者ヨリ之ヲ取消スナリ　署名者自之ヲ取消スニハ急ニ帰化法ヲ発布シ同時ニ第二ノ公文ヲ発スルヲ冣便トスルカ如シ」とするが、そのどちらもとれないとすると、最終的には、「政府ハ竟ニ憲法矛盾ノ條約ヲ締結シタルノ責ヲ負フコトヲ免レザルヘシ」との注意を促している[27]。

さらにこの点については、七月十九日の閣議に提出された「帰化法と公文との相違」という文書の中でも、かなり詳細な検討がなされているが、ここでは、やはり帰化法の早期の制定が必要であることが強調される。その理由は、外務大臣の宣言としてなされた公文中の外国人法律家をわが国の裁判官に任用する場合であっても、国民身分法に基づいてその範囲内で任用されるべきであるとされているからである[28]。

この閣議の後、井上はどうやら帰化法による黒田・大隈への説得にも限界を感じたようで、俄に辞職の意向を仄めかし、七月二三日には辞表を提出している。同日付の伊藤宛伊東書翰には、「帰化法は上奏中、未だ院議に附せられず候。同法は英訳校正の上ロイスレルへ相渡し、刻下意見書調査中のよし、今朝ロイスレルより及承候。意見書出来候へば早速成訳の上蒟蒻摺に致し置可申候。」と井上のことについては伝えていないが、翌二四日の尾崎三良の日記には次のように記されている。[29]

「井上毅ヲ訪。同氏辞職ノ事ヲ尋問シ、延テ条約改正ノ事ニ及ブ。頗ル激論アリ。予之ヲ宥ルモ聴カズ。終ニ言別レト為ル。」

さらに、井上は山田に対して七月二四日付の書翰で、「帰化法を行ふて公文を存するハ、到底衝突を免れず、憲法を保護する為ニハ不得已、外務之論ニ反対せざるを得ずと存候而、…此一大事ニ就てハ、閣下ニハ最初より非常之御配神在らせられ候事ニ付、[30]」と述べている。

勿論、伊東等は、井上の慰留に努めたはずであって、例えば、伊東は井上とは毎日面会しており、「同氏も余程熱心之様子に而時々相談に与候事に御坐候。」（七月二五日付伊藤宛伊東書翰）と書き送っていることからも窺えよう。この時には、井上は渋々ながらも辞表を撤回し、「此事他に不洩様并に右を起草するに付て昨夕御心添の廉々共委細申含置候。井上は右起草の為今夕より高津（ママ）辺へ可出掛と申居、…」（七月二九日付伊藤宛伊東書翰、参照 八月八日付伊藤宛伊東書翰「過日御依嘱之文案受取之為昨日同処へ使差遣候処、別封持帰候」）ということになった。そして、その成果が、「別案試草」となってあらわされ、さらに、十九年冬のモッセ答議と口頭による回答が重要である旨を付け加えて、伊藤の参考に供されている。[31] この明治十九年十一月三〇日のモッセ答議によれば、ドイツでは、官吏となると同時に国籍を取得することについて、外国人の場合、二重国籍になるのではないかとの井上からの質問に対して、官吏の二重国籍はごく稀である旨答えている。さらに、十二月三日の口頭による井上との問答では、次のような答議を与えている。

「…外国人ヲ法官トシ其外国人タルノ資格ヲ以テ法廷ニ臨マシムルトキハ埃及ノ立合裁判タルコトヲ免レズ。又就任ノ時ニ併セテ帰化ノ性質ヲ與フル者トスルトキハ…一人両国ノ国民タルコトヲ免レズ。一人ニシテ二重ノ国民資格ヲ有スルトキハ往々両様ノ義務ノ抵触ヲ生ジ、紛議ヲ免レザルニ至ル。故ニ予ハ瑞西ノ新法ノ最モ精密ノ用意ヲ致セルニ倣ハンコトヲ望ム。(32)」

因みに、先に述べた「別案」とは、ロェスラーの意見・修正案が附されて、欄外に詳細な意見が書き加えられた文書を指している。その検討の時期は、前述の書翰からすれば、七月二九日～八月八日の間であったと思われる。(33)そして、この原案への井上の修正意見とみられるものには今日二つのテキストが見いだされる。一つが、「ロエスレル氏身分法草案意見書附属」(34)の欄外の意見(条文対照表の「井上意見」参照)で、もう一つが、これらの欄外意見を整理した「帰化法修正ノ追加意見」(35)である。そして、この②の資料は、明らかに①の欄外意見と対応しており、②は若干文言が整理されていることから、両者の時間的順序は①→②と推測される。

八月三日付伊藤宛井上書簡(36)では、ロェスラー修正案について井上は、まず、「帰化誓」が必要不可欠であると強調した上で、外国爵位を放棄することは、アメリカ法にその例があるが、ロェスラーからの反対が予想されること、ロェスラー修正の中で、二重国民資格を法条に認めることをどのように取り扱うかなどについても伊藤に意見を述べている。なお、ここで問題とされている草案のロェスラー修正では、「帰化人は帰化証を受領するの日に於て日本臣民たる義務に服従することを宣書すへし…」(十三条)の傍線部分を「…(日本)帝国に臣従の誓を為(すへし)」と改めた。これに対して、井上は、欄外に「紫色修正尤妙」との書き込みを付して賛意を表している。

そして、井上自身の考えについては、欄外に記載したことも伊藤に伝えられていることから、伊藤自身もこのロェスラー修正案を手交され、検討したものと思われる。

さらにこの時期、官邸サイドも帰化法の検討を夏休み返上で行っていた。渡邊廉吉の「秘事覚書」(37)によれば、明治二二年七月の記事として、条約改正交渉に関連して、政府が法典編纂を約束し、大審院に外国人判事を任用することについての憲法問題が生じ、夏の休暇中にもかかわらず、通常の参集日のほかに、さらに臨時に会議を開いて条約改正のことを評議したとの記事が見られる。また、同年八月二日、三田にて内閣員の会議があり、伊藤と井上馨も出席したこと、「告知文中外国人云々帰化の外国人と改め」て、以前に各国政府に送ったものと差し替えるとの記事も見られる。

帰化法の制定との関係で注目されるのは、八月四日の「秘事覚書」の記事で、身分法草案は法律取調所で起案され、内閣に提出し、閣議を終わり上奏する段になっていたにもかかわらず、伊藤から原案不備と指摘されてさらに審査することになったという先に指摘した記述が見られる。そして、八月一〇日以降も「枢密院に出勤し彼の臣民身分法の議事に取掛るへきに」と記されている。

こうした七月下旬から八月はじめにかけての検討は、一つには、八月二日に予定されていた閣議へ向けての準備作業という意味を有していた。これらの検討を受けて、政府は、八月二日の閣議において、次の二点を決定するに至った。すなわち、第一に、「速かに帰化法を設け、大審院に任用せんとする外国人は帰化人たるを要す」とすること、そして第二に、「条約廃案論」、すなわち、「他の大国に於て新條約を承諾せざるものあるときは、其の国に対する現行条約を棄却して其の履行を絶つべきや否やは、其の機に臨み、尚審議すべし」との二つの事柄が決められたのであった。そして、後者については、特に松方大蔵大臣からの次のような趣旨の建議がその前提に存していたことを見逃してはならない[38]。

すなわち、この建議の中で言及される大国とは、具体的にはイギリスのことを指しているのであるが、ここでは、このイギリスに対して、帰化法を制定し、外国人法官については帰化を要するとの趣旨の公文の変更を行った場合に、これをイギリスが承諾し、改正条約を締結する可能性は極めて小さいとの想定を前提とする。このことからすれば、条約改正諸国の間には、改正条約の締結を行う国とそうでない国とが存することになり、こうした事態からは、如何なる帰結が生ずることになるのかが問題とされよう。一つの想定は、それぞれの国が最恵国条款に基づく主張をなしてくることが考えられ、そうなれば、「内地雑居を許して、而も海関税権を回復すること能わず、治外法権を保存して、而も内地通商の制禁を励行すること能はさるの結果に陥」ることになるという。この点からすれば、政府は、速やかに条約改正を中止し、条約案が憲法違反になることを理由に、各国との批准を拒否すべきであると論じられたのである。

以上の建議については、井上もかなり深く係わっていた。例えば、八月十一日付の松方宛井上の書翰では、松方が条約中止論者で批准延期論を唱えていることを前提に、条約を中止した場合に各国に対してなすべき弁明の検討を行ったほか、「代松方伯起草　八月十一日」なる松方の代草案もみられるからである[39]。因みに、前者の弁明としては、第一に「憲法矛盾」を主張すること、第二に、「内閣辞職して中外に謝する事」、第三に、国会が開会するまでは決定が困難であると主張すること、などが挙げられている。なお、当時の閣僚における条約改正への立場は、いわゆる断行論者と目されたのが、黒田、大隈、山田、榎本であり、これに対して中止論者に数えられていたのは、後藤、松方であった[40]。

またこの点で注目されるのは、井上が「告知文」の再案を起草し、伊藤に提出することになっていた点である。

例えば、明治二二年の日付なし井上書翰[41]の中に、井上の「第二公文」案であると思われる文書が存する。これは、外国人判事の任用が憲法十九条に違反するとの観点から公文の修正を試みた文書で、その中では、次のように記されている。

「大審院に用ゐる所の外国出身の裁判官は追て発布すへき日本の帰化法に従ひ、日本国へ帰化の臣民として日本国普通臣民の権利を得（公権私権を併せて）及其義務に服従する者たらざるへからず。又追て発布すべき才判構成法律に望む所の相当の学識の試験及経歴に適合すべき資格あるの人に限るへし。

凡そ外国法律家を雇用する事并に外国人の大審院に被告として法律に対する上告の裁判を外国出身裁判官の多数に依り構成したる裁判局に受る事は、倶に憲法の結果（コンセカンス）たる日本法律（帰化法及才判構成法）の範囲内に於て之を施行すへし。

右は日本政府の十分なる注意を加へて且は憲法の主義をして損傷を被るの不幸を避けしむるか為に、且は貴政府に対する交誼を全くし新訂条約の障碍なく施行せられて、貴国人民の為には実際上に前の公文に載せたる条件に殊ならざる保証を与へ、我国人民の為には外国出身判事の裁判を受くるに当り、法律上の満足なる感触を失はざらしめん事を望むか為に更に商議を求むる所の考案なり。

我か政府は前の公文の一部を変更するの却て新訂条約案の全部を完結するに足る事を信し、又友愛なる貴政府の同盟国の憲法を尊重して、其の憲法の実施に対し相当なる余地を与へらるゝに惜しまざる事を疑わざるなり」

このように井上の目から見れば、大隈条約改正案をめぐる帰化法制定論の行く末はすでに閉ざされていると映っていたのかもしれない。

2　内閣修正案

おそらくこうした点も影響して、井上の帰化法案への修正は、内閣修正案[42]には、この時点ではほとんど反映されず、ロェスラーの修正意見のみが内閣の参観に供された如くである。しかしながら、井上意見は、その後の枢議委員会審議の中で参考とされ、その意見のいくつかは、後に部分的に採用されている[43]。具体的には、第十四条（帰化願書申込み要件）、十七条（許可・不許可理由の不提示）、二〇条（帰化誓による公権・私権の享有）に顕著であったが、ここでまず問題とすべきは、この内閣修正がいつなされたかという時期の問題であろう。

この点を考える上で、八月十五日付伊藤宛伊東書翰では、「帰化法も其後司法省に於て再修正に着手、一昨日内閣へ提出相成目下上奏中之由に御坐候。」として、さらに、井上にも草案を送付した旨を伝え、「両三日中枢密院へ下付之都合に可相成と存居候。」と述べた上で、帰化法再修正案は井上より伊藤に差し出すことになっていることも伝えられている[44]。

それから一週間後の八月二二日付伊藤宛伊東書翰のなかでは、「帰化法も愈昨日『帝国臣民身分法』との名称を以て内閣より下付相成」と報じた。このことからすれば内閣修正の時期は、八月十三日〜二一日の間ということになろう。ところが、この時期になると、伊藤・井上・伊東等の間では、どうも条約改正案に対する懐疑の念が強まっていた様子が窺える。先の八月二二日付の書翰の中でも、伊東は寺島議長が帰化法の審議の開始と同時に条約改正案の全文を院議に提出することを要求していると伊藤に報告するが、その上で、伊東はまず「開議延引」をすること、加えて時間稼ぎのために、在京の顧問官連中だけで審査委員を構成して審査修正に取りかかることを献策しているからである。

また、井上も、同じ日の八月二二日に、「條約改正ニ付テノ困難覚書」を黒田総理に呈するに至っている。[45] ただ、井上自身は、前述のごとく、かなり早い段階から、憲法問題をクリアーできなければ、条約改正を中止すべきであるとの考え方をもっていたことは明らかであり、その覚書の内容も先の松方建議とほぼ同趣旨であった。

なお、「内閣最終修正　帝国臣民身分法」案の中で、ロェスラー修正を踏まえた重要な規定としてここでは第十六条を見ておくことにしたい。そこでは、「凡日本帝国ニ於テ官吏ニ任用セラルベキ外国人ニシテ帰化ノ願ヲ為シタル者ハ第十三条ヲ除ク外前数条ノ規定ニ依ラズ枢密院ノ議ヲ経勅裁ニ依リ帰化証ヲ付與セラルルコトアルベシ」と規定されている。因みに、この原案の第十三条には、「凡官吏ニ任ゼラレントスル外国人ノ帰化ノ願ハ前数條ノ規程ニ依ラザルコトヲ得、此ノ場合ニ於テハ枢密院ノ議ヲ経、勅裁ニ依リ帰化ヲ許可セラルルコトアルベシ。」と規定されており、外国人官吏任用の場合に帰化を要しない場合があり得ることが明示されている。

すなわち、官吏に任用された帰化外国人は、十三条による制限を除くほか、枢密院の議を経、勅裁により帰化証を付与されるとされたのであるが、井上はこのような「帰化誓」を伴わない帰化のあり方には、先にも一言したように、二重国籍を認める恐れがあるとして強く反対していたのであった。

3　枢密院委員会修正案

その後の枢密院会議の委員会審議は、遅々として進まなかった。そこでの経緯については、次の書翰の中に明瞭である。

①まず、九月四日付伊藤宛伊東書翰[46]では、枢密院委員会での審議が、伊藤議長不在のために捗らないこと、大隈が最終的に条約廃棄論を抱いていること、が伝えられ、この際、伊藤は遠方にあって人と面会しないよ

うにとまで忠告している。

②しかし、その数日後の九月七日付伊藤宛伊東書翰[47]になると、一転して「会議も存外相運昨日中に而一と通り委員会之議決を了候に付、全部を補整候事は小生へ被相托候に付」とされ、伊東による逐条検討を経た上で、再度委員会に提出し、その後、直ちに本会議に付託するという手順までも述べられている。

③ところが、委員会審議に関しては、井上の目には、どうやら「帰化法、一日も早く御発布相成度、副議長（寺島宗則）へ御一声被遊間布哉」というように写っていたようである。[48]

④その後、枢密院審査委員会は、九月十九日に、委員会修正について別冊を議了して、正式に伊藤議長に報告が行われている。[49]

この点、九月二〇日付伊藤宛伊東書翰では、枢密院本会議開催問題に関連して、「国籍法之義は其後委員会結了」と伝えられ、その後は伊東が熟案校訂を行う旨述べられている。その後、委員の報告書を提出した上で、本会議の開催となる予定であったが、寺島副議長の下へは、内閣においても、帰化法案についてはそれほどその制定を急がないとの観測が伝えられている。寺島自身も同法の制定を急がない立場であったが、伊東はできるだけ早く開議して決定したい旨、伊藤に伝えている。[50]

さらに、九月の末になると、帰化法案十六条に係って二重国籍問題が議論となり、その制定をあまり急がないという内閣側の意思が再び確認されるとともに、外務大臣の考えに対して黒田総理大臣が次のような見解を有していることも伊藤に伝えられた。

①この修正案のままでは、告知文と抵触すること、ことに宣誓の要件については、実施の際に困難を生ずる。

②そこで、ドイツ流を採って外国人を官吏に任ずると同時に、その任官の効力によって国籍を付与すること

に改案すべきである。

そして、前述したように、この「帰化誓」を伴わないドイツのあり方こそ、井上にとって二重国籍を生ずるとして、しばしば問題とされてきた点なのであった。

さらに、枢密院委員会原案である「日本国籍法」[51]へのその他の井上の意見について付言しておけば、纏ったものとしては、梧陰文庫中の、「帝国臣民身分法意見」[52]がある。この中で注目すべきは、以下の諸点である。

まず第一に、第一条三号につき「国籍ナキ者ノ妻ト為リタル日本人ノ子ニシテ日本帝国ノ領内ニ生レタル者」の傍線部分（「ニシテ日本帝国ノ領内ニ生レタル者」）を加筆することが求められた。第二に、原案二条及び二三条に用いられた「准正」は、わが国の民法に規定がないことから削除すべきと主張し、字句修正としては、三条の「規程」を「規定」に改めるよう提案する。そして第三に、第九条四号の帰化要件につき、「願書呈出前引続キ五年以上日本ニ住居シ仍住居セントスルコト」と傍線部（「願書呈出前引続キ」）を加えて、内閣最終修正案[53]七条四号の表現に戻すことを提案している。最後に、第二〇条についてであるが、本条は、帰化等により日本国籍を得た者についての規定であるが、この条項について井上は、「（本条により）国籍ヲ得有シタル者ハ女子ナリ女子ニハ公権ヲ得有スルノ理ナシ…（そこで）…日本国籍ヲ得有シタル男子ハ」と改めるべきであると述べている[54]。

3 条約改正中止論と井上毅

ところで、ここで時間をやや前にもどすと、明治二二年七月七日、条約改正反対派である前農商務大臣谷干城、日本新聞主筆杉浦重剛、それに、陸実等が集まって大隈案反対運動についての打ち合わせをおこなったのである[55]が、当時、大隈条約改正案の中止を求める積極的な論者の声は民間有志とも連動してすでに大きな動きになっていた。とりわけ、谷、副島をはじめ、鳥尾・海江田・西村茂樹等と並んで、宮廷派といわれる元田永孚や佐々木高行なども中止論に与していた。そして、この時期、元田−伊藤間と同様、井上と、同郷の元田との間においても、かなり頻繁な意見のやりとりが行われていた。例えば、『井上毅傳史料篇　第四』における元田宛井上書翰の数は、条約改正問題と帰化法制定論とが集中的になされた七月四日〜一〇月二二日までの間に、実に二三通を数えている。同じく、井上宛元田書翰の数も、同年七月五日〜一〇月十二日までに二一通存する。

このことは、この当時、井上と元田との間でもかなり緊密な連携がとられていたことを示唆している。その一端を示しておけば、明治二二年七月四日に、井上が総理・外務両大臣に宛てて意見書を提出したことはすでに述べたが、この意見書は同日のうちに元田へも差し出されたようで、その上で、「此件ニ就而ハ近日拝謁可申述候へとも、何様批準之一段ニ迫候へハ、容易ならざる事ニ相成居」と書き送っている。さらに、七月二四日付の書翰の中では、「昨日ノ閣議ハ不好結果ニ奉存候、松方心組ノ話有之、今晩高輪（伊藤博文）へ参候而、明朝ヨリ丈及敏捷ノ運動仕度心得ニ有之候」と伝え、さらに、「帰化法枢議ニ付而者、副島邊御ヌカリナク御話合専要奉存候」と枢密院委員会委員との連携についてまでも指示するような文面もみられる。

八月中旬から九月のはじめにかけて井上は、前述したように、帰化法案をめぐる対応に忙殺されることになるが、このことが元田との書翰にも顕著に現れている。ここでは、帰化法案そのものに関連する、かなり具体的な論点に係わる情報交換も行われていることが注目される。そこで、特に、重要であると思われる点を、以下に箇条書きに纏めておこう。

①「先時申上候帰化法ニ追加すへき箇条ハ、」「日本人ニ嫁シタルニ因リ、日本人タルノ身分ヲ得、及夫ト倶ニ帰化シタル婦女ハ離婚スルコトアルモ、又ハ寡婦トナルモ其ノ身分ヲ失ハズ」(56)

②「英国ハ二重身分ヲ許サザル之正條并獨乙ハ、外国ノ官ニ就ク者ニ対シ、猶獨乙国民身分ヲ保タシムル之正條ニ付箋いたし差出候、并ニブルンチュリ氏一人両国身分ヲ有スル撞着ノ事ニ付、論説ニも見出シを付置申候[57]」

③「昨日ハ拙著へ御批判御恵與感激奉存候、猶試刷本（「内外臣民公私権考」）一部致進呈候[58]、」

①は「ロエスレル氏身分法草案」（伊東二八七−一＝憲政三三三）に対する井上の欄外の加筆意見の内容と正しく符合する。すなわち、同草案の欄外には、原案第四条に関連して「第四条ノ次ニ左ノ一条ヲ加フヘシ　夫ト共ニ帰化ヲ得タル婦女離婚スルコトアルモ又ハ寡婦トナルモ帰化ノ効力ヲ失ハズ」とあり、この書翰で示唆されている追加条項も、この井上の欄外意見を踏まえてのものであろう。そして、②は、井上が一貫して懸念していた二重国籍にかかわる議論の一端にかかわる。さらに、③については、後に論ずることと関連するが、元田には比較的早く自著である『内外臣民公私権考』を送っていることは、やはり注目されよう。

さらに、九月下旬、特に九月二一日以降は、条約改正交渉問題について帰化法制定問題の行方と絡めてかなり緊迫した書翰のやりとりが行われることになる。例えば、元田永孚は、九月十九日に条約改正問題について伊藤の考えを聞くよう天皇に命じられ、九月二〇日小田原に伊藤を訪ねる。そこで伊藤は、元田に対して、憲法違反の問題がある以上、外国人任用の告知文については撤回する外ないと述べたとも伝えられているからである[59]。

ここで述べられたことは、伊藤自身の真意であると同時に、井上の考えでもあったと思われる。というのも、伊藤は井上から九月十六日に、次のような書翰を受け取っていたからである。

「…小生は憲法矛盾論の先鋒者に候へは、一日も早く閑地に就不申而は良心不安に覚候に付、今日猶小牧へ陳情之委細書を贈置候。且事情は昨夜縷々話置候。又外務大臣、司法大臣へも倚頼いたし置候。若御手元へ廻候はゝ、すらりと解放之方に御一言之御助成奉冀候。

別紙は十日之菊花にて有之候へとも、総理、外務、司法之三大臣へさし出置候…。今更申候も詮なき事に候へとも、昨冬外務大臣へ一応意見申出候節再三折返し手強く不申立候事、後悔此事に有之候。」[60]

この書翰で、井上は、自分が「憲法矛盾論の先鋒者」であると位置づけ、辞意の意向を伝え、さらに、三大臣に対して遅きに失したが、意見書を提出したことを伊藤に伝えている。この意見書とは、九月十五日付の「条約改正意見」[61]である。この意見書には、井上の憲法十九条をめぐる考え方が凝縮されていると思われるから、その内容を紹介しておこう。

井上は、ここで、外国人を裁判官補助として任用することについての憲法上の問題に関して検討を行う。これは、条約改正交渉に際して、イギリスから出されていた要求の一つに対する見解であると思われる。

この点について、井上は、基本的に、裁判官補助も、裁判官も、ともに憲法上問題となることは同じであるとして次のような議論を行う。ここではまず、比較法的な検討を行った後に、このことからの帰結として、代言人については外国人を許す例が認められるが、その他の裁判に係わる官吏について外国人を任用しないのが、立憲各国の例であるとする。そして、このことが憲法上の原則なのであって、憲法二四条の裁判を受ける権利の趣旨からも、この原則は、導かれるという。加えて、憲法十九条の規定によれば、「裁判官ニシテ帰化セサルノ外国人ヲ用ウヘカラサルトキハ裁判輔助モ亦帰化セザルノ外国人ヲ用ウヘカラズ」との解釈が示されている。

そして、「憲法ノ主義」において裁判官の資格は重要なのであって、このことは「臣民ノ公権、裁判ノ法律、組織ノ條」に含まれ、「憲法ノ原性タル成分」で、これを欠いて憲法は成り立たないとも主張されている。そして、最後に、井上は次のように述べて議論を締め括った。

「憲法ノ主義重キ歟、寧ロ外交ノ政略重キ歟方今政府ハ其ノ一ヲ擇ハザルコトヲ得ザルノ時期ニ遭遇シタリ」

この時の井上の心境は、九月十六日付の山田司法大臣宛「意見」の中でもストレートに表現されている。(62) ここで、井上は、小牧内閣書記官長に辞表の件で嘆願したことを述べ、その後に、岩倉公から託された遺言・遺書の内容に係わって次のように言う。すなわち、岩倉公の意思は、外国から法律上の要件を付けた条約が要求される間は、経済上、内地雑居を譲ってはいけない、という趣旨であり、自分もこのことを守ろうと努めてきた。しかし、現在のような内容の条約改正案を締結すれば、国権論は一層高まり「激烈之運動」が生ずることになる。昨年の冬の段階で、自分が進退をかけて大隈条約案に反対しなかったことをむしろ後悔している、とその心情を率直に吐露したのであった。

この井上の想いは、次のような書翰の形をとって伊藤にも伝えられた。

「追伸　枢密へ御下問之事中止候事、今更遺憾千万に存候。今日之様子にては、とても閣議を開く事は六ケ布候歟。

帰化法を速に発布する事も一つの分泌法に候へとも此れも一向に運不申、枢密之受場すら鰻魚主義なり。よく〳〵改進党之幽霊がこわきものと見え候。奥議長又は伊東へ御寸書被下度奉冀候。

主上は頻に御悶へに有之候由。(63)」

そして、大隈案に対する全体の流れは、もはや中止論に傾きつつあり、明治二二年九月二三日付大隈宛黒田書簡(64)によれば、徳大寺実則侍従長より黒田へも次のような意向が伝えられるに至った。

「…憲法十九条に抵触する事多少構正法にも関係不少、従つて枢密顧問官中に反対説頗ぶる有之、…篤と閣議を討議十分相尽し違算なき様可致」

二　通俗憲法解釈と『憲法義解』

1　大隈条約案に対する井上毅の評価

以上見てきたことからも明らかなように、井上は、外国人法官任用問題についてかなり強い懸念を懐きつつも、ある意味で、自分の考え方を押し殺して、政府解釈の弁護を行ってきたのであって、そのことに対して、いい知れない後悔の念を抱いていたようにも思われる。この点で、佐々木隆教授が、次のように述べられたことは注目に値しよう。すなわち、「官僚（公人）としての井上毅は辻褄合せの法案を起案したが、一政治家（私人）としての井上毅は大隈条約改正交渉に批判的だった[65]」と。

この無念の気持ちは、さらに、先にも引用した伊藤に宛てた次の書簡の中にも、顕著な形をとってあらわれている。

「何様外務大臣之非常之精神、非常之智略、東洋第一之豪傑と存候。…小生ハ憲法矛盾論之急先鋒者ニ候へハ…（中略）グヅ〳〵いたし候内、憲法ヲキヅモノニいたし候事、返々残念之至ニ存候[66]」

井上にとって大隈が主張する大審院判事に外国人を任用する提案は、結果として、正しく彼が精魂を込めて制定した「憲法をきづもの」にすることにほかならなかったのである。

このような井上の条約改正案に対する危惧の念は、他方で、その後の憲法運用における憲法解釈の行く末、あり方を慮ってのものだったということもできよう。それ故に、井上は、遅くとも八月中には自己の憲法解釈を示すべく『内外臣民公私権考』の草稿作りに着手し、憲法解釈の安定を図ろうとした。この結果、明治二二年九月十三日には、「憲法衍義」の一冊として『内外臣民公私権考』を纏め、これを出版する決意を伊藤に告げ、その了解を求めている。[67]

本書の出版の経緯については、八月三〇日付伊藤宛井上書翰[68]に詳しく述べられているから、この点をまず、確認しておこう。ここでは、まず、憲法解釈が「精々なるを妨げず」とはいうものの、「主義原則に至ては必一定なるを要せざるへからず。」と述べられる。そして、井上がこのような想いを抱くきっかけは、憲法十九条に関する英学者たちの議論にあったことは明らかである（例えば、憲法雑誌（改進党系）、東京輿論新誌（嚶鳴社）、時事新報、朝野新聞、東京日々など）。

「公権私権之別は英国学者の余り唱へぬ事と相見え、英学先生連はロヂック法而已に而十九條を読下し註解を批難するものに有之候。」という。そして、『内外臣民公私権考』の出版をも視野に入れて、次のように述べていることが注目される。

すなわち、「国民公権」ということは、憲法における「元則主義」であって、これすら疑問であるとすると、「日本之憲法学之未熟なる事外国人よりも嗤笑を受可申」。それも政治家の運用上のことで有ればまだしも、「純然たる学問社会」において僻見を唱えることは、問題であるという。その他のことならいざ知らず、このことについては学問上反論しておかなければ「憲法之傷害を来し」と述べ、この点に関して各種調べたことについて、「別冊成稿仕候」と伝えている。

そして、このことは自分の義務でありコンニャク刷りにして各大臣に差し出すとまで述べるが、ただ、このような形で世間に流布すると、先の秘密出版のようなことも起こるから「いつそ公然小生之名前に而出版公布いたし度存候。」と述べている。

2 新聞の憲法解釈

井上をこうした気分にさせた原因は、これまでみてきた帰化法制定論議に加えて、先の書翰の中でも触れられていたように、条約改正に際して様々に展開されていた新聞等のメディアで繰り広げられていた「英学先生連」による憲法解釈論議でもあったように思われる。

というのも、外国人の任用問題に関して、新聞各紙は、政治的な立場の違いに応じて様々な議論を展開していたからであり、特に改進党系の新聞は、大隈案擁護の立場から、政府部内から寄せられた憲法違反との主張に対しても様々な反論を展開していたのである。

勿論、井上としても、このような動向に無関心ではいられなかった筈であり、憲法制定者の一人として統一的な憲法解釈を示す責任を自覚していたものと思われる。そして、当時の状況について井上は、後に、次のように書き留めてもいるのである。

「近来ハ帰化法ニ依ルノ説ノ実地ニ行ハレ難キニ依リ一転シテ外国人任用ハ憲法十九条ニ矛盾セズ憲法ノ解釈ハ伊藤伯ノ私見ナリトノ説専改進党ノ一般ニ行ハル(69)」

その典型的な議論として、例えば、朝野新聞では、帰化法制定論議が政府部内でも本格化されていた明治二二年八月に入ると、次のような社説を掲げて憲法解釈をめぐる論戦を挑んだ。これを日付の順に挙げれば、まず、八月一〇日には「伊藤伯は別に憲法に勝るの法令あるを認めたる歟」、八月十一日「何んぞ必ずしも帰化人を要せん」、そして、八月二〇日、二一日、二二日、二三日には、四日間連載で「外人の任用は果たして憲法に違反なる歟」、八月二四日には「我国憲法の前途に憂ふべきものあり」を掲載している。

そこでの議論は、「外国出生の法官を任用することは、何ら憲法に違反しない」との立場からなされ、その結論は、「憲法典の中に外国人の任用を禁じた条項が存しない」からだと答えるものであった。

この点、朝野新聞は、主として、伊藤博文の憲法義解解釈への反論という形で議論を展開したが、そこではまず、憲法十九条をめぐって様々になされた解釈論のあり方を次のように整理している。

はじめに、条約改正賛成派の憲法十九条解釈につき、本条は単に日本臣民の権利を規定したものであって、この権利を外国人にまで及ぼすことはできないと説く。その上で憲法の明文において外国人の任用を禁じていない以上、これを任用することは憲法違反とはならないと解するのである。

これに対して、条約改正反対論者、あるいは伊藤の義解解釈によると、憲法十九条は、内国人任用を通則とし、特別の規定がある場合には、この通則の例外を認めることができるとした上で、わが国には未だ外国人任用に関する特別の規定が存しないから、そこで外国人を任用することは憲法に違反する疑いがあると主張する。

このような整理を前提として、そこでの義解解釈に反駁する議論が展開されることになるが、それらは、大略次の二つの観点からなされることになる。

①まず、伊藤の憲法解釈は、要するに、通常の法律によって「憲法の主義」を変更する（つまり、特別の法律の規定によって外国人の任用を許す）ことを認めるものであって許されない。

②さらに、伊藤が主張するように、もし憲法十九条が日本臣民を文武官に任ずる権利を規定すると同時に、外国臣民を文武官に任ずることを禁ずるものであるとすれば、憲法二一条の納税の義務、二二条の居住・移転の自由、二三〜二五条の人身保護に関する諸自由、二六条の信書の秘密、二九条の所有権の自由、二八条の信教の自由、二九条の言論・集会結社の自由などについても、外国人に対しては、これらの権利・自由を

保障することを禁じていると解釈すべきであるということになるのか、という疑問が生ずる。

以上のように、朝野新聞では、主として、この二点が主張され、外国人判事任用違憲論に対する反駁が行われたのである。

これに対して、どちらかというと條約改正に対して反大隈の陣営に属する時事新報でも「寄書」という形で、憲法十九条に関する論文が掲載されている。明治二二年八月十三日の清野勉「憲法第十九条の性質を明かにす」がそれである。ここでは、伊藤の義解解釈に対して、憲法十九条が外国人に公務就任権がないと言明しながら、その一方で、特に法律を設ければ外国人が公務に就くことができると主張することを捉えて、強く反駁する。なぜなら、伊藤の義解解釈では、憲法上の権利規定が外国人にも及ぶことが前提になっている規定があることを見過ごしているからである、という。これは、先の朝野新聞論説の主張（②）と重なる論点である。このように述べた上で、論者は、外国人判事の任用は、憲法には違反しないが、「国権」に反するとの議論を展開する。すなわち、条約に基づいて外国人を任用することは、憲法違反ということはできないが、「国権」違反であり、「日本独立の大権を傷つくる」ことになると主張したのである。このことからすれば、伊藤の憲法義解解釈は、「国権に抵触する事件を以て直ちに憲法に違反するものと誤認」しているという評価が下されることになる。さらに、外国人裁判官は、行政顧問や学校教師などとは異なり、「天皇陛下の主権の一部分を直接に代表するもの」であるから、帰化法の制定が必要であると説かれるが、このことは、伊藤解釈のように、そうしないと憲法違反になるからというのではなく、あくまで国権に抵触するからであるとされたのであった。

これらの通俗憲法解釈論議に接して、井上は『憲法義解』が条約改正問題とだけからめて議論されることに危惧をいだき、これらに反論をなすことが必要だと考えるに至ったのではなかろうか。その行き着く先が正に、『内外臣民公私権考』の出版となってあらわれたように思われるのである。ただ、ここではまずその前提として、これらの論争の立脚点ともいえる『憲法義解』の解釈を確認しておくことにしよう。

3 『憲法義解』の解釈

(1) 『憲法義解』[70]公刊本と伊東巳代治文書『大日本帝国憲法衍義』との異同

まず、憲法十八条につき、公刊された「憲法義解」では、「私権の完全なる享有と及公権は専ら国民の身分に判随するを以て、特に別法を以て之を定むるの旨を憲法に掲ぐることを怠らず」と述べた上で、「選挙被選の権・任官の権の類」を公権とし、これは専ら本国人が享有する。これに対して、私権は「一二の例外を除く外、…外国人をして本国人と同様に之を享受することを得せしむる」とされている。要するに、ここでは、国民の身分については、別法で規定されることになっており、この中で、公権・私権の享有が規定される場合のあることを前提に、それ以外の場合については、公権を外国人が享有することはできないとの説明が附されている。

この点に関連して、いささか注意が必要なのは、伊東文書の『大日本帝国憲法衍義』(以下、単に伊東衍義という)の注解との異同である。というのも、この伊東衍義では、「…欧西諸国ニ於ケル国法上近時ノ傾向ハ、内外人ノ差別ヲ明カニシ民法上ノ権利ト雖モ成ルベク外国人ニハ本国人ト均等ニ享受スルコト無カラシメ且外国人ノ帰化シテ国籍ヲ獲得スルノ道ヲ難カラシムルニ在リ。蓋シ外国人ヲ引テ容易ニ国籍ニ編入スルハ実ニ諸種ノ危険アルモノニシテ殊ニ人種、宗教、文化ノ相差顕著ニシテ急ニ両人種ノ融和同化ヲ期スルコト能ハザルノ場合ニ於テ然リトス。」[71]と述べられているからである。この伊東衍義は、公刊されず、ロェスラーによって起案された英文をもとに和訳されたものと考えられ[72]、その執筆時期は明治二一(一八八七)年七月以降と推定されている。因みに、上記引用部分の英文は、以下の如くである。

「It is only to be added that the more recent tendency in Western countries is rather contrary to the equalization of foreigners with subjects even in respect of civil rights, and to the inconsiderate facilitation of the acquisition of the national status by foreigners. The easy mixture of foreigners and the nationals has indeed serious dangers, especially in countries where strong differences of race, religion and civilization hinders their speedy and harmonious amalgamation.」

ここでは、「民法上ノ権利」についても、帰化要件についても、かなり制限的に解釈すべきであるとの方向性が示されているが、この記述をどのように理解するかが問題になる。というのも、この記述に対しては、その欄外に「此ノ説憲法義解ノ説ク所ト相反ス」との書き込みが見られるからである。確かに、「私権＝民法上の権利」と読めば、伊東衍義は、憲法義解の文言と対立するように解される。しかしながら、梧陰文庫A－八三、A－九〇での権利の分類、すなわち、私権を本来の私権と民法権とに区分し、「民法権＝民法上の権利」と解釈すれば、この両者の考え方は、基本的に対立しないとも考えられるからである。ただ、欄外にわざわざ「相反する」と注記されている以上、ロェスラーの真意はやはり前者のような解釈だと考えるべきであろう。すなわち、ここでは、憲法義解における原則と例外とを逆転させて、私権についても、外国人には本国人と同様な権利は付与されないことが原則とされたと解されよう。しかし、この一八条解釈は、後に美濃部達吉博士からも批判されるなど憲法解釈としては必ずしも定着したものとはならなかったことをここでは付言しておこう。[73]

次いで、憲法十九条について、『憲法義解』が如何なる解釈を示したかの問題に移ろう。[74] ここでは、梧陰文庫に存する説明稿本と枢密院会議に提出されたコンニャク刷り原本との両者を対比してそれらの相違を明らかにしておくことにしたい。

明治二一年一月二二日に確定された「憲法説明稿本」(A－八三)では、明確に「外国臣民ニ此ノ権利ヲ及ホサザルノ義、明白ナリ」とし、ただし、その例外として、「各国其必要ニ依リ枢要ノ官及公権ノ掌握者タル官吏ヲ除ク外陸海軍士官、及教官技術官及公使ノ書記官訳官又ハ外国領事官ニ任ズルコトヲ許ス者アリ」と述べ、これらに関連する比較法的な概観を行っている。その上で、最後に「寛厳ノ間異同一ナラズト雖、均シク任官ノ権ヲ以テ本国臣民ノ専属権利トセザルハアラザルナリ。此亦憲法ノ証認スル所ナリ」と結んでいる。この稿本には、特別法による帰化外国人判事の任用を示す記述は見られない。

また、枢密院会議に配布されたコンニャク刷り(A－九〇)は、上記とほぼ同文であるが、最後の部分でイギリス一七〇一年の「アクト　オフ　セトルメント」五条を引用して、イングランド、スコットランドやアイルランド以外で出生した者については帰化をしても枢密議官、両院議員及び文武の責任ある官職に就くことができない、旨加筆されている。(75)

ところが、公刊された『憲法義解』では、本条での公務就任権について、ごく簡単に次のように述べられているに過ぎなかった。すなわち、「特別の規定あるに依るの外、外国臣民に此の権利を及ぼさざること知るべきなり」。要するに、ここでは、例外が認められることだけが示されている。

この点について、伊東衍義では、「外国人任用の場合については特に法律を制定して憲法及び憲法に基づいて制定された法律に例外を設けることができるか」について、次のように述べている。

ベルギー憲法六条は、例外規定を設けることができることを明文で規定している。勿論、例外規定を設けることは憲法が禁ずるものではないが、憲法が禁止している事柄に係われば、それは違憲なのであって、例えば、外国人を任用して憲法上の権力を行使しようとの目的から憲法の正條に反することを意図して特別法を定めることはできないとする。これによれば、摂政、元帥、国務大臣、枢密院顧問官、裁判官、会計検査官、帝国議会の選挙人や被選挙人には、外国人が就くことはできないことになるとされて、裁判官への外国人の任用は認められないとの解釈が明確に示されているのである。[76]

以上のような『憲法義解』と伊東衍義とのニュアンスの相違をいかに解したらよいのであろうか。憲法起草者の間にも、ここに示したように内外人平等観や外国人の公務就任権に関して重大な見解の対立が存していたとすれば、ロェスラー解釈に対して井上がどのように向きあってきたかを考察することは重要であろう。そこで、以下では、この点を踏まえつつ、この問題にかかわって井上がものした著作である『内外臣民公私権考』について若干の検討を加え、これらの論点を考察する手がかりを得ることにしたいと思う。

三　『内外臣民公私権考[77]』(「憲法衍義之一」)の出版

1　内容

まず、本書の構成からごく簡単に述べておこう。はじめに「小序」が付けられ、明治二二年九月九日の日付が附されている。そして、本論は、「私権」「公権」「総論」と続くことになるが、奥付の出版日は、明治二二年九月十三日であるが、実際に発行されたのは九月二三日であったようである。本書に対する井上の意気込みは、かなりのもので次のように伊藤に伝えられている。

「ツマラヌ空論ニ候へとも、小生ハ憲法解釈の責任を荷ひ、憲法主義之保護者之一人となりて、上聖明ニ訴へ下公衆ニ問ひ、無止ハ一身ヲ犠牲ニして以テ百世之公論ヲ待ツ之決心ニ有之候間、御掛念被下間布奉冀候」(78)

そこで、まず「私権」については、退去強制権を留保した上で、「内外人を同視するハ固より近世文明の美菓」という観点から各国の事例が検討されている。

これに対して、「公権」についての本書全体のトーンは、法官に外国人を任用することは、立憲主義に抵触し独立国家ではなくなるとの観点から議論がなされている。そこでは先ず、公権と私権とを区別し、公権とは憲法及びその他の国法によって公民に専属する権利であるから、外国人は享有できないということが強調される。そして、公権とは、憲法または他の国法によって本国公民に専属する権利で外国人の享受できない「本国公民権」と定義づけられる。従って、外国人が公権を取得しようとする場合には、法律の定める帰化手続に基づかなければならない、とする。そして、公権には、議員となる権利、議員を選挙する権利、任官の権利、自治に参与する権利などの「政権」が属し、これらは立憲国家においては外国人には付与できないと説かれたのである。

ここで、官吏任用についてやや詳しくフォローしておけば、本書での議論は、官吏の地位によって任用の制限に差異が生ずると説かれ、「直接に国権の委托に依り命令の一部を執行する官吏」「補助官吏」「一時の雇傭官吏」との三つに分類され、第一の官吏については、「各国殊に其の任用を慎重したり」と述べられ、例えば、イギリスでは、帰化人の父母が共に英国人であること、ベルギーでは、大臣は大帰化によらなければならないとされ、巴華里では、帰化した者でなければ、王室の高等官、政府の文武高等官等には任用されないと紹介されている。つまり、ここでは、官吏について「ホンクシオン（国家官吏）」と「アンプロア（属員）」とを区別することが主張されているのである。その上で、裁判官については次のように述べられる。

「蓋裁判官は主権者の名に於て国権の一部を執り臣民司直の父たる者なり憲法は其の任を終審として其の資格の完全適当なることを望み必法律を以て之を定むることを期し又臣民の為には法律に定めたる裁判官の裁判を受くへきの権利あることを保証したり故に外国人をして裁判権を執らしむるは決して立憲主義の許さゞる所なるのみならず陪審となり参審となり裁判官の輔助となり或は仲裁員となり其の他裁判附属の公吏と為るも亦必内国公民に限るものとす[79]」

正しく本書は、裁判官の任用に関しては、井上がこれまで採ってきた彌縫策としての帰化法の制定論を捨てた点で注目されるのであるが、それと同時に、新聞の憲法論に対して立憲主義の観点から、正面から応答した議論でもあったことにも留意されるべきであろう[80]。

因みに、『内外臣民公私権考』の草稿としては、梧陰文庫の中にA－二六九、A－四六九、四七〇、九一八、B－四〇七二が存する。この『内外臣民公私権考』の起案経過については、未だ明確ではない点も多いが、ひとまず梧陰文庫の中に残されている草案を作成順に並べておくと、以下のようになるのではないかと考えている。

①A－四六九及びA－四七〇　これは内閣十行罫紙に井上の自筆でものされており、これが第一稿であると思われる。これには訂正の跡があるが、これを踏まえて浄書された原案が、

②B－四〇七二である。しかしこれに対しても、井上の加筆修正が夥しく、特に外国参照が井上によって加えられている。

③A－二六九は、表紙に「内外臣民公私権論　初稿」と井上の筆で書かれている。全体の構成は、「私権」「公権」「総論」の三章からなっている。また、表題は最初「国民公私権論」であったのを後に「内外人民公私権論」とし、これをさらに「内外臣民公私権論」と変更した跡が見られる。

2 その後

この『内外臣民公私権考』のその後を考える際には、これまであまり取り挙げられることのなかった、伊藤博文『秘書類纂』の「憲法第十八條第十九條衍義[81]」なる文書に注目しておきたい。まず、この文書の筆者であるが、明確には断定しがたいが、本文中の次のような一節と明治二三年一月十五日付伊藤宛の井上書翰とを併せて読むならば、そのことに関する有力な手がかりを与えてくれるように思われる。

「予ハ初ニ憲法ノ主義ヲ説明スルノ上乗ニシテ其ノ條項ヲ解部的ニ注疏スルノ必要ナラズト信ジタリシニ、輿論ノ一部ハ予ヲシテ更ニ文ヲ逐ヒ句ヲ尋ネテ講義壇上ニ学習スル法学生ノ状態ヲ学バシムルノ不得已ニ迫リタリ。予ハ憲法ヲ研究スル為ニハ精神ヲ吐露シテ最後ノ餘瀝ヲモ傾ケ蓋スコトヲ惜マザルガ為ニ、今ハ此ノ問題ニ付世論ノ熱度ハ既ニ消却シテ過去ノ看ヲ為スニ拘ラズ、後世百年ノ為ニ公論ノ柄ヲ執ル者ニ訴ヘ再タビ憲法第十八条第十九条ヲ分析シテ以テ前著ヲ補苴スルノ労ヲ取ルコトヲ辞セザルナリ[82]」

「憲法十九条解釈に付、政論如何に拘らず天下後世に対し大中至正神明に愧ざる正鵠を得度存候。改進党之学文ある人々にロヂック之原理に基き反対之解義を下し、吾輩政論上之偏心より他人を擠陥する為に故意に附会之解釈を為す哉に論するもの有り。此事既に過去之歴史に属せりといえとも、憲法上之大義之関係に候へは猶別紙相認試候。

閣下高慮次第には時後れに候へとも、何歟之序に雑誌に登載いたさせ度存候。頓首[83]」

この二つの情報を総合すれば、筆者は、おそらく井上毅で、この文書の執筆時期は、明治二三年一月頃、『内外臣民公私権考』の補遺としてものされたものと推測しうるのではなかろうか。

次いで、この文書の内容についても概観をしておくことにしよう。ここではまず、憲法十八条の規定から「国民身分ニ係ル法律」を憲法附属法として制定する必要がある旨説かれる。そして、日本臣民たる身分を得るには、出生と帰化とがあり、日本臣民は、公権私権を享有する。但し、「公権ノ中ノ或ル重要ナル部分ニ付キ法律ノ正文ヲ以テ帰化人ノ終身又ハ若干年間享有ヲ禁ズルノ特例アル時ハ格外トシ、仍出来ノ本国人ニ比較シテ同一ナラザルノ點アリ」と述べる。

さらに、国民身分法は、私権についての規定ではなく、公権についての規定であるから、これは専ら国法に属するものであって、特別な法律によって制定することが至当とされる。また、国民の身分については、法律によらず、「行政命令又ハ行政処分」によって規定することは、「憲法ノ禁ズル所ナリ」と論じられる。

次いで、十九条については、まず、本条は「日本臣民ノ為ニ平均ニ公権ヲ付与」した規定であるとした上で、本条と外国人との関係がどうなるかが検討される。

この点、まず、反対解釈のあり方が詳細に考察され、本条は「勅定憲法ノ日本臣民ニ付与シタル平等特許権タリ」として、それ故に、日本臣民という文言から解釈して、他の法律に除外例をもうけない限りは、外国人に本条を及ぼすことはできないと述べられている。

また、憲法十九条は、ベルギー憲法六条の規定と同義であって、「本条ノ効力ハ別ニ法律ヲ以テ特別ノ規定ヲ設クルコトヲ禁ゼズ。又別ニ法律ヲ以テ特別ノ規定ヲ設ケザル限ハ行政処分ヲ以テ此ノ区域ヲ犯スコトヲ許サザルナリ」と述べ、解釈上、次のような帰結が導かれるものとする。

①十九条は日本臣民に限って公民権を付与した。
②それ故に、行政処分（行政命令）によって外国人に公民権を付与することは、日本臣民の特権を妨げ、「憲法ノ主義ヲ犯ス」ものである。
③但し、必要がある場合に法律を設けることは例外として認められる。「憲法ノ条文ハ此ノ如キノ法律ノ設立ヲ禁ズルマデニ絶対的ノ意義ヲ有セズ」。
④そして、この特別法は、「憲法ノ精神」に基づいていることが必要で、「根本ノ主義ニ傷害ヲ来サザルコトニ注意」しなければならない。

以上に基づいて、最終的に、裁判官について特別な法律によって外国人を任用することができるかの問題が検討される。この点について、法律による場合でも、「公民権」のない者を裁判官に任ずることはできないとする。というのも、憲法二四条によれば、憲法は臣民に対して、公民権を付与し、相当な資格がある者（＝裁判官）の裁判を受ける権利を保障しているからである。逆に言えば、臣民は、公民権を有さず、相当の資格なき人の裁判を受ける義務はないとされることになる。このように、ここでは、帰化法による公民権の取得が外国人を判事に任用する場合の前提条件と説かれており、憲法義解の「公権」、すなわち、内国人に専属する権利という意味での「公権」を「公民権」として理解する考え方を示し、『憲法義解』や『内外臣民公私権考』の中で展開された考え方を、より明確な形で提示したといえよう。

ところで、『内外臣民公私権考』に関しては、当然のことながら、様々な批判が寄せられたが、ここでは、明治二二年九月二九日付井上宛三条実美書翰に指摘された批判とそれへの井上の回答（九月三〇日付）とについてだけ言及するに止めたい。すなわち、三条書翰には、次のように記されていた。

「…扨昨日朝野新聞ニ貴著公私権考ヲ駁シ、憲法義解之十九条末文云々記載有之候、全體右文中之特別ノ規定と謂フハ、如何ナル場合之事ヲ指示タル者ナルヤ、内々心得迄ニ承リ置度候、右回答ニ預度候也、[84]」

これに対する井上の回答は、以下の通りであった。

「要スルニ、国民之公権ハ本国人ニ限ル者ナリ、特別之規定ヲ設ケテ、必要ニ依リ外国人ヲ任用スルハ、狭局ナル限界ニ於テ、或ル種類ニ於テスベキナリ、而シテ此ノ規定ハ、枢要之官吏、殊ニ裁判官ニマデ及ボスベカラザル者ナリ[85]」

おそらく、これが井上の本意であったのではなかろうか。

おわりに

以上の検討から得られた帰結を最後に纏めて、本稿の結びとしたい。まず第一に、条約改正問題としての「外国人判事任用問題」は、以上述べてきたごとく、同時に憲法制定後はじめての本格的な憲法論争でもあったのであり、憲法制定者であり、かつまた法令審査の責任者として法制局長官という法制官僚でもあった井上にとって、非常に苦しい選択を迫られた、ぎりぎりの判断の積み重ねでもあったということを改めて確認しておきたい。憲法制定者としての井上にとっては、外交上の政略によって憲法解釈が曲げられてゆくことは、おそらく耐え難かったに違いない。また、第二に、憲法解釈についてもロェスラーと井上との間には、特に外国人の公権・私権の区別について考え方の違いも見られたが、しかしながら、これは井上が常に条約改正問題を視野に入れつつ憲法問題に向かわざるを得なかったことに原由する相違であったと理解することもできよう。それ故に、明治二二年夏の帰化法案の挫折、それに続く『内外臣民公私権考』の出版、さらに「憲法第十八條第十九條衍義」の執筆ということも、必ずしも外向きのメッセージとばかりみなすことはできず、実は、起草者を含めた政府部内へも向けられた井上からの起草者意思を示すメッセージであったと解することもできるのではないかと思われるのである。

(1)　深谷博治『初期議会・條約改正』（白揚社、昭和一五年）一三四―五頁、なお参照、稲生典太郎『條約改正論の歴史的展開』（小峯書店、昭和五一年）三二一頁以下。
(2)　小嶋和司『明治典憲体制の成立』（木鐸社、一九八八年）二六七頁以下。
(3)　小嶋・前掲論文三二八頁。
(4)　この点につき、近年の注目すべき研究として、佐々木隆『伊藤博文の情報戦略』（中公新書、一九九九年）、特に第二章を参照。
(5)　参照、『条約改正関係日本外交文書　第三巻上』八三頁。
(6)　前掲書　一〇七頁、因みに、これに対して大隈は、両条にいう法律とは「裁判所構成法」を意味すると述べ、この中で、外国人任用の例外規定を設ければ問題はないと回答している。なお、この点については、同書一五三頁、一五五頁を参照。
(7)　大隈文書「条約改正案中大審院へ外人任用ニ関スル意見書」A―五〇七〇。
(8)　『近代日本法制史料集　第九』（一九八七年）「條約改正ニ関スル井上毅・ボアソナード氏対話筆記」一五三頁。
(9)　『条約改正関係日本外交文書　第三巻上』一六一頁。
(10)　なお、この井上の献言について、「井上の帰化法制定論が、問題の解決のための好意的な提案であったのか、あるいは問題を紛糾させるための善意を装った外交告知文批判であったのか、にわかに判断しがたい」とも説かれていることが注目される。参照、井上光貞他編『日本歴史大系　13　明治国家の成立』（山川出版社、一九九六年）四一四－五頁（坂野潤治執筆）。

(11)『近代日本法制史料集　第一』（一九七九年）一六二頁。

(12)参照、明治二〇年六月八日付山田宛井上書翰『井上毅傳史料篇　第四』六三四－五頁。

(13)伊藤博文編『秘書類纂　法制関係資料　上巻』（原書房、昭和四四年復刻版）五二四頁。小嶋・前掲書三〇三頁。

(14)なお、法律取調委員会は条約改正交渉との関係から当初は外務省に設置されていたが、この当時には、司法省に移管されていた。

(15)『井上毅傳史料　第四』　六三七頁。なお、本書翰は、明治二二年と推定されているが、ここでは、内容から明治二〇年井上試案に関わるものと判断した。因みに、山田と大隈との関係については、例えば、渡邊廉吉の『秘事覚書』の中では、「（明治二二年）七月頃ト覚フ山田伯三田（註黒田内閣総理大臣邸）ニ来リ酒席ニ於テ種々雑話ノ後大隈伯ノ容易ニ信スヘキ人ニアラス其術中ニ陥ルヘカラサル旨ヲ勧告ス」と記されている。井上の献策もこうした人間関係に基づく、井上の政治家としての一面のあらわれと考えることができるのかもしれない。

(16)『井上毅傳史料篇　第四』六三八頁。なお、本書翰も、ここでは明治二〇年と推定する。

(17)明治二二年七月二日付伊藤宛伊東書翰『伊藤博文関係文書　二』六八頁。

(18)『井上毅傳史料篇　第四』六三九頁。

(19)七月四日付伊藤宛伊東書翰『伊藤博文関係文書　二』六九頁。

(20)『井上毅傳史料篇　第二』一五五頁以下、七月四日付伊藤宛井上書簡、『井上毅傳史料篇　第四』一五四頁も参照。

(21)『井上毅傳史料篇　第二』一六〇－一頁。

(22)七月九日付山田宛井上書簡、『井上毅傳史料篇　第四』六三九頁。

(23)『井上毅傳史料篇　第四』六四〇頁。

(24)参加者は、元田、佐野、寺島、副島、東久世、鳥尾、福岡、七月一六日付伊藤宛伊東書翰、『伊藤博文伝　中巻』六六三-四頁。

(25) 七月一五日付山田宛井上書簡、『井上毅傳史料篇　第四』六四二頁。

(26) 七月二四日付山田宛井上書簡、『井上毅傳史料篇　第四』六四三頁。

(27) 『井上毅傳史料篇　第二』「二二一　条約改正意見案」一六一-二頁、なお、国会図書館憲政資料室蔵『元田永孚関係文書』には「公文ヲ取リ消スヘキ覚書（明治二二年七月）」（元田文書一一一－一八）が存し、これも同文である。ここには、文末に「右ハ七月下旬ニ総理司法両大臣ニ提出シタリ」と井上の自筆での書き込みがある。さらに、このときの閣議に提出された文書として、井上の「条約改正意見」『井上毅傳史料篇　第二』一六五頁、その自筆草稿としてＡ－八九五、また、日本大学大学史編纂室編『山田伯爵家文書　七』（平成四年）三七六頁も同文である。

(28) さらにこのころ、ボアソナードの検討もなされたようである（七月二四日付山田宛井上書翰『井上毅傳史料篇　第四』六四四－五頁）が、具体的内容は不明。

(29) 尾崎春盛＝伊藤隆編『尾崎三良日記　中巻』（中央公論社、一九九一年）三〇二頁。

(30) 『井上毅傳史料篇　第四』六四三－四頁。

(31) 七月三一日付伊藤宛井上書翰『伊藤博文関係文書　一』三九五頁、『井上毅傳史料篇　第四』一五五頁。

(32) 『秘書類纂　法制関係資料　上巻』四三六－七頁。

(33) 七月二九日付伊藤宛伊東書翰『伊藤博文関係文書　二』（一九七四年）七三頁及び八月八日付伊藤宛伊東書翰『伊藤博文関係文書　二』七四頁参照。

(34) 国立国会図書館憲政資料室蔵　伊東巳代治文書二八七－一及び憲政史編纂会収集文書三三三参照。

(35) 参照、「二二一　条約改正意見」『井上毅傳史料篇　第二』一六三頁。

(36) 『井上毅傳史料篇　第四』一五五頁。

(37) 国立国会図書館憲政資料室　憲政史編纂会収集文書七六三。

(38) 『明治天皇紀　第七』（吉川弘文館、昭和四七年）明治二二年八月二日の条、三二〇－三二五頁参照。

(39) 『井上毅傳史料篇　第四』五三二－四頁。

(40) 津田茂麿『明治聖上と臣高行』(白笑会、一九二八年) 六六七頁。
(41) 『伊藤博文関係文書 一』(一九七三年) 四〇三－四頁。
(42) 『秘書類纂 法制関係資料 上巻』五四一頁。
(43) 参照、「日本国籍法」『秘書類纂 法制関係資料 上巻』五五八頁以下。
(44) 『伊藤博文関係文書 二』七四頁、なお、この当時の井上の検討として、「帝国臣民身分法意見」(『井上毅傳史料篇 第二』二〇九頁) が挙げられるかもしれない。
(45) 『井上毅傳史料篇 第二』「二二六 條約改正意見」一七七頁以下。
(46) 『伊藤博文関係文書 二』七五－七七頁。
(47) 『伊藤博文関係文書 二』八三頁。
(48) 九月二四日付伊藤宛井上書簡、『井上毅傳史料篇 第四』一五九頁。
(49) 『秘書類纂 法制関係資料 上巻』五五七頁。
(50) 九月二八日付伊藤宛伊東書翰、『伊藤博文関係文書 二』八四－八六頁。
(51) 『秘書類纂 法制関係資料 上巻』五五八頁。
(52) 『井上毅傳史料篇 第二』 二〇九頁。
(53) この草案の原案は、『秘書類纂 法制関係資料 上巻』五四一頁以下である。
(54) 参照、梧陰文庫B－一六〇三。この草案の中で「日本帝国に於て官吏に任用せらるべき外国人にして帰化の願を為したる者」の原案一六条が削去されているが、これは第二回目の朱修正、すなわち、明治二三年になってからの修訂の跡であると考えられる。そうだとすれば、第一回の朱修正の段階では、本条は削られていなかったことになるわけで、これら第一回目の朱修正は、二二年段階の修正とみることもできるのである。
(55) 坂野潤治『明治憲法体制の確立』(東京大学出版会、一九七一年) 二七頁。
(56) 八月一九日付元田宛井上書翰、『井上毅傳史料篇 第四』五九四頁。
(57) 九月九日付元田宛井上書翰、前掲『史料篇 第四』五九四－五頁。なお、これらの参照資料については、梧陰文庫B－一五八五、B－一六〇二「国民身分法参照」を参照。

(58) 九月一七日付元田宛井上書翰、前掲『史料篇　第四』五九五頁。
(59) 『伊藤博文伝　中』「御内旨袖控（元田永孚手記）」一〇四七頁、六七九頁。
(60) 『伊藤博文関係文書　一』三九七頁。
(61) 『井上毅傳史料篇　第二』一八五－八頁。
(62) 「条約改正意見」『井上毅傳史料篇　第二』一八九－九〇頁。
(63) 明治二二年伊藤宛井上書翰『伊藤博文関係文書　一』四〇四頁。
(64) 『大隈重信関係文書』五巻三二三頁。
(65) 佐々木隆・前掲書一三二頁。
(66) 九月一六日付伊藤宛井上書簡、『井上毅傳史料篇　第四』一五八頁。
(67) 参照、九月二二日付伊藤宛井上書翰、『井上毅傳史料篇　第四』一五八頁。
(68) 『伊藤博文関係文書　一』三九六頁。
(69) 『井上毅傳史料篇　第二』「条約改正始末概略」一九三頁。なお、明治二二年九月二八日付伊藤宛井上書翰には、「今朝河野（敏鎌）へ逢候処、憲法ニ矛盾セズ之論者ニ有之候、是レハ近日之改進党之定説と見え候」とある（『井上毅傳史料篇　第四』一六〇頁）。
(70) 宮澤俊義校注『憲法義解』（岩波文庫、一九四〇年）四六－四八頁。
(71) 三浦裕史編　伊東巳代治遺稿『大日本帝国憲法衍義』（信山社、一九九四年）六九頁。なお、英文については、八八頁参照。
(72) 三浦編・前掲書二一七頁。
(73) 美濃部達吉「憲法衍義について」憲法史研究会講演速記録、国会図書館憲政資料室蔵　憲政－一九四。
(74) 憲法説明稿本　説明第二（梧陰文庫A－八三）は、明治二一年一月一七日に草され、同年一月二二日に確定された憲法義解の稿本である。
(75) 参照、「内外臣民公私権考」『井上毅傳史料篇　第三』五九六頁。
(76) 前掲『大日本帝国憲法衍義』七一－二頁。

(77)『井上毅傳史料篇　第三』五八六頁以下。
(78) 九月二二日付伊藤宛井上書翰『井上毅傳史料篇　第四』一五八－九頁。
(79)『井上毅傳史料篇　第三』五九八-五九九頁。
(80) なお、明治二二年九月の時点における井上自身の帰化法制定論からの転換あるいは『内外臣民公私権考』執筆に関しては、井上哲次郎『内地雑居論』(『明治文化全集　外交篇　第十一巻』所収) の間接的な影響があったのかもしれない。井上毅は、九月一〇日に、この『内地雑居論』を読み、欧米人の日本内地への雑居が如何に恐るべきことかとの議論に触れていたからである。
(81) 伊藤博文編『秘書類纂　憲法資料　中巻』(昭和四五年復刻版) 二四五頁以下。
(82)『秘書類纂　憲法資料　中巻』二四七－八頁。
(83)『伊藤博文関係文書　一』四〇四頁。
(84)『井上毅傳史料篇　第五』一三六頁。
(85)『井上毅傳史料篇　第四』四四二頁。

剰余金責任支出慣行の誕生

須賀博志

今日之事、未レ成二一簣一、立憲大事、草レ之則易、施レ之甚難。

井上毅(1)

一　はじめに

最初に、剰余金責任支出という言葉について、明治憲政史研究の大家の説明を引用しよう。

> 〔責任支出とは〕国庫に剰余金ができたとき又はできる見込みがついたとき、その剰余金を翌年度の収入に繰入れないで「責任支出」と称して予算外支出に充てていた慣例をいう。
>
> 旧憲法時代には、一寸前述した通り、責任支出と称して、予備費以外の国庫剰余金を、予算外支出に充てるということがあつた。このことについては、憲法に何等規定がなかつたが、旧会計法には、各年度において剰余金があるときは、翌年度の歳入に繰り入れるべき旨の規定があつた。しかしかような措置をしないで、剰余金の一部を或は会計年度経過前の見込剰余金を、予算不足を充たすため使用していた。はじめは、議会が憲法違反を理由として承諾を拒んだこともあつたが、後にはいつも承諾が与えられ、遂にいわゆる責任支出は一つの慣例としてみとめられるに至つた。(2)

このような慣行が行われていたのは、帝国憲法が施行された翌年の明治二四（一八九一）年度から、日本国憲法が施行される前年の昭和二一（一九四六）年度まで、すなわち、帝国憲法が実施されていたほとんど全期間に及ぶ。この期間内に、国庫剰余金（歳計剰余金）を財源に予算超過支出または予算外支出(3)をした総件数は、優に七百件を超える。(4)この慣行がほとんど日常化していたことを窺うことができるが、他方で有力な違憲論が根強く存在したことも知られている。初期議会期に衆議院が憲法違反を理由に承諾を拒んだことがあったほか、大正四（一九一五）年には、議会、言論界、学界をも巻き込んだ一大論争があった。憲法学界では、合憲論を主張する美濃部達吉と、違憲論の佐々木惣一、市村光恵、清水澄、上杉慎吉とが対立した。[5] 学界ではその後も違憲論が通説であったにもかかわらず、実務上はこの慣行が行われつづけることになる。

さて、筆者がこの憲法慣行を研究しようとするのは、次のような関心からの事例研究としてである。すなわち、①初期議会期に憲法運用に関する慣行や先例が作られていくが、その形成過程を具体的に検討すること。②憲法実施の実際の様相と憲法起草者の構想との異同を明らかにすること。③政府と民党との対立から提携、そして政党内閣へ、という政治権力構造の変化の中で憲法慣行がいかなる役割を果たすのかを検討すること。④憲法運用の実際と憲法学説との間の相互関係について検討すること。

右のような広範な関心に基づいて、帝国憲法施行期間全体にわたるこの慣行を分析することは、紙幅の限られている本稿でよく為しうるところではない。本稿では、右の①および②を念頭に置きつつ、責任支出慣行が成立する発端となった、明治二四年度の事例を検討することにする。

二 予算不足に対処するための制度

(1) 予備費制度

剰余金責任支出とは予算不足の場合に国庫剰余金から補充することであるから、これについて検討する前に、帝国憲法および明治二二年会計法で、予算不足に対処するためにどのような制度を用意していたのかを概観する必要があろう。[6] 周知のように、帝国憲法には帝国議会の予備費議定義務といった「技術的細目」[7] を定める第六九条が存した。これにより、予算不足の場合に備えるものとして、毎年度の予算中に予備費を設けることが義務づけられており――議会は予備費全てを削除することはできない――、憲法のこの条を受けて、会計法第七条では、「避クヘカラサル予算ノ不足ヲ補フ」ための第一予備金と「予算外ニ生シタル必要ノ費用ニ充ツル」ための第二予備金との二つの項を予算中に設けるべきことを命じていた。両予備金は、大蔵省の所管となる（会計規則第一六条）。二つの「項」に分けられるのは、両者の流用を許さない趣旨である（会計法第一二条）。

このうち第一予備金で補充することのできる費途は、勅令で毎年度個別的に定められ、それ以外の費途に第一予備金を用いることはできない（会計規則第一七・一八条）。第一予備金によって補充できる費途はおおむね、恩給費・裁判費・議員歳費など法律上必ず支出しなければならない費目、諸会社への補助金・公債利子・賠償金・電信取扱手数料など契約などで支出が義務づけられる費目、巡査給助・監獄関係の諸費・難破船費・国税徴収関係の諸費・官報刊行費など国の最低限の活動を維持するため必要不可欠な費目に限られていたようである。(8) 支出の際には、各省大臣が金額と理由を示す計算書を作り、大蔵大臣の承認を経る。承認をした場合、大蔵大臣は会計検査院に通知する（会計規則第一九・二〇条）。

これに対して第二予備金は、予算外つまり予算に定める款項以外の費用に充てるものであって、予算に計上されている費途に支出することはできない。第二予備金支出は、第一予備金支出と異なり、議会がその必要性を事前に審査する機会がなかった費途についての支出なので、議会の予算議定権に対する例外としての性格が強く、支出手続も鄭重である。各省大臣が計算書を作って大蔵大臣に送付するのは第一予備金の場合と同じだが、大蔵大臣は自らの意見を付して勅裁を請わなければならない。第一予備金支出は大蔵大臣の権限であるが、第二予備金支出は天皇の権限とされているわけである。(9) 勅裁があった場合には、大蔵大臣は会計検査院に通知するだけでなく、官報に掲載する（会計規則第二一～二三条）。

ところで憲法第六四条第二項には、「予算ノ款項ニ超過シ又ハ予算ノ外ニ生シタル支出アルトキハ後日帝国議会ノ承諾ヲ求ムルヲ要ス」とある。予算による議会の事前統制に加えて、予算超過支出と予算外支出について事後統制を保障することで、国庫金支出全体を議会による統制の対象にしようとする趣旨であるが、この条文を受けて会計法と会計規則は、予備費支出の事後承諾手続について定めている。それによると、各省大臣は予備金で支弁した金額とその各費途ごとの説明を記した計算書を年度経過後五箇月以内（八月三一日まで）に大蔵大臣に送付し、大蔵大臣は第一予備金支出と第二予備金支出に大別した総計算書を作って説明を付し、各省大臣の計算書とともに帝国議会に提出する（会計規則第二四条）。提出すべき帝国議会の会期は、憲法では「後日」、会計法第八条では「年度経過後」とのみ定められていたが、後の慣行では、翌年度の常会とされ、衆議院に先に付議された。衆議院が不承諾の議決をした場合には、帝国議会が不承諾としたものと見なされ、貴族院には送られない。一度不承諾と議決された議案は、再び議会に提出されることはないが、衆議院解散などで審議未了になった場合には、次の会期に再提出される扱いであった。(10)

(2) 予備費不足の場合

上記のような予備費の制度が用意されていたが、予備費の定額は当該年度の予算によって決められるので、予算不足が予備費の範囲内に納まるという保障はない。したがって、予算超過支出および予算外支出の必要額が予備費の定額を超えた場合にどのように対処するか、ということが当然に問題となる。この問題については、憲法や会計法の制定過程でも論じられているが、(11)ここでは、憲法施行後の大蔵省内の意見書を紹介するにとどめよう。(12)明治二三年から二四年前半ごろに書かれたと思われる添田寿一大蔵省参事官の意見書「予備金不足ノ場合」である。

添田によれば、対処の仕方は、まず、帝国議会開会中と閉会中とで異なる。開会中ならば、政府が予算追加案を議会に提出すべきである。緊急の場合で議会審議が遅れるときは、やむを得ず大蔵省証券で財源を調達して支出し、憲法第六四条第二項により後日帝国議会の承諾を求めなければならない。議会閉会中の場合は、さらに、事態が軽く所要費額が少ない場合と、重大事態で所要費額が巨額の場合とで扱いが異なる。前者では、臨時会の召集または憲法第七〇条の緊急財政処分は過大であるので、大蔵省証券を利用した上で、議会の事後承諾に付し、議会の議決する財源で補塡する。後者つまり重大事態の場合には、議会を召集する時日があれば予算追加案を臨時会に提出するが、緊急の場合で議会の召集が不可能なときには、緊急財政処分をなすほかない。しかし、臨時会の召集は費用がかかるし、緊急財政処分は濫用して平常の場合に適用すべきではない。また、大蔵省証券は本来、予算の範囲内での一時的な収入と支出の不均衡を調整するものに過ぎないので、予算不足の場合に利用するのは性質上好ましくない。

添田はこのように論じてきて、結局、予備費増額の必要を主張するのであるが、憲法施行直後のこの意見書で早くも憂慮されているように、帝国憲法の用意している制度では、予備費不足の場合に柔軟に対応することは難しかったように思われる。予備費不足に対処するための手段として財政立憲主義の観点から最も望ましいのは、予算追加という形式で支出前に議会の協賛を得ることである。しかし、常会の会期が三箇月と短く、会期延長や臨時会の召集も少なかった当時にあっては、議会は閉会中であることが多かったし、臨時会の召集に時間と費用がかかることは疑いない。召集の勅諭を集会期日の少なくとも四〇日前に発しなければならないという議院法第一条は、臨時会には適用されないと解されてはいたが[13]、議員が東京に参集するのに必要な時日を考慮するだけでも、数日中に予算外支出を要するような緊急の事態に対応できないことは想像に難くない。逆に、本来ならば第一予備金で支出するような費目に対して少額の予備費不足が生じた場合に一々臨時会を召集していたら、臨時会召集費用の方が予備費の不足額より多くなってしまうことにもなりかねず——場合によっては臨時会召集のための支出についても予算追加で協賛を得なければならない——、法的には問題がなくても、政治的・財政的には不合理であろう。

他方、緊急財政処分については、憲法第八条の緊急勅令の要件に加えて「内外ノ情形ニ因リ政府ハ帝国議会ヲ召集スルコト能ハサルトキ」との要件があり、臨時会を召集できないときに初めて発動できることとなっていた。これは「本条ハ専ラ財政ニ関ルヲ以テ更ニ一層ノ慎重ヲ加フル」趣旨のものであるが、緊急財政処分自体が「国家ノ成立ヲ保護スル為」のものとされたのと合わせて(14)、緊急財政処分を通常時には発動できないような一種の「伝家の宝刀」としてしまっていた。緊急財政処分が緊急勅令と同じく枢密院への諮詢事項とされたことも（明治二三年改正後の枢密院官制第六条第三号）、これを発動しにくくする方向に働いたであろう。

このように、帝国憲法下で制度上、予備費不足に対する対処が困難であったことが、剰余金支出慣行の行われた背景となったと考えられる。しかし、制度的背景だけで憲法慣行が成立するものではなく、慣行成立には現実政治上の要因も関わっているはずであろう。次節以下では、剰余金支出の最初のいくつかの事例を検討し、その政治的要因を探ってみたい。

三　岐阜愛知震災費の予算外支出

(1)　濃尾大地震震災費の国庫金支出

剰余金支出の最初の事例は、明治二四年勅令第二〇五号による岐阜・愛知二県下の震災救済費と河川堤防工事費の支出である。これは、同年一〇月二八日に発生した濃尾大地震――死者七千二百人以上、全壊焼失一四万二千戸以上という大震災――に関わる。(15)この震災後の救済と復興に当たっては、当時の他の災害の場合と同じく、(16)天皇・皇后からの恩賜金が下賜され、一般からの義捐金が集められ、備荒儲蓄金の資金が支出された。勿論、被害の規模からして、そのような手段だけでは十分ではなく、早くから国庫金の支出が検討されることになる。(17)

すなわち、被災地の濃尾平野は低湿な沖積地で、水害の多い土地であるが、震災で木曽三川を初めとする大小河川の堤防が非常な損傷を受け、水害の危険が高まった。雪解けで増水する春までの間に堤防の復旧をしなければ、水害によって重ねて被害が生じることが予測され、堤防の大規模な修築が緊急の課題となったのである。(18)そこで、一〇月三一日から一一月四日まで現地の被害状況を実見してきた松方正義総理大臣兼大蔵大臣は、(19)六日には閣議を開き、国庫から二〇〇万円ほどを支出することを内決、内務省に詳細を検討するよう指示した。(20)また、この閣議に合わせるかのように、七日には小崎利準岐阜県知事が木曽三川の堤防修繕費一五〇万円余を、九日には岩村高俊愛知県知事が郡部土木費補助七五万円と貧民救済費一〇万円を、それぞれ国庫から支出するよう稟請した。(21)

当然問題となるのが支出の財源であるが、第二予備金はもともと五〇万円しか予算に計上されておらず、二〇〇万円もの支出に応じきれるものではない。そこで目を付けられたのが、この時期多額に存在していた国庫剰余金であって、時の最有力政治家である伊藤博文枢密院議長も「彼剰余金額御支用之目的も、或ハ、此般罹災者保護之為ニハ適当之御経画ニも有之間布歟」[23]と剰余金からの支出に賛意を表していた。[22]

しかし会計法は、国庫剰余金を翌年度の歳入に繰り入れることを命じているのみで（第二〇条）、それを予算外支出の財源にしうる旨の明文の規定は存しない。さらに、憲法第六九条が予備費の設置を義務づけているのは、予算超過および予算外支出の財源を予備費に限定する趣旨ではないのか、という憲法解釈が十分に可能であった。かくして、憲法上剰余金の予算外支出は可能なのか、可能だとしてどのような手続によるべきなのか、ということが問題となる。そして、憲法上の問題である以上、伊藤と並んで憲法起草の中心人物であった井上毅枢密顧問官兼文事秘書官長に意見が求められるのは、必然であった。[24]

(2) お雇い外国人の意見

井上は例によって、自らの意見をまとめるに先立ち、まずお雇い外国人の法律顧問に、憲法第六四条第二項と第六九条の「意義ヲ正当ニ解釈スルトキハ、政府ハ如何ナル不慮ノ出来事ニ遭遇スルモ、予備費外に渉リ、其費用ヲ支弁スルコトヲ得サルヤ」[25]との質問を行った。

最初に返答をしたのはパテルノストロ（Alessandro Paternostro　司法省雇、イタリア人）であって、一一月四日の答議で、予備費外支出は憲法違反であると論じた。彼は、母国イタリアでは予算不足を補うためには特別法律案を議会に提出するしか方法がないことを指摘した上で、帝国憲法第六九条は予算超過支出および予算外支出の財源として予備費を設けたものであり、第六四条第二項は、予備費の使用が予算の枠を超えるものなので、[26]

それについて議会の事後承諾を要求している、という。したがって、予備費全額を支出したあとは、事前の承諾がない限り新支出をなすことはできず、緊急財政処分による場合を除いて、予備費外支出は憲法違反である、と結論づけた。

これに対し、モシュターフ（Heinrich Mosthaf　内務省雇、ドイツ人）とロェスラー（Hermann Roesler　内閣顧問、ドイツ人）は、予備費外支出は憲法違反ではないとする。モシュターフは、一一月七日の答議[27]で、帝国憲法第六九条は予算超過または予算外支出の財源を予備費に限定する趣旨ではないとするが、その理由は次の三つの場合に分けられる。①恐慌などで歳入不足の場合、予備費外支出が不可能ならば、予算上の支出もできなくなり政務の停止に至る。②法律上必要な支出が予算定額および予備費額に超過する場合がありうるが、その場合に支出が禁じられるならば、日本憲法が採用している法律と予算との関係——予算は独立の法源ではなく、法律に基づく歳出は予算に関わらず支出しなければならない——に反する。この場合、政府が予備費外支出をするのは全く合法で、議会は承諾を拒めない[28]。③法律上の必要に基づくのではないが、緊急に必要な費用があり得ることは否めず、それが予備費で支弁できるとは限らない。この場合、政府はまず自己の責任で支出し、後日帝国議会に責任解除を求めなければならない。以上三つの場合とも、費用支弁の方法は同一である、という。

ロェスラーも、一一月九日の答議[29]で、予備費外支出を憲法違反ではないとするが、論旨はモシュターフと微妙に相違する。彼は、予備費の設けは絶対的に予算外支出を制限したものと考えるべきではないとして、次の二つの場合を分ける。

①非常臨時の費用ではなく、予知できなかった経常費が予備費不足を来した場合、憲法第六四条第二項によって予備費外に支出をすることができる。ロェスラーは、予備費支出の事後承諾について、予算超過支出と予算外

支出とを問わず、増加支出が必要・有益であったことと、政府が理由なしに恣意的に支出したものではないことを議会に証明しなければならない、と述べているので、モシュタープと異なり、この種の予備費外支出について議会の事後承諾を単なる形式とするのではないであろう。

次に、②その他、外部の事情で予算に計上されなかった法律の施行費など、初めから予備費に見積もっていない支出も少なくない。さらに、憲法第七〇条に基づいて政府は非常支出権を有する。同条によれば、どのような財政上の処分でも勅令で行うことができるが、議会の事後承諾が必要である、と述べる。ここでロェスラーは、ドイツ諸国の類似規定を引きつつ、憲法第七〇条の「公共ノ安全ヲ保持」という要件に当てはまる場合として、戦争、一揆・暴動、非常の災害、局外中立などを挙げ、憲法第八条の緊急勅令や憲法第三一条の非常大権の要件と同一であるとしている。

このような緊急財政処分を発動すべき場合と①の場合の他に、予備費外支出をなし得るのか否かについては、論旨は明確ではない。ロェスラーは、今回の震災の対策には緊急財政処分を発動すべきことを示唆しているのであろうが、緊急財政処分によらずに剰余金を予算外支出しようとした政府としては、望んでいたような答議ではなかったであろう。しかし、お雇い外国人三名の答議のうちで、ロェスラーのもののみが蒟蒻刷に付されており、政府部内で参照されたようである。憲法制定の最も重要な助言者であったという、その権威の然らしむる処であろうか。

(3) 井上毅の意見

これらお雇い外国人の意見を参照して、井上毅は、一一月九日に意見書をまとめた。[30] 彼は、帝国憲法および『憲法義解』には予算超過および予算外支出を予備費の定額に限るとの明文はなく、憲法第六九条もそのような意味を含まないと指摘して、震災費の支出手続を次のように提案した。

①「六十四条第二項予算外ノ支出トシテ、賑恤ト緊急ノ堤防修繕ニ着手スヘシ」

②「其ノ費用ノ予備費ヲ超ユル者ハ、剰余金アラハ剰余金ヨリ支出スヘシ」歳入剰余を予備費外支出に充てることは、プロイセンに例がある。

③「額外費用ノ予備費ヲ超エタルト否トニ拘ラズ、均シク六十四条ニ依リ議会ノ事後承諾ヲ経ヘキノミナラズ、更ニ補充予算ヲ以テ翌年度ヨリ補充供給セザルヘカラズ」「若剰余金ヲ支用シタルトキハ、此ノ余剰金ヲ以テ追加予算ニ組ム、故ニ別ニ来年度ヨリ補充スルニ及ハズ」補充予算の方法は、フランスに例がある。

④以上は「議会ノ開クヲ待ツノ暇ナキ時ノ処分ナレトモ、若シ着手ノ半、現年度内ニ議会開会ニ至レハ、即時ニ現年度ノ追加予算ヲ提出シテ、議会ノ叶賛ヲ取リ、幸ニ予備費超過ニ至ラズシテ、間ニ合フコトヲ得ヘシ」ただし、議会の協賛は遡及しないので、協賛を得ない間の支出はなお事後承諾を要する。追加予算の財源は、剰余金があればそれが至当である。

以上、井上の述べる支出手続を整理すると、次のようになろう。まず、予備費外支出は憲法第六四条第二項に基づいて可能であるが、予備費支出と同じく議会の事後承諾を要する。予備費外支出の財源が剰余金でない場合には、事後に補充予算によって翌年度の歳入から補充する。他方、現在剰余金がある場合にはそれを財源とすることができるが、その場合、事後承諾に加えて、剰余金を財源とする追加予算を事後に出せばよく、翌年度歳入からの補充は不要である。いずれの場合も、事業の途中に議会が開会すれば、直ちに現年度の追加予算を提出して議会の協賛を得る。

このような井上の提案は、緊急支出の必要を充たす一方で、議会開会後即時の追加予算提出を説くなど、議会の財政統制権を無意味にしないように配慮をしたものということができよう。ただ、議会の事後承諾の上に事後の補充・追加予算という二重の手続を予定している点で重複感は否めず、実際にも、予備費外支出の財源を事後に予算で補充することは、行われないことになる。とはいえ、震災費の支出は、井上の意見書にほぼ沿った形で行われていく。

(4) 明治二四年勅令第二〇五号

井上意見書の提出を受けた政府では、同じ九日の午後、閣議を開いて、「濃尾河川堤防修築費及福岡、富山治水費等ニ付憲法上ノ問題互ニ是非スル所」[31]があった。福岡・富山の治水費はこの時には見送られ、第二期議会開会後に予算追加案として提出されることになるが、ここで確認しておくべきことは、閣内に憲法上の問題について異論があったことである。そのためもあってか震災費支出の閣議決定には時間がかかり[32]、伊藤の「懇告」[33]があって、ようやく一一日に行われた。これは、同日中に上奏・裁可を経て、明治二四年勅令第二〇五号[34]として公布された。以下引用する。

朕岐阜愛知二県下震災地方人民ノ非常ナル不幸ヲ救済スルカ為メニ又破壊セル河川堤防ノ工事緊急ヲ要スルカ為メニ内閣ノ上奏ニ依リ茲ニ臨時支出ノ件ヲ裁可ス

御名御璽

明治二十四年十一月十一日

内閣総理大臣兼大蔵大臣　伯爵松方正義

〔以下、全国務大臣副署〕

勅令第二百五号

一金百五拾万円　岐阜県

一金七拾五万円　愛知県

右金額ハ非常要急ノ需用タルニ依リ明治二十三年度歳計剰余金ヨリ支出ス

震災費はこのようにして支出されたが、閣内の異論に対して憲法解釈上の見解を統一し、来たるべき議会に備える必要があった。そのため、一一月一六日に平山成信内閣書記官長は各大臣に「予算外支出ニ関スル説明書」(執筆者不明)を送った。これを井上が修正したものが、一九日に再び各大臣に送られており(35)、いささか混乱した様子が窺われるが、修正後のこの文書が帝国憲法第六九条に関する政府の公式の解釈となるので、やや長いが全文を引用しよう。

六十四条第二項ニ依レハ、憲法ハ予算超過及予算外支出ヲ合法的トシテ認メタリ。然レトモ、亦条件ヲ付シテ之ヲ認メタリ。即チ事後承諾ヲ求ムルノ義務ヲ負ハシメタルコト是ナリ。故ニ予算外支出ヲ絶対的ニ許可セズ、又之ヲ禁セズ。何故ニ絶対的ニ之ヲ許可セサル、政府カ之ヲ濫用スルヲ恐レテナリ。何故ニ之ヲ禁セサル、緊急必要ノ場合アル事ヲ慮リテナリ（六十四条及六十九条共ニ予算外ノ支出ハ予備費額ヲ限ルトノ意義ヲ有セス）。

憲法ハ絶対的ニ之ヲ許可セス、又之ヲ禁止セス。而シテ独リ政府ヲシテ後日ニ議会ノ承諾ヲ要スルノ義務ヲ負ハシメタリ。議会若之ヲ承諾スル時ハ、事前ニ之ヲ協賛シタルト同一ノ結果ニ帰シ、議会若シ之ヲ承諾セサル時ハ、一ノ政治問題ヲ提起スルニ到ルヘシ（但既ニ支出シタル金額ニ付テハ何等ノ異動ヲモ生セサルヘシ）。

是憲法ノ妙用ニシテ、臨機行政ト政治問題ノ為ニ余地ヲ残スモノナリ。世間ニハ六十九条ノ義解ニ付テ疑ヲ生スル者アリト雖、義解ハ超過及額外支出ノ場合ニ其ノ財源ノ供給スヘキナキヲ予備シテ予備費ヲ設クルノ意味ニシテ、予備費ニシテ支出シ尽シタルトキハ額外支出ノ必要アルモ六十四条第二項ニ依ルヲ得ストノ消極的ノ意味ニハ非ス。

第一期議会における井上について、「原理論的に法理を究めず現実の積み重ねの中で円滑な慣習の形成を見出そうとする」(36)態度が指摘されることがあるが、この説明書にもそのような態度を見て取ることができよう。問題は、政府の濫用を防止しつつ緊急の必要に応じようという「憲法ノ妙用」が、「臨機行政ト政治問題」との間で、井上が望むような憲法慣行として定着していったのか否か、ということである。その最初の試金石となったのが、第二期帝国議会であった。

四　第二期帝国議会

第二期帝国議会は、一一月二一日に召集され、二六日に開院式が行われた。「岐阜愛知二県下震災救済及河川堤防工事費予算外支出ノ件」は、帝国議会の承諾を求めるため、開院式当日に早速衆議院に提出された(37)。この議案が最初に議事日程に上ったのは、本会議審議の実質的な初日、三〇日である。松方首相の施政方針演説の後で議題となり、松方の趣旨説明があったのち、植木枝盛（自由倶楽部(38)）の動議が可決されて、特別委員を選挙し付託されることになった。これには審議の引き延ばしを計る意図があったらしく、末松謙澄（大成会）は特別委員の報告を一週間以内に求めるという動議を出して対抗したが、賛成少数で否決された[39]。

民党はなぜ、審議の引き延ばしを計ったのであろうか。自由党・改進党ともに第二期議会に向けて松方内閣との対決姿勢を強め、一一月にはいると板垣退助自由党総理と改進党の事実上の党首大隈重信とが会見して、両党が連携する動きを示していた。しかし、この民党連携は、伊藤を中心とする藩閥官僚改革派との提携を志向する自由党と、薩派の黒田清隆と提携し政権参画を目指す改進党との、同床異夢の連携であって、藩閥に対し宥和的な自由党と強硬な改進党との間で、いささかの不協和音があった[40]。

震災費予算外支出問題も、両党の姿勢が微妙に異なる点であり、しかも両党とも党内に異論を抱えていた。改進党多数は、剰余金支出がそもそも憲法違反であるとの原則論的な立場から強く反対しており、例えば高田早苗は、予備費外支出は政府が「財政の全権を掌握せんとするもの」で、帝国議会が協賛した予算の効力を奪うものだと批判した[41]。しかし島田三郎などは、震災対策で政府と対立することには慎重だと見られていた[42]。他方、自由党『党報』は、憲法第六四条第二項は予算外支出の権限を政府に与えたのではなく予備費支出の場合に事後承諾という条件を課したものだ、という憲法解釈を主張したが[43]、板垣総理など主流は、「にぎりこみ之説」と考えられていた[44]。震災費の不承諾は、理由は何であれ、大災害に見舞われた国民の救済をおろそかにするとの印象を避け難く、不承諾の議決をするよりも、審議を長引かせた上で機を見て政府の措置を攻撃するのが良策というわけである。両党は、足並みのそろう明治二五年度総予算案や保安条例廃止案などの審議に、力を注ぐ方針であった。

そうであるとすれば、対する政府としては、震災費を争点化し、自由党と改進党との不一致を生ぜしめるという対策を採ることになる。このような議会対策を最も強く主張したのは井上毅で、彼は、被災地からの上申に基づいて追加震災費を支出するための予算追加案を提出することによって、予算外支出事後承諾の審議に梃子入れをしようとした[45]。井上は、予算追加案を一日でも早く議会に提出するために、両県知事からの上申を急がせるよう、一一月三〇日以降連日内務省に働きかけた[46]。

井上の意図は、予算追加案の提出と事後承諾審議の督促とを同時に行うことであった。小崎岐阜県知事は早くも一二月三日に、監獄・役所・学校などの建築・修繕費七万六千円弱と堤塘・道路などの修繕費二〇八万円余の下付を求める稟請、および、山岳崩潰箇所の砂防工事について国の直轄施行を求める稟請を内相に提出したが[47]、愛知県からの国庫金請求は遅れ[48]、結局、予算追加案の提出は九日にずれ込むことになった。他方、予算外支出事後承諾の審議については、一二月四日に、松方首相が緊急事件として議決するように衆議院に要求した。この要求には、両県知事の上申書が参考として付され、それは、議会の承諾が得られなかったら勅令第二〇五号によって下付された金額が減額されるのではないかとの流言があり、人民を安心させるために速やかな承諾を望む旨のものであった[49]。一一月二三・二四日に岐阜市などで震災救済を請願する人民が暴徒化した事件もあり、被災地の人心が悪化していたのである。こうして、事後承諾審議の督促と予算追加案の提出との間で、五日間のずれが生じてしまい、その間に特別委員会での審査引き延ばしが本格化することとなる。

さて、特別委員[50]は一二月一日に選挙されたが、その構成は、自由党が河野広中委員長以下八名、自由倶楽部が四名、改進党が大津淳一郎理事以下四名、独立倶楽部と巴倶楽部が一名ずつの計一八名と、自由党系――自由倶楽部はいわゆる自由党土佐派で、一二月二七日に大半が自由党に復党する――で過半数をしめ、改進党・巴倶楽部も合わせて民党が圧倒していた。委員会審査は五日から始まったが、最初に争点になったのは、予算外支出の必要性、支出手続、支出額算定の標準、震災費による工事の具体的な箇所と内容、堤防工事の進捗状況など事実問題であって、それらに関する書類の提出が次々と政府委員に求められた。

このような情勢を危惧した吏党側は、七日の本会議で今井磯一郎（大成会）が委員会審査を速やかに終えて報告するように要求したが、これに対して、翌八日の本会議で河野委員長は、政府委員からの書類提出が遅れ審査が進まないこと、議会の承諾がなくても支出の効力が失われるわけではないこと、憲法上の問題を慎重に審査する予定であること、を報告した。この報告に対して井上が「アマリニ政府ヲ馬鹿ニしたるもの」と反発するのは当然で、彼は再度の審議促進要求をするよう主張した。[51]

他方、井上が矢の催促をしていた予算追加案、岐阜愛知両県下震災費補助三二四万円余は、富山福岡両県下水害費補助一〇三万円余とともに、九日になってようやく、緊急事件としての議決要求を付して衆議院に提出された。勅令第二〇五号による支出は大河川の堤防修繕費を主たる内容としていたが、予算追加案には、それ以外の中小河川の堤防、溜池、橋梁、道路、用悪水路などの修繕費が盛り込まれていた。富山・福岡水害費補助は、この年七月の風水害の復旧に係り、一一月一四日に第二予備金から二五万円を補助したことに続くものである。[52]

この予算追加案を提出した翌一〇日、松方首相は衆議院に対して、予算外支出事後承諾の議決を予算追加案議決前に行うよう要求する、再度の審議促進要求を行った。また、九日には、矢野才治郎（大成会）ほか両県選出議員らが、震災復旧工事費用の国庫支出を求める建議案を提出していた。しかし、特別委員会の審査は、相変わらず遅々として進まず、細かな事実関係についての資料提出要求が相次いだ。民党側は政府を全く信用しておらず、政府委員の説明に対し一々証拠となる書類を求めたのである。

しかもこの頃になると、議会開会前から高まっていた政府と民党との対立が決定的となり、衆議院解散も目前と考えられるようになった。最大の対立案件であった明治二五年度総予算案について予算委員会での攻防が大詰めを迎え、一二日に委員会査定案が本会議に報告されが、それは、既定大権費である官吏俸給の大幅削減と軍艦製造費・製鋼所設立費・河川修築費など新規事業費の全額廃除を含み、歳出の一割近くを削減するというきわめて強硬なものであった。同日夜には民党各派の交渉委員が集会し、予算案の不成立を目指すことを確定し、「愛岐緊急支出ハ矢張リ憲法問題ニテ不承諾ニ決定」した。(53) これに対し松方首相は、一八日本会議の総予算案大体議で一切の妥協をしないことを表明し、政府と民党との対決は後戻りできない所まで来た。翌一九日から逐項議が始まったが、二二日には軍艦製造費の削除に憤慨した樺山資紀海軍大臣が薩長政府の功績を高調するいわゆる蛮勇演説を行うなど、両者の対立感情は極点に達した。(54)

このような対立の中で、震災費予算外支出の特別委員会審査が進むはずはない。民党側にしてみれば、どうせ解散になるのであれば、それまでの時間を使って政府の失策をできる限り明らかにして、世論に訴える材料を一つでも多く獲ておくのが得策だからである。特別委員は政府委員に、被害の状況、支出の前提となるべき町村会や県会での手続、工事費算定の根拠、支出の緊急性などに関する細かな資料を要求して審査を長引かせた。一二日夜の民党各派交渉委員集会で決められた方針に従って、憲法問題で予算外支出を不承諾とすべく、憲法上の問題点が特別委員会で論じられたのは、ようやく二二日になってからであった。

この日の特別委員会の冒頭、伊藤大八（自由党）の動議で問題点が整理され、①本件剰余金支出は憲法違反か、②予算外支出に承諾を与えるべきか否か、③承諾しないとすれば、その理由は憲法違反に限るか事実問題も含むか、の順に論じられることになった。①は簡単にけりが付いた。憲法第六四条第二項にいう予算外支出は第六九条の予備費から支出したものを指し、予備費外支出は第七〇条によることを必要とする、という憲法解釈を高田早苗（改進党）と山田東次（自由党）が主張し、これに基づいて全員一致で憲法違反と議決した。

②で問題になったのは、不承諾の議決をするか、議案を政府に返付するかであった。返付説を唱えた大津淳一

郎（改進党）と川越進（巴倶楽部）の主張は、予備費外支出は憲法第六四条第二項によってはおよそ出来ないのであるから、政府が帝国議会にその承諾を求めることも出来ないはずで、議会がその諾否を議決することも憲法上認められない、従って議案自体を受理すべきでない、というものであった。不承諾説は、議案の不受理では議会が憲法上の権限を放棄したように見える、とするもので、採決の結果、一一対三で不承諾説を採ることになった。

③の不承諾の理由の問題は、二四日に持ち越された。不承諾の理由として憲法違反の他に、予備費残額を支出することで議会開会まで持ちこたえることができ予備費外支出の必要はなかった、という事実問題を加えるか否か、という論点である。憲法違反である以上事情がどうであれ予備費外支出は許されないし、事実問題を理由に加えると、政府に、憲法違反であれ事情やむを得なかったという言い逃れを許してしまうという見解と、逆に、憲法違反という理由だけでは、憲法に違反しても人民の苦境を救うためにやむを得なかったという議論が出る可能性があり、政府の支出が恣意的なものであったことをあらかじめ明らかにしておく必要があるという見解とが対立した。採決で五対五に別れ、河野委員長の決裁で憲法違反だけを問題とすることに決した。最後に、本会議への報告の文案作成が、河野委員長と大津理事に委ねられた。

他方、予算委員会における予算追加案の審査も、民党側の審査引き延ばしに翻弄されていた。震災費・水害費補助の予算追加案は、内務省・文部省の予算を管轄する予算委員会第三科に付議された。第三科の審査は一二月一四日から始まったが、遅々として進まず、一九日には松方首相が衆議院に対し、委員報告を速やかに提出せしめ本会議で議決するよう要求したが、状況は変わらなかった。第三科で岐阜・愛知震災費補助予算追加案に関して論点となったのは、予算外支出との関係、補助対象となる工事箇所と工事内容の細目、国庫金補助の前提となる町村会・県会の議決の有無、町村費や地方税による工事費負担の可能性、従来の災害費補助との権衡などの問題であって、政府委員に対して細かな資料の提出が要求された。第三科から予算委員会総会への報告は二三日にまで遅れたが、その内容は、町村会・県会が国庫金補助の前提となる請求手続きを踏んでおらず、不当な手続による議案は審査できないので政府に返却すべきである、と言うものであった。否決ではなくて返却というのは、否決してしまうと、一事不再理の原則[55]からして同会期中の再提出が難しくなり、被災地の人民に与える影響が大きすぎることが考慮されたのであろう。

この報告を受けた総会では議論が紛糾し、審査は翌二四日までかかったが、原案の提出手続に不備があるうえ政府委員が必要な資料を提出しないので審査できないとする返却説のほか、被災地人民の窮状を度外視できないゆえ原案を承認すべきだとする説、審査は不可能だが非常の場合であることを考慮して原案の三分の一の減額にとどめるとする説、同じ理由で二分の一減額とする説に別れ、採決の結果、いずれも少数で成立しなかった。そこで松田正久（自由党）委員長が、それぞれの見解を代表する審査委員五名を指名し、妥協案をまとめさせた。審査委員の議論は三分の一減案でまとまり、再び総会で採決の結果、政府原案を三分の一減額することで決した。富山・福岡水害費補助については、曲折があったが、政府原案を採用すべきことが決定された。これら予算追加案の委員会審査が終わったのは、議院法第四〇条が定める一五日間の審査期限ぎりぎりであった。

予算外支出事後承諾も予算追加案も、委員会審査が終了したのは二四日であったが、翌二五日には衆議院が解散された。松方首相らはいわゆる蛮勇演説のあった二二日には解散を決断したが、閣内の対立で数日遅れたのである[56]。同日の各大臣連署の奏議には、衆議院解散を求める理由として、明治二五年度総予算案の大幅削減と並んで、震災費の審議を衆議院が「緩慢ニ付シタ」ことが挙げられている[57]。また、井上毅が作成した「第二期議会解いる。

散紀事」[58]では、「震災事件」は筆頭に記されており、次のように彼の基本的な立場と痛烈な議会批判とが綴られて

憲法ハ議会ノ協賛ヲ経タル予算ニ依リ国庫金ヲ支出スルヲ常例トス。而シテ此金二百二十五万円ハ政府カ非常ノ場合ニ臨ミ已ムコトヲ得ス独リ其ノ責ニ任シテ支出シタル所ニシテ又憲法ニ依リ議会ノ事後協賛ヲ経ヘキモノナリ。〔中略〕今此巨額ノ公金ヲ支出スルニ其ノ処置宜キヲ得サルモノアランカ。政府ハ其ノ責ヲ免ルヘカラス。故ニ政府ハ速ニ之ヲ帝国議会ニ提出シ其ノ事由ヲ説明シテ議会ノ承諾ヲ求メ以テ其ノ責任ヲ解除セサルヘカラサルナリ。〔中略〕此問題ニ付議会ノ審究スヘキ所ハ唯憲法ニ依リ承諾スヘキヤ否ノ一点ニ在リ。而シテ工事計画ノ如キハ承諾不承諾ヲ決スルニ関係ナキナリ。然ルニ委員会ハ工事上区々ノ細事ヲ問フノミニシテ時日ヲ空過シ却テ大体ノ意見ヲ確定スルコトヲ猶予セリ[59]。〔中略〕政府カ開会ノ始ニ於テ先ツ承諾ヲ求ムルノ案ヲ提出セシモノハ其ノ責任ノ重大ナルヲ思ヘハナリ。然ルニ是ヲ以テ議会ニ挑戦スルモノト為シ従テ鋭ヲ避ケ怠ヲ撃ツノ策ヲ立ツルカ如キハ是レ人民ノ生命財産ノ問題ヲ以テ一ノ博戯ニ供スル者ト謂ハサルヲ得ス。

五　議会終了後の剰余金支出

さて、衆議院解散によって予算追加案が審議未了になったからといって、震災費を支出しないわけには行かない。春の出水期までに堤防などの修築をしなければならないからである。そこで政府は、再び勅令による予算外支出という手段を採った。愛知・岐阜・富山・福岡四県の震災費・水害費補助を支出した明治二四年勅令第二四

七号(60)がそれで、金額は、審議未了になった予算追加案の政府原案と同額、すなわち、震災費補助三三二四万五八三七円六三銭六厘、水害費補助一〇三万〇二八三円一〇銭四厘である。

第二期議会終了後の剰余金支出はそれだけに留まらない。次に掲げよう。

① 明治二五年二月一五日　明治二五年勅令第一九号(61)
　憲兵隊高知県派遣費　　二六二七円七六銭

② 二月一五日上奏一七日裁可　第一予備金支出ニ関スル件(62)
　陸軍省所管軍事費ノ款糧食費ノ項量米　一一万三九二八円二八銭五厘
　陸軍省所管軍事費ノ款馬匹費ノ項飼養品　四万三五六二円三九銭七厘

③ 三月四日　明治二五年勅令第二二号(63)
　屯田歩兵隊家屋其他焼失品再給費　五七五円五二銭
　憲兵隊高知県派遣費増額　二八〇一円八〇銭
　憲兵隊佐賀県派遣費　　一六六一円四一銭

④ 三月一八日上奏裁可　明治二四年度予算ノ款項超過支出ノ件(64)
　内務省所管府県ノ款恩賞及救助費ノ項　三三八七円六五銭五厘
　陸軍省所管憲兵費ノ款馬匹費ノ項飼養品　八三五円二七銭
　陸軍省所管屯田兵ノ款囚徒費ノ項　三〇二円六〇銭七厘
　陸軍省所管屯田兵ノ款糧食費ノ項　三三二五円八一銭七厘
　大蔵省所管官報局ノ款刊行費ノ項　一万六八五六円一一銭九厘

⑤三月二五日上奏裁可　明治二四年度予算ノ款項超過支出ノ件[65]

内務省所管北海道本庁ノ款恩賞及救助費ノ項　三九一円二七銭五厘

内務省所管府県ノ款恩賞及救助費ノ項　二四八九円八四銭一厘

内務省所管府県ノ款警察費連帯支弁金ノ項　四六七二円七一銭二厘

農商務省所管農商務本省ノ款万国度量衡会費ノ項　四三八円二六銭

右のうち①と③は予算外支出であって、屯田歩兵隊云々を除く憲兵隊派遣費は、第二回総選挙に関係する。高知と佐賀は選挙干渉に伴う官民の抗争が特に激しく、治安回復のため憲兵隊が派遣されたのである。[66]

残りの②・④・⑤は、本来第一予備金でまかなわれるべき予算超過支出に係るものである。②の支出を求めた二月二三日の松方蔵相請議は、第一予備金払いきりの場合であっても法律費・義務費などの不足を補充しないわけにはいかないとして、国庫剰余金からの支出を求め、その手続について次のように述べている。

就テハ第一予備金ノ残額払切ノ上ハ国庫剰余金ノ内ヲ支出シテ之ニ充テンコトヲ要ス。是レ実ニ止ムヲ得ザルニ出ルモノニシテ亦憲法ノ許ス所タリ。而シテ此支出ヲ為サントスルトキハ其都度本大臣〔蔵相〕ヨリ之ヲ閣議ニ提出シ決定ノ後支出可致見込ニ有之。尤右ハ予算外臨時ノ支出トモ異ナルモノニ付別段勅令ヲ発セラルヽニハ不及唯事後ニ於テ憲法第六十四条第二項ニヨリ議会ノ承諾ヲ求ムベキハ勿論ノ筋ト存候。

この請議は、法制局の審査を経て、そのまま閣議決定され、剰余金からの予算超過支出についての先例となった。

六　結びに代えて

以上、明治二四年度における剰余金支出の例を検討した。これらは、支出されるべき費途の性質と支出手続から見て、次の三類型に分けられる。

①明治二四年勅令第二〇五号および同第二四七号は、予算外支出であって、全国務大臣が副署する勅令により支出され、支出後の次の会期で議会の事後承諾が求められた。この手続は、勅令制定時に枢密院の諮詢を経ないという点を除けば、憲法第七〇条の緊急財政処分に準じたものである。

②明治二五年勅令第一九号および同第二二号は、予算外支出であって勅令により支出されるという点では①と同様であるが、議会の事後承諾が年度経過後の常会において――次の③とまとめて――求められたという点に相違がある。①との扱いの違いについて、①は予備費総額を遥かに超える支出であるし、大震災の救済という支出目的に政治的重要性があるので、それだけ慎重な手続きが踏まれたのであろう。

③剰余金による予算超過支出は、勅令ではなく、各省大臣の要求を受けた大蔵大臣が閣議に提出（請議）し、法制局の審査を経た上で閣議決定をし、天皇に上奏して裁可を求める、という手続による。この手続は、官報による公示がないという点を除けば、第二予備金支出の手続に準じる。

このように明治二四年の剰余金支出では、支出の性質に応じて三つもの手続が案出され使い分けられた。しかし、日清戦争を機に剰余金支出が慣行として定着していくと、手続は簡素化され、一つにまとめられていく。その過程を検討することは、別稿の課題となる。

また、剰余金支出慣行にとって最初の試金石であった第二期議会は、衆議院解散という最悪の結果になり、議会との関係で先例は形成されなかった。この議会対策に活躍した井上毅は、議会の財政統制権を出来るかぎり尊重しつつ、実際上の必要からの剰余金支出は最低限で認めようという方針で、そのような趣旨の慣行が成立することを期待していた。しかし、井上の望むような慣行が成立するには、議会と政府との間で一定の信頼関係が要り、しかも議会の統制が実質的であるためにはある程度の緊張関係も必要であろう。井上の望むような微妙な慣行は結局成立しないことになるが、そうなってしまったのは何故か、これも別稿で検討することにしよう。

（1）明治二四年一〇月三〇日付伊藤博文枢密院議長宛井上毅枢密顧問官兼文事秘書官長書簡（伊藤博文関係文書研究会編『伊藤博文関係文書』〔以下『伊藤文書』〕第一巻〔塙書房、昭和四八年〕四二〇頁）。なお本稿での史料の引用に当たり、漢字は現在通行の字体に、変体仮名・合字はカタカナまたはひらがなに改め、適宜句読点を補った。

（2）稲田正次『憲法提要』（有斐閣、新版、昭和三九年）二七四頁、二九四頁。

（3）予算超過支出とは、予算の款項に超過した支出すなわち「議会ニ於テ議決セル定額ヲ超エ支出シタルヲ謂フ」。予算外支出とは、予算の外に生じた支出すなわち「予算ニ設ケタル款項ノ外ニ予見セサルノ事項ノ為ニ支出シタルヲ謂フ」（伊藤博文『帝国憲法皇室典範義解』〔国家学会蔵版、明治二二年〕一一八頁）。

（4）国立公文書館所蔵「公文類聚」の目録による。ただし、複数件の支出がまとめて閣議を経、裁可を受けている例が多いので、正確な件数は数えられない。また、国庫剰余金すなわち一般会計の剰余金を財源とするもののほか、中央備荒儲蓄金や特別会計剰余金を財源とする予算超過支出および予算外支出も多数存在し、これらの全貌を把握するのは容易ではない。本稿では、国庫剰余金からのものに限定して論じる。

（5）佐藤功「我が憲法史上に於ける憲法争議（二）」国家学会雑誌五六巻八号（昭和一七年）九八頁以下。

（6）帝国憲法の財政関係条項については、小嶋和司『日本財政制度の比較法史的研究』（信山社、平成八年）一四九頁以下。会計法および会計規則の成立過程については、小柳春一郎編著『日本立法資料全集　4　会計法』（信山社、平成三年）。予算超過支出および予算外支出に関わる制度の概観については、さしあたり、西野元『会計制度要論』（日本評論社、三版、大正一五年）二六二頁以下。

（7）小嶋『日本財政制度の比較法史的研究』、三二九頁。

（8）明治二四年度については、明治二四年勅令第七六号「明治二十四年度歳出予算中第一予備金ヲ以テ補充シ得ヘキ費目」で定められた。なお、濃尾大地震の後、明治二四年一一月一六日の勅令第二二三号で「震災ニ付人民救済及堤防工事監督ノ為メ要スル旅費雑給庁費並水害ニ係ル土木工事監督ノ為メ要スル旅費」が、明治二五年一月二五日の勅令第一〇号で「震災ニ罹ル土地検査及検税旅費」が、第一予備金で補充できることとなった。

（9）支出決定の都度、官報の「第二予備金支出」の欄に掲載される。一例を挙げれば、官報明治二四年一〇月一日に次の記載がある。

明治二十四年度第二予備金支出

第八回

一金千七拾弐円五拾弐銭　　陸軍省所管憲兵費之款

露国皇太子殿下大津ニ於テ御遭難ノ際愛知大阪ノ両憲兵隊ヲ派遣セシ旅費トシテ本行ノ金額ヲ要シ第二予備金ヨリ支出ノ儀陸軍大臣ヨリ請求有之本大臣同意ヲ表シ之ヲ上奏シ九月二十六日勅裁ヲ得タリ

明治二十四年十月一日　　大蔵大臣　伯爵松方正義

（10）衆議院事務局『衆議院先例彙纂　全』（昭和五年四月改訂）四八一頁以下。

（11）例えば、枢密院の憲法第一審会議第二読会で井上毅は、予算超過支出および予算外支出は予備費以外からのものもありうると答弁している。予備費以外の財源としては、国庫剰余金が念頭にあった（小嶋『日本財政制度の比較法史的研究』、二九六頁以下）。憲法・会計法の制定過程について剰余金支出の問題を中心に概観したものとして、小柳春一郎「明治憲法下における会計制度の形成――剰余金支出の問題を中心に――」近代日本研究会編『年報・近代日本研究　八　官僚制の形成と展開』（山川出版社、昭和六一年）五九頁以下があり、本稿の先行業績である。

(12)　大蔵省財政史室所蔵「松方正義文書」（国立国会図書館憲政資料室所蔵マイクロフィルム版、以下「マイクロ版松方文書」）二九冊－二二「予備金不足ノ場合ニ取ルベキ方策」。執筆者は記されていないが、「マイクロ版松方文書」二九冊－二八「明治二三・二四両年度歳計剰余金処分案」中の「添田」の印が押された意見書に、かつて「予備金不足ノ場合」なる上書をした旨の記載がある。
(13)　後の慣行ではあるが、衆議院事務局『衆議院先例彙纂　全』六頁。
(14)　伊藤『帝国憲法皇室典範義解』一二九頁。
(15)　震災の被害状況や救済については、一〇月二九日以降の官報に多くの情報がある。さらに参照、国立国会図書館憲政資料室所蔵「品川弥二郎関係文書」書類の部九〇三「愛岐震災一件」（以下「震災一件」）。
(16)　当時の災害救済や復興のあり方については、さしあたり、北原糸子『磐梯山噴火――災異から災害の科学へ』（吉川弘文館、平成一〇年）。
(17)　恩賜金については、宮内庁『明治天皇紀』第七（吉川弘文館、昭和四七年）九一一頁以下。義捐金その他官民の救援活動については、官報および各新聞に記事があるが、全容は不明。備荒儲蓄金の制度については、明治財政史編纂会『明治財政史』第十巻（丸善、明治三八年）八四九頁以下。濃尾地震の際の備荒儲蓄金の支出について、県の備荒儲蓄金からの支出は詳らかにしえないが、中央備荒儲蓄補助金の支出は地震発生一ヶ月後の一一月二八日で、支出金額は岐阜県に二八万円強、愛知県に一四万円弱である（官報明治二四年一一月二八日）。なお、飯塚一幸「濃尾震災後の災害土木費国庫補助問題」日本史研究四一二号（平成八年）七八頁以下は、濃尾大地震後に政治争点化した災害土木費国庫補助問題をめぐる政治過程を実証的に分析したもので、本稿で扱った憲法問題の背景となった政治問題を明らかにするものとして、有益である。
(18)　明治二四年一一月五日付品川弥二郎内務大臣宛大塚慊三郎内務書記官上申書「木曽長良揖斐三川堤防其他沿川村落被害景況上申」（「震災一件」）。
(19)　官報号外明治二四年一〇月三一日、官報明治二四年一一月六日。松方から各大臣への被害の通報として、明治二四年一一月二日付土方久元宮内大臣宛松方電報（写）（「震災一件」）。
(20)　明治二四年一一月六日付伊藤宛松方書簡（『伊藤文書』第七巻一四二頁以下）、同日付品川宛白根専一内務次

官書簡（尚友倶楽部品川弥二郎関係文書編纂委員会編『品川弥二郎関係文書』（以下『品川文書』）第四巻（山川出版社、平成一〇年）二八四頁）。ただし後者の書簡によると、臨時支出額は、愛知・岐阜の震災費に福岡・富山の水害救済費も合わせて三〇〇万円、そのうち福岡・富山両県の請求額が一三七万円とのことである。

(21) 国立公文書館所蔵「公文雑纂」明治二四年第三五巻中の「岐阜愛知二県下震災救済及河川堤防工事予算外支出ノ件」（以下「公文雑纂　震災救済予算外支出」）の付属文書、明治二四年一一月七日付品川宛小崎稟請「木曽長良揖斐等震裂堤塘樋管修繕費御下付之儀稟請」、明治二四年一一月九日付品川宛岩村稟請「震災ニ付土木費補助之儀稟請」、同「窮民救済費御下付之儀ニ付稟請」。

(22) 明治二四年度に実際に発生した国庫剰余金すなわち明治二五年度の前年度繰入金は、一五〇九万円余であった（『明治財政史』第三巻六二二頁）。初期議会期の財政状況については、高橋秀直『日清戦争への道』（東京創元社、平成七年）二六七頁以下、とくに国庫剰余金について二八三頁以下。

(23) 明治二四年一一月五日付松方宛伊藤書簡（大久保達正監修『松方正義関係文書』（以下『刊行版松方文書』）第六巻四九七頁）。

(24) もっとも、井上と伊東巳代治枢密院書記官長は、松方と関係の悪化していた伊藤の意を体して、松方内閣に対して監視役を兼ねた協力関係にあり、何事によらず松方に厳しく意見していた。参照、木野主計『井上毅研究』（続群書類従完成会、平成七年）二七七頁以下、伊藤之雄『立憲国家の確立と伊藤博文』（吉川弘文館、平成一一年）八一頁以下。

(25) 國學院大学日本文化研究所編『近代日本法制史料集』第三巻（東京大学出版会、昭和五五年）二三三頁。

(26) 明治二四年一一月四日付パテルノストロ答議（『近代日本法制史料集』第三巻二四〇頁以下）。

(27) モスターフ答議（『近代日本法制史料集』第三巻二三七頁以下）。日付は付されていないが、明治二五年三月二五日付「予算超過額議会事後承諾ニ関スルモスターフ答議」（『近代日本法制史料集』第二〇巻七八頁以下）により、明治二四年一一月七日のものであることが分かる。

(28) 本来、予算非法律制は、予算審議に当たって議会が法定役務に必要な歳出をも削除することを防止する意図であったのであるから、予備費外支出の事後承諾に関しても法律が議会を拘束すると解するのは、拡張解釈と言うべきであろう。帝国憲法の予算非法律制については、小嶋『日本財政制度の比較法史的研究』三一六頁以下。
(29) 明治二四年一一月九日付ロエスレル答議（『近代日本法制史料集』第三巻二三三頁以下）。
(30) 明治二四年一一月九日付品川宛井上意見書「賑恤費及予戒令意見」（國學院大学日本文化研究所編『井上毅伝史料篇』〔以下『井上伝』〕補遺第一巻（國學院大学、平成六年）七七頁以下）。
(31) 伊藤隆・尾崎春盛編『尾崎三良日記』中巻（中央公論社、平成三年）。尾崎は法制局長官。
(32) もっとも、ちょうどこの時、一一月九日に大隈重信枢密顧問官が板垣退助自由党総理と会見したことを理由に、一二日に依願免官になるという事件があり、松方内閣は対応に追われた。
(33) 明治二四年一一月一一日付伊藤宛松方書簡（『伊藤文書』第七巻一四三頁以下）。
(34) 官報号外明治二四年一一月一一日。
(35) 「震災一件」。同文の書類が、「マイクロ版松方文書」二二冊―二九、国立国会図書館憲政資料室所蔵「陸奥宗光関係文書」書類の部六二―三三・三四にもある。なお、陸奥宗光農商務大臣も、剰余金支出に関わる憲法解釈について、梅謙次郎法科大学教授兼農商務省参事官に検討させている（「陸奥宗光関係文書」書類の部六二―一四「予算外支出ニツイテ」）。
(36) 佐々木隆『藩閥政府と立憲政治』（吉川弘文館、平成四年）一三三頁。
(37) 「公文雑纂　震災救済予算外支出」。
(38) 以下、衆議院議員の所属政党・会派は、衆議院・参議院『議会制度百年史　院内会派編　衆議院の部』（大蔵省印刷局、平成二年）による。
(39) 以下、衆議院本会議の議事については、『衆議院第二回通常会議事速記録』（内閣官報局、明治二四年）により、一々の引用は略す。
(40) 伊藤『立憲国家の確立と伊藤博文』八一頁以下。
(41) 「マイクロ版松方文書」二二冊―三「予算審議ニ当リ各政党ノ対策」。
(42) 明治二四年一一月三〇日付品川宛井上書簡（『品川文書』第二巻二六頁以下）。
(43) 山田東次「緊急勅令に就て」（党報第三号明治二四年一一月二五日）、伊藤大八「緊急勅令第二百五号に就て」

（党報第四号明治二四年一二月一〇日）、文献資料刊行会『復刻　自由党々報』第一巻〔柏書房、昭和五四年〕九〇頁以下、一四八頁以下。

(44)　明治二四年一二月二日付品川宛井上書簡（『品川文書』第二巻二八頁以下）。

(45)　明治二四年一一月三〇日付品川宛井上書簡（『品川文書』第二巻二六頁以下）。

(46)　明治二四年一二月一日付品川・白根宛井上書簡、明治二四年一二月二日付品川宛井上書簡、明治二四年一二月二日付平田東助貴族院議員宛井上書簡（『品川文書』第二巻二七頁以下）。

(47)　明治二四年一二月三日付品川宛小崎伺「国庫金御下付之義伺」、同稟請「震災ニ付陥没崩壊セシ堤塘道路橋梁用悪水路溜池等修繕土功費御下付之儀稟請」、同「山岳崩潰箇所土砂流出防禦工事設計及直轄御施行ノ儀稟請」（「震災一件」）。

(48)　明治二四年一二月三日付品川宛岩村書簡（『品川文書』第二巻一一九頁）。

(49)　この緊急事件としての議決要求には、議院法第二八条但書による旨が明示されておらず、委員の審査は省略されなかった。参照、衆議院事務局『衆議院先例彙纂　全』二七一頁。

(50)　以下、衆議院委員会の議事については、『帝国議会衆議院委員会議録』明治編一　第一・二回議会（東京大学出版会、昭和六〇年）により、一々の引用は略す。

(51)　明治二四年一二月八日付品川宛井上書簡（『井上伝』第四巻四五一頁以下）。

(52)　官報明治二四年一一月一四日。

(53)　明治二四年一二月一三日付松方宛大浦兼武内務省警保局次長書簡（『刊行版松方文書』第八巻一三九頁）。

(54)　参照、佐々木『藩閥政府と立憲政治』一八九頁以下、伊藤『立憲国家の確立と伊藤博文』八三頁以下。なお、震災費を争点化することによって民党の足並みを乱そうという井上の試みと並行して、陸奥宗光農商務大臣と後藤象二郎逓信大臣とは、私設鉄道買収問題で自由党抱き込みの工作を行っていた。この工作も一六日頃には行き詰まった。

(55)　帝国憲法第三九条は法律案について一事不再理を定めているが、これが予算案にも適用または類推適用されるのか、憲法解釈上の問題点となりうる。

(56) 伊藤『立憲国家の確立と伊藤博文』八五頁、佐々木『藩閥政府と立憲政治』二〇〇頁以下。
(57) 官報号外明治二四年一二月二六日。
(58) 『井上伝』第二巻四四七頁以下。本史料は、小池清一が起草したものに、井上が全面的な加除修正をして成立している。草稿として、「マイクロ版松方文書」五二冊―一二「施政ノ方針」、同二一冊―七「第二帝国議会解散ノ財政ニ及ボシタル影響」、『井上伝』第二巻四六三頁以下「第二期議会解散紀事」、伊藤博文公編『秘書類纂　帝国議会資料』下巻（原本昭和一〇年、原書房復刻版、昭和四五年）一頁以下「第二議会解散記事　八月十七日再校」がある。『秘書類纂』本を浄写したものが本史料である。参照、明治二四年一二月三〇日付小池宛井上書簡（『井上伝』第四巻三九七頁）。
(59) なお、井上は明治二四年一二月八日付品川宛井上書簡（『井上伝』第四巻四五一頁以下）においても「工事之書類抔、決テ廻付之必要無之候」と述べ、議会が工事の進捗状況について審査したことに非常に批判的である。これはおそらく、井上が予算外支出の事後承諾を予算による事前の協賛と同性質のものと考えていたことの帰結であろう。予算審議によってその予算の執行状況を統制することは不可能であるのと同様、予算外支出事後承諾の審議でその支出の執行状況を統制するのは許されないということになる。予算の執行の統制は、事後の財政統制である決算の審議によるか、一般の行政統制の枠内で行われるべきと考えていたのであろう。
(60) 官報号外明治二四年一二月二六日（全国務大臣副署）。
(61) 官報号外明治二五年二月一五日（全国務大臣副署）、「公文類聚」第一六編明治二五年第一七巻「憲兵隊高知県派遣費トシテ二十四年度予算外支出ス」。
(62) 「公文類聚」第一六編明治二五年第一九巻「第一予備金払切ノ上ハ国庫剰余金ヲ以テ支出方ヲ裁可セラル」。
(63) 官報明治二五年三月五日（全国務大臣副署）、「公文類聚」第一六編明治二五年第一九巻「屯田歩兵隊家屋其他焼失品再給費及憲兵隊派遣費トシテ二十四年度予算外支出ス」。
(64) 「公文類聚」第一六編明治二五年第一九巻「明治二十四年度予算ノ款項超過額ヲ国庫剰余金ノ内ヲ以補充ス」。
(65) 「公文類聚」第一六編明治二五年第一九巻「明治二十四年度予算ノ款項超過額ヲ国庫剰余金ノ内ヲ以補充

ス」。

(66) これらの支出の経緯については明らかでないが、①の予算外支出については松方首相、平山内閣書記官長、白根内務次官らの間で一月二一日頃には検討が始められていたらしい(明治二五年一月二一日付松方宛白根書簡〔『刊行版松方文書』第八巻三四四頁以下〕)。第二回総選挙の選挙干渉については、佐々木『藩閥政府と立憲政治』二〇〇頁以下。

織田萬の行政法学

三浦裕史

一　使用外国語と編別
二　行政法学の困難性
三　用語の変遷
四　法源としての成文法

一　使用外国語と編別

フランスかドイツか

明治二八（一八九五）年七月、織田萬は『日本行政法論』を刊行した。[1] この本は「日本行政法ヲ法理的ニ説明シタルハ斯書ヲ以テ嚆矢トナス」との評を受け、織田は「我國行政法全般に關する秩序的の著述の先鋒」とされた。[2] 当時、行政法に関する著作は極めて少なく、その内容も理論というより内外諸制度の解説に過ぎなかった。織田の著書以前で行政法と題した文献には、例えば、明治一九年の井阪右三『日本行政法大意』[3]がある。その内容は、フランスの文献を参照しつつ、「諸官制」「人民ノ権利ト政府ノ職分ト直接ニ相交渉スル諸法律」「行政裁判ノ制度」を述べたものである。井阪のいう行政法は、行政学の前提または一分野であった。

明治二〇年、帝国大学法科大学で、講師金子堅太郎が初めて日本行政法を講じた。その内容は、

一　本邦古来法令ノ沿革
一　法律明令（ママ）及公文式
一　中央政府ノ組織及権限
一　地方政府ノ組織及権限
一　行政區画
一　行政官吏ノ権利及義務
一　府県會、町村會、郡區町村聯合會

一　國債

一　國税、地方税、區町村費

一　會計ニ係ル法規

一　土地

であり、「本邦ノ國体ト現今施政ノ機関及精神トヲ知ラシムルヲ以テ其目的」とした。(4) 金子の他、末岡精一が比較行政法を講じ、後に穂積八束、一木喜徳郎が行政法を教えた。織田は大学院で穂積に就いて学び、傍ら、幾つかの法律専門学校で行政法を講じた。(5) その時の資料を纏めたのが『日本行政法論』であった。

織田が司法省法学校予科に入学した明治一七年一〇月当時、わが国ではフランス法が主流を成しており、織田も予科でフランス語を学ぶことになった。しかし、前年終了した欧州での憲法調査の結果、政府は徐々にドイツ法への傾斜を強め、フランス法を採用してきた司法省は法学教育から排除されていく。一七年一二月、司法省法学校は東京法学校と改称され、文部省へ移管、翌年九月には東京大学法学部に吸収された。

明治二二年七月、織田は、帝国大学法科大学に入学した。この年の五月、所謂民法典論争が起こり、司法省派またはフランス法派による民法編纂が、法科大学派またはイギリス法派の批判攻撃を受けることになった。フランス法を学んできた織田は断行派に属した。(6) 織田の学生時代、民法といえば、二三年に公布された民法（旧民法）のことであった。織田が法科大学参考科第二部（仏法）を卒業した二五年には、民法の施行が延期され、フランス法派の凋落は決定的となった。しかし、織田が行政法の研究を進めるに当たって参照したのは、やはり、明治二三年民法であった。

こうした法学界の動向とは別に、織田の専攻する行政法の分野では、ドイツ法学がフランス法学に学びつつ理論の形成につとめていた。オットー・マイヤーの『フランス行政法理論』は明治一九年に出版されている。織田は、二七年秋の論文「行政法の攻究に就きて」において、ドイツ行政法学の擡頭を察知していた。しかし、織田はドイツ語を知らず、ドイツ語文献を利用できなかった。「獨國に於ける行政法學の沿革は、余か獨書を解せさるか爲め遺憾なから精しくは得知らす」(7)。『日本行政法論』序文においても「西人ノ書ニ參照スルハ佛書ヲ主トセリ是レ余カ淺學ノ致ス所ニシテ最モ遺憾トスル所ナリ獨人ノ論説ハ或ハ其ノ佛書ニ引用セラル、モノニ據リ或ハ先進及同學ノ諸君ニ質スコトヲ怠ラサリシ」と述べている。但し、フランスの行政法学が行政法規の解釈に偏し理論研究が不十分であること、ドイツの行政法学は理論研究を進めているが「議論往々深遠ニ過キテ實際ノ應用ニ缺クルカ如キ嫌」(8)があることを摑んでいた。

織田にとり、明治二八年は、二重の意味で、運命の年であった。第一には『日本行政法論』の出版である。しかし、マイヤー『ドイツ行政法』第一巻が刊行されたのもこの年であった。ドイツ行政法学の理論化を推進したこの本は、わが国にも次第に影響を及ぼしていったが、悲しい哉、織田は、直ちにこれを参照することができなかった。

織田に使用外国語に関する不利を挽回する機会がなかった訳ではない。二八年の秋頃、織田は穂積陳重から、主たる留学先としてドイツを勧められている。しかし、自分にフランス語の知識があることやドイツに学ぶと「桀狗堯に吠えるやうな輩」になるという西園寺公望の意見により、フランスを選択する。この結果、織田は、学問形成の初期段階において、ドイツ語習得の機会を失った。「語學の稽古が足らず、學問研究の上からは人一倍の苦心を續け」ることを余儀なくされたのである。(9)明治二九年四月、ドイツ民法を斟酌した新たな民法が公布されはじめ、三一年七月に旧の民法は廃止となった。

明治三〇年二月、織田は、留学中のパリから原稿を送って『日本行政法論』訂正再版を上梓した。帰国後の三二年九月、京大教授に任官し、翌三三年六月、『日本行政法論』増訂版を出した。[10] 共に、初版のフランス法的な内容を維持した。織田が論文中にドイツ語文献を掲げ出すのは、明治三五年からである。[11] この頃より、ドイツ法に学んだ行政法の体系書が刊行されはじめた。三五年八月の岡實『行政法論綱』、三七年一一月の上杉慎吉『行政法原論』、三九年一月の市村光恵『行政法原理』である。[12] 市村の本には、織田の論評が掲載されている。

明治三六年、マイヤー自身の訳による『ドイツ行政法』のフランス語版が出版され、三九年に完結した。日本では、美濃部達吉が、数年前から手掛けてきた翻訳を刊行した。[13] 織田は、ドイツ語版を引用するようになってからも、しばしばフランス語版を用いている。

明治三九年六月、織田は、台湾総督府民政長官後藤新平の説得に遭い、臨時台湾旧慣調査会委員に就任する。織田は清国の行政制度に関する報告書の編纂に従事した。四三年に刊行を開始し大正三（一九一四）年に完結した『清國行政法』[14] である。この間、明治四二年九月に美濃部が『日本行政法』第一巻を、織田の許で学んだ佐々木惣一は四三年一月に『日本行政法原論』上巻を、同年六月には清水澄が『國法學第二編行政篇』上巻を刊行した。[15] これらは完結に至らなかったが、ドイツ行政法学に取材した学説が日本行政法学の主流となることを示す著作群であった。織田は四三年一〇月に『行政法講義』を出し、大正六年九月にその増補訂正版を撰した。[16]

大正一〇年九月、織田は、常設国際司法裁判所裁判官に当選し、オランダのハーグに赴任した。即ち、日本行政法学の現場から離れることになった。滞欧中の昭和三（一九二八）年、Principes de driot administratif du Japon を著し、帰国後の昭和九年四月、その翻訳である『日本行政法原理』を刊行した。[17] これが織田の日本行政法学を集成する著作となった。

織田は、『日本行政法原理』の中で、日本行政法は「行政の特権」に基づくフランス法系統にも「法治國家」に基づくドイツ法系統にも属さず、広くヨーロッパ大陸法系統に属すると述べた。[18] 即ち、フランス行政法は日本行政法にとり異質なものでないことを主張し、ドイツ法系統と見られていた日本行政法にフランス法的要素を導入する可能性を残したのであろう。織田はまた、フランス語の観点から、マイヤーのフランス語訳の誤謬を指摘するのに余念がなかった。[19] これはマイヤーに対する織田の意趣晴らしと見てよいであろう。

編　別

行政法を収録対象とした数少ない法令集の一つに、杉村章三郎編『行政法規提要』[20]がある。その内容は、憲法、行政法規通則、行政組織法、公共団体法、行政上ノ争訟法、行政上ノ強制執行法、公物法及公用負担法、官公営事業法、会計法及租税法、警察行政法、経済行政法、文化行政法、労働行政法、国際行政法となっている。しかし、この内容を見て行政法学の編別、即ち項目の構成を思い浮かべることは、まず不可能である。行政法学において、編別は既定のものではない。[21] 編別の基準となるものは行政法には存在しない。編別は論者が銘々に案出することになる。「行政法ノ綱目ハ殆ト學者ノ頭數ト相匹ス」[22]。

編別に関して最も広く行われていたのは、総論と各論に分ける方式であった。[23] 穂積八束、一木、清水、岡、美濃部、市村、上杉、佐々木など主な研究者が採用している。しかし、織田はこの方式に批判的であり、それが織田の行政法学の分かり易い特徴の一つとなっている。

織田の編別は、時期によって異なり、三つに分けられる。第一期の編別は明治二八年の『日本行政法論』における構想は、前年秋の論文「行政法の攻究に就きて」で示されていた。

緒　論
第一編　総則
第二編　行政組織
第三編　行政事務
第四編　行政訴訟

これが一体型方式の編別である。項目としても分量としても総論各論の区別を設けず、行政法の叙述体系を単一のものと考える方式である。この編別は、フランスの行政法学者バトビー及びダレストが初めて採用した人格論に基づくものであった。即ち、ローマ民法典における三分式編別――人ノ法、物ノ法、訴ノ法（取得ノ法）――に範をとり、権利能力を有する人（行政組織）、人の活動の場所や内容である物（行政事務）、人や物についての権利関係を確定し変更する訴訟（行政訴訟）の三編を配し、その前に総則を置いたものである。織田は、この編別を「余ノ創見ニ係リ敢テ前人ニ踏襲セス固ヨリ余カ多少ノ苦心ヲ経タルモノナリ」と誇っている。[24]

第二期の編別は明治四三年の『行政法講義』におけるものである。

緒　言
第一編　総論
第二編　行政組織
第三編　行政事務

この編別は、総論と各論の区別を暗に採用したものである。[25] 総論と行政組織が講義上の総論に、行政事務が講義上の各論に該当する。従来の行政訴訟に相当する部分は、総論に編入された。織田の編別は、他の研究者が採用していた総論各論方式と殆ど変わらぬものとなった。

織田が一体型方式を放棄し、総論各論方式に転じた理由は何であったろうか。それは、序文に「綱目ハ講述ノ便ニ従ヒ必スシモ理論ニ依テ次第セス」と示されている。但し、織田が従来の編別を放棄したのは、四三年よりも前であったと思われる。なぜなら、京都帝大法科大学における科目の編成がこの編別と矛盾するものだったからである。法科大学では、明治三二年九月の開講当初より、行政法が総論（第一部）と各論（第二部）に分離され、二ヶ年に跨がって履修され、科目試問も別々に行われていた[26]。このため、織田は講義を二分する必要に迫られたのである。明治三四年頃の京都法政学校講義録にも「拙著日本行政法論ニ於テハ嶄新ノ議論ト思惟スル所ニ依リ人格論ヲ基礎トシテ行政法ノ綱目ヲ分チタルニ拘ラス此ニハ實際ノ便宜ニ従ヒ別ニ適當ト信スル綱目ニ依ラント欲ス[27]」とあり、総論、行政組織、行政救済、行政各部を配列している。京都法政学校も法科大学と同様の科目編成を行っていた[28]。

第三期の編別は、昭和三年の Principes de driot administratif du Japon 及び昭和九年の『日本行政法原理』におけるものである。

緒　論
第一編　総則
第二編　行政組織
第三編　行政活動
第四編　行政救済

常設国際司法裁判所裁判官としての織田は、講義の都合から解放されていたため、第一期の一体型方式に復帰することができた。しかも、従来の編別では不明確であった総則と行政組織及び行政活動との関連を初めて整理した。『日本行政法論』の総則には、行政行為や行政法人など本来の総則に類する項目の他、行政組織総論に類する項目（行政機関、官職など）が含まれていた。『行政法講義』の総論は、行政法全体に対する総論ではなく、続く行政組織と行政事務のための総論（行政機関と行政作用）に行政行為、行政監督、行政救済を加えたものであった。

これに対し、『日本行政法原理』の総則は、行政権の主体、その権利、行政行為（行政権の能動的主体の行為）を内容とし、行政権の主体という観念を基軸に一貫したものとなった。織田は、行政権の能動的主体の権利として組織権、警察権、保育権、軍備権、財政権を掲げる。このうち、組織権の行使により行政組織が成立し、行政活動の前提となる。残る警察権、保育権、軍備権、財政権の行使により、行政活動が行われるから、行政活動の区分は警察、保育行政、軍備、財政になるという[29]。

一体型方式に復帰した織田は、総論各論方式に対して次のような批判[30]を加えている。（一）行政法は、刑法や民法といった具体的な法典ではなく、刑事法や民事法といった広い法分類を意味する。この行政法に総論各論の編別を当てはめるのはおかしい。（二）行政組織法及び行政活動法が行政の「本體法」であるのに対し、行政救済法は行政の「手續法」である。この両者は明らかに性質が異なるから、共に総論に編入するのは誤りである。（三）現行の各論の題目は機械的に配置しただけのものであり、理論的な体系を欠く。各論の内容も行政法の各論ではなく、行政活動法の各論である。また総論に行政組織や行政救済に関する法規の細目解説を含めるのはおかしい。（四）行政救済を理解する前提として、救済関係事項の何たるか（所謂各論）を知る必要があるから、これら事項を説明する前に行政救済を総論中で説明することは本末終始の顚倒である。

この批判は次の二点に集約される。（一）総論と各論の関係が整合していない。つまり、総論は各論に対する真の総論でなく、各論は総論に対する真の各論ではない。（二）行政救済法（行政争訟法）は「手續法」であり、行政組織法及び行政活動法は「本體法」であるから、叙述の順序として、行政救済を後置すべきである。

織田の批判は、総論各論方式が総論の内容を理論的に吟味していない点を衝いたものであった。しかし、織田の編別が広く行われることはなかった。その原因としては、織田の編別の基盤である人格論がドイツ行政法学に学んだ者にとって異質であったことが考えられる。

二　行政法学の困難性

総則法の欠如

行政法には法典、特に総則を規定した法典が存在しない[31]。前掲の『行政法規提要』には行政法規通則という項目があるが、そこには公法関係も行政行為も出てこない。載っているのは、公式令、法例、朝鮮ニ施行スヘキ法令ニ関スル件、命令ノ条項違犯ニ関スル罰則ノ件といった法令一般に関する準則であり、専ら行政法の通則に関わるような法令は見えない。一方、行政関係法規として見た行政法は数が多く、制定の時期や目的、法的性質も区々である。行政法は「複雑ニシテ散漫」であった。維新以来の「舊式ノ斷片的法規」が多数存在し、用語や文字が不統一で、文章も支離滅裂なものがある[32]。こうした行政法の状態により、行政法学は次のような困難性に逢著する。

（一）基本的な研究対象が確定されていない。民法学では、民法という法典を中心に研究対象を考えればよいが、行政法学にあっては、中心に据えるべきものが存在しない。無論、行政法学にとって、雑多な行政法規群を対象とし解説を加えるというのも一つの方法である。しかし、その場合、行政法学は、行政法規に関する厚冊の執務便覧を提供するだけになる。行政法学が体系的な学問として独立するためには、研究対象の限定を要した。行政法学が行政学など関係諸学から独立するためには、行政法規からも独立しなければならない。行政法学における行政法とは、我々が単純に考えるような、行政に関する法規群ではなく、これらの中から一定の見地によって選別された法規群なのである。この法規群のことを、行政法学では「行政に固有の法」「行政に関する公法」などと称している。

（二）理論構築のための基本的な用語が法令上に存在しない。また、存在する場合でも意味内容が区々な場合がある。従って、必要な用語は、論者が銘々新たに案出するか、既存の用語を意味内容を変更して用いるしかない。当然、論者間で用語が異なり、同一の用語でも意味内容にズレを生じる。既存の用語に関して、講学上、別の意味内容を持たせる場合もある。一定の用語を論文や著書の中で繰り返し提示されると、それらが恰も現行の行政法規に由来するかのような感を抱かされるが、実際にはそうでないことが多いのである。

（三）学説が具体的な法的根拠を欠き、抽象論となる。学説が抑も何に由来するかは、論者によって様々である。内外の関係学説や立法例などが引用される。行政法の教科書を見ると、その内容は区々であり、著者の数だけ行政法が存在するかの様である。著者は自著の中では唯我独尊であり、引用註や参照註を欠く叙述形式においては、学説は正に「各學者ニ専屬スル一種ノ秘傳」である。立論の共通基盤が不足または欠如しているため、学説上の対立は「成文法ニ根據セサル無用ノ爭議」となる。(33)

しかも、行政法学における理論の追求は機会主義的であり、現行法規に対する超然主義で一貫している訳ではなかった。現行法規でも学説を主張するのに有利であれば、その存在に言及し、不利であれば、その存在を無視した。「學者往々自己ニ利アルトキハ現行法ヲ援用シテ之ヲ論證ノ具ニ供シ己ニ不利ナルトキハ法理ト称シテ現行法令ヲ曲解スルノミナラス時トシテハ自ラ法令ヲ創造ス」[34]。従って、こうした学説を相互に比較することの意義は低い。また、学説間の優劣に関しては相対的な判断しか下せないのであり、ひいては、論理以外の点で学説の優劣が決定されかねない。学説の支配力を決定するのは、行政法規を実際に運用する所謂官辺との距離如何である。この距離は、各種委員及び兼官兼職などの制度や出身校などの人脈に基づいて測定される。織田のように「田舎の大學」[35]で行政法を研究するということは、学問的な深化は期待できても、社会的な影響力を発揮するという点で不利である。織田は「西大學ハ竟ニ所謂地ノ利ヲ得サルヲ免レサルカ」[36]と嘆じている。

行政法学においては、学説が先行的に形成され、後に、これが法制化されるということがある。この場合、学説は行政立法論としての意義を獲得するが、それでもやはり、形成当時の学説は、現行の行政法規とは関係の薄いものでしかなく、結果として、将来のための準備作業になったというに過ぎない。

行政法学は行政法規を運用する技術論である。また、行政法規のない領域に関しては、概念操作によって業務を執行する技術論である[37]。従って、行政法学は法治国原理と矛盾する可能性がある。法治国原理とは、国家が法律の支配を受けることを指す。法律は、立法府たる議会が制定する。法治国原理は、立法府たる議会と行政府たる政府が相互に分立することを前提とし、議会が政府に優越することを意味する。行政府は法律に違反してはならず、法律の枠内で行動する。国民の権利義務に関していえば、その設定及び変更は法律に基づかなければならない。従って、行政法学が、この設定及び変更に関して、条理など法律以外の根拠を認めることは、法治国の原理に反する。しかし、明治憲法体制にあっては、法治国原理が抑も貫徹されていなかったから[38]、こうしたことは、行政法学上の問題とならなかった。

公法と私法の区別

公法は行政法学の理論を構成するための最も基本的な概念とされている。但し、この概念は単独で存在することができず、必ず私法という対立概念の存在を要する。公法を考えるためには、私法との区別を考えなければならない。

公法と私法の区別[39]は、法学に共通する問題ではない。民法学や商法学ではまともに論じていない。区別は、所謂公法学においてさえ、共通の問題ではない。同じく公法とされる憲法の研究では、区別を全く取り上げていないか、または簡単にしか扱っていない。区別は、公法を私法から分離するためにではなく、公法の中でも特に行政法を私法から分離するために主張される。行政法の教科書においてほど、区別を諄々しく論じる場所は他にない。公法と私法の区別といわれるものは、実は、行政法と私法の区別なのである。法学における私法、特に民法の地位は圧倒的であり、行政法学の願いは「民法学 die Lehre des Civilrechts と同じように[40]」自立することであった。区別を否定することは、行政法学の存立を否定することに繋がるのである。

公法と私法の区別は、法規定の性格を基準とする区別である。区別の基準に関しては、目的説、主体説、関係説など様々な説がある。しかし、どれも決定的ではない。区別の基準を説明すべく法の領域の外から概念を持ち込むこともある。しかし、基準は、あくまで、法の領域の中で定めるべきであろう。利益はともかく、生活といった概念から基準を定めることは、もはや法学の領域とは言い難い[41]。また、区別に関する学説を何とか維持するために、中間区域、混合、転換、公法関係における私法適用、といった用語[42]が行われている。

紛々たる諸説と概念の整序を疑わしめるような用語とが示すのは、畢竟、この区別が不可能だということである。[43]無論、この区別が曖昧であることは確認されている。問題は、こうした曖昧な区別に基づく学説が果たして理論の名に価するかということであり、また、不明確な区別を理由として私法の適用を明確に排除することが可能かということなのである。

他に、法規定の性格を基準とするのを断念し、法制度を基準とする見解がある。具体的には、適用法規や裁判管轄が制度上、区分されている場合、これらの中に公法と私法の区別を見いだすのである。しかし、こうした制度は個々の適用法規や裁判管轄に関するものであり、公法と私法の区別に対応しているのではない。特に、公法に関する適用法規や裁判管轄が限定されていれば、区別の不完全さを示すものでしかない。

織田は区別を様々に論じている。公法は、国家を主位とする社会関係を規定する法規であり、統治関係を定める法であり、公社会生活に関する法であった。私法は、私人を主位とする社会関係を規定する法規であり、非統治関係を定める法であり、私社会生活に関する法であった。しかし、織田の基本的な態度は一貫していた。それは、区別を喧（やかま）しくしないというものであった。[44]区別は「學者ノ議論嘖々タルニ似スシテ些ノ實用ナキモノ」であり、複雑な社会関係を規定する法規が単純に割り切れるはずもなく、この区別を彼是と論じても意味がないという。「此區別ハ平易ニ説去ルヲ可トス」であり、「後人ノ言説スル所ハ此平淡ニシテ見易キノ理ヲ混亂シ自ラ求メテノ糾錯雑ノ中ニ投スルニ過キサルナリ」。[45]

公法と私法の区別は法規全体を概括的に把握するためのものであり、区別を以て厳密な法理論が可能な訳ではない。公法は国家の法秩序に関わる法、私法はこの法秩序を前提とする法と解するしかなく、[46]また、歴史的に見れば、私法は市民相互法であり、公法は対臣民法[47]であるとしかいえないのである。

三　用語の変遷

行政法学の用語には、私法分野から転用されたものがある。行政法学は、公法上の事実に対して、これに類似する私法上の事実が持つ名義を与え、この名義に基づいて理論を構成する。物権法を例に取れば、「民法ノ物上法ノ成語ニ公ノ字ヲ冠シテ公法ヲ解説スル[48]」ということになる。

行政法人

行政権の主体による種々の行為を法的に説明するためには、行政権の主体に法人格を認めることが必要である。行政法人は、人格論に基づく織田の行政法学において、最も基本的な概念であった。行政法人という語は現行法規中には存在しなかったが、類義語である公法人は、旧民法財産編第一条に「公私ノ法人」、同第二一条に「公ノ法人」と表現され、明治二三年の民事訴訟法第一四条には「公又ハ私ノ法人」とあった。一般に、公法人は、公共団体を論じる際に用いられている。

『日本行政法論[49]』によると、行政法人は行政権の全部または一部を行使し、この行使のため財産を有する。従って、行政法人は公法上の法人であると同時に、私法上の法人でもある。行政法人には国家、府県、郡、市町村、公共組合が含まれる。行政法人は行政法の定義にも用いられた。行政法は、行政法人の組織に関する法規、並びに行政法人の権力及び権利の享有行使に関する法規の全体を指す。織田は、公法人の語を行政行為に関連して用いたが、公法人と行政法人の異同は示さなかった。

織田は、明治三五年頃から行政法人の使用をやめ、公法人に代えている。[50] その理由は明らかでないが、三二年の商法第二条に「公法人」と表現されたためであろうか。しかし、公法人の理論を構成するためには、解決しなければならない問題が存在した。公法人に国家を含めるか否かという問題である。

国家を法人とするのは民法の文理解釈としては困難であり、国家の法人格は国家が民法上の法律行為を行っているという事実から説明するしかなかった。[51] また、国家を公法人の一つとすると、行政法学において国家を論じる必要が生じ、憲法学との区別が不明確になる。[52] 織田は、明治四〇年の論文「法人タル公ノ營造物」[53]で、公法人を、国家の行政組織中に包括された法人と定義した。この定義に国家は含まれているのだろうか。論文は、明治二九年民法第三三条「法人ハ本法其他ノ法律ノ規定ニ依ルニ非サレハ成立スルコトヲ得ス」の存在を指摘しているが、国家の法人格は、法律で定められていないのである。

『行政法講義』[54]は公法人に国家を含めたが、行政法の定義には行政機関を使用した。公法人を理論の基軸に据えることが困難となったのである。行政法は、行政機関の組織、職務、及びその私人に対する関係を定めた法規の全体とされた。

『日本行政法原理』は一つの解決を試みた。それは、法人の語を避けつつ、人格論へ復帰するというものであった。織田は、行政権の能動的主体（または行政主体）という語を用いた。行政権の能動的主体には、国家が含まれる。[55] 行政法学は、全体的公法人である国家を行政権の能動的主体という側面から論じればよいことになる。行政法に関しては、行政主体の組織に関する法規（行政編制法）と行政主体相互の関係及び行政主体と私人との関係を定める法規（行政実体法）と定義した。行政法人の語は、行政権の能動的主体のフランス法的表現であって国家以外の公法人を指すが、国家を含むかのような誤解を招くから用いないと述べた。国家の二重人格——全体的公法人と行政法人——を認めるのは法理論として不可だからであるという[56]。しかし、織田は、法人格に基づく学説を完全に断念したのではなかった。行政機関を行政主体の機構の一部分としつつ、機関を法人の構成要素としているから[57]、行政主体の背景に法人格を見いだすことは容易なのである。

行政行為

行政行為は行政権の主体による行為を説明するため、民法における法律行為の観念を転用した語である[58]。わが国の行政法学において、行政行為の理論的説明を行った研究者として、織田は最も早い部類に属する。旧民法は法律行為の語を用いず、権利行為（財産編第一八一条）の語を採用したが、権利行為に関する纏まった規定を持たなかった。このためか、『日本行政法論』の行政行為論は比較的簡易であった。織田は行政行為を広義に解し、民法上の行為も行政行為に含めた。行政行為は、権力行為と権利行為に分かれる。権力行為は、行政機関が公法上の権力を代表して行う命令拘束の行為で、民法の理論外にある。行為主体の観点からは、公法人行為とも称する。権利行為は、行政機関が私人と対等の地位で私人との合意に基づき行う行為で、民法上の行為に属する。行為主体の観点からは、私法人行為とも称する[59]。

『行政法講義』でも行政行為の広義性は維持された。叙述内容は、概論、公法行為、私法行為、行政行為ノ執行方法である。行政行為とは行政作用のうち、大権行為を除いたものであり、行政機関の一切の行為、即ち、行政機関が職務に関して行った意思表示を指し、事実行為と法律行為（公法行為と私法行為）がある。理論的には、行政行為を、公法上の効果を目的とする行為に限定すべきであるが、行政法上の公法と私法の関係が錯綜しているから、この限定は不可能だとした[60]。行政行為は法律行為の観念に由来するから、その意義を公法上の法律行為に限定すれば、民法の理論を転用して容易に理論を構成できる。しかし、織田は、附款や期間といった民法の用語を採用しつつも、行政行為の観念を限定しなかったため、理論は精密さを欠くことになった。

一方、行政行為の観念を限定することに積極的だったのは、美濃部である。明治四二年の論文「行政行為ノ性質及種類ヲ論ズ」において、マイヤーに倣い、行政行為を「行政權ノ權力的意思表示」と定義した。行政行為は、行政権の作用から事実的作用と私法上の法律行為、そして、法規を定める行為を除外したものである[61]。美濃部は、四四年の論文「公法的法律行為概論」において、行政行為を民法から独立させようとした。法律行為は公法私法に共通の観念であり、これを私法が「自分ノ世界ダケニ獨占」しているのは「聊カ僣越」である。私法学者が法律行為を論じるのは、この観念を民法典が認めているからである。一方、公法私法に共通する法律行為は、法律の規定と関係のない学問上の観念である。従って、その内容は民法の規定ではなく「純粋ノ學理」によるべきである、と述べている[62]。

この独立運動は「研究の未た熟しなかった」ため中断されたが、後になって有力な援軍が現れた。論文執筆後に手にした四三年刊行のカール・コルマン『法律行為（ゲシャフト）的国家行為（アクト）の体系』である。美濃部は、この著作を参照し、日本における行政行為の理論化を進めることができた[63]。しかも、民法理論の転用はコルマンが代行してくれたから、美濃部はそうした作業を幾分かでも省くことができた。その成果は大正八年の新版『日本行政法』に現れた。叙述内容は、観念及び種類、内容、成立、瑕疵、消滅と行政上の強制執行であり、附款、確定力、無効など多くの用語が整備された[64]。

佐々木も、『日本行政法論』総論において、行政行為の観念を限定した。即ち、行政行為を「行政機關カ政治的行政作用トシテ行フ行爲ニシテ之ニ含マルル精神作用ニ法上ノ効果ヲ附着セシムルモノ」、「行政機關ノ行フ公法行爲ニシテ精神的法律事實タルモノ」と定義し、私法行為や非法律行為、事実上の法的行為を除外した。叙述の内容は、総説、行政規則、狭義ノ行政行為、行政ノ客体ノ行為、行政上ノ強制執行及ヒ行政上ノ処罰である。(65) 佐々木の場合、その説明が織田や美濃部に比べて難解であったため、これをそのまま他の研究者や裁判所が使用することは困難であった。

織田は『日本行政法原理』において、ようやく行政行為の限定に踏み出した。行政行為を公法上の法律行為及び準法律行為に限定し、私法行為や事実行為を除外した。行政行為を行政作用から生じる一切の行為とするのは「實益」がないからであるという。また、公法上の法律行為に限定するのは理論上適当であるが、実際の行政処分の中には法律行為でないものがあるから、この限定は不可であるとした。叙述内容は、概論、一般措置、単独措置、成立条件、附加條款（期限や条件など）、消滅（取消や解除など）と行政上の強制執行である。(66) 織田は、要式行為等の区別を重要でないとして採用しなかったが、(67) 大枠として、美濃部の叙述内容に近づくことになった。

公　産

現行法規上、公共または公有の施設を指す用語としては、営造物があった。しかし、営造物は一般的な用語ではなく、個々の法令中に存在し、その意義は法令によって区々であった。例えば、明治二一年の市制第六条にいう「公共ノ營造物」や同第一〇条の「其市ノ設置ニ係ル營造物」は、公共の利用に供する施設を指し、明治三二年の要塞地帯法第一条にいう「防禦營造物」は、特定の目的のための施設を指している。要するに、法令上の営造物の意義に拘束される限り、公共乃至公有の施設に関する理論を構成することが困難となる。そこで、行政法学は、営造物の意義を変更したり、(68) 全く別の語を用いたりした。しかし、新しい意義や用語を使っても、法令にことになる。

いう営造物を全く無視する訳にはいかず、やはりこれに言及せざるを得ない。ここに意義や用語の混乱を生じる

織田は、明治四二年、論文「公産論」[69]を著した。公産 domaine public は国家その他の公法人の財産（土地物件）で、公用に供せられるものをいう。公産は個々の物ではなく、設備全体を指す。「公産ノ観念ハ行政ノ便益ヲ保護スルカ為特定ノ財産ヲシテ民法ノ關係ヲ脱セシメ」るものである。民法が公産を規定しないのは、民法の通則を公産に適用することを意味するのではなく、民法が公産と無関係であることを示す。公産は不融通物であり、この不融通性は民法その他の規定にではなく、「行政法ノ理論」に基づく。公産のうち、一般公衆の使用に供するものが公共営造物に相当し、これに関して、国家または公共団体と私人との間に法律関係を生じるから、この種の公産が行政法学の研究対象になるという。[70] 織田は、公産の一種として営造物を論じ、公産を設備する事業を公共起業と呼んだ。公共起業は、実質上、公共の利益のために土地の上に施設する事業であるが、形式上は、国法の規定（土地収用法第二条）にいう事業を指すのである。[71]

しかし、『日本行政法原理』では公産の語に代えて、公物を用いた。フランス法に由来する公産の語を、法制上の沿革が異なる日本で用いるのは、誤解を招く虞れがあるからだという。公物は、国または公共団体が公の目的に充当する有体物である。公の目的に充当するが故に、民法通則の適用外となる。この公物に相当するのが営造物である。また、公共起業の説明を廃し、公企業を論じた。公企業は、一般の利益を目的として施設される事業で公役務に等しいという。織田は、美濃部の用語法を採用する結果となった。[72] 美濃部は、既に、大正五年の論文「營造物の觀念に付て」において、営造物の意義を人的、物的手段の全体と人工の有体物に二分し、前者の相当するものを公企業、後者に相当するものを公物と名付けていたのである。[73]

織田の公産論は当初より維持し難いものであった。公産の語を用いたのは、旧民法財産編第二〇条に「公私ノ資産」という規定が存在したからである。[74] しかし、旧民法が存在した当時、織田は、旧民法に関連した理論を何ら展開していなかった。『日本行政法論』において、民法はフランス法に倣って国家の財産を公有財産 domaine public と私有財産 domaine privé に分けたが、財産の性質自体に公有・私有の区別はないから、この区別は便宜上のものである。日本の国法上、フランス法に類する関係規定は存在しない。従って、この区別を採用する必要はない、としている。そして、民法の規定については、「別ニ解釋ノ根據ヲ求メサルヘカラス」として、これに考察を加えなかった。[75] 明治三三年版も同旨であり、行政事務の土木の章で「公ノ造營物」に言及したのみであった。[76]

織田は、十年以上も前に廃止された旧民法に由来する公産を、なぜ四二年になって取り上げる必要があったのか。公産論は、現行法上の根拠を欠き、単に理論のための理論として採用されたに過ぎなかった。織田は「規定ノ有無ニ拘ラス法律上ノ理論ハ自ラ存スルコトヲ得」と弁明している。しかも、公産を民法の支配外としながら、これを「民法上ノ不融通物」とする矛盾を犯している。[77] 織田が公産を論じたのは、フランス法系統に属する研究者としての自己主張であった。「我邦ノ公法家ハ専ラ獨逸ヲ師トスルノ結果、殆ト手ヲ公産論ニ觸ルル者ナシ」[78]であるから、自分がこれを論じるというのである。

四　法源としての成文法

原則法としての民法

所有権は民法物権篇第三章に、契約は民法債権篇第二章に、各々規定されている。所有権は物権の一種であり、契約は債権発生の一原因である。この所有権や契約を行政法の領域に持ち込んで、しかも行政法に固有のものと考えることができるだろうか。即ち、公法上の所有権（公所有権）や公法上の契約（公法契約）を認めることができるだろうか。

織田は、公所有権の存在を否定した。「現今成法上ノ議論トシテ觀ルトキハ所有權ニハ一アリテ二ナシ民法上ノ所有權ノ外豈他ノ所有權アルヘケンヤ」(79)。この見解は一貫して維持され、公所有権を認めれば「資産國家に由来する國家最高所有權 la propriété éminente dans l'État patrimonial の舊思想」を惹起する虞れがあると論じている(80)。

公法上の所有権を認めるのが、穂積八束と美濃部である(81)。共に、所有権が権力関係または統治権行使に基づく場合、これを公法上の所有権とする。特に、美濃部は、所有権のみならず物権が公法上存在することを主張し、法律の規定を欠くという点に関しては「此ノ如キ問題ニ付テハ法律ノ正文ハ敢ヘテ重キヲ置クニ足ラナイコトデアリマス」(82)と断じている。

織田は、公法契約の存在も否定していた。否定の根拠は初め、行政法人が結ぶ契約は私法人としての行為であり、民法の原則に基づくというものであった(83)。後には、根拠を、契約の本質たる当事者意思の対等性に求めた。公法契約の例とされる任官や帰化においては、私人は何ら創定力を持たず、国家が決定権を有している。こうした例は、契約のような双方行為ではなく一方行為だとする。織田は「二三ノ不十分ナル例ヲ擧ケ強テ實益ナキノ議論ヲ爲サンヨリハ寧ロ之ヲ爲ササルノ簡明ナルニ如カサルナリ」(84)と述べている。ところが、『日本行政法原理』では、同じ任官や帰化に関して、意思の対等性や私人の創定力があるとし、公法契約の存在を認めることになる(85)。

公所有権や公法契約に関する学説変更の有無は何に由来するものであろうか。それは明らかではない。しかし、推測は可能である。民法第一七五条は「物權ハ本法其他ノ法律ニ定ムルモノノ外之ヲ創設スルコトヲ得ス」と定めている。この規定は、物権に関して、民法が原則法であることを示している。この規定は、民法が物権に関する理論の基礎となることを宣言している。織田が公所有権の存在を否定したのは、「現今成法上ノ議論トシテ觀たからであった。民法その他の法律で公所有権が設定されていない以上、新規に権利を設けることはできないと考えたのである。一方、契約に関しては、物権の場合のような原則法の規定が存在しないから、契約の名義を公法に持ち込んでもよいと考えたのではなかろうか。

民法の規定を尊重しようとする織田の考え方は、官吏の民事上の賠償責任に関しても現れている。民法第五章不法行為の第七〇九条に「故意又ハ過失ニ因リテ他人ノ權利ヲ侵害シタル者ハ之ニ因リテ生シタル損害ヲ賠償スル責ニ任ス」とある。官吏が職務執行に際して私人の権利を侵害し私人に対し損害を与えた場合、この第七〇九条が適用されるかどうか、が問題となっていた。旧民法及びドイツ民法は官吏の賠償責任を定めていたが、現民法は別段の規定を設けておらず、刑事訴訟法第一四条や戸籍法第六条など他の法律に、各個の場合に関する官吏の賠償責任が規定されていた。

論文「官吏ノ民事上ノ責任」は、官吏の行為が国家の私法行為の場合、民法第四四条前半「法人ハ理事其他ノ代理人カ其職務ヲ行フニ付キ他人ニ加ヘタル損害ヲ賠償スル責ニ任ス」により、国家が賠償責任を負い、官吏には責任がない。公法行為の場合は、特別の規定がない限り、官吏に民法第七〇九条が適用される。民法は官吏の賠償責任を規定しなかったが、これは官吏無責任を意味するものではないとしている。(86)『行政法講義』では、この説明を修正し、私法行為の場合、国家は民法第四四条により、官吏は第七〇九条により不法行為に関し、それぞれ賠償責任を負うとした。官吏は、その行為の性質如何に拘わらず、民法の適用を受けるのである。(87)

成文法源の優位

行政法学は、行政法の法源として、成文法と不文法を掲げている。成文法には、憲法、法律、命令、条約などがある。予算を含めるかどうかなど、成文法の種類内容に多少の出入りはあるが、行政法学の性格を左右するような問題は存在しない。一方、不文法の場合は、その種類内容をどう考えるか、また、成文法との関係をどう位置づけるかで、行政法学の性格が異なることになる。

不文法源を成文法源と同等の地位に置くのが、美濃部である。不文法源には、慣習（判例を含む）と条理があり、不文法によって成文法の解釈を変えることができる。慣習は、法例第二条のような法的承認を経なくても、慣習が存在しているという事実そのものによって成立する。条理は「獨立ノ法ノ淵源」であるという[88]。即ち、成文規定や判例がなくても、慣習や条理によって理論を構成することができ、特に、条理は何ら客観性のないものであるから、美濃部は、自分が条理と見なした内容を法源とすればよかった。

織田『日本行政法論』は、不文法源として、判例、慣習、条理を挙げている。これらは、成文法に不備欠陥がある場合に、法源として採用される[89]。『行政法講義』は、「慣習法」を挙げる。慣習を法源とする根拠は明示されていないが、法例第二条や府県制第二条等の規定が根拠に擬されている。判例は「法規」を定めるものではなく、法源から除外された。条理には全く言及していない[90]。『日本行政法原理』は、慣習法と条理を挙げている。慣習法には、行政上の慣例、民間の慣行、判例がある。行政上の慣例と民間の慣行を法源とする根拠として、府県制第二条や市制第一一〇条等の規定が示されている[91]。判例を法源とする根拠は必ずしも明確でない。織田は、慣習法を法源とするに際し、出来る限り、成文法にその根拠を求めようとしている。

では条理はどうであろうか。『日本行政法論』は、「法令ナク裁判例ナク又慣習ナキ場合ニ於テハ行政官府ハ裁判所ト同シク條理ニ由リテ處分ヲ爲スコトヲ要ス」と説明するのみで、条理が法源であることの根拠は示していない。[92]しかし、この説明は、明治八年六月の太政官布告第百八号裁判事務心得（明文廃止なし）第三条「民事ノ裁判ニ成文ノ法律ナキモノハ習慣ニ依リ習慣ナキモノハ條理ヲ推考シテ裁判スヘシ」と同旨であり、条理の法源性についても、成文法を根拠に擬していると思われる。『行政法講義』は、条理を法源としなかったが、『日本行政法原理』は再びこれを採用した。[93]説明は『日本行政法論』と同旨である。条理は、成文法、慣習法に次ぐ法源である。つまり、織田においては、成文法源が不文法源に優位している。行政法上の問題について、法律など成文法に関係規定がある場合は、これを説明に採用することになる。

成文法源の優位は、学説が成文法に依拠することを意味する。織田は、定義や概念操作、理論構築に熱心でなかった。これらを否定するものではなかったが、雑多で公私法が「接觸」する日本行政法——成文法——の現状として、一定の限界があると考えていた。フランス法の理論を無理に導入することも控えた。[94]しかも、織田が採用した人格論は、研究対象を人・物・法律関係に収斂させるから、公物など財産法的側面の理論構成を容易にするが、警察など統治法的側面の理論構成は困難にする。織田は、行政法学の存立基盤とされる行政法の権力性や公法性を強調することもしなかった。こうした態度が、行政法学の「自立」を善しとする後続の研究者の目には理論や体系の不備と映り、ある種の物足りなさを覚えさせることになる。戦前、織田の行政法学に対する評価が高くなかった理由の一つは、ここに求めることができる。

（1）　六石書房。織田萬は慶応四年七月四日に生まれ、昭和二〇年五月二六日に歿した。その履歴に関しては、織

田萬研究会「織田萬年譜・著作目録」『立命館法学』二六二号、一九九九年参照。

(2) 『國家學會雜誌』九巻一〇二号、明治二八年、六八六頁及び『法學協會雜誌』一四巻一号、明治二九年、八三頁。

(3) 上編は明治一九年、下編は明治二一年、博聞社。井阪は明治二一年一二月当時、内務省地理局地籍課長。同じくフランス法の知識に基づいて行政法を講じた者に宇川盛三郎がいる。その内容は、講義録によると、やはり行政学的な傾向が見られ、中央行政、府県行政、市町村行政、行政裁判等の事項が並列的に説明されている（宇川『日本行政法』東京専門学校、刊年不明）。宇川に対しては、織田が珍しく悪罵を加えている（織田『法と人』春秋社松柏館、昭和一八年、九九頁）。尚、澤本孟虎『人の今昔』開成社書店、大正元年、七九頁以下参照。

(4) 「法科大學年報自明治廿年一月至仝十二月」『東京大学年報』第五巻、東京大学出版会、一九九四年、三三六、三三八頁及び「法科大學年報自廿一年一月至仝年十二月」同第六巻、七八頁以下。

(5) 織田は、私立の法律学校を「司法省關係大學關係の人々の内職所」と見做している（『法と人』九一頁）。

(6) 前掲「織田萬年譜・著作目録」二〇六頁。

(7) 『明法志叢』三一、三二号、一七頁。

(8) 織田『日本行政法論』一九、二〇頁。

(9) 織田『法と人』二四〇-二四一頁。尚、自称「日出帝國の好男子」の会話力は「不慣の佛語は殆ど啞同様」であったという（「佛國留學生織田法學士の通信」『法學協會雜誌』一四巻一〇号、明治二九年、九六九頁）。

(10) 訂正再版は六石書房、増訂版は有斐閣。

(11) 織田「官吏ノ民事上ノ責任」『内外論叢』一巻一号。

(12) 岡、有斐閣。上杉、有斐閣。市村、寶文館。

(13) オット、マイヤー『獨逸行政法』全四巻、東京法学院、明治三六年（信山社復刻版、平成五年）。

(14) 織田の「最大の学問的業績」として『清國行政法』を挙げる見方がある（坂野正高「織田萬」『日本の法学者』日本評論社、昭和四九年、一四〇頁）。織田の専攻分野は行政法、それも日本行政法であるから、この見方は、織田の行政法学者としての存在意義を半ば否定するものである。

(15) 美濃部、有斐閣、大正五年に第四巻。佐々木、中央大学。清水、二冊、清水書店。
(16) 有斐閣・寶文館。増補訂正版、有斐閣・寶文館、上・下巻。
(17) Paris, Sirey. 有斐閣刊。尚、磯崎辰五郎による詳しい書評がある（『法と經濟』二巻一号、昭和九年、一六六頁以下）。
(18) 六頁。尚、織田は、同時代の行政法学者と異なり、憲法学に進出せず専ら行政法の分野に留まった。進出しなかった理由は明らかでないが、憲法学の分野では、ドイツ諸邦の憲法を模倣した成文法典が存在しドイツ法の理論が中心となったため、織田が学んだフランス法の理論を展開する余地がなかったからではないかと思われる。
(19) 織田「營造物に関する問題」『京都法學會雜誌』一一巻八号、大正五年、二六頁及び『日本行政法原理』五三、八二、一九六頁。
(20) 良書普及会、昭和八年。
(21) 柳瀬良幹「行政法の編別に就て」『行政法の基礎理論』第一巻、弘文堂、昭和一五年、三頁以下参照。
(22) 織田「行政法統一ノ必要」『京都法學會雜誌』一巻三号、明治三九年、九頁。
(23) 総論各論方式は、各論（行政活動、行政作用）の分類方法によって、目的別分類と法律関係分類とがある。目的別分類は、行政作用をその目的に基づき、内務行政、外務行政、軍事行政、財務行政などと配列するもので、ゲオルグ・マイヤー『ドイツ行政法教科書』が代表例である。法律関係分類は、民法の理論的編別に倣い、行政作用を主として法律関係に基づき、警察法、財政法、公物権法、公債権法、公法人法などと配列するもので、オットー・マイヤー『ドイツ行政法』が代表例である。総論各論方式に属する特殊な方式に総論独立型がある。独立型は、総論と各論の区別を暗に認めつつも各論部分を不要として捨て、総論部分だけを論じるものである。上杉『行政法原論』五三五頁は理想論として独立型を唱えた。
(24) 織田『日本行政法論』二三−二七頁、序文。
(25) 大正六年の改訂増補版では、上・下巻の分冊となり、各巻の背文字に総論、各論と記されてある。
(26) 『京都帝國大學一覧』明治三三年版五〇頁以下、同四一年版九七頁以下。
(27) 織田『行政法』京都法政学校、刊年不明、三頁。扉の講述者肩書に法学博士とあり、織田の学位授与は明治三四年、京都法政学校の名称は三三年から三六年までである。
(28)　同編纂委員会編『立命館百年史』通史一、学校法人立命館、一九九九年、一一八頁。
(29)　四九、二七九頁。
(30)　織田「行政法の綱目に就いて」『法と經濟』三巻一号、昭和一〇年、一頁以下。
(31)　関係文献として、清水澄「行政法規の総則法制定の必要」『清水澄博士論文・資料集』原書房、昭和五八年（論文初出は大正一五年）、七六二頁以下。尚、民法の総則が、民法全体のための総則というよりも寧ろ、財産法（物権編及び債権編）のための総則であることはよく知られている。
(32)　織田「行政法統一ノ必要」一二、一八、一九頁。織田は、行政法典の編纂を不可能と見ている（四頁）。
(33)　岡『行政法論綱』三、四頁。
(34)　岡『行政法論綱』六頁。
(35)　織田「高等教育論」『教育界』七巻五号、明治四一年、二〇頁。
(36)　織田「石坂教授ヲ送ル」『京都法學會雜誌』一〇巻九号、大正四年、一六〇頁。
(37)　行政法学が技術論であることは、オットー・マイヤーの“vergeht, besteht”が示している。また、行政法学の権力性は、カール・シュミットのいう「政治的余得 die politische Prämie」（『合法性と正当性』未来社、一九八三年、四七頁）が、行政行為の理論とされるもの（不確定概念の解釈権、行政行為の「自己確認」及び強行性）に悉く当てはまることからもわかる。
(38)　憲法に列挙されていない臣民の権利義務に関しては、法律の留保は存在しないとされた。憲法第八条は「法律ニ代ルヘキ」命令を認めた。第九条の「公共ノ安寧秩序ヲ保持シ及臣民ノ幸福ヲ増進スル為ニ必要ナル」命令により、憲法や法律にない権利義務なら、これを設定し変更することができた。更に、行政裁判事項の限定に見られるように、法治国原理を保障するための権利救済制度が不十分であった。
(39)　廣濱嘉雄『私法學序説』改造社、昭和元年、四一三頁以下及び同「公法と私法」『法律學辭典』岩波書店、昭和一〇年、七六二頁、田中耕太郎「法律學概論」『現代法學全集』第三五巻、日本評論社、昭和五年、三三三頁以下参照。

(40) マイヤー『獨逸行政法』第一巻、三二頁。
(41) 廣濱『私法學序説』四一五頁参照。
(42) 例えば、美濃部「公法ト私法トノ關係ヲ論ズ」『國家學會雑誌』二七巻一〇号、大正二年、一二頁及び同『公法と私法』日本評論社、昭和一〇年、一五九頁以下。
(43) たとえ、区別の基準が存在しても、法典毎や条文毎に区別することはできない。同じ法典中に公法的規定と私法的規定が並ぶことがあり、同一の条文中にも両者が混在することがある（井上密「公法私法ノ區別ニ就テ」『京都法學會雑誌』一巻四号、明治三九年、一八頁）。井上密については、井上『大日本帝國憲法講義』における三浦裕史の解説を参照（近刊予定）。
(44) 織田「行政法ト公私法ノ接觸」『明治學報』八九号、明治三八年、八頁、同「行政裁判ノ觀念」『京都法學會雑誌』一三巻六号、大正七年、一一頁、同『日本行政法原理』八頁。
(45) 織田『日本行政法論』明治二八年版、六頁、同「行政法ト公私法ノ接觸」八頁、同『日本行政法原理』八頁。
(46) 廣濱『私法學序説』四一九頁参照。市村『憲法要論』有斐閣、明治三七年、八四頁は、公法を国家の存在を前提とする関係を規定する法、私法をそれ以外の法とする。
(47) 明治二三年の法例第一四条が「刑罰法其他公法ノ事項」と記し、公法を刑罰法と結び付けているのは、その好い例である。
(48) 穂積「公法ノ特質」『穂積八束博士論文集』（論文初出は明治三八年）七四八頁。
(49) 明治二八年版及び三〇年版、五二頁以下。三三年版、四九頁以下。
(50) 織田『行政法』三頁。
(51) 織田「官吏ノ民事上ノ責任」四七頁。
(52) 織田『行政法』三頁。
(53) 『京都法學會雑誌』二巻三号、一、五頁。
(54) 明治四三年版及び大正六年版上巻、三二、一頁。
(55) 二二頁。

(56) 二二頁。
(57) 三九頁。
(58) 行政行為論の形成に消極的な研究者、例えば、岡、上杉、市村、清水は、法規や行政処分の語を主として用いた。
(59) 明治二八年版及び三〇年版、三六－四一頁。三三年版、三二－三五頁。
(60) 明治四三年版及び大正六年版上巻、六〇頁以下。
(61) 『國家學會雑誌』二三巻一号、五六頁。
(62) 『法學新報』二一巻一号、四四頁、同二号、三二頁以下。
(63) 美濃部「行政法総則に關する近時の研究」『法學新報』二二巻一一号、大正元年、一〇頁以下。
(64) 第一巻、有斐閣、一〇九頁以下。
(65) 改訂版、有斐閣、大正一三年、三九七頁。
(66) 六九頁以下。
(67) 八三頁。
(68) 一度、学問上の営造物の観念を定めれば、これに合うものは他の名称のものも「営造物」となり、法令上で営造物と称するものもこの観念に合わなければ「営造物」でなくなるとする見解がある（磯崎辰五郎「公物・營造物法」『新法學全集』第四巻、日本評論社、昭和一二年、六二頁）。
(69) 『法學志林』一一巻四号。公産の語を、穂積は、国家が所有し公法の支配を受ける物と理解している（「公産ノ所有權」前掲『穂積八束博士論文集』論文初出は明治三〇年、三八〇頁）。岡は、国有財産のうち公用財産の別称として用いている（『行政法論綱』九一七頁）。
(70) 「公産論」二一、二五、三三、五〇、三五頁。『行政法講義』四三年版及び大正六年版上巻、一七八頁。尚、公産の不融通性について、佐々木は、関係規定がないにも拘わらず、これを認めるのはおかしいと指摘している（『日本行政法原論』二七三頁）。織田は、「營造物ニ關スル諸問題」で、不融通性を否定する者がいう「目的拘束」は「暗暗裏ニ」不融通性を認めるものではないか。規定はなくても、性質から不融通性を認めるべきだと反論したが

（三二―三四頁）、『日本行政法原理』四〇一頁では、公物の名義の下に、性質による不融通性を否定した。
(71)「公産論」四〇―四三頁。
(72) 四〇〇―四〇三、三三三、三三四頁。
(73)『法學新報』二六巻八号、九一頁及び『日本行政法』第三巻、大正五年、三八五頁以下。公企業という用語が無意味であることについては、山田準次郎「公企業及其の特許に就て」『法學新報』四九巻二号、昭和一四年参照。
(74)『日本行政法原理』四〇一頁。
(75) 二八年版、六六一、六六五頁。同三〇年版、七二三、七二八頁。同三三年版、七五九、七六二頁。三三年版七六二頁では、民法に関する記述が削除されている。
(76) 三七八頁。
(77)『行政法講義』四三年版、一七四、一八二頁。大正六年版上巻一八二頁では、この「民法上ノ」を削除している。尚、旧民法財産編第二六条は、公産の不融通性を規定していた。
(78) 織田「公産論」二頁。
(79) 織田「公産論」六頁。同じ否定論として、例えば、佐々木『日本行政法原論』二五一頁、同『日本行政法論』総論二三四頁、磯崎「公物・營造物法」二三頁以下。
(80)『日本行政法原理』四〇八頁。『行政法講義』四三年版及び六年版上巻一七五頁の記述は、否定論かどうか判然としない。
(81) 穂積「公産ノ所有權」三八〇頁。美濃部『日本行政法』第一巻、二八五頁。
(82) 美濃部「公法上ノ物權及ヒ公法上ノ債權」『法學協會雜誌』二七巻六号以下、明治四二年、通巻一二三七頁及び同「公法上の物權」同五九巻五号以下、昭和一六年。
(83) 織田『日本行政法論』明治二八年版、四六頁。
(84) 織田『行政法講義』四三年版六五―六八頁、六年版上巻、六六―六八頁。否定論には、上杉『行政法原論』四一七頁や市村『行政法原理』一五〇頁があり、当事者が対等でないことが主な理由である。市村は、後に、帰化や任官以外に私法契約でないものが存在するとして、公法契約の存在を認めた（「公法上ノ契約ヲ論ス」『京都法學會雑誌』八巻一〇号、大正二年、五二頁）。清水澄「公法上の契約否定論」は、公法の名の下に曖昧な概念を認めると、「行政庁の専断」が行われ、且つ、公法性の故に人民が行政上の救済手段を失うことになると論じている（『清水澄博士論文資料集』七八三頁、論文初出は昭和九年）。肯定論として、岡『行政法論綱』一二二頁、美濃部『日本行政法』第一巻、一八八頁、佐々木『日本行政法論』総論五一六頁。

(85) 九〇頁。

(86) 四八、六〇頁。

(87) 四三年版三九一―三九七頁、大正六年版、四〇〇―四〇六頁。官吏有責説として、市村『行政法原論』五一〇頁、佐々木『日本行政法原論』六二九頁及び『日本行政法論』総論二一八頁。但し、織田『日本行政法原理』一九二頁は、「條理法」により、官吏の個人的過失で重大なものに限って、責任を負わせるべきとしている。清水『國法學第二編行政篇』上巻、六八七頁は、官吏に関する規定の欠如を根拠に無責任とする。同（改版）第三版上巻、清水書店、大正八年、五五三頁も同旨である。美濃部は、はじめ、公権力の行使や条理を根拠に第七〇九条の適用を排除したが（『日本行政法』第二巻、九三五頁）、後に有責説に転じた（『日本行政法』総論、大正八年新稿、六〇九頁）。

(88) 美濃部『日本行政法』第一巻、八〇頁、同『法の本質』日本評論社、昭和一〇年、一四三、一五三、一六〇、一六七頁、同『行政法撮要』上巻、有斐閣、昭和八年（第四版）、八〇頁、同『日本行政法』上巻、有斐閣、昭和一一年、六〇頁。

(89) 二八年版及び三〇年版、一二頁、三三年版一一頁。

(90) 四三年版、八頁、大正六年版上巻、七頁。裁判事務心得第四条によると、判例は、将来に亙る一般的な「定規」ではない。

(91) 一二―一三頁。

(92) 二八年版及び三〇年版、一三頁、三三年版一一頁。

(93) 一二―一三頁。

(94) 織田「佛國法に於ける公共役務の觀念」『法學論叢』六巻一号、大正一〇年、一九頁。

後記 須貝脩一氏、園部逸夫氏、渡辺左近氏から、種々御指導を賜った。大石眞氏は研究会入会の契機を与えて下さった。各氏に厚く御禮申し上げる。
家蔵の初版『日本行政法論』は、一九九二年六月に令息織田武雄氏より頂戴したものである。本稿の執筆は、織田氏より与えられた学恩に報ぜんが為でもある。

（一九九九年九月）

熊本藩刑法の一斑

――徒刑制度の中断と再開――

高塩　博

はじめに

井上毅の生れ育った熊本藩は法制の整った外様藩として知られ、とりわけ「刑法草書」は、江戸時代の諸藩の刑法典中の白眉としてつとに著名であった。それ故、政権を樹立した維新政府は、法制の面に秀でた熊本藩の人々を刑法担当の部局に起用し、逸速く「仮刑律」一二編一二〇条を編纂させたのである（慶応四年閏四月頃までに成立）。「仮刑律」は刑法の全国的適用の準則として政府部内において用いた法典であり、その編纂の主要な典拠として、熊本藩訓訳の清律註釈書「大清律例彙纂」と熊本藩「御刑法草書附例」とを用いている(1)。

井上毅は数え二十九歳の明治四年十二月、司法省十等出仕として政府に任用され、周知の如く、その後は法制官僚として明治国家の形成に大きな役割を果たすこととなる。そのような活動の背景として、熊本藩という風土において井上が若き日々の研鑽に励んだという事実も忘れてはなるまい。そこで本稿は徒刑制度に焦点をあて、熊本藩の法文化の一端を垣間見ようとするものである。

一　熊本藩徒刑制度の概略

熊本藩は細川重賢が第六代藩主に就任すると、宝暦の藩政改革を実施し、財政の立て直しをはかるとともに様々な方面の刷新を推し進めた。刑法の刷新も改革の重要な柱であった。宝暦五年（一七五五）四月には本文五八条附録一条の「御刑法草書」を施行し、ついで同十一年（一七六一）の末頃にはこれを大幅に増補改訂して体系的な編成を有する「刑法草書」（一八編九五条目一四二条）を施行に移した。[2]

熊本藩はこの刑法改革により、従来から弊害と矛盾の多かった追放刑を原則として廃止し、代って笞刑・徒刑・入墨刑（熊本藩では刺墨と称す）を新たに採用した。宝暦十一年の「刑法草書」は、笞六十徒一年、笞七十徒一年半、笞八十徒二年、笞九十徒二年半、笞百徒三年の五等級の徒刑、および入墨をも併科してさらに重い刺墨笞百徒三年、額刺墨笞百徒三年、額刺墨笞百雑戸という三等級の徒刑とを定めている。[3]

徒刑という刑罰は、犯罪者を施設に収容して社会から隔離し、犯罪から社会を守るという社会防衛の機能を有している。さらに重要なことは、熊本藩徒刑が収容期間中に徒刑囚を教化改善して社会復帰を目指す刑罰であったということである。社会復帰の目的を達成するため、熊本藩の徒刑制度は、日々の強制労働に賃金を支給する(1)作業有償制、その賃金の何分の一かを天引きして貯蓄させる(2)強制積立の制、その強制積立金を釈放時にまとめて支給して生業に就くための資金に充当させる(3)元手の制という一連の処遇法を備えていた。教育的配慮として、収容時と釈放時には徒刑囚に説諭を加えている。さらには「生業仕付」と称して、就業の世話を庄屋・別当などの村役人・町役人および親類・五人組に命じ、更生の実現に意を用いている点も特筆に値する。熊本藩の徒刑は、収容中の目印として五日ごとに眉毛を剃落すので、一般には眉無の刑と呼ばれていた。眉毛はやがて生揃うのであるから、この処遇法は何ら更生の妨げにならない。このように、熊本藩は徒刑囚の社会復帰に様々な配慮を払っているのである。[4][5]

熊本藩のこのような先進の要素を含む徒刑制度は、天明三年（一七八三）十二月、佐賀藩の徒罪制度を生み、寛政二年（一七九〇）三月、会津藩における徒刑の制定となった。更に寛政二年二月、老中松平定信の創設した幕府の人足寄場にも、収容者を教化改善して社会復帰を目指すという熊本藩徒刑の精神と、そのための一連の処遇法が受け継がれることになったのである。[6] その後、熊本藩徒刑と趣旨を同じくする刑罰が、――幕府人足寄場の影響と相俟って――全国の諸藩へと序々に広まっていったと考えられる。[7]

以上に見たように、熊本藩に誕生した徒刑制度は日本刑事法史上に重要な位置を占めるが、その徒刑制度は終始順調に運営された訳ではない。すでに鎌田浩氏が指摘されたように、[8] 文化二年(一八〇五)から同十一年(一八一四)までの約十箇年、中断の憂き目に遇うのである。本稿は徒刑中断の経緯、中断期間中の代替措置、再開後の実績や釈放者保護等を明らかにして、熊本藩徒刑制度における中断の意味について考えようとするものである。

二　徒刑中断の経緯

徒刑制度が中断するに至った経緯については、鎌田浩氏が「参談書抜」所収の記事を引用しつつ、すでに略述されたところであるが、[9] 本稿においても「参談書抜」に依拠してあらためて確認しておく。

「参談書抜」によるに、徒刑中断の発端は白石清兵衛の提言に存する。文化元年(一八〇四)四月十日、白石は二つの理由を挙げて徒刑の廃止されるべきことを、先輩格の島田嘉津次に宛てて提言したのである。[10] 理由の第一は、徒刑という刑罰には定小屋(収容施設のこと。徒刑小屋、眉無小屋とも呼ぶ)において悪風に染まるという弊害が存し、改善の効果が認められないということである。理由の第二は、それ故に徒刑に要する経費は、「餘計之御費」なのだということである。

白石は過去五年間の徒刑経費を費目ごとに算出して添付している。白石の調査によれば、年平均四十九人の徒刑囚を定小屋に収容し、その経費は一八貫四七五匁餘であるという。緊縮財政で「大礼」をも欠く時節なのだから、すこしでも出費を減らしたいということである。白石はこの提言において、徒刑の代りに笞一百の刑に処すこと、再犯・再々犯で死刑に相当する場合には雑戸刑を適用すること、を代替の刑罰として提言している。

さて、この提言書には無記名の付札一通と島田嘉津次の付札二通とが添付されており、そのいずれもが白石清兵衛の意見に賛意を表明する。島田は第一の付札において、徒刑の実状が「悪人を善ニ移らせ候法」という趣旨に反しており、白石の指摘するような悪風感染の様子を聞き及んでいることを記し、徒刑に代る刑罰についても白石と同じ見解を述べている。加えて、笞刑執行後その者を本籍地に戻すについては村方において就業の世話をさせるべく、その旨を村方に指示することを提案した。又、島田の第二の付札は、この件に関しては藩主の決裁が必要であることを説く。

片や、白石の提言に反対の者もあった。それは奉行本役の堀内坤次である。堀内は島田の第一の付札にさらに付札して、犯罪人は徒刑という刑罰をことのほか懼れているのに、これを廃して笞刑に替えたのでは「心易」く思ってしまうと主張する。つまり、刑罰の威嚇的効果の薄れることを懸念しているのである。堀内は、犯罪容疑の取調べと擬律案の作成とを担当する穿鑿所の頭当分・同本役を長年勤めており[11]、この経験に基づく反対意見であろう。

白石清兵衛の徒刑廃止提言をめぐって以上のような議論が見られたが、「参談書抜」は続いて刑法方奉行所の上申書（宛所・日付を欠く）を掲載する。すなわち、白石の提言書が刑法方奉行所に回付され、刑法方の見解が求められたのである。刑法方は、この提言が刑法全体にかかわる重要問題なので、さらに熟議をかさねるべきであるという態度を示した。刑法方奉行所は、「刑法草書」の諸条文から徒刑を定める二十二の規定を抽出し、ここに法定された笞六十徒一年より額刺墨笞百徒三年に至る徒刑を一律に百笞に読み替えるのは不適当であり、徒刑の軽重に応じて城下払・郡払・領分外追放等を科すべきであるとする。しかしながら、追放刑の者が年々増えるならばどれ程の弊害が生じるか量り知れず、さりとて一律の百笞も妥当性を欠くということで、右のような見解に達したのである。

「参談書抜」は、島田嘉津次の次のような意見書を最後に載せている。すなわち、徒刑廃止問題は経費の面のみから議論すべきではなく、「悪心を黜し、死罪ニ陥り不申様ニ」、「徒ニ入候後、コリ候て良民ニ成」るという徒刑制度の趣旨が実現しているかどうかで議論すべきであると島田は主張する。したがって、徒刑の効果を確認するため、過去五年間の釈放者について更生の実があがっているか否かを調査した上で結論を出すべきであるというのである。島田は具体的数字を示して、社会復帰が十人に六人も実現していれば存続と決し、改心の様子の見えない者が十人中に七八人も占めるならば廃止に決せよと提案した。島田の提案は採用となり、釈放者調査が実施され、その結果、文化二年（一八〇五）正月、徒刑廃止の決定が下されたのである。

「参談書抜」は、文化十一年（一八一四）に徒刑が復旧した事実、及びそれに関する記事が「日帳」に存することを注記して、この件の記載を終えている。以上が「参談書抜」を通して見た徒刑中断の経緯である。なお、この時の釈放者動向調査の記録は、これを見つけだすことができなかった。

三　徒刑の代替措置とその改正

徒刑中断期間中の徒刑に替わる刑罰は、――前節に述べた徒刑廃止の経緯を見る限り――白石清兵衛の提言による「百笞」が採用されたように思われる。しかし実際は、徒刑に代えて「刺墨百笞」を科すことに決したのである。

文化元年十一月、刑法方奉行所は釈放者に対する調査結果を踏まえてあらためて徒刑廃止を提案し、併せて廃止後の代替措置についても次の如く上申したのであった。この上申は翌二年正月二十三日になって裁可された。

一徒刑之儀も可申談［破損］承知仕候、徒刑は唐土之律ニより宝暦年中ヨリ被仰付御仁厚之至ニ奉存候、然処、刑典は聖人之制といへとも、時代ニより損益軽重有之候儀は書籍ニ相見候通ニ候、然は此徒刑も、竊盗ハ改心之者先ツは至て稀ニ有之、多ハ死罪ニいたり候、其上徒を御免之後、盗を犯候は大かた大盗ニて、既ニ去冬之強盗之内も徒ニ入たる者ニ有之候間、平人其害を蒙り候儀数々之事ニ候、将又、徒ニ就てハ余計之御出方も有之候間、以来は徒刑を被指止、是迄徒ニ被入置候者は本所ぇ被指返、重て罪を犯ニおいてハ死罪被　仰付候段申渡、産業ニ基キ候様其支配〳〵ぇ及沙汰、以来徒ニ入候者左之通、

一竊盗及竊盗ニ就て論し徒ニ可被入者ハ、刺墨百笞、重て犯候得は死刑、（刎首斬罪情緒之軽重ニ因て臨時論判、）

付札（前刑百笞たり共、刺墨を加へ猶百笞、他国者ハ是迄之通、徒ニ入候ものハ死刑、）

一竊盗之外徒ニ可被入者、刺墨百笞、重て犯候得は額刺墨百笞、猶犯候時は死刑又ハ雑戸、（刎首斬罪、罪之軽重情緒因て臨時論判、）

右之通ニては如何程［破損］有之哉、

一刖刑之御僉議有之候得共、不用ニ相成候ニ付、扣略ス、

文化元年十一月　　御刑法方御奉行中

文化二年正月廿三日

伺之通被　仰出候事、

右の記事(12)によるに、刑法方の見解もまた、徒刑制度の実効が上っていないこと及びそのための経費が無駄であ

るという理由をあげ、徒刑廃止の結論を出している。その代替措置は、窃盗犯罪の場合とそれ以外の犯罪の場合との二本立てとし、いずれの場合も初犯については刺墨百笞と定めた。再犯については窃盗犯が死刑、それ以外の犯罪が額刺墨百笞である。窃盗犯以外の三犯は死刑又は雑戸である。なお、刑法方奉行所では徒刑廃止を議論する中で、代替刑として刖刑（足切りの刑）が話題に上ったが採用には至らなかった。

ところが、この代替措置の実施後程なくして、それには重大な欠陥の存することが判明した。そこで、刑法方奉行所は左に示すような改正案を上申し、文化二年五月、家老・中老の諒承が得られた。

徒刑之儀ニ付奉伺置候処、当二月伺之通被　仰出置候處、猶御刑書と引合申談候処、此節究り通ニ相成候得は、徒ニ入候者笞刑ニて被指置候ニ付、罪状次第ニは是迄よりは御刑法軽ク当り候者有之候、此儀は御改革ニよつて牛馬盗も軽ク相成、其御見合ニて宜有之候、然處、初犯ニて徒□［破損］入候ニ相当り候もの、御刑書之通ニては、八十笞徒二年以下は再犯にて死刑ニは至り不申候処、今度より死ニ入申候得は、此所ニては御刑書よりハ重ク相成申候間、前文牛馬船をも盗之刑は
御仁厚之
思召ニて軽キに就キ候と釣合不申候、此境、前議之節不委於私共届兼候段奉恐入候、尤右等之もの、僉議後いまた死に入候者は無御座候間、以来は左之通可被究置哉、

一初犯ニて六十笞徒一年之刑相当候者、此節ゟ刺墨百笞ニ被仰付置、再犯之節ハ猶又刺墨百笞、重て犯候得は被入死候段申渡置候、

一同七十笞徒一年半之刑相当候者、刺墨百笞被仰付置、再犯之節は額刺墨百笞、重て犯候得は右同断、

一同八十笞徒二年之刑相当候者、刺墨百笞被仰付置、再犯之節は額刺墨百笞雑戸、重て犯候得は右同断、

一竊盗之外、徒ニ被入候ニ相当り候者之御仕置も、右同断、
右之通御存寄[破損]□御座候ハヽ、以来は其通僉議仕可申候、尤御伺書と少ヽ違候事ニ付、追て奉入
御聴置候ては如何程可有之哉、

右書付、文化二年五月、御家老中御中老中巡覧相済被存寄無之との事、

嶋田、町、白石、宮本

右の記事[13]によると、代替の刑罰は「刑法草書」の法定刑よりも軽くした筈なのに、窃盗再犯による死刑については「刑法草書」よりも重くなる場合が生じ、又、牛馬盗の再犯による死刑と比較してみても刑罰の均衡を失するというのである。すなわち、「刑法草書」に定める再犯規定によれば、窃盗の再犯は初犯の刑が笞八十徒二年以下であった場合、額刺墨笞百雑戸ないし刺墨笞百徒三年が科されるのであって、死刑には至らないのである(例書編再犯条、『熊本藩法制史料集』三六五～六頁、以下、本書を『史料集』と略称する)。

また、牛馬盗に対する刑罰は、たとえ初犯であっても斬罪を適用する(「刑法草書」盗賊編牛馬を盗条、『史料集』三七七頁)。牛馬盗の規定は、徒刑廃止と時を同じくして改正が施され、初犯については刺墨百笞、再犯が死刑となった。[14] したがって、再犯の刑罰につき、牛馬盗のような重罪と単なる窃盗とを同等に扱うのは刑罰の均衡を失するという訳である。

前掲の上申書は、このような欠陥を是正するため、初犯の刑罰の重さに応じて再犯の量刑を段階的に定め、三犯に至ってはじめて死刑を適用することにしたのである。なお、初犯の代替刑を一律に刺墨百笞とする点は、改正前に同じである。

もう一つの改正点は、窃盗以外の犯罪についても窃盗犯の場合と同様に扱うようにしたことである。これらの改正の結果、前述の欠陥が解消され、再犯の場合の刑罰が緩和されることになった。なお、幸いなことに、改正前の代替刑を適用して死刑に処した者はいないと右の記事は伝える。

徒刑中断期間の判例中、本来であれば徒刑に該当する事案については、判決文の中に「徒刑被指止候付」という文言が記されている。例えば、「出奔」（永青文庫蔵、架号一三・一二・四）の文化八年（一八一一）八月九日の判例では、

此徳左衛門儀、重ニ就て境を越出奔いたし候者入墨笞六十徒一年、他之往来を以口屋を通候者同罪と云を以、入墨笞六十徒一年之刑可被處之処、徒刑被指止候付、刺墨百笞、

と見える。あるいは又、「徒刑被指止候付」という文言に加えて、再犯に及ぶときは死刑に処す旨を添えて申渡す判決文も存する。

此左内儀、重就て闘殴之再犯、初犯刺墨七十笞徒一年半ニ四等を加へ候へハ、額刺墨百笞徒三年ニ当候へ共、根元藤助発端ニて、右之者ニ被頼、次助を闇打ニいたし候故、先ハ従共可申哉、従之一等を減、刺墨百笞徒三年刑可被處哉之処、徒刑被指止候付、刺墨百笞、重て犯候ハヽ、死ニ被入段申渡、

但、抜取候入墨は猶又如元入墨致せ、脇指も此節御取上可被仰付哉、

（「闘殴」文化九年四月十八日の判例、永青文庫蔵、架号一三・一二・一二）

四　徒刑囚の釈放と「生業仕付」

熊本藩は文化二年正月二十三日、徒刑廃止を裁可して代替措置を定め、同年五月にはその措置に改正を加えた。代替措置を改正した当時においても、定小屋には依然として刑期中の徒刑囚を収容していたから、同年七月十三日に至り、収容中の徒刑囚全員をまとめて釈放した。その記事を左に紹介しよう（「万覚」永青文庫蔵、架号一一・七・二三）。

一笞刑眉無等之御刑法、宝暦五年亥四月初て被　仰付候、高麗門新牢囲内ニて擲放シ被　仰付、眉無は同所ニ定小屋え建置被入置、昼之内ハ御作事所日雇代ニ被召仕候処、文化二年丑七月十三日、定小屋ニ被入置候者共三十人程本所へ被差返候、已来眉無之御刑法は被差止候由、御免之者共へ廻役ゟ読聞有之、書面左之通、

但、御刑法場所、其後高麗門内広は、其後下河原ニ場所替被　仰付候、

覚

其方共儀、不届之儀有之候付、眉無之御刑法被　仰付置候処、此節御僉議之筋有之、眉無之御刑法被差止候、依之何れも被差免、本所え被差返候間、向後屹ト心底相改可申候、若重て悪事於有之は軽重不拘死罪ニも被　仰付筈ニ候間、盗は勿論諸事相慎、渡世ニ仕付候様相心得可申旨、従　御奉行所被　仰出之、

以上

七月十三日　　但、壱人ニ鳥目弐貫文宛被下置候由、

右の記事によれば、刑法方奉行所は配下の廻役を通じて、釈放の徒刑囚に次のように申渡した。すなわち、この度徒刑を廃止したので全員を本籍地に帰すこと、再犯に及んだ場合は罪の軽重にかかわらず死刑に処すべきこと、今後は改心して生業に就くべきことを申渡したのである。この時、服役期間の長短を問わずに一人につき銭二貫文を支給した。当座の生活費と就業資金とに充当させるためであろう。

文化六年（一八〇九）九月、熊本藩は「御刑法被仰付候者、渡世之仕付教諭之事」という通達を町方に発し、釈放者の保護に関する指令を出した。この通達はすでに活字に翻刻されているが、(15)重要史料なので左に全文を引用する。

一盗いたし候者共、追々御刑法被仰付、本所え被差返候処、両度も御刑法被仰付歟、又は入墨ニ相成候もの共は、親類五人組を初交りを不致、所之役人よりも屹ト心を付候儀も薄ク有之哉ニ相聞、不都合之至候、右之通候得は仮令日雇稼等之生産存立候ても、雇候も無之、生産之手段を失ひ、又候盗を業といたし候より外無之様成行、御刑法後間もなく御難題ニ相成候者多ク、改心いたし候者は稀にも無之哉ニ相聞候、依之実ニ寄方も無之路頭ニ立、御刑法即日より物貫等ニて渡世之営無之ものハ、其所懸り之役人五人組共申談、見聞之趣委敷達出候様、左候ハ、御詮議之上渡世之基手として鳥目可被下置候間、如何様とそ〔ママ〕屹ト生業之道ニ仕付候様ニ取計可申候、左候ハヽ、其身何業を以渡世いたし候との儀一々相達、不断心を付、弥以心底相改候様子致見聞候ハヽ、五ヶ年過猶相達候様、右之通被仰付候うへ又候御難題ニ相成候ては、親類五人組懸り之役人共迄不行届事ニ付、格別ニ教諭いたし、聊心得違之儀不致出来様深ク心を付可申候、且又御刑法被仰付候者えは多く交りを不致哉にも相聞、右は畢竟悪を疾ミ候所より之儀ニも可有之候得共、御刑法被仰付本所え被引渡候上ハ、心底相改候へハ宜敷人ニ相成候事ニ付、其心得を以役人よりも教諭いたし、所之者も已前之通相交り、御慈悲之御主意相立候様精々申談、もし交り之間跡ニ相成候へハ、一旦改心之所存ニ相成候とも猶又悪心ニ復り、生所を立去、盗を本行(業)といたし候様成行、折角之御主意難相立、抑揚ニ相関り候もの共ニおゐても不行届様ニ成行候ては不相済事候条、以来ハ右躰之儀無之様相心得、不断教諭を加、心底改せ渡世ニ仕付候様、親類五人組所之役人共迄屹ト相心得、重畳申談候様ニ惣月行司(ママ)別当え及達候事、

文化六年九月町方万覚帳

右の通達は町方に発したものであり、釈放者の更生の実が上がるように、惣月行司(事)・別当を通じて親類・五人組・所の役人共に次のような指令を出しているのである。第一は、頼りとする身寄もなく、釈放されたその日から物貰等をするほか生活の手立てのない者についての指令である。すなわち、「所懸り之役人五人組共」は釈放者の様子を報告しなさい、その報告を審査の上、釈放者に「渡世之基手として鳥目」を支給するから、「生業之道ニ仕付候様」に取計いなさいというものである。その後も釈放者の暮しぶりを逐一報告し、改心の様子がひき続き確認されるならば、五箇年経過後にも報告すべしという。五年後の報告は、除墨に関わるものと思われる。なお、釈放者に心得違いが起こらないように「格別ニ教諭」せよと説いている。

指令の第二は、釈放者との交際をおろそかにしないで、「不断教諭を加、心底改せ渡世ニ仕付」けるようにという趣旨である。付合う者が少ないと、釈放者はせっかく改心しようと思っても、またしても悪心が生じ、生れ故郷を離れて盗みを本業とするようになってしまうというのである。

右の通達は、釈放者に対する「生業仕付」つまり就業の世話をすることを指示したものだが、再犯に陥らないよう常日頃から「教諭」を加えるべきことを指令していることは注目に値する。又、就業資金を支給する場合の

存したという点も着目すべきである。徒刑中断の際であるから、強制労働に伴う賃金とその蓄えが無いのである。おそらく、同様の通達は、同じ時期に村方に対してもなされたと思われる。釈放者の「生業仕付」と保護観察に関する通達は、徒刑中断前の安永元年（一七七二）十二月にも出されているが[16]、この度の通達は、徒刑廃止の提言に対して島田嘉津次が付札にて主張したところが、中断の約四年八箇月後に実現したものと見るべきであろう。ともかく、熊本藩が釈放者の社会復帰に意を用いた点は、徒刑の中断以前も中断期間中も変わることはなく、右の通達は、釈放者に対する「生業仕付」と保護観察とに関してあらためて注意を喚起したのである。

五　徒刑再開後の実績と処遇法

文化二年七月十三日、定小屋に収容中の徒刑囚が釈放され、かくて熊本藩の徒刑囚が皆無となった。その後、文化十一年になって徒刑が復活するのだが、この点に関し、「参談書抜」三十九徒刑旧復之僉議頭書之事は、

一徒刑旧復被仰付候一件ハ、文化十一年之日帳ニ扣有之候事、

と記しており（『史料集』八七五頁）、また前述したように、「参談書抜」廿九徒刑被差止候儀ニ付詮議之事にも同様の註記が存する。「日帳」には徒刑再開についての経緯が記録されていることと推察されるが、永青文庫の史料の中からこの記事を捜し出すことができなかった。ただ、「奔亡」「闘殴」「人命」等の判例集や「口書」には、徒刑判決が文化十一年七月十九日から再び見られるようになる。したがって、徒刑の中断期間は、文化二年（一八〇五）正月二十三日から同十一年（一八一四）七月十八日までの約九箇年半ということになる。

文政八年（一八二五）十月、熊本藩は再開後の徒刑が効果的に運用されているかどうかを確認するため、釈放者

の動向を調査した[17]。その調査記録が「除墨帳」に掲載されている（『史料集』所収一〇五四～六一頁）。ちなみに「除墨帳」とは、釈放後身持ちをあらためて更生している者に対し、入墨を除去した記録である（註（5）参照）。

右の調査によると、徒刑再開から文政八年までの約十一箇年の間に、刑期が満了して釈放された者は一八一人を数える。この当時、定小屋には東西の二部屋が存し、西小屋には盗犯による徒刑囚を収容し、東小屋には「不届之儀有之、徒刑被仰付候もの共」つまり盗犯以外の徒刑囚を収容していた。文政八年五月十一日までに西小屋からは一二一人が釈放された。その内訳は、「夫々産業ニ基居、無異議渡世仕候」もの、つまり生業に就いて更生している者六〇人、出奔の者二六人、病死二三人、再犯の死刑三人、再犯の徒刑六人、再犯で審理中の者三人（うち二人は文政八年中に死刑判決）である。一方、東小屋から釈放された者は同年八月三日までに六〇人あり、そのうち生業に就いて更生している者が五二人の多きに達する。その他は病死五人、行衛不明一人、再犯の徒刑一人、再犯の死刑一人である。

すべての犯罪中に盗犯の占める割合の多いことは、古今を問わず、また洋の東西を問わないようである。その盗犯者が再犯・三犯、ひいては累犯に及ぶ率が他の犯罪に比べて高いことも事実である。熊本藩の徒刑囚にもこの傾向があてはまるようである。しかしながら、熊本藩の更生率の高さは注目してよいように思う。盗犯を収容する西小屋からの一二一人の釈放者中、半数の六〇人が更生に成功しているのである。病死の二三人を除外して考えるならば、その更生率は六割に達する。盗犯以外の釈放者に至っては、約九割が更生している。再犯者は六〇人中わずかに二人である。釈放者全員の中から病死者を除くと一五三人となり、そのうちの一一二人が更生に成功した訳で、更生率は実に七割三分に達する。但し、全釈放者一八一人の中には、釈放後間もない者も含まれているので、更生が確実なものかどうか確かめられない場合もあると思われる。それ故、上記の更生率はいくぶん差引いて考える必要があるが、それにしても、再開直後の徒刑はきわめて良好な成績を収めていたと言えよう。

ところで、徒刑廃止の理由は、前述の如く財政的問題と徒刑制度の実効性の問題とに存した。熊本藩はその実効性を確認するために過去五年間の釈放者の動向を調査したのであり、その結果を得て廃止に決したのであった。換言すれば、廃止直前の頃の徒刑制度は、それを存続させるに足る実績が上がっていなかったということである。

しかるに、再開後の徒刑は注目に値する好成績を収めているのである。これは、徒刑再開にあたって様々な改善策を施したためと推察されるが、分類拘禁の処遇法を採用したことが重要な役割を果たしたように思う。すでに見たように、徒刑再開後の定小屋には東小屋と西小屋とがあって、西小屋には盗犯による徒刑囚を収容し、東小屋にはそれ以外の徒刑囚を拘禁した。簡単ではあるが犯罪の種類による分類処遇を施したのである。

翻って考えるに、白石清兵衛の徒刑廃止提言には、収容者の悪風感染の弊について「眉無小屋ニて不断窃盗之評議のミいたし、中々心底相改候儀ハ有之間敷由」と指摘しており、島田嘉津次もこの提言に賛意を示し、付札の中で「今之通にてハ悪人を以悪人之中ニ入レ置候間、次第ニ悪を長し申候と相聞候」と述べている（「参談書抜」『史料集』八四八～九頁）。これらの指摘から考えるに、徒刑中断以前の定小屋においては、盗犯の徒刑囚もそれ以外の犯罪による徒刑囚も同じ部屋に収容していたと推察されるのである。

寛政十年（一七九八）七月の定小屋の見取図が「万覚」（永青文庫蔵）に載っているので次頁に掲げよう（『史料集一一二二頁』）。

五〇八頁に掲げた図は徒刑中断の七年前の見取図である。定小屋は東西に長い一棟の建物で、番所と徒刑囚収容の定小屋とが仕切られているのみである。この見取図と前掲の白石・島田の発言とを併せ考えると、徒刑中断以前、徒刑囚を収容する部屋は一部屋のみであって、様々な犯罪による徒刑囚が雑居していたのである。(18)

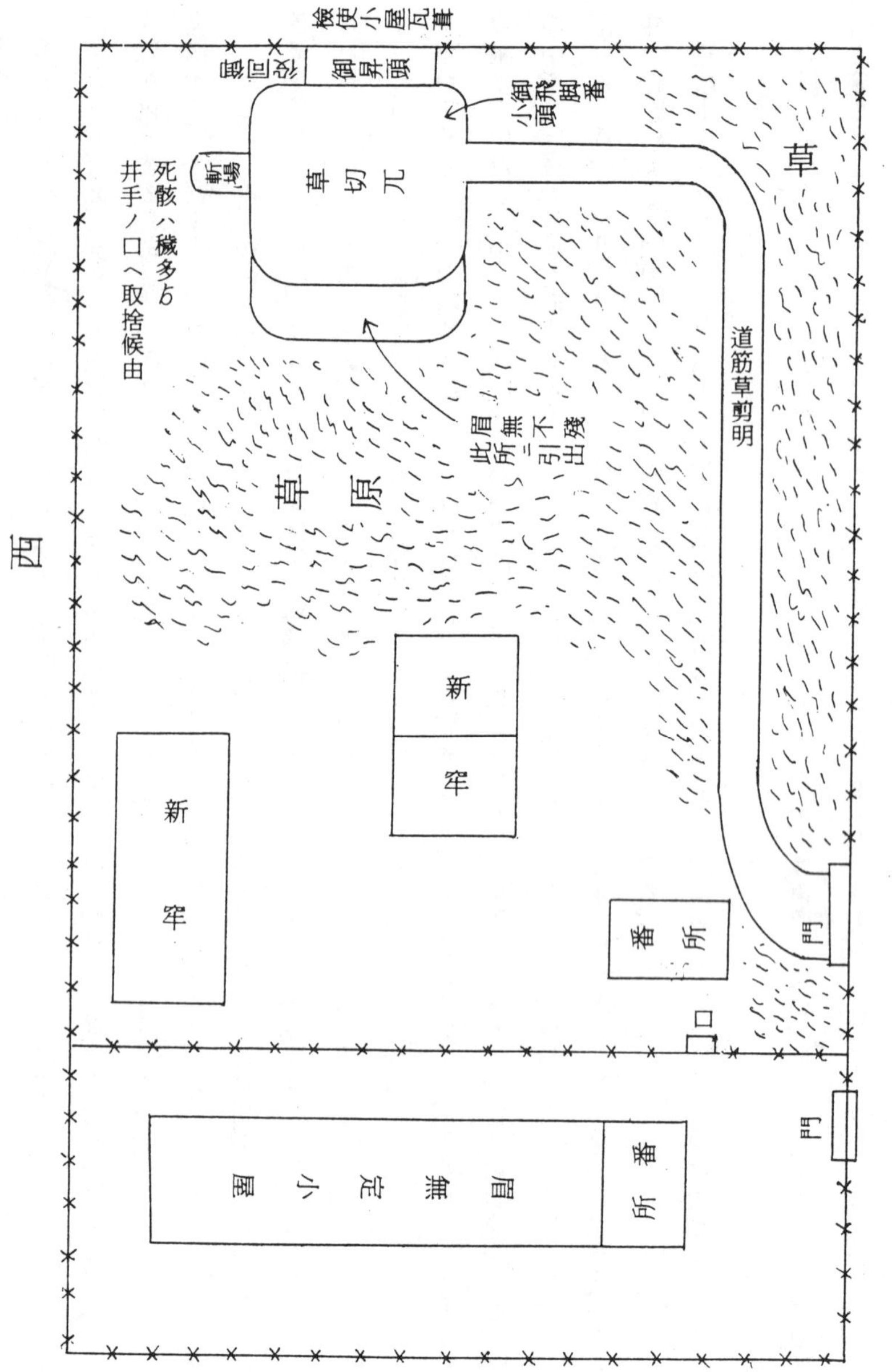

徒刑中断以前の定小屋（万覚）

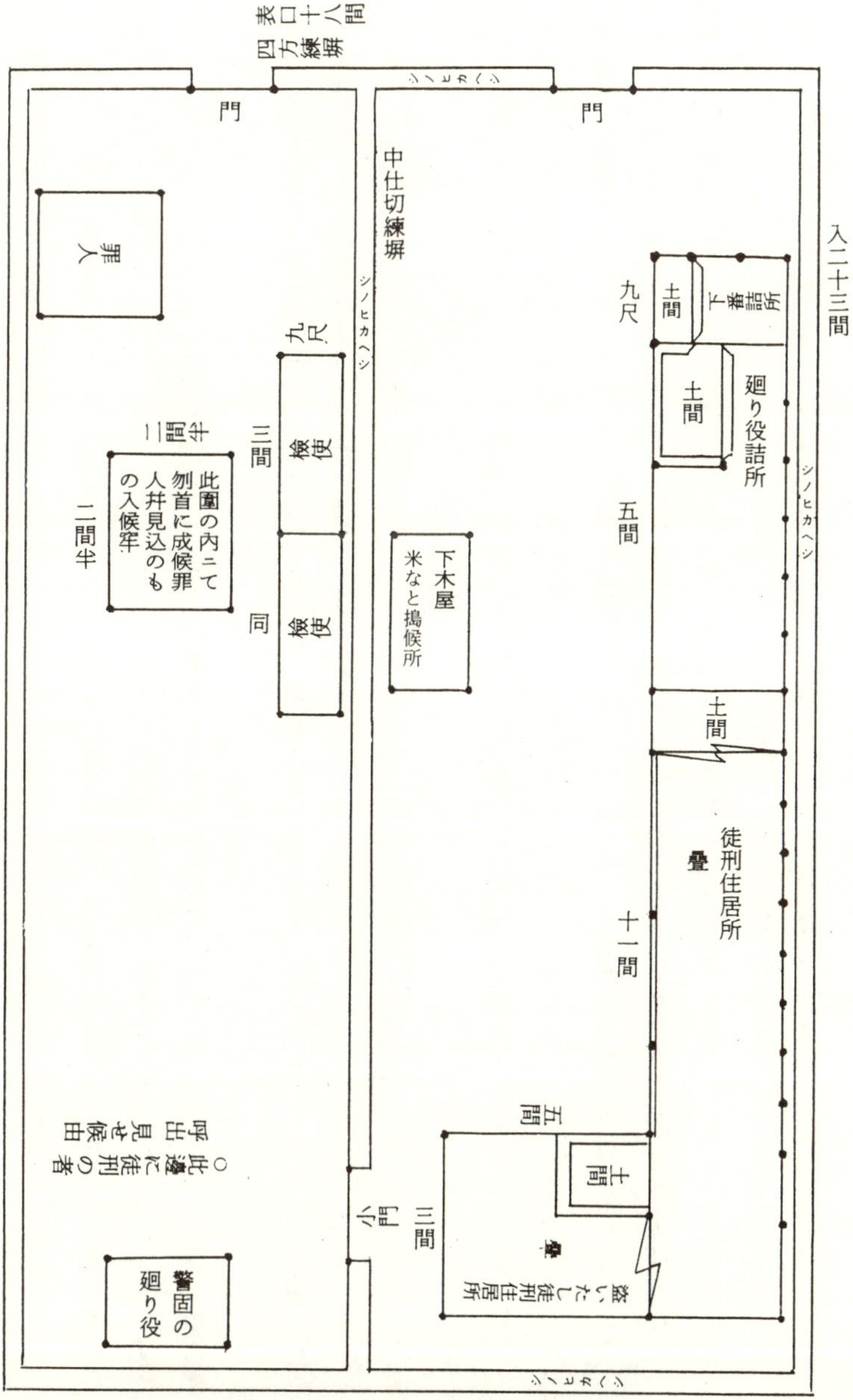

徒刑再開後の定小屋（肥後熊本聞書）

一方、徒刑再開後の定小屋の見取図は、「肥後熊本聞書」（九州大学法制史資料室蔵）に載せられている。本書は熊本藩治政に関する見聞録であって、その成立はおそらく文政二年（一八一九）のことである（『史料集』一二一頁、一二二頁）。熊本藩は徒刑を再開するにあたり、定小屋を再建した。それは文化十二年（一八一五）春のことである。前述したように、徒刑判決は文化十一年七月十九日から再び出されるようになるが、同日、荒仕子の貞右衛門に笞七十徒一年半、その従犯の荒仕子茂助に笞六十徒一年の判決を下した。その判決文中に定小屋再建のことが、

本行両人は最早年内御刑法被仰付候日□も無之、来春ゟハ徒刑小屋御取建ニ相成、旧復被仰付候事ニ付、右小屋出来之上御刑法可被仰付哉と右之通僉議仕候、

と見えるのである（「人命」永青文庫蔵、架号一三・一二・一八）。つまり、「肥後熊本聞書」所載の見取図は、再建後の姿を示しているのである。

五〇九頁の見取図によるに、定小屋は「徒刑住居所」と「盗いたし徒刑住居所」とに分かれている。したがって、「徒刑住居所」が東小屋、「盗いたし徒刑住居所」が西小屋ということになる。定小屋全体は南北に細長い建物であり、徒刑再開に際して施設を全面的に改築したことが判明する。いずれの部屋にも畳が敷かれてあり、それぞれに土間がしつらえられてある。この土間は徒刑囚が煮炊きをする場所であろう。「肥後熊本聞書」は、「臼杵鍋釜類、其外世帯道具一式相渡被置、塩噌薪、壱人ニ付何程宛と定法有之」と記している。「肥後熊本聞書」は亦、「朔日十五日は銘々ニ酒を求メ給へ候儀は被指免、此両日ハ頭付の魚類被相渡候」とも記す（『史料集』一二一八頁）。畳敷といい飲酒といい、ずいぶん寛大な処遇法である。[19]「肥後熊本聞書」は東西の小屋を「徒刑住居所」と記しており、この表現からは〝徒刑囚の生活の場〟という印象を受ける。

ともあれ、定小屋を全面的に改築して簡単ながらも罪質による分類拘禁の処遇法を採用したことは、徒刑を復活させるにあたっての重要な改善点であったと言えよう。

又、東西の小屋において庄屋制を採用して徒刑囚の自治的統制をはかったことも、あるいは徒刑再開後の新しい試みかも知れない。「肥後熊本聞書」によるに、徒刑囚の中から人柄によって庄屋を選定して小屋内の統括者となし、その統制下に水汲受持一人ないし二人、夜廻八人程を「人品を見立」て決めた由である(20)(『史料集』一二一八頁)。さらに、「肥後熊本聞書」は、徒刑囚に対して「心得条目」なるものを毎月読み渡したことを伝える(『史料集』一二一六頁)。つまり、収容者に対して積極的に教育を施したのである。この点も徒刑再開後の新しい処遇法の一つである可能性がある(21)。

熊本藩では、逃走の徒刑囚については逮捕しだい刎首に処すことになっていた(「刑法草書」雑犯編獄囚逃走条、『史料集』四〇四頁)。その処刑は通常の死刑執行とは異なって、定小屋のある高麗門新牢囲内の敷地において、徒刑囚一同に見せしめて執行するのである(22)(前掲の二枚の見取図参照)。熊本藩の徒刑制度は処遇がゆるやかであった反面、違反者にはきわめて厳格に対処したのである。「肥後熊本聞書」によると、徒刑釈放者の再犯による刎首についてもまた定小屋敷地内にて執行し、徒刑囚の見せしめとすると記してある(『史料集』一二一八頁)。すなわち、再開後の徒刑制度は、処遇法を寛大に改善する一方で、より厳しい威嚇を加えることによって再犯防止を強化したと言えよう(23)。

六　徒刑再開後の釈放者保護

宝暦の藩政改革以降の熊本藩の村方支配は、郡方分職奉行の管掌するところであり、三名の分職奉行が任命されたようである。各郡には郡方奉行の下僚として二名の郡代を配置し、これには中士の者が任命された。各郡には一〜七の手永と称する行政単位が存し、各手永を管轄する責任者として惣庄屋が任命され、所管の村々を統轄していた。文化十一年当時、各手永が所管する村々は、少なくは一、多くは六十七箇村を数えた。惣庄屋の執務役所を手永会所という(24)。

徒刑再開後、手永会所は釈放者の更生に一定の役割を果たしていたようである。天保五年(一八三四)正月、中村手永の惣庄屋上野弥兵衛から山鹿郡の郡代国武弾助に宛てた除墨申請書の中に、

右之者其後行状之様子は、年々徒刑御根帳ニ書上来候通、弥以心底相改、農業出精いたし、御百姓相勤居申候、(傍点高塩、以下同じ)

という文言が見える(『除墨帳』『史料集』一〇六九頁)。この記事によれば、手永会所には「徒刑御根帳」なる台帳が存し、徒刑釈放者の「行状之様子」をこの台帳に継続的に記入したらしいことが看取される。しかし、右の記事は「ぬノ字入墨笞六十たゝき」の刑に処された者に対する除墨申請であるから、「徒刑御根帳」は笞刑の入墨者をも含めた釈放者台帳であったと見倣してよいと思う。

又、翌天保六年四月、「入墨笞六十たゝき一年眉無」に処された者につき、内田手永の惣庄屋小森田七右衛門より玉名郡の郡代大里角左衛門に宛てた除墨申請には次のように見える(『除墨帳』『史料集』一〇七四頁)。

御教諭之趣堅相守、以来屹ト相慎候ハヽ、五ヶ年過候上委敷書付を以、御達申上候様被仰付置候、然処、徒刑之者之儀ニ付、毎春会所え呼出、別段心得方精々教諭を加、産業取続之様子承糺、年々御根帳書入御達申上候通ニて……

この記事によれば、手永会所は毎春、徒刑釈放者を出頭させて教諭を加え、就業の様子を聴取してこれを釈放者台帳である「徒刑根帳」に記入し、郡代に報告していたのである。

次に、天保十一年（一八四〇）三月、高田手永の惣庄屋岡松俊助より豊後国鶴崎郡代に宛てた除墨申請には、

右三人之者共、（中略）去ル天保三年辰四月、村方え被返下、其後年々三月根帳を以御達申上置候通、御返後当年迄九ヶ年、先非を悔、農業日雇稼は勿論、御教諭筋能相守、村方ぇは無服臓［腹蔵］相交合、御年貢・諸公役等大切ニ相心得、速ニ上納仕、前条之通当時高持御百姓ニ基、弥出精仕居申候、

と見える（「除墨帳」『史料集』一〇八九頁）。この記事によるに、惣庄屋は徒刑根帳の記録を毎年三月、郡代に報告する義務を有したようである。

ところで、刑法方奉行所は釈放者に対して「教諭書」なるものを交付した。「教諭書」には生活上の心構え等が記されていたことと思われるが、「教諭書」交付のことが、文政八年（一八二五）の刑法方僉議に次のように見える（「除墨帳」『史料集』一〇六三頁）。

除墨之儀は、心底を改、屹ト相慎居候ハヽ、五ヶ年を過、其段書付を以達有之候様、教諭書と一同御書付を被渡置、勿論此徒罪ニ不限、都て入墨被　仰付置候は、右之通ニ御座候、則除墨之極り書抜相添置申候、

この文によるに、入墨者に対しては「教諭書」と共に、更生の実が上っているならば、五年経過後に入墨を抜く旨を記した「除墨之極り書抜」をも添えて交付したのである。

この「教諭書」は、手永会所における釈放者教諭にも利用されていたらしい。弘化三年（一八四六）十一月、田迎手永の惣庄屋牧野安右衛門が詫摩郡代中嶋九郎左衛門に宛てた除墨申請を見ると、そこには次のような記事が存する（「除墨帳」『史料集』一一〇九頁）。

去ル天保十二丑十月、本所ぇ被差返候砌、五ヶ年を過、慎方之様子御達可申上旨被仰付置候ニ付、庄屋・村役人・親類・五人組ともゟも、平常心を附候様ニ申付置、毎年御教諭書申渡候節〻も、別段ニ教諭筋申聞置、当午十月迄ニ真年五ヶ年ニ相成候付、渡世方平日之所行慎方之様子等、委敷相達候様申付候……

この記事によるに、手永会所は、毎年春に釈放者を呼出して教諭を加えるに際し、刑法方奉行所の交付した「教諭書」をもって訓誡を申渡したと考えられる。

以上に見たように、天保年間において、釈放者台帳とも言うべき「徒刑根帳」が中村手永（山鹿郡）、内田手永（玉名郡）、高田手永（豊後国鶴崎領）の各手永に備えつけられていたことが確認できた。それ故、「徒刑根帳」を手永ごとに備えつけ、釈放者の動向をこれに年々記入して郡代に報告することは、その当時、熊本藩の釈放者保護策の一環として制度的に確立していたと推察されるのである。釈放者を毎春に手永会所に呼び出して「教諭」を加えることも、また同様である。つまり、手永会所は釈放者の暮しぶりをつぶさに把握していたのである。

なお、釈放者を手永会所へ出頭させることが、釈放後何年間続ける定めとなっていたのかは不明である。ただ、前述した天保十一年四月の除墨申請書を見ると、釈放後九箇年を経過した三人について会所への呼び出しを実施していたようであるから、除墨が実現するまでは会所への出頭を義務づけていた可能性がある。

廻江手永会所（下益城郡）の職掌一覧の中に「徒刑之者教諭筋并御根帳一件」と見え、これは小頭の担当する職掌であるという[25]。この職掌一覧は、安政六年（一八六九）改正の姿を示している。「徒刑根帳」と徒刑釈放者に対する教諭筋の事柄は、手永会所の仕事として遅くとも天保年間頃には確立していたと思われるので、この仕事が手永会所の職掌として安政六年まで継続していたことが判明するのである。

要するに、徒刑再開後の熊本藩では、徒刑釈放者をはじめとして入墨者などをも対象とする更生のための政策が講じられ、手永会所がその中核をなす役割を果たしていたと言える。

むすび

宝暦五年（一七五五）四月に誕生した熊本藩の徒刑制度は、必ずしも終始順調に運営されたわけではなく、不幸にして文化年間に約九箇年半の間、中断してしまった。これは財政的理由もさることながら、社会復帰を目的とする徒刑制度の趣旨が実現していないという当時の状況が大きな理由であった。しかるに、徒刑再開直後の実績には目を見張るものがある。実に、釈放者の七割以上が更生に成功しているのである。好成績を収めた要因は、処遇法の改善と釈放者保護策に求められるように思う。徒刑再開後の処遇法を「肥後熊本聞書」にさぐるに、分類拘禁法の採用、名主制の採用、毎月「心得条目」を読み聴かせるという教育的配慮、さらには収容施設を畳敷きとし、鍋釜などの世帯道具を渡して自炊生活をさせ、日を定めて飲酒を許すという寛大な処遇法などが認められ、これらの処遇法がその後の更生に役立っていると推察されるのである。

釈放者保護については、徒刑中断の以前から、親類、五人組、庄屋などの身近な人々による「生業仕付」と保護観察などが行われていた(26)。再開後はこれに加えて、更生のための方策として手永会所において、「徒刑根帳（釈放者台帳）」に基づく動向調査と「教諭筋」のことが実施された。手永会所におけるこれらの施策は、天保年間以降についてしか確認できなかったが、あるいはそれ以前から実施されていたかも知れない。[補注]いずれにしても、熊本藩の徒刑制度は、社会復帰の目的を達成すべく、中断を契機として改良が加えられたのは確かだと思う。なお、徒刑制度の再開が中老兼大奉行島田嘉津次の盡力によるとは、鎌田浩氏の指摘である。[27]島田の主張した「死罪ニ陥り不申様ニ」、「徒ニ入候後、コリ候て良民ニ成」るという徒刑制度の趣旨がかなりの程度実現したと考えてよいであろう。

（1）手塚豊「仮刑律の一考察」（同氏著作集第四巻『明治刑法史の研究』（上）所収、昭和五十九年、慶応通信、初発表は昭和二十五年）、高塩博「新出の『刑法新律草稿』について――『仮刑律』修正の刑法典――」（手塚豊編著『近代日本史の新研究』Ⅶ所収、平成元年、北樹出版）。

（2）高塩博「熊本藩『刑法草書』の成立過程」（小林宏・高塩博編『熊本藩法制史料集』所収、平成八年、創文社）。

（3）五等級の徒刑でも犯罪の種類によっては入墨を併科することがある。たとえば、「刑法草書」詐偽編第三条（似せ往来）に「似せ往来致候者、刺墨笞七十徒一年半」とある類である（前掲『熊本藩法制史料集』三八一頁）。刺墨は右手首、額刺墨は額に施す。入墨の形状、大きさについては「御刑法方定式」（『熊本藩法制史料集』所収九六七頁）参照。なお、雑戸とは身分を賤民に落としめる生涯刑である。

（4）熊本藩徒刑制度の内容については、高塩博「熊本藩徒刑と幕府人足寄場の創始」（『熊本藩法制史料集』所収）、同「熊本藩に誕生した近代的自由刑」（『刑政』一〇七巻七号、平成八年）等参照。又、熊本藩において徒刑を創設するにあたり、中国の経書が参考とされたであろうことについて、小林宏「古典ヲ斟酌シテ時勢ノ宜シキニカナフ――熊本藩と法的思考――」（京都大学日本法史研究会編『法と国制の史的考察』平成七年、信山社）が言及している。

（5）手首や額に入墨を施す刺墨、額刺墨は生涯刑であって、これは社会復帰に多大な妨げとなる。そこで熊本藩は寛政二年（一七九〇）に除墨の制度を創設した。これは、入墨者が釈放後に暮しぶりを改め、生業に就いて善良に生活していたならば、釈放後五年以上経過したことを条件として、審査の上、入墨を抜いてやるという制度である（『熊本藩法制史料集』一一〇〜二頁参照）。

ちなみに、会津藩においては熊本藩より百年も前の元禄三年（一六九〇）四月、除墨の制を定めたことを「刑法之儀ニ付被仰出条々（中略）其四、左右之肩ニ入墨有之者、悪心を悔ひ志改候者ハ、年を限り其印を可為消旨」と伝える（『会津藩家世実紀』四巻四七二頁、昭和五十三年、吉川弘文館）。しかしながら、その実態については未詳である。

（6）　佐賀藩徒罪については、池田史郎「佐賀藩の刑法改正――徒罪方の設置――」（『史林』五一巻一号、昭和四十三年）、同「治茂の改革―2徒罪制」（『佐賀市史』第二巻近世編、昭和五十二年）等を参照、会津藩徒刑については、手塚豊「会津藩『刑則』考」（同氏著作集第五巻『明治刑法史の研究』（中）、昭和六十年、慶応通信、初発表は昭和三十年）を参照されたい。また、熊本藩徒刑から佐賀、会津、幕府に至る徒刑制度の流れについては、高塩博「草創期の徒刑制度――熊本藩徒刑から幕府人足寄場まで――」（『刑政』一〇八巻八号、平成九年）を、熊本藩徒刑と幕府人足寄場との関連については、高塩博「熊本藩徒刑と幕府人足寄場の創始」（前掲『熊本藩法制史料集』所収）を参照されたい。

（7）　熊本藩の徒刑思想を継承し、処遇法には幕府人足寄場の制をも参考とした事例に、津藩が文化十一年（一八一四）に制定した「揚り者」という刑罰を挙げることができる（高塩博「津藩の『揚り者』という刑罰――徒刑思想波及の一事例――」『栃木史学』一二号、平成十年）。

幕府人足寄場の創設以降、少なからぬ藩において徒刑もしくは寄場等の自由刑を採用したが、それらの藩と刑罰の名称については手塚豊「新庄藩の徒刑」（前掲『明治刑法史の研究』（中）三一五頁、初発表は昭和三十三年）を参照されたい。

（8）　鎌田浩「熊本藩刑政の変遷」（同『熊本藩の法と政治』三〇九〜一一頁、平成十年、創文社、初発表は昭和五十二年）。

（9）　鎌田浩「熊本藩刑政の変遷」前掲書。

「参談書抜」（熊本大学附属図書館永青文庫蔵）は、刑法方奉行所に関わる審議中の重要案件を抄出編綴した記録である。今日、その全文は『熊本藩法制史料集』（小林宏・高塩博編、平成八年、創文社）に翻刻されており、徒刑中断に関する記事は「廿九　徒刑被差止候儀ニ付詮議之事」に存する（同書八四八～五二頁）。

(10) 文化元年四月当時、白石清兵衛は刑法方分職当分、島田嘉津次は選挙方分職当分の職にあった（「分職帳」永青文庫蔵、架号一〇・四・一二）。島田はこの時中着座の地位にあり、文化五年（一八〇八）に大奉行、同十年（一八一三）には大奉行兼帯のまま中老へと昇進した（武藤嚴男『肥後先哲偉蹟』正続合巻二六七～七六頁）。

(11) 堀内坤次は食禄二百石、寛政五年（一七九三）から享和二年（一八〇二）にかけて穿鑿頭当分、同本役を勤め、四十二歳の文化元年（一八〇四）五月、奉行本役に昇進した（武藤嚴男『肥後先哲偉蹟』正続合巻五九九～六〇〇頁）。

(12) この記事は、「御刑法草書」の一写本（永青文庫蔵、架号一三・九・一〇の二）の巻末に存する。この写本には「文化三丙寅年二月、御刑法方ニおゐて写之」という奥書が存し、右の記事は本文と同筆である。推測するに、この写本は刑法方役人の公務用の写本であって、それ故、文化三年当時の改正法が巻末に追記されたと考えられる。

(13) 代替の刑罰を改正するこの記事もまた前註の「御刑法草書」の巻末に、前掲記事に引続いて記載される。この記事の末尾に見える四人は、嶋田嘉津次、町孫平太、白石清兵衛、宮本伝右衛門のことで、「分職帳」（永青文庫蔵）および『肥後読史総覧』上巻三六五～七頁（松本雅明監修、昭和五十八年、鶴屋百貨店刊）によれば、おそらくは刑法方奉行本役、同副役の面々であろう。

(14) 牛馬盗の改正法も、前註(12)の「御刑法草書」の巻末に記載されており、この改正法は「御刑法草書附例」に追加法として採用されている（『史料集』四九五頁）。なお、前註(12)の「御刑法草書」巻末に存する三つの記事は、かつて紹介されたことがある（金田平一郎「熊本藩『刑法草書』考」『法政研究』一二巻二号一七七～八〇号、昭和十七年）。

(15) 「市井雑式草書」坤第一〇三条、永青文庫蔵（鎌田浩『熊本藩の法と政治』所収七〇五頁）。なお、鎌田氏は「生業仕付」と保護観察制度に関する法令として、この史料の存在をすでに指摘しておられる（鎌田前掲書三一七頁）。

（16）鎌田浩『熊本藩の法と政治』三一七頁。

（17）釈放者の動向調査については、神保文夫氏が『熊本藩法制史料集』に対する書評の中で紹介されたことがある（『国学院法学』三四巻三号一四八頁、平成九年）。

（18）但し、明和三年（一七六六）～同五年頃の記録である「肥後経済録」（大村庄助著）は、徒刑囚について「罪之軽重ニて一年あるひハ弐年三年と牢舎いたさせ、軽重一所ニ入置不申」と伝える（『史料集』一一八七頁）。徒刑中断以前において、定小屋を二部屋以上に仕切っていた時期が存したのかも知れない。

（19）飲酒については、宝暦十一年（一七六一）頃の規定によればそれは禁止であった（「御刑法方定式」『史料集』九五五頁）。しかし、その後まもなくの明和三年（一七六六）～同五年頃の記録である「肥後経済録」によると、強制労働によって得た賃金を遣って「酒ニても餅ニても望ニ給させ申候」とあるので（『史料集』一一八七頁）、徒刑囚の飲酒は徒刑中断以前にも認められた時期があったようである。

（20）定小屋を東西の二部屋に区切る処遇法および庄屋制は、明治時代を迎えた時も依然として実施されている（「除墨帳」『史料集』所収一一四四～四七頁）。

（21）「御刑法方定式」は、宝暦十一年（一七六一）頃の処遇法として、定小屋に収容するに先立って「向後慎之儀」を申渡すことを記すが（『史料集』九五五頁）、収容中の教育的処遇については記すところがない。

（22）逃亡の徒刑囚に対する刎首の執行について、「肥後経済録」は、

欠落仕候ものは早速召捕、除日之外は即日刎首ニ仕り候、（中略）刎首之場ハ牢屋ハ前〔ママ〕ニ常に土檀〔壇〕を拵置、誅罪〔罰〕申付られ候節ハ、牢者残らす出し取扱いたさせ候、然れとも殊之外恐れ候ものニは強ていたさせ不申、穢多とも替りニいたし申候ニ付、何れも其廻りニ居見物仕候、

と記す（『史料集』一一八七～八頁）。「牢屋」は定小屋、「牢者」は徒刑囚を意味する。また、「隈本政事録」（松枝善右衛門著、安永四年［一七七五］）には「最初ハ右之役支ニて遁散仕候者も有之候得共、右之目証シも有之旁故、早速被召取、死罪ニ被仰付候故、一両度ニて奔遁ハひしと無之候由」と伝え（『史料集』一一九三頁）、ついで「肥後物語」（亀井南冥著、天明元年［一七八一］序）には「了簡違ヒシテ普請場ヨリ逃失タル者ハ、何方ニテ

モ其面体ヲシルシニ捕へ出シテ、牢ノ前ニテ刎首ニ行ハルトナリ」と記す（『史料集』一一九七頁）。

「死刑一巻帳書抜」（『史料集』九七九～一〇〇七頁）ならびに「従宝永二年諸一巻帳目録・従元禄十六年死刑一巻帳目録」（永青文庫蔵、架号一三・九・一五の二）によるに、宝暦年間に五人の徒刑囚が新牢囲内において刎首に処されているが（宝暦五年五月、同年十二月、六年十月、九年六月、十四年正月）、これらは逃走の徒刑囚に対する執行であろう。その後、徒刑中断に至る約四十年間に、新牢囲内で刎首に処された徒刑囚は、わずかに七人である（明和三年七月、天明四年十一月、寛政四年七月、同六年六月、同十年七月、享和元年六月、同三年十二月）。

(23) 徒刑釈放者の再犯を定小屋の存する新牢囲内にて刎首した事例を、「死刑一巻帳書抜」ならびに「従宝永二年諸一巻帳目録・従元禄十六年死刑一巻帳目録」からは確認することができなかった。ただ、天保八年（一八三七）七月二十七日に高麗門囲内において一人を刎首即決に処した事例が存するので、あるいはこれが該当する事例かも知れない。

(24) 熊本藩の郡村統治機構については、『熊本県史』（近代編第一、一〇二～一一三頁、昭和三十六年）、鎌田浩『熊本藩の法と政治』二三〇～五三頁）等による。

(25) 「機密手麓」（松本雅明監修『肥後読史総覧』上巻七八八頁、昭和五十八年、鶴屋百貨店刊）。

(26) 安永元年（一七七二）十二月、熊本藩は町方に対し、釈放時の説諭とその後の保護観察について次のように指令した（「雑式草書」第一九一条、藩法研究会編『藩法集7 熊本藩』所収八九六頁）。釈放の際、釈放の本人のほかに別当、丁頭、親類一人、五人組一人を町方役所に呼出し、一同に対して「教育之趣」と就業の世話とについて町方役人より申聞せ、その後は「渡世之様子」を月初めごとに書面をもって町方担当役人に報告することを命じた。

この指令は村方に対しても出されたと思われる。それは「旧章略記」に、「御刑法相済候者ぇ支配方ゟ以後之心得方之儀教諭被仰付候事ハ、安永元年十二月ゟ相初り候事」と記されていることによって判かる（『史料集』所収九七八頁）。「旧章略記」は奉行職沿革史料とも言うべき書で、文化九年（一八一二）、島田嘉津次の編になる。

(27) 鎌田浩『熊本藩の法と政治』三一一頁。

〔補注〕　原稿提出後、手永会所における「徒刑根帳」の備えつけとそれに基づく「教諭筋」のことが、文政八年（一八二五）から開始されたことが判明したので略記しておく。このことは、熊本藩の町方史料である「惣月行事記録抜書」の文政八年三月条収載の次のような記事によって判明するのである（細川藩政史研究会編・刊『熊本藩町政史料』三、一一七頁、平成五年。この記事は財団法人永青文庫の史料専門員川口恭子氏の御教示による）。

一、市中之者犯事有之眉無被仰付、年限満被差返候節、町会所ニおゐて教諭之儀ハ是迄相究候通候処、影踏之節御法度書并月々於別当宅教諭書読聞之節、右被差返候ものともハ別段心得方精々教諭いたし、第一産業ニ仕付、ケ様々々之商又ハ何々を以渡世いたし候と申儀、町頭より人別打廻り承り紏、左候て徒刑之者根帳一懸限仕立置、何某儀はケ様々々ニて産業ニ取続改心之様子ニ相見、又は産業相立候得共病災又ハケ様々々之訳ニて難取続、又ハ産業怠り勝ニ有之候間猶精々教諭いたし置候趣、一人別ニ委しく相認メ毎年三月中右根帳年々用ニして相達、左候て此方より之見届印形を可被受置旨候事、

三月六日

御付紙

本行徒刑之ものともハ追々別段教諭致、人別心得方等之儀被承紏根帳仕立有之候様、尤当年ハ差懸り候事ニ付、当月中ニ夫々取堅之相達候様、来年よりハ前以しらへ置、三月廿日迄ニ屹ト達有之候様、右ハ当年踏出之事ニ付、得斗申談被置、惣懸り一ト揃ニ差出候様可被示合置候事、

この記事によるに、熊本藩は文政八年三月六日付けで、町会所に向けて次のことを通達した。すなわち、熊本藩は「徒刑之者根帳」のことを掌る専属の係を設置すべきことを町会所に指令し、徒刑釈放者一人一人について、(1)生業に就いて暮しぶりが成り立っている様子、(2)生業に従事してはいるものの病災その他の理由で生活に難儀している様子、あるいは(3)仕事が怠け勝になっているために、とりわけ懇切に教諭を加えた様子を委細に記録した「根帳」を作製し、毎年三月二十日迄にそれを報告することを義務づけたのである。

町会所に出されたこの通達は、村方の手永会所に対しても同時に発せられたと見倣してよい。以上を要する

に、「徒刑根帳」に基礎を置く熊本藩の釈放者保護策が文政八年を起点としていること、「根帳」への記載事項、所轄の上級役所へ報告すべき期限等々の事柄が右の記事によって判明するのである。

越後長岡藩における法学の系譜

――渡辺廉吉・小原直に寄せて――

小林 宏

はしがき

近代の長岡は、すぐれた法律家を二人生んでいる。渡辺廉吉と小原直である。

渡辺は嘉永七年(一八五四)、長岡の呉服町に、家老山本氏の家臣、渡辺櫓左衛門の五男として出生。数え十五歳にして戊辰戦争に従軍し、戦後、長岡の国漢学校に入学したが、明治四年(一八七一)の秋、上京して大学南校に学び、後外務書記生としてオーストリア公使館に赴任、ウィーン大学においてシュタイン教授の指導の下、法律学、行政学を修め、伊藤博文による憲法調査に協力した。明治十七年には制度取調局御用掛として憲法、皇室法の立法事業に、同二十一年には帝室制度取調掛として皇族令案、及びその修正案の起草に従事した。その間、井上毅の依頼を受けてシュタイン、マイエット、モッセ、ロェスレル等外国人顧問の答申書の翻訳やドイツ文献の調査に当り、それに関する井上から渡辺邸への使者は、多いときには日に三、四度にも及んだという。従ってシュタインの下に修得した渡辺の法律学の知識は、主として井上を通じて憲法、皇室典範制定の上に大きな影響を与えたといえよう。その後、渡辺は條約改正を前提とした我が国近代法典の整備にも関与し、民事訴訟法や地方自治制度等の立法事業に従事し、明治二十六年(一八九三)には行政裁判所評定官となり、以後三十年間、その職に在って行政訴訟の審理を主宰し、且つ行政裁判法の改正に助力し、近代日本における法制度の確立に尽瘁した(渡辺廉吉伝記刊行会編『渡辺廉吉伝』昭和九年刊)。

小原(旧姓田中)は明治十年(一八七七)、長岡の弓町に、元長岡藩士田中敬次郎の三男として出生。阪之上小学校、長岡中学校、第一高等学校を経て、明治三十五年、東京帝国大学法科大学を卒業、直ちに司法官試補となり、同三十七年、東京地裁判事となるが、この年に検事に転じ、以後千葉地裁検事、東京区裁兼地裁検事、東京地裁次席検事等を経て、横浜、東京各地裁検事正、長崎控訴院検事長、大審院次席検事、東京控訴院長等を歴任、更に戦前の岡田内閣、戦後の吉田内閣の各司法、法務大臣をつとめた。その間、日糖事件、大逆事件、八幡製鉄所事件、帝人事件等の取調べに当ったが、とりわけ大正三年（一九一四）のシーメンス事件には、主任検事として敏腕を振るい、「司法部に小原あり」と謳われた。昭和十年（一九三五）には、司法大臣として軍の圧力に抗して美濃部達吉を起訴猶予処分とし、また大臣在任中に勃発した二・二六事件の際には、内閣の意思統一に努め、政治の混乱を防いで事態の収拾に当るなど検察界、司法界、政界等に顕著な功績を遺した（小原直回顧録編纂会編『小原直回顧録』昭和四十一年刊）。

近代の長岡がこのようなすぐれた法律家を生んだのは何故であろうか。それにはやはり旧幕時代や幕末維新期における長岡藩の学問的土壌、とりわけその法学の伝統に遡って考えなければならない。

一　藩風「常在戦場」の意義

長岡藩においても、初代牧野忠成、二代忠成の治世を経て三代忠辰の襲封に至る元和から延宝に至る年代、即ち十七世紀前半から後半にかけての時代は、まだ戦国の余風が濃厚に残存していた。従って初代、二代の忠成頃の法制は極く簡易なもので、諸士に対する法制は専ら幕府の法度により、礼法・儀式も参州以来の家法をそのまま用いて、独自に新しく制定されることは殆どなかったといわれている。

後述の『由旧録』(1)や『御邑古風談』(2)等の記録によると、三代忠辰が数え十歳で家督を相続した延宝二年（一六七四）の頃も、それを補佐する家老や評定衆は、専ら「御前法」に従い（『御邑古風談』一―三頁）、忠辰自身も十五歳の時、老職山本勘右衛門の誘掖により先代以来の家風を慕い、藩政に関する処置は祖法に従うことを了承したという（『由旧録』巻之下一六頁）。しかし延宝二年に「諸士法制」が、また同五年に「郷中掟」、「町中掟」等が制定されたことは、その頃、先代以来の不文の法が初めて成文化されたということを示すものであり、ここに新しい時代の胎動が感じられよう。忠辰は延宝七年、林鳳岡の高弟、小出善助を召抱えて林家の儒学を当藩に導入した。忠辰自らも元禄の初めには将軍綱吉の侍講をつとめ、在邑時には家士に経書を講釈する一方で、酒宴・遊興をも好む傾向があったというから、忠辰には将軍綱吉の個人的な性癖の影響も大きく、そのことは譜代大名牧野家と徳川宗家との関係が人格的な結び付きからまだ脱していないことを反映しているであろう。

長岡藩の歴史の流れが大きく変ったのは、老迂齋山本義方が家老職として藩政に登場する延享から寛政にかけての頃であって、十八世紀後半期になってからのことである。老迂齋の政治は、その没後、九代藩主忠精によって受け継がれたが、それは依然として表向きは古法・旧例の尊重という旗幟を掲げながらも、実際には新しい時代に沿った政策を次々に打ち出して行ったのであり、ここに長岡藩後半期の治政の基礎が固められたといってよい。とりわけ老迂齋が藩主牧野家の系譜、藩士の事蹟、旧法等を調査し、編集したことは、三代忠辰を祀る蒼柴神社の造営と相俟って、過去の藩史を検証して、それに新しい意味づけを行うことにより藩の独自性を内外に示したものであり、また自邸に書堂を創設し、儒者高野榮軒・余慶父子を登用し、且つ京都堀川の古義学を導入したことは、藩の学問・教育の活性化を図ったものとして高く評價されるべきであろう。

さて長岡藩の家風・藩風は、「常在戦場」であるといわれている。これは当藩に限らず、広く戦国武士、とくに三河武士の間に生まれた気風であった。ただ長岡藩では、これを「参州以来、御家風十八ヶ条」の第一に掲げ、後々までも、その精神を堅持したところに特色がある。

それでは、この「常在戦場」とは、いかなる意味をもつ言葉であろうか。老迂齋が幼君忠精の治政の指針に資する為、高野余慶をして父榮軒の藩史に関する口述を筆記せしめた『御邑古風談』（六六・六七頁）には、「常在戦場といふ事」という一章がある。それには寛文の頃まで、当家でも武士は、この四文学を居間の柱に張って「武士の守札」と称していたと記され、それは第一に先君の武徳、第二に先祖の余恩、第三に戦場における衣食住の艱難の三者を忘却しない為であるとしている。右のことからすると、「常在戦場」のもつ意味は、武士に対する主従道徳の強化と質素倹約の勵行とにあり、当時は商品経済の進展により武士の生活も華美贅沢となる傾向が顕著であり、それは藩の財政を圧迫し、更には武士道徳の弛緩をもたらすものであったから、かっての戦国武士の義を重んずる気風とその質素な生活とが改めて武士のあるべき模範として賛美されたのである。『御邑古風談』には、とりわけ第三の戦場における衣食住の艱難なる様子が具体的、且つ詳細に描写され、それに比べて現在の武士の生活は、「無異安閑の生涯にあらすや」、「主君の奉公も座敷の内の勤めなれハ戦場の辛労には及ふへからす候。」とされ、また「常在戦場」の「四字をハ武士の守札と申、後にハ倹約の守札とも申候よし、末の世迄も申伝へたき事にて候。」と述べられている。ここに「常在戦場」が「後にハ倹約の守札」とされたとあることは、その当時、この語が往時の戦国武士を偲ぶことによって現在の武士の生活を質素倹約なものに引き戻す為に、新しく意味づけられて使用されていることを示している。また「常在戦場」にみる右の解釈は、宝暦から天明頃にかけて、藩当局が家中、町中、郷中に対し、屢々衣食住、音信、祝儀、参会等における華美を禁じ、質素倹約を奨励する法令を発していることとも軌を一にするものである。

しかし「常在戦場」の四文字が寛文（一六六一－七三）の頃まで武士の居間の柱に張り置かれたというのは、

右とは若干異なった意味があってのことと思われる。延宝（一六七三－八一）の頃までの武士は乱世に遠くなく、慶長・元和の戦場で働いたものも、まだ多く生存していたというから（『御邑古風談』五〇頁）、「常在戦場」とは文字通り治に居て乱を忘れず、平時にあっても、常に有事に対する配慮を忘れてはならないという訓戒であった。やはり老迂齋の委嘱をうけて高野父子が藩の治政の指針とする為に撰述した『由旧録』（巻之上、八〇頁）には、次のような記事が見えている。即ち、三代藩主忠辰は延宝九年六月、松平光長の改易に伴って越後高田城二の丸の請取を幕府から命じられるが、その時の忠辰の藩士に対する指揮振りは、十七歳の若年ながら「いささかも凝滞の色」が見えなかったという。『由旧録』は、それにつづけて、「此時代の侍の常談に、常在戦場といふ事ありしよし、げにも空談にはあらざりしと、今に當て知れたり。昔より武家におゐては、大将の御座所をば常に陣頭といひ、旅行の時の御座所を本陣といふ。又、諸士の假屋をば陣屋といひ来れり。是、かの常在戦場の譬なるべし。」と述べている。

ここでは、「常在戦場」という語が前述の「質素倹約」の代名詞ではなくして、武士は治世に乱を忘れず、非常の変に対する備えを常々忘却しない心掛けをもつべきであるという意味で使用されている。『御邑古風談』（四四頁）においても、右の高田事件の顚末について、老人の談として「かゝる御急用いさゝかの遅滞なく整ひける事、古人の所謂緩中に急を忘れさるの御家風にあらすんハ、いかて如斯敏功を見むや。」と述べている。この「緩中に急を忘れさるの御家風」とは、とりもなおさず「常在戦場」の家風のことである。『由旧録』（巻之下、五六頁）にも、「其頃、能侍（よき）といふハ、其分限に応して武具・馬具をたしなミ、平生不時の用意をして、物に油断なきを第一として云々」とあるが、当時の模範的武士とは、このように「不時の用意」、「不時の備」を平常忘れない武士のことであった。即ち「常在戦場」とは、今日でいう危機管理に対する不断の注意ということであって、それが当時の武士に求められていたのである。

「常在戦場」という語の標榜する「不時の用意」、「不時の備」は、本来このように軍事面における危機管理を意味するものであったが、やがて平和が長く続く時代になると、それは軍事だけではなく、不時の災害一般をもその対象にするものとなった。高野余慶の晩年の著作である『昇平夜話』[3]（上篇、五七六頁）に、「非常の変は何時事の有べきも豫め計り知るべからず。然ば常々其備無るべけんや。其大なるものは軍旅にしくはなし。……次には雑人の結党騒動なり。……饑飢病疫も又多く人命の死亡にかゝる事也。凡国家の治乱、人の命の存亡に預る事は、国家常に厚く心を用ひ是が備をなし、其救の設なくんば有べからず。」とあり、『御邑古風談』（四五頁以下）にも、「不時の御備」として「盗賊・悪党の横行か、或は洪水・大火の変、或ハ飢饉困窮の災等、何れもあらかしめ其備を設けさる時ハ大なる憂あり。」と述べ、それらの備を促した延宝二年四月の惣組中に宛てた藩の書付を掲げている。また同書（四四頁）には、老人の談として「古代の御役人ハ通例の事ハいふに及ハす、役方に就て不時の取計ひ有る事を平日考へ置たり。」と述べ、前記高田事件の如き不時の御用の際に運送すべき諸道具の員数、それに関する舟賃、駄賃、人馬の見積り等、役人は日頃からその経費を計上しておく必要が説かれている。

以上のことからすると、藩風「常在戦場」の標榜する「不時の用意」、「不時の備」も、時代の進むにつれて、その「不時」の内容は、次第に広範囲のものとなり、その「用意」や「備」が命じられる対象も、番方、即ち宿直、警備、治安維持等の軍事系統の職務に当る武士だけでなく、役方、即ち一般行政事務担当の文治系統の職務に当る武士をも含むようになり、それはやがて町中や郷中の町役人、村役人にまで及ぶことになる。そして老迂齋の治世の頃になると、「常在戦場」そのものの意味が更に拡大されて、「不時の用意」、「不時の備」の外に、前述の主従道徳の遵守や質素倹約の励行等の徳目があたらしく付加されるに至るのである。

さて、このように「常在戦場」の本来の意義が「不時の用意」や「不時の備」にあるとすると、更にその延長線上に、もう一つのことが考えられよう。『昇平夜話』（下篇、九五頁）には、戦闘には海や川での水上の戦もあり得るから、常々諸士以下に至るまで「船上の立走り」を習得すべきであると述べ、「戦は臨機応変の物なれば、必船軍はせまじき事とは限られぬ事也。……船に乗馴ぬものは、船に酔て病人となり、用に立難し。」といっている。戦場での出来事は予測することが難しいから、いかなることが起きようとも、その状況の変化に応じて迅速且つ適確に物事を判断し、処理する能力が要求される。従って武士は船上での戦闘をも常々訓練しておく必要があるというのである。また同書（下篇、七五頁）には、「士の職は、常々国家の干城となり、三民を始（治カ）め、変に臨で機に応じ、勝を制し治安に帰する役なれば、常々武芸は云に及ず、人馬、兵具、軍用金迄、不足なく設け置を士の備と云、……常に備なければ、急に臨て用に立難し。」といっている。武士は戦場での臨機応変の行動によって勝利を収め、世の中に治安をもたらすことを職務とするから、日頃、武芸は勿論のこと、人馬、武器、軍資金等不足なく準備しておかなければならないというのである。以上からすると、「常在戦場」の志向する「不時の備」とは畢竟、武士が臨機応変の働きを十分に為し得る為の日頃の配慮であった。

右に関して『御邑古風談』（二〇頁）は、興味ある逸事を掲げている。初代藩主忠成の時代、慶安五年（一六五二）三月、佐渡に一揆が起ったが、忠成は当時在邑していた為、老中より江戸留守居役新井六兵衛に対し、急ぎ長岡に下って、一揆鎮撫の為、三十騎の加勢の武士を佐渡に送り、佐渡奉行伊丹蔵人の指揮に従うよう主人牧野駿河守に伝えよという命が下った。その時、六兵衛は援兵の派遣について、次の二つのことを老中に要請して、その許可を得ている。その一つは、援兵の増加が必要となった場合、海路は不自由であって、その早急なる派遣は困難である為、この際、三十騎の外になお若干の武士を追加したいということであり、もう一つは、長岡藩の武士が佐渡奉行の指揮の下で行動することは主人忠成が不承知であろうとし、その理由として「侍共も、主人之家之軍法に熟し、機変に随ひ候懸引ハ兼而何れも応分に意得罷在候。尤士大将をも相副可申候へハ、蔵人殿御下知之義御免被下度」といっていることである。即ち長岡藩の武士は、当家の軍法に習熟して臨機応変の行動は、兼ねてより十分に心得ており、それを指揮する士大将も派遣するのであるから、佐渡奉行の指揮下に入ることはゆるされたいというのである。一揆は長岡勢派遣の前に鎮定し、結局、六兵衛の提案は実現しなかったのであるが、後でそのことを聞いた忠成は、六兵衛の今回の処置を高く評價し、即座に百石の加増を行なったという。

右の事実は、重要なことを二つ示している。一つは長岡藩では、戦場には臨機の才能が必要であることを重視し、藩士に対し、日頃それを周知徹底せしめていることであり、もう一つは、六兵衛の今回の処置が臨機の処置にかなっていることを藩主自らがよく自覚していることである。長岡藩では、このような臨機応変の処置を高く評価する伝統が藩主及び家中の士の間に後々までも維持されたのであって[4]、それは「常在戦場」という藩風と全く無縁ではなかったと思われるのである。

二　長岡藩における法学の誕生

このように長岡藩の藩風「常在戦場」には、今日でいう危機管理に通ずる考え方と共に、更にそれと関連して状況の変化に応じて健全な判断を働かせ、迅速且つ適確に物事を処理して行く能力を重んずる傾向があったのであり、そのような思考方法がまた長岡藩における法学の誕生やその形成にも影を落しているのではないかと推測される。

前掲高野榮軒、余慶父子の著述には、古法や旧例を重んずべきことが随処に説かれているから、古法や旧例の遵守が当時の治政の原則であったことは疑いない。しかし状況に応じて適切に物事を処理するという思考、即ち臨機の処置や時宜に適った判断も決して軽視されてはいない。『由旧録』（巻之下二八頁）には、「時の宜きに随ふと云説」という一章があって、「老儒」の言として「時の宜きを知て随ふ事ハ常人及ふ所にあらす。……ましてや、短智・浅見の人いかてか時の宜敷を極むる事ならんや。」とし、「常人」が軽々に「時宜」を主張し、それに随うことを戒めている。即ち凡人のそのような行為は往々にして独断専行に陥り易い為である。しかし、それはあくまで「常人」に対してのことであって、「老儒」は決して「時宜」を無意味なものであるとはいっていない。同書（巻之下五四頁）には、「惣して物の稽(かんが)へに古風旧例を僉議するハよき事なれども、時代を考へすしてハ道理に行違ふものにて候。」といっている。『昇平夜話』（上篇四〇四頁）では、右の考えは更に発展せしめられて、明瞭に「時宜」の法を肯定するに至る。そこでは、先代の良法を遵守する家は堅固であり、ひたすら時世に随い、猥りに先代の法を改める家は浅ましいことであるといいつつも、なお次のように述べている。

　但し、先代の法は一概に改め易られぬものと心得るは、又船を割て劍を求め、柱に膠するの弊あり。先づ道と法との訣を可知。道は本にして法は末也。道は万代不易にして、改易る事のならぬものなり。法は道を行ふ為の法にして、時に仍て斟酌損益なければ指閊(さしつかへ)滞て行はれざる事あり。若又悪く損益すれば、人を養ふ所以の土地を以て、争て人を害するが如し。法の為めに道を害すべからず。道さへ能立時は、法を恃(たのむ)に足らぬもの也。若又、道汚るゝ時は、法を以て道を維(つな)ぎ持也。先代の法にも良あり不良あり。不良なるを堅く守るべきにあらず。不良ならずとも、時に仍て弊あらば改易し、新法なりとも良法ならば可用。必ず一概に泥ぬ(むカ)間敷也。

右の文で余慶の説いていることは、凡そ次のように整理することができよう。

㈠先代の法を遵守することは大切なことであるが、先代の法が全く改められないとすると、今度は頑固で融通がきかず、時勢の移り変りを知らないという弊害が生ずる。

㈡そこで我々は先ず道と法との区別を知る必要がある。道は本で法は末である。即ち道とは人間の守るべき永久不変の規範であり、法とは道を行なう為のもので、状況に応じて変化する規範である。法が状況に応じて適切に変化しなければ、その法はよく行われず、却って人間にとって弊害となる。しかし法によって道が損われるようなことがあってはならない。

㈢道がよく行われるときには法を立てる必要はない。しかし道がよく行われなければ、法によって道を維持して行かなければならない。

㈣先代の法も不良なるときは守る必要はなく、不良でなくとも、時勢に相応しなければ、それは改めるべきである。新法でも、それが良法であれば用いるべきである。

ここで重要なのは道と法との関係である。「法は道を行ふ為の法にして、時に仍て斟酌損益なければ指閊滞て行はれざる事あり」、「法の為めに道を害すべからず」等の文からすると、余慶の考える両者の関係は、次のようにいうことができよう。法は万代不易の道に基づいて立てられるべきものであり、しかもそれは個別具体的状況下において道が様々に変化し、発現したものである。即ち道は法によって現実の社会にその姿を現わし、法は道によって、その存在が正当化されると。このような考え方に立つと、法と道とは、表向きは一応区別されるけれども、なお両者は本来、一体のものであるということになる。余慶は道が「本」であって法が「末」であるという。これは道が本質であって、法がその応用であると言い換えてもよい。従って余慶によれば、先代の法を改めることができる要件は、次の二つの場合に限られる。一つはそれが「不良」なる法であって、道に基づいていないという場合である。もう一つはそれがたとい道に基づいていたとしても、「時に仍て斟酌損益なき」法、即ち「時に仍て弊ある」法であって、道が状況の変化に応じて適切な法として発現されていないという場合である。

以上の道と法に関する余慶の考え方は、実は『由旧録』(巻之下二二頁)にも、すでに現われている。即ち各藩主の家には、古法・旧例があって、それによって政治が行われているが、その古法・旧例は、大本において「天下の法度」(幕府法の意ではなく、いわゆる「天下の大法」、即ち時と所を超越して普遍的に妥当する法の意であろう)に従っており、更にこの「天下の法度」は、その本は「古聖人の道」より出たものであるといって、次のように述べている。

道ありと云とも、風土に応する法なき時ハ其道行ハれすと。因て其邦国の風土に応する法を立て、天下の衆人に道を行ハしめらる。然れハ学て道を知るといへとも、風土・家法に熟せされハ政事全からす。又、家法・旧例に熟すといへとも、学て道を知らされハ政事に弊あり。然共、人々よく此弐ツのものを兼る事ハ得かたき所也。此故に其才有者を撰て評定役として政事のたすけとせらるゝなりと云。

前掲『昇平夜話』に見える法は、「時に仍て斟酌損益」のある法でなければ道は実現されないとするのに対し、右の『由旧録』に見える法は、「風土に応する法」でなければ道は実現されないとする。法は、前者では時間(「時」)によって、後者では空間(「風土」)によって制約されるという違いはあるが、道との関係においては、両者は同一である。そして余慶が法は道を実現する為の法であるとしながらも、なおその法は時間と空間とに相応する妥当な法として機能しなければ、日常の法的諸問題の処理・解決において道は実現されないと強調するところに、「常在戦場」という長岡藩の伝統的家風が少なからず作用しているのではないかと思われる。即ち「常在戦場」に関し、それを前述の如く、たえず状況の変化を伴う戦場において、迅速且つ適確な判断と行動とが戦を勝利に導く必須の要件であることを常日頃から脳裡に刻み込んでおく為の訓戒であると理解するならば、そこには時間と空間とによって制約された、つまり個別具体的状況に応じた妥当な判断と措置を重んずる、いわゆる状況的思考につながるものが必ずや存在すると思われるからである。

このようにして余慶は、道という不変の規範に基づきながらも、なお個別具体的状況下において様々に変化・発現する妥当な規範として法を把え、道と法とは本来、一体なるものとして法の制定を考えるのである。それでは、この「本」なる道と「末」なる法とを両立せしめるには、為政者は治政の実際に当って、どのようにすればよいか。前掲『由旧録』によれば、それは至難の業であって、結局、それを可能ならしめるには、才ある人材を抜擢して「評定役」（家老・中老・奉行等によって構成され、藩政を統轄する最高の合議機関である評定所の成員）に当てる他はないとしている。『昇平夜話』（下篇一〇五頁）にも、そのことがやや詳しく述べられている。即ち次に掲げる通りである。

元より国政は法令を欠べからずと雖、法は人を以て行はる。人なければ法虚敷（むなしく）行はれず。只其人を得て、法を人に委ねて行はしむれば、時により事に依て変通する故に、法を用て法に用られず。左様の人多く官にあり、事に任せば、国政何の滞る事かあらん。法も行はれ、衆も服して、日々に治平なるべし。されば天下の宝は、人材に過たるものなし。

前述の如く余慶は、道と法とを両立せしめるには、才ある人物によるしかないという。それでは才ある人物が道と法とを両立せしめ得るのは何故か。右の文において、余慶は、「其人を得て、法を人に委ねて行はしむれば、時により事に依て変通する故に、法を用て法に用られず。」といっている。ここに「時により事に依て変通する」

とは、人間の思考が状況によって「変通する」ということであり、それは個別具体的状況下において、人間が法を様々に解釈・適用し、それによって正義の実現をはかろうとすることである。そうすれば、硬直化した法の運用は避けられるのであって、その法は、一方では法としての首尾一貫性を保ちながら、他方では環境の変化にも一定程度、柔軟に対応することができて、「法も行はれ」、「衆も服して」、国政が安定するというのである。しかも、右の「変通」が何に基づいて行われるかといえば、それは道であろう。ここに人によって道と法とが両立せしめられるのであり、そのような道と法とを両立せしめ得る人が、余慶の「法を用て法に用られず」という「人材」であって、また余慶が「天下の宝は、人材に過たるものなし」という「人材」も、そういう「人材」を指していっているのである。今、右の道と法とを両立せしめる具体的事例を求めるならば、『由旧録』、『御邑古風談』にみえる長岡藩の「諸士法制」に対する「老儒」の解釈をあげることができよう。

『由旧録』(巻之上二六頁以下)には、延宝二年(一六七四)の「諸士御法制」を全文掲げ、次にそれが天和二年(一六八二)と元禄七年(一六九四)に修正されて、享保三年(一七一八)に「御潤色諸士法制」が制定されるに至ったと述べ、享保三年度のそれをも全文掲げている。更に同書には、右に続けて「附説」(三二頁以下)を載せるが、これは「或人」が「老儒」に対し、これらの諸士法制の規定上の異同等について質問し、「老儒」がそれに解答するという形になっている。(『御邑古風談』にも、「諸士御法制」という一章があり、そこにも「或人」と「老儒」との問答が掲げられているが、その文は『由旧録』と若干相違するところがある。)この法律問答は五項目にわたり、その内容は㈠振舞、即ち響応の際におけるその対象の範囲、㈡婚礼の際の振舞の内容、㈢婚礼の席への目付役同席の有無、㈣音信・贈答の際におけるその対象の範囲、㈤博奕禁止規定の有無である。質問に対する「老儒」の解答には、これらの規定上の異同は、時代の推移による風俗の相違に基づくとするものが多いが、

㈡の問答には、前述の道と法との関係を窺う点において注目すべきものがある。

㈡に関する「或人」の質問は、次のようなものである。即ち延宝の条目には、婚礼の際の振舞は、「一汁二菜の料理、酒三反、肴二種」と定められているが、享保の条目には、「料理等、応分限、軽く仕るべし」とあって、その副書には、「右祝儀之節、料理、酒反数等之儀、御構無之事に候。然共、此節過分之儀は差扣、一汁二菜、軽き引汁等差添儀は可為勝手次第候。」と記されている。料理の数や酒の量は、その数量の制限が定められていても、なお過分のものになり易いのに、この度の享保の条目にそれが見えないのは、余りにも寛容に過ぎるのではないかというのである。

右の質問に対する「老儒」の答は、次の通りである。先ず「何事も古法を尋ねて、其本より料簡すべき事にて候。」として、婚礼の際の振舞も、「古法」（ここでは道や礼の意）に基づいて立法されなければならないと断じている。その上で、「老儒」は次のようにいう。

扨、人を招き振舞候時は、一菜を増して一汁二菜を用ひ、又、祝儀の会には是に一菜を増して一汁三菜を用ひ候事、古代の簡法のよしにて候。……然れば、婚礼の節は一汁三菜迄は御免あるべき事に候へども、倹約を仰出され候時節故、一汁二菜に定められ、扨、軽き引汁相添へ候事は心次第と仰出されたるに、思召を含められたるにて候はんか。少しの事ながら礼の軽重の分るゝ所にて候へば、古法を失はれざる仰出されにもやと恐感いたし候。

右の文は、凡そ次のように解してよいであろう。即ち婚礼の際の振舞は、「一汁三菜」を用いるのが「古法」に適っている。処で、この度の条目に「一汁二菜」と定め、それに「軽き引汁相添へ候事は心次第」とあるのは、倹約の「思召」をその中に籠めて、「軽き引汁相添へ候事」と仰出されたのである。しかし、なお「軽き引汁相添へ候事」が許されたのは、「軽き引汁」を加えて「一汁三菜」という「古法」の趣旨をも忘れない為に、そのように仰出されたのであると。ここで「老儒」のいわんとするところは、この度の享保の条目は、「古法」の趣旨に基づくと同時に時代の要請にも適った立法であるということである。そうすると「老儒」の考えでは、条目は先ず「古法」、即ち道や礼に基づいて立法されなければならないとするが、しかし、この道や礼は、一方において時代の要請に応じて正しく「法」として発現されるものでなければならないということになる。右の考えは、前掲『昇平夜話』において、「法は道を行ふ為の法にして、しかも時に仍て斟酌損益」あるべきものとし、また『由旧録』において、「其邦国の風土に応する法を立て、天下の衆人に道を行ハしめ」んとする、道と法との正しい関係の在り方を具体的に示す例といえよう。

右に関連して、「老儒」は更に次のようにいう。享保の条目の副書に、「料理は二菜にても重き料理あるべし。三菜にても軽き仕形可有之候。」とあるのは、倹約にもかない、又、礼儀をも失わぬ様にという教えである。武家の「古例」をみても、「大礼は型の如く重く、すぐれて倹約なるもの」であって、盛物は多くとも、それは昆布、のし鮑、田作り、梅干、かち栗の類で整うのであると。「老儒」はこのように述べて、結論として「然れば礼は美味珍物によらず、倹約も亦菜数盃数によらざる事、是にて料簡あるべきか。此度の仰出されは、かやうの古例にも本づかれたる御事にて候や。猶功者に尋らるべし。」といっている。右の「礼は美味珍物によらず」とは、礼を行うに当っては、必ずしも美味珍物を用いる必要はないということである。「倹約も亦菜数盃数によらず」とは、倹約を行なうに当っては、必ずしも菜数や盃数を減ずる必要はないということである。従って振舞に際して、礼と倹約とを両立せしめるには、菜数や盃数は礼に則ってそのままとし、その内容は質素なものにすればよいことになる。しかも「老儒」は、その適例として武家の「古例」の中の「大礼」をあげて、右の解釈を正当化するのである。

このようにして余慶の思考においては、先代以来の法、即ち従来の法的規準を修正・変更する場合も、「古法」（礼・道）である「一汁三菜」の中の一菜を「軽き引汁」と改めることにより、「倹約」という具体的妥当性の実現をはかると同時に、その立法は、「軽き引汁」を含めてなお「一汁三菜」という一般的準則に合致するとし、また「一汁三菜」という一般的準則をそのまま適用し、形式的正義の要請を満たす場合も、「一汁三菜」の中身を質素なものにすることによって、その準則を時代や風土の変化に応じて柔軟に解釈し、その準則の内容を創造的に形成して行くのである。ここに今日、法の制定や法の運用において強調される安定性・予測可能性と柔軟性・実質的衡平とのバランスが程良く調和している様相を看て取ることができるのであり、それはとりもなおさず長岡藩における法学の誕生を示すものといってよいであろう。

三　藩校崇徳館の学問

さて、徳川幕府では、元和偃武から凡そ百年を経た十八世紀前半、八代将軍吉宗の頃になると、開府以来歴代将軍の発布した各種法令を集めて、それを事項別に分類した「御触書集成」がつくられ、また犯罪に対する刑罰の軽重を定めて裁判の規準を立てた「公事方御定書」が編纂された。即ち政治や司法の場にルールを求めて、それに依拠して国家統治を行わんとする法治主義がここに成立することとなる。

長岡藩にあっても、三代藩主忠辰の頃からいわゆる文治主義の傾向が生じてくるが、それが本格化するのが、前述の家老職を五十年間つとめた山本老迂齋とその薫陶を受けた九代藩主忠精の頃であり、十八世紀後半から十九世紀初頭という時期であった。老迂齋は牧野家系譜等と共に藩の旧法をも編纂したといわれ、忠精は文化五年(一八〇八)、藩校崇徳館を創立しているから、やはりその頃、法治を基本とする藩政が行われることになったと思われる。

とりわけ注目すべきは、老迂齋、忠精共に京都堀川の古義堂の学問を学んだことである。当藩では夙に高野榮軒が伊藤仁齋の論語古義、孟子古義、童子問等を読んで古義学に傾倒するところがあったが、ここに名門家老と藩主とが共に古義学を修めた意義は頗る大きいといわなければならない。老迂齋は江戸に在る日、仁齋の第四子にして東涯の異母弟である伊藤竹里に入門し、東涯の三男にして古義堂第三代、伊藤東所とも交流を有し、忠精も亦、京都所司代在職中、親しく東所から教えをうけた。

それでは、当時の古義堂の学問とはいかなるものであったか。古義堂初代の仁齋は、経学、即ち儒教哲学の面において優れ、二代の東涯は経学よりもむしろ史学の面によく通じていたといわれる。(5) ここにいう史学とは法律制度の歴史を主とするものであり、東涯には『制度通』、『唐官鈔』等の著述がある。『唐官鈔』は、唐の官制を記したものであるが、『制度通』は中国歴代の法律制度を研究し、併せて「本朝の制」を論じ、両者を比較したものであって、日中比較法制史の濫觴ともいうべき書物である。この『制度通』は、伊藤善韶、即ち東所が父の遺稿を十年かけて整理し、寛政九年(一七九七)に開板してから(「制度通跋」)、世に普及し有名となった。忠精は寛政四年に大阪城代、同十年に京都所司代となり、以後二年半在職しているから、彼が所司代に就任したのは、丁度『制度通』が刊行された直後であった。従って当時、東所と交流のあった忠精は、当然この書物を実見しているに違いない。

文化五年(一八〇八)、忠精は東所に請うて、その第五子東岸を招いて崇徳館の都講とし、東岸は同十二年、長岡に下向して藩の儒員となった。東岸は恐らく父東所が苦心して刊行した祖父東涯の名著『制度通』を崇徳館においても講じたことであろう。遺憾ながら崇徳館の史料は、その大部分が失われているから明言することはできないが、それを示唆するものがある。即ち元治二年（一八六五）四月の崇徳館教官、酒井光（晦堂）撰の「継明（東岸）先生墓碣」の一節である。それには、「先生天資温厚、閑於容儀、篤守父祖之業、而不務章句之学」とあって、ここに「篤く父祖の業を守る」というのは、東岸が東涯、東所の学問を祖述したことを示し、「章句の学に務めず」というのは、東岸が朱子の『大学章句』『中庸章句』に代表される四書の注釈を中心とする学問を排斥したことを意味するから、東岸が法律制度に関する実学を重んじ、「父祖之業」の一つである『制度通』を藩校において講じた可能性は大きいであろう。又、東岸が天保六、七年頃、十代藩主忠雅から養嗣子忠恭の教育を委嘱されたとき、東岸が忠雅に言上した「御用談書取」なる文書（長岡市立中央図書館蔵）が遺っているが、その冒頭には、次のように記されている。

一、文武御心懸之儀は御承知も可被為在と奉存候得共、乍恐一句奉申上候。学問之儀は修身治家治国之規矩定木ニて、一通り文字を覚え、古事を知り、詩文等を作り候為ニは無御座候間、第一御躬行之為、并ニ諸士之御シ方、御政務之大事ニ至ル迄、御手近御受用被遊候様仕度奉存候。左候へハうか〳〵と御疎漏ニ被遊候者ニて無御座候。何卒御実意ニ被遊候様仕度、偏奉願候。

右の文において、東岸が学問とは「修身、治家、治国」のよるべき準則であって、単なる知識の集積や詩文の創作を目的とするものであってはならないとし、また「第一御躬行之為、并ニ諸士之御シ方、御政務之大事ニ至ル迄、御手近御受用被遊候様仕度」と述べていることからすると、学問とは個人の道徳的修養の為のみならず、その知識は広く藩政全般への応用を目的とするものと考えていたことが窺われる。そこには仁齋以来の実学を重んずる古義堂の学問観、教育観が脈々として受け継がれているとみることができよう。

忠精は、東岸を招いて藩校崇徳館の都講とする一方で、藩儒秋山景山を抜擢して文化十二年（一八一五）、崇徳館の都講とした。景山は荻生徂徠の高弟、服部南郭の養子眞蔵（仲英）に入門して古文辞学を修めた人物である。崇徳館階下の成章堂は、古義学派の学堂であり、階上の遷善閣は徂徠学派の学堂であった。ここに藩の教学は古義学と徂徠学の両派が併立したのである。周知の如く徂徠は、儒学の目的を従来の朱子学の如く道徳の修養や人格の完成におかず、天下を安んずるという政治性に求めて道徳と政治とを切り離し、「先王の道」は結局、国家統治の為の法律制度の確立にあるとした。景山が天保三年（一八三二）に入部した藩主忠雅に提出した文書（『長岡市史　史料編3　近世二』六三四頁）に、「儒学ハ御政道之根本たる儀、深く御尊慮に被為籠云々」と述べていることは、やはり景山も儒学の目的を政治性に求め、それを藩校の教学の方針としたことを示すものである。

また景山が文政六年（一八二三）正月、学問の心得を述べて、稲垣平助、牧野頼母等の藩の首脳宛に提出した「布美の道しるべ」と題する文書（前掲書六四七頁以下）には、景山の学問観、教育観が縦横に述べられていて興味深い。例えば、次に掲げる如くである。

学問就業之本筋と申ハ、経書を熟得(読カ)仕候より外無御座候。……乍然、聖人之御心ニ而文義も微妙ニ御座候えは、容易ニ看得難仕候故、先儒も格別骨折候事と相見へ候。乍去、大意を受取、面々各々身ニ引受、活用仕候儀ハ、先儒之註釈ニ而不足無之、難渋仕候義ニも御座なく候。若又、凡その経伝、自分へ活用不仕、文筆ニのミ心肝を砕き、学問之本筋を踏違へ、小芸ニ陥り、果ハ風俗を乱し候類、当時之儒者肌ニ而、仮令万巻之書を腹中ニ蔵候共、俗ニ申書物箱ニ而、誠ニ無用之長物と申のミならす、……害も不少相見へ候。……学問之道ハ朝夕之間、一寸も無之て不叶、急用之道具ニ御座候。……

役人も見覺候帳面筋ハ、皆家々之格法、少々之違ハ御座候共、何れも先賢之取組候手筋故、黒と白を取違候程之事ハ無之候え共、人情之機変を取扱候儀は、学問之修業を以、先賢之腹中ニ別け入り、活用不仕候ては、柱に膠して瑟を鼓する之類不少相見え候。……

景山は、学問修業の本筋は、経書の熟読にあるとして、先人による経書の注釈を通じて経書の大意を修得し、それを各人それぞれの立場で「活用」することを勧めている。逆に経書に関する知識だけあって、それを「活用」しないのが当世の儒者であって、景山は、これを「書物箱」と称して痛烈に非難し、「無用の長物」であるのみならず、有害なものであるとしている。このように景山にあっては、学問修業の目的は、経書の「活用」であって、それは繰り返し説かれている処である。とりわけ役人は、この経書を「活用」する習練がなくてはならず、それを景山は「智を磨く」といっている。それでは何故、役人は「智を磨く」ことが必要かといえば、役人は職務上、「人情之機変」を取り扱う場合が多いから、その際、経書の「活用」がなければ、臨機応変の処置がかなわず、その取り扱いは融通のきかない、硬直化したものになるからだというのである。

ここで景山のいう経書の「活用」とは、経書にみえる道や礼という規範を時代や風土という状況に応じて様々に解釈して、それを司法や行政の場において正義実現の為の論拠として用いることであろう。前掲の文章に、景山が「学問之道」を指して「急用之道具」といっているのは、恐らくそのことを指しているのであろう。なお景山は、経書のみならず、諸子百家の書や歴代の史類をも熟読することを勧めているから、中国歴代の法律制度に関する知識も教学の対象であった。従って、その法律制度の内容を時代の要請の下に妥当なものに創造的に形成して行くことも、景山にあっては当然、その視野に入っていたことであろう。そうすると、ここにも前述した長岡藩の家風「常在戦場」にみる臨機の能力を重んずる精神や高野父子にみる「時宜」、「変通」を重んじながらも、なお道と法との両立をはかろうとする思考の伝統が受け継がれていることを知るのであり、また前記伊藤東岸の「篤守父祖之業、而不務章句之学」とする実践的な学問にも相通ずるものが認められる。景山の奉じた徂徠学は、崇徳館においては後に朱子学に改められたが、如上の思想が幕末に至るまで当藩に大きな影響を及ぼしたことは、次に述べる小林虎三郎の学問の中に、それがなお生きていることによって証明することができよう。

四　小林虎三郎の法学

このようにして、各人それぞれの立場での経書の活用を勧めた秋山景山、及び個人の徳行に止まらず、藩政全般への儒学の応用を説いた伊藤東岸を通じて、忠精の時代に実践的な古学が長岡藩に導入されたのであるが、それが法学として発展したのが幕末維新期であって、それを代表する人物が病翁小林虎三郎であった。小林は学者、もしくは教育者として世に名高いが、法律家としても極めて優れた人物であったことを見落してはならない。小林は、三十二歳にして「興学私議」を著わすが、その中で次のように述べている。

在大学、則増教師而厳其選、国史制度律令格式之学、国家礼楽兵刑食貨之籍、皆属諸此、考之古法、斟之時勢、以設科分局、要在去華而得実、

ここで小林は、「国史制度律令格式の学」の重要性を指摘し、これを「古法に考へ、時勢に斟む」ことを提唱した。すでに荻生徂徠は、世の風俗につれて自然と出来上っていったような習慣や慣例等は、制度とは認めず、それらを古代の律令制度に示唆を得て、作為的、計画的に改革することこそが聖人の道の実践であるとした。(6) 小林の「古法に考へ、時勢に斟む」の「古法」も、経書の規範のみを指すものではなく、広く日中古代の律令格式を

も含むものであり、小林は時代に適合したそれらの応用を考えていたのである。従って、それは徂徠の高弟、大宰春台が「往古ヲ斟酌シテ時宜ニ随フ」（「経済録」巻一）といっていることと同義である。小林が編輯して、明治六年（一八七三）四月に刊行された『小学国史』巻之十二の「享保十三年」の項には、次のような記事が掲げられている。

　是歳、荻生茂卿（祖（マヽ）徠）殁す、年六十三、……豪邁多才、其学通ぜざる所なし、嘗て吉保の命に因て、政談数巻を著シて献れり、……其他著書頗ル多シ、明律国字解の如き、大に世に益あり、

ここに小林が徂徠の学問を畏敬し、その著『明律国字解』を指して「大に世に益あり」として紹介していることは、実定法規としての明律が当時の我が国の立法にとって欠くべからざる法源であって、同書がそれに大きく貢献していることを小林が認識していたことを明示している。

小林が律令格式の学、とりわけ中国律や日本律に通じていたことを示す史料がここにある。慶応四年（一八六八）三月、新政府の北陸道鎮撫総督府が高田に進出した際、長岡藩は要求された三万両の献金を断り、一方、嘆願書を用意して、それを家老山本帯刀を正使に、藩士川島億二郎を副使に任命して総督府に提出しようとした。この嘆願書は後に軍事総督となった河井継之助によって、「時機既に遅れたれば、其効なかるべし」とされ、結局その提出は取りやめとなったが、その草案は小林の起草になるものといわれ、その全文が今泉鐸次郎著『河井継之助伝』（昭和六年、目黒書店刊、二七四頁以下）に掲載されている。この嘆願書が小林の起草になるという説は、恐らく正鵠を射ているであろう。何故なら当時、小林を措いて他に、これほどの文章を書き得る人物が藩内にいたとは思われないからである。

この嘆願書は長文のものであるが、その内容のあらましは、凡そ次のようなものである。新政府は徳川慶喜の

「反状」は「顕然」であるとし、これを「朝敵」として布告し、官位を没収したのみならず、征討の勅定まで下した。しかし慶喜は大坂表より東帰の後は、ひたすら恭順謹慎して居城を退き、東台に引き籠って朝廷にお詫び申し上げているのであるから、その行状を大宝律に照して考えてみても、「八虐」の罪の「謀反」にも、また「謀叛」にも相当しない。従って慶喜の「反状」が「顕然」であるというのは冤罪といわざるを得ない。更に大宝律の「六議」の中の「議功」によれば、国家にとって大なる功績のあったものは、その罪が宥免されるとある。慶喜の祖、家康は応仁以来の戦国の擾乱を平定し、三百年の太平の世を築いて歴史に比類のない功績をあげ、現今の慶喜も将軍を拝命して以後、西洋の文明を摂取し、欧米列強と対抗して日夜国家の経営に苦心し、その効果をあげている。従って徳川家や慶喜の功績は、右の「議功」に相当する。以上から慶喜に対しては、徳川譜代の大名として寛大なる処置を願いたいというのである。

この嘆願書を読んで、注目すべきことが二つある。その第一は、小林の律令法に関する学識である。小林は日本の律文を正確に理解しており、それは恐らく日頃、唐明律や日本律に親んで、それに習熟していたからに違いない。先ず嘆願書に見える大宝律の「八虐」の罪であるが、これは唐律の「十悪」を踏襲したものであって、「十悪」とは儒教倫理の見地から名教に違背すること顕著であるとされる罪であり、「十悪」を犯すと、官爵を有する特権階級の人々に与えられた刑法上の特典が剥奪され、また「十悪」の罪は、屢々恩赦の対象からも除外された。日本律の「八虐」は、国情に合わせて唐の「十悪」を整理し、その中の二項を削除したものであるが、その内容や法的効果は、唐律の「十悪」とそれほど大きな違いはない。

次に「八虐」中の「謀反」と「謀叛」であるが、「謀反」とは天子に危害を加えようと謀ることであり、現在の皇帝の廃位・殺害を直接目指し、ないしは窮極的にそれに連なる性質の暴力の行使が「反」であり、その予備・

陰謀が「謀反」である。一方、「謀叛」とは正統な現王朝から離脱して外国もしくは偽政権の側に寝返ることが「叛」であり、その予備・陰謀が「謀叛」である。「反」と「叛」の相違は、朝廷に面を向けての積極的な攻撃と朝廷に背を向けての消極的な離脱との違いであるとされる。(7)

さて嘆願書の文をみると、それには次のように記されている。

> 謹て大宝律を案候に、八逆(虐)罪の内に、謀反は国家を危くせんと謀ると相見、即ち平将門抔が所為の如きを申候哉に奉存候。又反(叛)は国に背き偽に従はんと謀るを謂ふに相見え、即ち皇家に背き、偽賊若くは外夷に奔り託し候半と巧み候を申候哉にて、彼の方隅に割拠し、朝命を不奉者も叛に属し候義と奉存候。

右から明かなように、小林の大宝律の「謀反」と「謀叛」に関する理解は、実に正確であって、両者を明瞭に区別して一点の疑義も存しない（なお文中の「反は国に背き云々」の「反」は、「叛」の誤植）。

次に大宝律の「六議」であるが、「六議」はやはり唐律の「八議」を踏襲したものであって、「八議」とは「議」という刑法上の特典を享受する八種類の資格要件を定めたものである。その中の「議功」とは、「大功勲」の有るものをいい、国難に際して武功をあげ、また艱難を顧みず、海外に使したものの如き、国家にとって大なる功績のあったものをいうのである。日本律の「六議」は、「八虐」同様、唐律の「八議」を整理して、その二項目を削除したものであるが（日本律の「議功」は、唐律の「議功」と「議勤」とを合わせたものである）、その内容や法的効果は、唐律の「八議」と殆ど変らない。小林が徳川家康や慶喜の国家に対する前述の功績をあげて、それが「議功」に相当するというのも、至当な見解というべきであろう。

次に嘆願書の注目すべき点の第二として、そこにみられる小林の立論の方法と説得の技術をあげることができよう。小林は嘆願書の末尾において、次のように述べている。

方今御成務筋御復古の折柄、刑律等の事も遠く先皇の御成規に被為基、寛仁公平の御主意を以て、天下後世異議無之様、御施行被遊候儀勿論と奉拝察候得者、右之通、恐をも不顧奉哀訴懇願候。

右の文で、小林のいわんとする所は、結局、次のようなことである。新政府は、すでに前年十二月に「王政復古」を唱えて、その正当性を主張している。「王政復古」とは、即ち天皇親政による政治である。そうであるとすれば、それは我が国古代の律令に基づいた政治でなければならない。しかるに新政府の慶喜に対する処置は、この律令法に違反しているから無効であるというのである。これ即ち新政府の正当性の論拠を逆手にとったレトリックであって、博識な小林にして始めて可能な説得力のある主張である。確かに河井のいうように、この嘆願書が提出されたとしても、それは「時機遅れ」のものであって、新政府によって黙殺されたであろう。しかし新政府の首脳のもとに、もしこの文書が届けられたとしたならば、それは戊辰戦争における河井の長岡城奪還にも比すべき衝撃を彼等に与えたのではなかろうか。何故なら当時、新政府内には、この文書に正面から反駁するほどの法理論を構築し得る人物はいなかったと思われるからである。

以上、慶応四年三月に起草された新政府宛の嘆願書を通じて、小林の律令法に関する学識、論証の方法、説得の技法等の一端をみて来た。物事を判断したり、処理したりするとき、それを或は成り行きに任せ、或は恣意的に行ない、或は思い付きによるというのではなくして、古代の律令や中国歴代の法律制度等の、当時の多くの人々によって支持されている権威あるルールや規準に則ってそれを決定するという方法は、まさに法的なものの考え方である。小林の決断と行動には、このような法的思考がその基礎にあったとすることができよう。なお小林は、戊辰戦争後の明治二年に「藩治職制」を、同三年に「民間禁令」をそれぞれ立法している。「藩治職制」は、小林の意見を多く取り入れて藩の官制を整備したものであり、「民間禁令」は、小林が唐明律を参照して撰修した当藩初めての刑法典である。前者を令とすれば、後者は律である。当時、長岡藩の大参事であった小林は、明治初年の当藩の律令ともいうべき基本法典を共に制定したのである。

とりわけ右の「民間禁令」については、注意すべきことがいくつかある。詳細は別稿に俟つこととして、ここでは簡単に述べるに止める。先ず、この法典には「明治三年正月某日」の「長岡藩大参事　小林虎」の「序」があるが、この「序」は明の丘濬の『大学衍義補』を基にしてつくられており、(8) この法典の起草に当って、『大学衍義補』を通じて唐明律が参照されたことが推測される。次に、この「序」には、法を公示して民間にそれを周知徹底せしむべきことが説かれ、旧幕府の編纂した御定書百箇条は粗略に失し、且つ公示したものではないとし、この「民間禁令」は、周制に倣って年始には里正を集めて、これを教令授読せしめ、更に里正は毎月一日に民を集めて、これを習誦せしめ、以て政府の新律が発布されるまで施行するとある。小林のいう如く旧幕時代にあっては、公事方御定書を始めとして各藩の法典類で公布されたものは少なく、それらは法実務に携わる官吏に対し、法適用の規準を示す為に部局内部でつくられたものが多い。当時はすでに明治維新を迎えたとはいえ、ここに小林の見識が窺われると共に、その現実的な対応が注目される。

更に、この法典の「序」には、明治三年九月の追記があり、それには西洋法の摂取が強調されている。即ち西洋の法律は、その内容が詳悉完備しており、その学問は国家統治にとって必須なものとされていること、また西洋においては、人民に刑罰を科す場合、官吏は必ずその法的根拠を示さなければならず、いわゆる罪刑法定主義の原則に立って法が運用されていること等をあげ、西洋の法律及び法律学の摂取が目下の日本にとって急務であるとし、その為には先ず西洋法律書の飜訳が要望されるとしている。この虎三郎の見識を実現した第一歩が虎三郎の弟、小林雄七郎が飜訳し、且つ虎三郎がその文章を校定した『法律沿革事体』（原書名は History and Nature of Laws　明治九年、文部省印行）である。本書は西洋の法の歴史をローマ法、カノン法、封建法、イギリス法、スコットランド法、フランス法に分けて概説したものであり、特定の時代、特定の地域の法律の紹介ではなく、西洋法全般を鳥瞰したところに本書の特色がある。それはまさに我が国における西洋法学、西洋法制史学の嚆矢であるといってよいであろう。

五　河井継之助の法実務

長岡藩の法学を考えるに当っては、小林虎三郎と共に、もう一人の人物についてもふれておかなければならない。即ち河井継之助である。河井は幕末の長岡藩家老、軍事総督として著名であるが、実務派官僚としての業績も見落してはならない。河井は外様吟味役、郡奉行、町奉行として諸々の紛争や事件の処理・解決に当り、風教の刷新（賭博の禁止・遊廓の廃止）や行刑制度の改革（人足寄場の設立）等にも努めたが、注目すべきは、その法実務に関する手法である。河井の藩政改革の方法や具体的事案に対する取り組み方をみると、それは小林の如く古法にルールを求め、それを時勢に合わせて解釈・適用するという性質のものではない。むしろ河井には直観による臨機応変の才があったようであり、それには彼の信奉した陽明学の影響もあろうが、また前述の藩風「常在戦場」の精神にも通ずるものがある。

今、ここに「河井継之助愛読文抄」と題する印刷された小冊子がある。それには、「李綱文抄」と「山田方谷文抄」とが掲げられており、後者は更に「論理財上」、「論理財下」、「稼説」の三つの文章から成っている。この小冊子は、昭和十年五月、安岡正篤が長岡市において講演した際の資料として作られたものと思われるが（安岡正篤『陽明学十講』昭和五十六年、明徳出版社刊、一八〇頁以下参照)、安岡は、右の文について、「ただし、この文章を継之助が読んだかどうかということは、まだ詳かに致さない。ただこの文章は山田方谷の思想人物をよく現わすものであり、この文を読むと読まざるとにかかわらず、かくのごとき思想が河井に多く映っておることは確かな事実である。」(前掲書二四七頁)といっている。右の山田方谷の文中、「稼説」は、河井の思想を考える上においても示唆を与えるものと思われる。即ち、この文で方谷は、京都、洛西の山田の稲作と備中平野の水田の稲作とを比較して、その地ならし、種まき、肥料、灌漑、刈り入れ等、その農作業の方法が全く異なるという例をあげ、水田耕作の方法を山田にそのまま適用することはできないとし、古を学んでも今に通じなければ、その学問は無益であると結論している。しかも右の方谷の説に対し、齋藤拙堂はこれを評して、更に井田法、周官、明清律を現今の状況を無視してそのまま用いても、意味はないとしている。[9] 河井が師と仰いだ方谷、拙堂が共に、中国法の機械的な適用に対し、それを厳しく戒めていることは、河井の思想を考える場合、やはり注意すべきことではなかろうか。ここにも、藩政改革や事案解決に関する小林虎三郎との手法の相違を窺うことができる。

さて、江戸時代は司法が行政から独立しておらず、郡奉行や町奉行は裁判権をもった検察官か刑罰権をもった調停者という立場であり、また、それらの官吏が人を罪に問う場合は原則として自白に基づいて為すべきであった。従って郡奉行や町奉行に最も切実に要求されたのは、行為者本人をして眞実を語らせることであった。しかし信憑性のある自白ほど捜査にとって有益であり、事件の眞相を明らかにするものはないが、逆に信憑性のない自白ほど誤判や冤罪を生むものもない。自白は裁判に携わる役人にとって、いわば諸刄の剣であった。このような自白のもつ危険性を有効に防止するにはどのようにすればよいか。

河井は嘉永五年(一八五二)、二十六歳の春、津藩の儒者、齋藤拙堂の門に入った。河井が、その後も拙堂に傾倒していたことは、安政六年（一八五九）四月、備中松山藩の山田方谷に師事せんとして父代右衛門に宛てて遊学の次第を述べ、学資の送付を請うた書簡によっても窺うことができる。即ち、その中で河井は、「就業可仕心底に罷成、天下の人才追々承合候処、才徳を兼、事業に施し候英雄は、やはり以前師と致候藤堂様の徳蔵、大柿候の家老小原仁兵衛など屈指候次第、……尤も彼方而已に居り候心得にも無之、伊勢の徳蔵、大柿の仁兵衛抔へも参り、政事の得失等も親敷見聞仕候はゞ、大なる益も有之候はんと存候故の儀に御座候。」（今泉前掲書五八・六〇頁）と述べて、方谷に師事するに当っても、依然、齋藤拙堂や小原鉄心の学問を藩政に有益なるものとして高く評価している。齋藤拙堂、名は正謙、字は有終、通称は徳蔵、拙堂はその号である。寛政九年（一七九七）、江戸柳原の津藩邸に生まれ、昌平黌において古賀精里に学ぶ。文政三年（一八二〇）、二十四歳のとき津に移住し、以後、藩校学職、講官、侍読となり、天保十二年（一八四一）から同十四年まで郡奉行をつとめ、弘化元年（一八四四）、督学となり、安政六年（一八五九）に致仕、慶応元年（一八六五）、六十九歳で没した。

河井の『塵壷』は、彼三十三歳のとき、山田方谷の許への遊学の際の日記であって、安政六年六月四日から同年十二月二十二日までのものである。その内容は、江戸を出発して備中松山に到着するまでの日記、方谷の許での滞在中の日記、更に方谷の上府の留守中、四国・九州を歴訪し、再び松山に戻るまでの日記に大別される。巻末には遊学中に読んだ書籍、金銭出納の控、方谷の語録等のメモが記されているが、その中に次の如きものがある（安藤英男校注『塵壷　河井継之助日記』昭和四十九年、平凡社刊、一八二頁以下）。

長崎より帰りし後

聴訟彙安　三冊

伊勢人　津坂東陽纂

小学纂註　四冊　唐本　帙入
海国図志　墨利加州部
　　夷情備米
　　　　合せて七冊
大学衍義補　唐本　惣計三十八本
　　　　序合せて十一冊終三十七
　　　　総論礼楽の道、下迄済

河井は安政六年十月五日、長崎に到着、十月十八日に長崎を出発、その後、熊本を経て十一月三日に松山に帰っている。従って右の書目は、十一月三日以後に河井が読んだものを列挙したのであろう。ここで注目すべきは右の中、最初の「聴訟彙安」である。

この「聴訟彙安」は、津藩の儒者、津阪東陽の撰する『聴訟彙案』であって、天保二年（一八三一）の藩校有造館蔵版の三冊本と考えて間違いない。津阪東陽は宝暦六年（一七五六）に生まれ、文政八年（一八二五）に没したが、藩校有造館の創立にかかわり、その督学にして侍読を兼ね、齋藤拙堂より四十歳程の年長である。本書は、その冒頭に天保二年六月の「津藩侍読　齋藤謙謹撰」の「聴訟彙案叙」と文化三年正月の「東陽津阪孝綽撰」の「聴訟彙案序」とを置き、巻末には天保二年十二月の「津藩　川村尚迪謹識」の「聴訟彙案跋」を載せている。従って、本書は文化三年（一八〇六）に完成した津阪の著作を、その没後二十五年を経て齋藤等の尽力によって藩校から出版したものであろう。

本書の作成や刊行の目的をこれらの序跋から推測するに、本書は南宋の桂万榮の撰する『棠陰比事』を増補したものであって、『棠陰比事』とは、聴訟折獄、即ち刑事裁判に当って、誣告を弁別し、冤罪をなくす為に漢魏以来の名賢の判案を集めたものである。津阪は更に『棠陰比事』に漏れた判案、及び『棠陰比事』以後の元朝から清朝に到る判案のとるべきものを博捜して本書を著わし、『棠陰比事』と本書とを併読することを勧めている。従って本書は、いかにして被疑者から眞実の自白を得るか、いかにして真犯人を探し出すか、いかにして誣告を見破るか、いかにして冤罪をなくすか等々、姦偽摘発の方法や技術を具体的な事案を通じて学ぶ目的をもって作られた実用の書である。河井は山田方谷を訪ねて備中松山に赴く途中、津に立ち寄って、六月二十二日は終日、二十三日は午後、拙堂宅に参って懇談し、また有造館をも見学しているから、本書に関する知見は、その際に得たものかも知れない。

齋藤拙堂は、本書の「叙」において、「鉤距之術」、「発摘之方」ということを述べている。これは、世が降るにつれて姦偽が百出し、「獄情」（犯罪の事情）を知り難いから、ことの眞相を見破る為の技術、技法を磨くことが裁判官にとって重要であり、場合によっては、眞実を知る為に奇計、奇策を用いても致し方ないというのである。河井には、慶応二年頃、町奉行として賭博禁止令の励行を徹底せしめる為、自ら博徒に扮して、その摘発に努めたという逸事があるが、これは今日でいう囮捜査であって、まさに拙堂のいう「鉤距之術」であった。河井は、自身俗謡をうたうことが好きであって、ひそかに民衆の盆踊りに参加し、また藩の同心達に浄瑠璃本を讀むことを勧めている。このようにして河井は庶民の世態人情を知ることに努めて、紛争や事件の処理・解決に向けて当事者の心服をかちとり、その口から眞実を語らせることに成功したのであるが、それには山田方谷や齋藤拙堂の「経済有用の学」（前掲河井書簡）や津阪東陽の『聴訟彙案』から学ぶところが大きかったと思われる。

渡辺廉吉が少年時、小林虎三郎によって創建された長岡の国漢学校に学んで、小林の薫陶を強く受けたことは、「崇徳館と国漢学校」と題する後年の談話（北越新報社編『長岡教育資料』大正六年刊、七頁以下）によって知ることができる。渡辺は明治三年六月十五日、その開校式において、藩知事牧野忠毅臨席の下、小林が大学の講義を行なった様子を次のように語っている。

殿様から二、三間の前に藩の重立（おもだち）初め綺羅星の如く居並ぶ処に、髯（ひげ）ムシャ〳〵の小林サンが裃（かみしも）を着けて、荘厳なる御前講義を試みられたのは、如何にも偉観を極めたもので、今猶ほ眼前に髣髴たるの想ひがする。

渡辺は明治四年九月、数え十八歳で上京し、十一月に大学南校ドイツ部に入学するが、この上京は国漢学校教師、田中春回の勧めによるものであった。国漢学校は、藩校崇徳館の流れを酌むものではあるが、一方において漢学中心の教育を大巾に改め、国学と漢学とを併せ教授し、且つ洋学局、医学局をも併置して、新時代の要請に応えようとしたものであった。田中は単なる「四角四面の漢学先生」ではなく、「泰西の学理にも通じ、開けたところのある当世風の学者」であって、明治三年五月、「国漢学校制度私議」なる文書を藩庁に建議している（広井一談「長岡の中等教育」前掲書一四〇頁以下）。その冒頭には、「一、学校は政教の根本なり。従来の弊習を一洗し、学校を以て人材を教育し、人材を以て諸官に騰揚すべき事」とあるが、ここでいう「政教」とは、政治と教育のことであろう。即ち新しく創立する国漢学校は、「漢籍末疏を反覆し、或は故事小説を渉猟すること」を排し、「学問政事」を第一とし、「専ら実材を生育し、以て国家の実用に供するを以て急務」とし、その授業科目は、

「或は律令格式、或は歴代沿革、或は山海地理、或は法政租税、或は兵制武備、或は文学教化抔と分科を立、各一科を任じて之を熟練精究せしむべし」としている。このような国漢学校のめざす教学の目的や内容には、国家有用の人材の育成と共に、政治、法律、歴史、地理、税制、兵制等の学問を重視する傾向が認められ、そこには小林の思想の影響が濃厚に現われているということができよう。渡辺が後年、オーストリアやドイツに留学して法律学、行政学を学び、伊藤博文、井上毅等に協力して近代国家としての日本の骨組みを作り上げる功績をあげたのも、小林の思想や国漢学校の教育がその基礎にあったからではなかろうか。

また渡辺の行政裁判所在職時代の同僚として十八年間、交際のあった清水澄は、渡辺の行政裁判の判決を追想して、「渡辺君は……法律を解釈するに当り、常に条理より推及して其精神を探求把捉し、以て訴訟事件を断定した」と述べ、渡辺が徒らに法文の文字に拘泥して判断を下す、いわゆる法律の形式的解釈・適用を排したことを高く評価している（前掲『渡辺廉吉伝』所収「小序」六頁）。そのことは、渡辺が行政裁判法の学理の研究に従事して合理的なその法案の創出に尽くすと共に、他方、訴訟事件に臨んでは、常に民衆の権利を保護することを期しつつ、なお厳正公平な判決を下すことに努めた（前掲書八九頁）ことと相応ずるものであろう。渡辺の判決の態度がそのようなものであったとするならば、それはまた法文を遵守することにより法の理念である安定性を重んじながら、一方、状況に応じて法文の解釈を柔軟に行なって、時代の要請にかなった正義の実現をはかろうとするかつての長岡藩の伝統的法思考とも全く無関係ではなかろうと思われる。

小原直は渡辺廉吉より二十歳程若く、明治十年の生まれであるから、当然ながら戊辰戦争は経験していない。しかし父の田中敬次郎は五十石取の藩士であって、戊辰戦争に従軍し、家族ともども戦後の悲惨な生活を味わったから、小原自身にも長岡藩の歴史は色濃く影を落しているといわなければならない。小原は、判事から検事に転じた人であるが、判事時代に法規を精読して遵法精神に徹し、しかも法規に精通しているから、それを実務にどのように活用するかを心得ており、「検事局の知恵袋」といわれるほどであった（前掲『小原直回顧録』三五六頁）。また軍の圧力に屈せず、天皇機関説事件を公平適切に処理したことにみられるように、勇気ある人物でもあった。しかし、ここでは小原が検事時代に「自白の名手」といわれたことに注目したい。

小原をして言わしめると、検事として人に眞実を語らせるコツは、「誠を人の腹中におく」の一事以外にはないという（前掲書三三〇頁）。この「誠を人の腹中におく」という言葉の意味について、前掲『回顧録』の「あとがき」（四四五頁）には、次のように記されている。

先生は長岡藩士の秋霜烈日な士魂とともに、ゆたかなるヒューマニズムを体中に蔵する方であります。そのゆえに、あらゆる事件の被告人に対し、文字通り恩威並びに行われ、頑強に供述を拒む被告人も、小原検事の前に立つと、すなおに真実を語る場合が多かった。大逆事件の菅野スガ、八幡製鉄所事件の某被告等々、その事例は枚挙に遑がありません。先生に、なにか取調べの上に妙手がおありですかと聞くと、先生は、別に奇策を弄することはない、たゞ「誠を人の腹中におく」というか、まごころをもって被告人其の他に接することあるのみと答えられる。まさに徳をもって、検察の正道を踏まれたということであります。

右の文において、小原は「誠を人の腹中におく」とは、眞心をもって人に接することと解しているが、小原のこの語の理解は、それに止まるものではないと思われる。この語の眞の意味は、自分が眞心をもって接していることを相手に理解させ*る*ということであろう。小原は、「検事は仕事ができるだけでなく、品格を備えておらねばならぬ」とし、また「検事は風采にも気をつけるべきだ」として、服装については、ネクタイの締め方に至るまで部下に注意したという（前掲書三七七頁）。自分が誠心誠意接しているということを相手方に理解させる為には、服装や言葉遣い等、その態度振舞には十分注意する必要があり、その努力をして始めて被告人が胸襟を開いて眞実を述べてくれると小原は信じていたのであろう。

この小原が座右の銘とした「誠を人の腹中におく」という言葉の出典は、後漢書光武紀上の「降者更々相語曰、蕭王推赤心置人腹中、安得不投死乎」であるが、この語はまた河井継之助が好んで用いたものであった。河井は慶応元年（一八六五）十二月、郡奉行として西蒲原郡の巻町に出張し、代官萩原貞左衛門宅に逗留して水腐地の実情を調査し、窮民を慰め、不穏の行動に出ることを鎮撫した。その際、萩原を戒めた河井の書簡の中に、この言葉が使われている（今泉前掲書一三八頁）。即ち次に掲げる通りである。

有才人、徳なければ人不服。有徳者も才なければ事不立。老兄は立事の才余りありて、人を服するの徳は御不得手之様被存候間、誠を人の腹中に置くの御工夫、御油断無之様偏に所庶幾なり。

小原が河井を高く評価していたことは、前掲『回顧録』に徴して明らかであるから、小原のこのモットーは、河井から学んだものであろう。しかも河井が郡奉行、町奉行として人情の機微に通じ、人心の把握に巧みであって、それによってよく難件を処理したことは、検察官としての小原にとっても共鳴するところがあったのではなかろうか。また司法大臣在任中に勃発した二・二六事件において、小原は岡田首相の参内を強く主張し、事態の早期収拾に尽力した。その適確なる判断と迅速なる行動は、後世、水際立っていたと評価されているが（『小原直回顧録』解説二七〇頁、中公文庫）、そこにはやはり前述した長岡藩の藩風「常在戦場」の精神にも通ずるものがあったのではなかろうか。

以上、長岡藩の法学の系譜を辿るとき、小林虎三郎の近代国家形成に当っての法制の整備や法治主義確立の素志は、渡辺によって受け継がれ、河井継之助の実学尊重の精神は、小原によって実を結んだとみることができると共に、更に渡辺、小原の両者には、長岡藩の士風やその伝統的法思考の影響もまた大なるものがあったということができよう。

（1）『由旧録』は、宝暦十年（一七六〇）、家老山本義方（老迂齋）の委嘱をうけて、「史臣高野子」が撰述したものであり、三代牧野忠辰までの藩主牧野家の系譜、その治績、藩士の篤行等を述べ、藩風の淵源、君臣の道義等を明らかにして、今後の治政の指針とする為に編輯されたものである。本書の撰者は一般に高野余慶とするが、なお明瞭ではない。本書成立の宝暦十年には、余慶は数え三十二歳であり、父榮軒は六十八歳である。因に義方は四十三歳である。本書巻頭に掲げられた義方の宝暦十年の序には、「吾　大君創業以来、賢君功臣国を治め、民に仁するの要典摘聚、鑑戒に備へんと之を史臣高野子に詢る。高野子諾を宿めず、数月にして稿を脱す。」とあり、文中の「史臣高野子」は榮軒、余慶その何れかであろう。処で伊藤東所撰の「高野榮軒先生碣銘」には、「君学識博綜、通往史、委典故、使管其史局」とあるから、榮軒は藩当局から藩史の編纂を公式に委嘱された史官であった。そうすると、義方が本書の編纂を詢った「史臣高野子」は、本書撰述の目的の重大性から考えて三十二歳の余慶よりも、多年藩史の編纂に携わった六十八歳の榮軒とする方が自然であろう。義方は、すでに宝暦五年十月、自邸に書堂を開設し、榮軒を都講として招き、その学識を高く評価している。たとい余慶が本書執筆の任に当ったとしても、本書所収の史料を提供し、その内容を監修したのは、父榮軒であったに違いない。ここでは一応、本書の著者を高野父子と考えておくこととする。なお本書の巻之上は、今泉省三編『越佐叢書　第七巻』昭和十一年、越佐叢書刊行会刊、巻之下は今泉鐸次郎他編『越佐叢書　第八巻』昭和五十一年、野島出版刊所収のものに拠った。

（2）本書にも明和四年（一七六七）八月の山本義方の序が巻頭に掲げられている。それによると、本書は「高野永貞老人の嘗て聞く処を述る者なり」として、上巻は成定から忠辰に至る牧野家の系譜、中巻は執事の事蹟、下巻は家士の事蹟を記している。本書作成の動機は、明和三年に忠精が数え七歳にして牧野家の家督を相続したことにあり、やはり今後の忠精の治政の指針とする為に編輯されたものである。本書は当時、七十五歳であった榮軒の口述を子の余慶が筆記したものと思われ、その内容は『由旧録』と重複している個所もあり、また文中に「由旧録に無之分、此に記す」、「由旧録に見へたり、依略す」等の記事が散見されるから、本書は『由旧録』の補遺篇という性格をもつものである。なお本書のテキストは、今泉鐸次郎他編『越佐叢書　第一巻』昭和四十九年、野島出版刊所収のものに拠った。

（3）本書には、寛政八年（一七九六）正月の序があり、高野余慶六十八歳の時の著述である。序によれば、「治世の弊を談ずる」ことが本書作成の目的であるとしている。本書は当時の政治社会上の諸問題につき諸侯や諸士の心得や処世訓を述べた十巻の大著であり、長岡藩関係の記事がない訳ではないが、むしろ当時の武士一般を読者の対象としている。余慶は江戸在住二十四年というから、その間の見聞や知識が基になって本書が作成されたのであろう。上篇は瀧本誠一編『続日本経済叢書　第一巻』大正十二年、大鐙閣刊、下篇は『同　第二巻』所収のものに拠った。

（4）例えば長岡藩中興の英主と謳われた九代牧野忠精は、藩校を創立して法治主義を導入した藩主であるが、一方において「常在戦場」という家風を忘れず、臨機の処置を軽視しない人物でもあった。忠精は幕府老中となって、対外関係の処理に当ったが、文化元年七月、ロシアの使節レザノフが通商を要求して来航した際、長崎奉行は国禁を犯して露船内の病人の療養と船体の修理を許した。幕府にはその行為を非難するものが多かったが、忠精のみ、それを機宜に適した処置として高く評価し、衆議を排して事なきを得たという（坂本辰之助『牧野家家史』大正六年、牧野忠篤刊六五頁）、また戊辰戦争の際、藩士鬼頭平四郎が独断で外国商人スネルから銃器弾薬を買付けたことに関し、軍事総督河井継之助は、「非常の時、当に非常の計に出づべし、豈格法に抱泥すべけんや」として、却ってその行為を賞したという（今泉鐸次郎『河井継之助伝』昭和六年、目黒書店刊四一八頁以下）。

（5）伊藤東涯『制度通』上巻、岩波文庫、解題（吉川幸次郎）五頁参照。

（6）荻生徂徠『政談』岩波文庫、解説（辻達也）三七七頁参照。

（7）唐律「十悪」、「謀反」、「謀叛」等の説明は、律令研究会編『譯註日本律令五』（滋賀秀三）昭和五十四年、東京堂出版刊による。

（8）「民間禁令」の「序」が『大学衍義補』を基にして作られていることは、両者を比較して、その文が酷似しているることから推測される。なお米百俵編集委員会編『米百俵　小林虎三郎の思想』昭和五十年、長岡市役所刊二三五頁所載の年不詳十月二十四日の三島子楽宛小林虎三郎書簡によれば、在京の三島に小林が「丘濬の大学衍義補唐本の方一部御求御持帰被成下候様奉願候」として、『大学衍義補』の購入を依頼している。右から当時、小林が「民間禁令」起草の為に同書を必要としていたこと、及び前掲書簡の年代が明治二年であることが推断されるであろう。

（9）　史料には、「儒者談経済、或欲復井田、或欲行周官、或欲用明清之律、不為此老農之笑者鮮也、拙堂斉藤謙妄評」とある。

梧陰文庫研究会について

〔研究会のあゆみ〕

	報告年月日	報告者・報告題目
第一回	昭和五十五年九月二十日	『梧陰文庫影印』刊行の為の共同作業
第二回	同　十一月八日	山下重一　皇室典範成立初期史
第三回	同　十二月六日	大石　眞　明治皇室典範起草――帝室典則制定まで――
第四回	昭和五十六年一月三十一日	小林　宏　井上毅の帝室典則・皇室法典初稿に対する批判
第五回	同　三月七日	島　善高　皇室典範の周囲――尾崎三良と柳原前光
第六回	同　四月四日	『梧陰文庫影印』刊行の為の共同作業
第七回	同　五月九日	中島昭三　明治十四年政変関係史料解説
第八回	同　六月十三日	大石　眞　井上の憲法草案（憲法試草）について
第九回	同　七月十一日	澤登俊雄 新倉　修　「皇室ニ対スル罪」について
第十回	同　十月七日	『梧陰文庫影印』刊行の為の共同作業
第十一回	同　十一月二十一日	同
第十二回	同　十二月五日	同
第十三回	昭和五十七年一月二十三日	同

第十四回	同	九月十四日	小林　宏	「皇室典範制定本史」の方向づけ
第十五回	同	十一月二十七日	木野主計	柳原前光と井上毅
第十六回	昭和五十八年	一月二十二日	澤登俊雄 花岡明正	皇室に対する罪について
第十七回	同	三月二十四日	瀧川政次郎	梧陰文庫と三種の神器
第十八回	同	六月一日	山下重一	柳原前光の皇室法典その他について
第十九回	同	七月二日	小林　宏	皇室法の近代化と律令法
第二十回	同	九月八日	島　善高	明治皇室典範制定史の基礎的考察
第二十一回	同	十月二十九日	『梧陰文庫影印』刊行の為の共同作業	
第二十二回	同	十二月十日	大石　眞	明治憲法・典範の制定と憲法附属法の問題
第二十三回	昭和五十九年	三月二十二日	『梧陰文庫影印』刊行の為の共同作業	
第二十四回	同	四月二十一日	同	
第二十五回	同	五月二十六日	中島昭三	明治十四年政変後の政治情勢
第二十六回	同	六月十六日	木野主計	井上毅の滞仏中のフランス法研究
第二十七回	同	十月二十日	大石眞・布田勉 ・原田一明	枢密院における憲法・典範・議院法の審議過程について
第二十八回	同	十一月二十四日	布田　勉	枢密院における議院法・選挙法・貴族院令の審議経過について
第二十九回	同	十二月十五日	田嶋　一 齋藤利彦	井上毅の教育政策と教育思想
第　三十　回	昭和六十年	二月九日	大石　眞	議院法御諮詢案の成立過程　——その概要と問題点——
第三十一回	同	三月二十日	島　善高 小林　宏	皇族令について——その一—— 明治皇室典範制定史をめぐる諸問題
第三十二回	同	四月二十日	島　善高	皇族令について——その二——
第三十三回	同	五月十八日	中島昭三	明治十四年政変後の政治史的諸問題

第三十四回	同　六月十五日	大石　眞	明治憲法制定史概説——帝国憲法の起草から初期議会まで——
第三十五回	同　七月十三日	島　善高	皇室典範制定史概要——いわゆる柳原原案より典範義解の成立まで——
第三十六回	同　九月二十一日	大石　眞	外国人法律顧問の役割——明治十九、二十年の典範・憲法起草過程におけるロエスレル答議を中心として——
第三十七回	同　十月二十六日	新田　均	井上毅の宗教政策構想
第三十八回	同　十一月十六日	花岡明正	治罪法制定と井上毅
第三十九回	同　十二月二十一日	齋藤利彦	井上毅における政治と教育
		田嶋　一	井上毅における産業と教育
第　四十　回	昭和六十一年二月二十二日	㝡知浩一	井上毅と朝鮮問題——壬午事変を中心として——
第四十一回	同　三月十九日	新倉　修	治罪法の構造と特色——旧刑訴法および現行刑訴法と比較して——
第四十二回	同　四月十九日	原田一明	貴族院令の起草過程
第四十三回	同　五月十七日	広瀬順晧	憲政資料室及びその所蔵史料について
第四十四回	同　六月十四日	阪本是丸	明治中期の宗教政策と井上毅
第四十五回	同　七月十二日	山下重一	井上毅の北海道意見
第四十六回	同　九月二十日	布田　勉	モッセの憲法講義
第四十七回	同　十月十八日	大石　眞	明治二十一年夏の議院法案の検討
第四十八回	同　十一月十五日	武藤郁人	明治二十五年の井上毅——議会対策における政治的行動を中心として——
第四十九回	同　十二月十三日	田嶋　一	井上毅と教科書問題
第　五十　回	昭和六十二年二月二十一日	長尾龍一	明治憲法と天皇制

第五十一回　同　三月十九日　小林　宏　伝統的法思考と井上毅——とくに「時宜」について——
第五十二回　同　四月十八日　新田　均　神祇院設置問題について
第五十三回　同　五月十六日　山下重一　井上毅と改約分島交渉
第五十四回　同　六月十三日　大石　眞　もう一つの「営業の自由」論争
第五十五回　同　七月十一日　赤坂正浩　女帝問題といわゆる同等婚原則について
第五十六回　同　九月十九日　島　善高　近代恩赦制度の沿革
第五十七回　同　十月十七日　永森誠一　献言献策の政治学——井上毅の政治技術——
第五十八回　同　十一月十四日　坂本一登　明治十四年の政変再考——伊藤・岩倉・井上毅——
第五十九回　同　十二月十二日　原田一明　選挙法起草過程の検討——「疑目」作成の周辺——
第　六十　回　昭和六十三年　二月二十日　小林　宏　熊本藩における中国法の受容——井上毅を生んだ法的風土——
第六十一回　同　三月十七日　山下重一　明治七年対清交渉と井上毅——台湾征討事件をめぐって——
第六十二回　同　四月三十日　木野主計　井上毅と地方自治
第六十三回　同　五月二十一日　須藤　茂　日本の株式会社制度の誕生
第六十四回　同　六月十八日　中島昭三　お雇い外国人
第六十五回　同　七月二十三日　新田　均　明治十八年の内閣制度について
第六十六回　同　八月二十九日　齋藤眞人　水戸周辺の史跡について
　　　　　　　　　　　　　　小林　宏　徳川齋昭の人物
　　　　　　　　　　　　　　島　善高　井上毅と南朝遺跡
第六十七回　同　十月十五日　前田英昭　会議の公開をめぐる若干の問題について
第六十八回　同　十一月十九日　高瀬暢彦　嚶鳴社憲法草案と金子堅太郎
第六十九回　同　十二月十七日　福田須美子　井上毅と女子教育問題
第　七十　回　平成元年　一月二十八日　大石　眞　元号制度の伝統と維新との間

第七十一回 同 三月十一日 須藤　茂 明治初期における会社企業と法 ——通商会社・為替会社を中心として——
第七十二回 同 四月八日 木野主計 ロエスレル起草行政裁判法案について
第七十三回 同 五月十三日 瀧川叡一 上告金制度略史——明治時代の上告制度——
第七十四回 同 六月十七日 山下重一 琉球処分の一考察
第七十五回 同 七月八日 高塩　博 「仮刑律」修正の「刑法新律草稿」について ——新出の明治初期刑法——
第七十六回 同 八月二十九日 島　善高 井上毅のシラス・ウシハク考について
第七十七回 同 九月三十日 安岡昭男 明治前期の日清関係と井上毅
第七十八回 同 十一月十一日 中島昭三 「王政復古の大号令」について
第七十九回 同 十二月九日 大石　眞 議院法への歩み——議院憲法から国会規則案まで——
第八十回 平成二年 二月三日 柴田紳一 井上毅の死の前後
第八十一回 同 三月十七日 多田嘉夫 明治十七年甲申事変と井上毅
第八十二回 同 五月十九日 田中成明 法的思考の現在 ——法解釈論と裁判論との関連を中心に——
第八十三回 同 六月三十日 箱石　大 幕末期の天皇・朝廷
第八十四回 同 八月二十九日 須藤　茂 明治初期における法企業史の研究
第八十五回 同 八月三十日 山下重一 明治十五年条約改正予議会と井上毅
第八十六回 同 九月二十二日 安　世舟 ブルンチュリの生涯とその学説
第八十七回 同 十一月十日 前田英昭 貴族院令をめぐる若干の問題
第八十八回 同 十二月二十二日 大石　眞 憲法附属法としての公文式——明治十九年勅令第一号の意義——
第八十九回 平成三年 二月二日 島　善高 皇室財産と井上毅

第九十　回　同　三月十六日　多田嘉夫　明治二十年条約改正会議の挫折と井上毅
第九十一回　同　四月二十日　中島昭三　井上毅の思想
第九十二回　同　五月二十五日　木野主計　植木枝盛に与えた井上毅の法思想の影響
第九十三回　同　七月十三日　原田一明　貴族院令の起草過程
第九十四回　同　九月二十八日　栗城壽夫　ヘルマン・シュルツェの憲法理論
第九十五回　同　十月二十六日　赤木須留喜　明治国家の内閣制度と行政制度
第九十六回　同　十二月七日　山下重一　沖縄の初期県政
第九十七回　平成四年　二月一日　小柳春一郎　明治国有財産制度の成立
——官有財産管理規制（明治二十三年）——
第九十八回　同　四月二十五日　小林　宏　井上毅の女帝廃止論
第九十九回　同　五月三十日　島　善高　井上毅のシラス論
第　百　回　同　六月二十日　梅溪　昇　私の井上毅研究
第百一　回　同　八月二十五日　多田嘉夫　井上毅と条約改正
第百二　回　同　十月十七日　木野主計　「梧陰存稿」と井上毅
第百三　回　同　十二月十二日　山田央子　ブルンチュリと近代日本政治思想
第百四　回　平成五年　一月二十三日　阪本是丸　岩倉具視の祭政一致構想
第百五　回　同　四月十七日　山下重一　井上毅と小野梓——明治十一年三新法を巡って——
第百六　回　同　五月二十二日　島　善高　近代日本における天祐とGottesgnadentum
第百七　回　同　六月十九日　木野主計　井上毅と近代熊本
第百八　回　同　八月二十七日　**公開シンポジウム　「近代熊本の黎明」**
高塩　博　熊本藩の刑法
小林　宏　熊本藩と法的思考
コメンテーター　山中至

木野主計　井上毅と近代熊本
田中啓介　熊本洋学校とジェーンズ
花立三郎　大江義塾時代の徳富蘇峰
コメンテーター　小原薫

第百九　回　同　十月十六日　田中　浩　明治初期の独逸学――加藤弘之の一考察――
第百十　回　同　十二月十一日　大石　眞　伊藤派欧と「留守政府」――明治十五－六年における国内法の動き――
第百十一回　平成六年　二月十二日　須藤　茂　明治初期会社企業と法――国立銀行条例を中心として――
第百十二回　同　三月十九日　坂本一登　内閣制度をめぐる伊藤博文と井上毅
第百十三回　同　五月七日　多田嘉夫　明治二十二年大隈条約改正の挫折と井上毅
第百十四回　同　六月十八日　我部政男　明治十五年の巡察使・尾崎
第百十五回　同　七月十六日　箱石　大　幕末朝廷の政務機構――大政委任論と国事御用掛制――
第百十六回　同　九月五日　**京都研究会・見学会**
大石　眞　憲法史研究会について
川田敬一　「世伝御料」論の再検討
山室信一　明治国家と清末中国――井上毅に関連して――
第百十七回　同　十月十五日　小原　薫　中江兆民と井上毅――「君民共治」と「君民同治」――
第百十八回　同　十一月十九日　木野主計　植木枝盛の日本国国憲案について
第百十九回　同　十二月十七日　山下重一　井上毅の「北海道意見」
第百二十回　平成七年　二月十八日　寺崎昌男　井上毅の教育思想と施策
第百二十一回　同　四月二十二日　小柳春一郎　明治期の国税滞納処分
第百二十二回　同　五月二十日　島　善高　元老院国憲按の編纂過程
第百二十三回　同　六月十七日　**井上毅没後百年記念講演会**
木野主計　國學院大學と井上毅

第百二十四回	同	七月八日	大石　眞	明治典憲体制と井上毅——井上毅没後百年に寄せて——
第百二十五回	同	十月二十八日	伊藤彌彦	明治国家形成と「人心教導」構想——井上毅と福沢諭吉——
			山下重一	金子堅太郎とバーク——政治論略の一考察——
第百二十六回	同	十二月九日	島　善高	大正七年の皇室典範増補と王公家規範の制定 ——枢密院と伊東巳代治——
第百二十七回	平成八年	一月二十七日	大澤博明	明治外交と朝鮮中立化構想の展開——一八八二－九四年——
第百二十八回	同	三月二十三日	小林　宏	前近代の法典編纂について
			大石　眞	ブロックの効用
第百二十九回	同	五月十一日	柴田紳一	皇室典範改正と外務省——萩原徹の活動を中心に——
第百三十回	同	六月十五日	寺崎　修	立志学舎と慶應義塾
第百三十一回	同	七月十三日	山下重一	坂本直寛の思想と行動
第百三十二回	同	七月二十四日	**学術シンポジウム　「明治国家と自由民権運動」**	
			公文　豪	明治十四年政変と土佐
			木野主計	植木枝盛と井上毅
			千葉昌弘	自由民権運動と教育問題
			下村公彦	佐川南山社員・堀見熙助
			坂本一登	井上毅の民権観
第百三十三回	同	十月二十六日	三浦裕史	戒厳・戒厳令・戒厳法——「軍制講義案」補遺——
第百三十四回	同	十一月十六日	中野目徹	文書からみた太政官と内閣——井上毅と関わらせて——
第百三十五回	同	十二月七日	川田敬一	「皇族遺言令」成立過程にみる「遺命」論議
第百三十六回	平成九年	一月二十五日	長谷川直子	「明治」外交の展開と井上毅 ——西欧国際体系受容の問題をめぐって——
第百三十七回	同	四月十九日	原田一明	明治国政調査権制定論議について

第百三十八回　同　五月三十一日　島　善高　早稲田雄弁術の系譜
第百三十九回　同　六月十四日　三浦裕史　貴族院議員小澤武雄の陸軍中将免官
第百四十回　同　七月二十四日　**福島研究会・見学会「明治国家と東北の自由民権運動」**
高塩　博　白河楽翁と熊本藩
松本　登　戊辰戦争と三春の自由民権運動
山下重一　三春正道館について
第百四十一回　同　七月二十五日　赤城　弘　会津の自由民権運動
第百四十二回　同　九月二十七日　松崎欣一　三田演説会と慶應義塾系演説会
第百四十三回　同　十月二十五日　川崎　勝　馬場辰猪と自由党
第百四十四回　同　十一月十五日　多田嘉夫　壬午軍乱と井上毅
第百四十五回　同　十二月十三日　須賀博志　大津事件の政治過程
第百四十六回　平成十年　一月二十四日　小島伸之　明治三二年宗教法案の再検討
第百四十七回　同　三月七日　山下重一　金子堅太郎とスペンサー
第百四十八回　同　五月十六日　木野主計　ボアソナードの憲法草案
第百四十九回　同　六月二十日　柴田紳一　没後の井上毅――明治史研究発展との関わり――
第百五十回　同　七月二十六日　**学術シンポジゥム「明治国家と北越の思想家たち」**
吉澤俊夫　北越の小藩長岡における人材輩出の背景
土田隆夫　幕末・明治初期の越後長岡藩家中の思想
――小林虎三郎を軸として――
長谷川潤治　パロディスト円了――〈ことば〉に見る思想家井上円了――
山下重一　反骨の思想家・城泉太郎の生涯と人物
小林　宏　長岡藩における法学の系譜――渡辺廉吉・小原直に寄せて――
第百五十一回　同　十月二十四日　前田英昭　議会の質問と内閣の説明責任

第百五十二回	同	十一月二十一日	三浦裕史	陸軍定員令の廃止について
第百五十三回	同	十二月十二日	大石　眞	いわゆる優諚問題について
第百五十四回	平成十一年	三月二十七日	山下重一	福州における琉球と中国の交流――福州での見聞を中心として――
			松本郁美	琉球所属問題における「変質」について
第百五十五回	同	五月一日	新田　均	織田萬の著作をめぐって
第百五十六回	同	六月十九日	鶴田　徹	鶴田皓と井上毅――史実に見るその関係――
第百五十七回	同	七月二十四日	島　善高	鉄舟と兆民と梧陰と
第百五十八回	同	十月二十三日	胡　慧娟	明治十四年政変における井上毅と小野梓――憲法構想の相違――
第百五十九回	同	十一月二十日	堅田　剛	井上の傍らにはロェスラーがいた
第百六十回	同	十二月十一日	山下重一	明治七年日清北京交渉について

〔懇談会〕

昭和五十七年十月三十日に大久保利謙氏、同年十二月一日に小嶋和司氏、昭和五十九年四月二十一日に坂井雄吉氏を迎えて懇談会を開催した。

〔見学会〕

昭和五十八年九月七日、八日
　明治憲法起草の地・夏島、葉山の井上毅旧別邸前、大磯の伊藤博文旧別邸（現滄浪閣）、箱根湯本の旅館「福住」（井上毅宿泊を記載せる宿帳あり）を見学し、「福住」にて一泊。

昭和六十三年八月二十九日、三十日
　井上毅の「総常紀行」（明治十八年七月）の足跡を訪ねて、佐原の伊能忠敬邸、香取・鹿島神社、大洗磯前神社、酒列礒前神社、常陸太田の西山荘、水戸の偕楽園を見学し、大洗にて一泊。

平成元年八月二十九日、三十日
　明治憲法起草の地・夏島、及び明治十九年十二月末から二十年一月にかけて井上が旅行した房総地方を、とくに明治憲法第一条とその義解の構想を得た鹿野山を中心に見学し、白浜にて一泊。

平成二年八月二十九日、三十日
　前記伊藤博文旧別邸、旅館「福住」を見学し、「福住」にて一泊。

平成四年八月二十五日、二十六日
　日本三古碑の一つとされている吉井町の多胡の碑、明治政府によって設立された富岡製糸場及び安中市の新島襄旧宅等を見学し、磯部温泉にて一泊。

平成五年八月二十六日
　熊本において横井小楠記念館、ジェーンズ館、徳富蘇峰記念館、井上毅生誕の地、市立美術館分館等を見学した。

平成六年九月六日
　京都御所、霊山歴史館、岩倉具視旧宅、円通寺等を見学した。

平成八年七月二十五日
　高知市内の自由民権の跡を訪ねて、馬場辰猪・孤蝶生誕地、坂本龍馬・直寛邸跡、城西館、植木枝盛旧宅、高知城等を見学した。

平成九年七月二十三日、二十四日、二十五日
東北における幕末、明治期の史蹟を訪ねて、白河市歴史民俗資料館、民権学塾正道館跡、三春町立歴史民俗資料館・自由民権記念館、飯盛山、鶴ヶ城、福島県立博物館等を見学した。
平成十年七月二十七日
幕末維新期の長岡藩関係の史跡と河井継之助の思想に影響を与えたとされる良寛の史跡を訪ねて、悠久山公園、郷土資料館、良寛記念館、空庵跡等を見学した。

執筆者一覧表（初出順）

山下重一（やました　しげかず）國學院大學名誉教授、政治思想史

長谷川直子（はせがわ　なおこ）津田塾大学国際関係研究所研究員、
近代東アジア国際関係史

胡慧娟（こ　えけん）國學院大學大学院学生、政治思想史

多田嘉夫（ただ　よしお）大原簿記法律専門学校講師、政治思想史

島　善高（しま　よしたか）早稲田大学社会科学部教授、日本法制史

柴田紳一（しばた　しんいち）國學院大學日本文化研究所助教授、日本近代史

木野主計（きの　かずえ）國學院大學文学部講師、日本法制史

前田英昭（まえだ　ひであき）駒沢大学法学部教授、議会政治

川田敬一（かわだ　けいいち）日本学術振興会特別研究員、日本法制史

小島伸之（こじま　のぶゆき）東洋大学大学院学生、憲法学

原田一明（はらだ　かずあき）國學院大學法学部助教授、憲法学

須賀博志（すが　ひろし）京都大学大学院法学研究科助手、憲法学

三浦裕史（みうら　ゆうじ）梧陰文庫研究会会員、近代日本政治法制

高塩　博（たかしお　ひろし）國學院大學日本文化研究所教授、日本法制史

小林　宏（こばやし　ひろし）國學院大學法学部教授、日本法制史

井上毅とその周辺

二〇〇〇年三月三十一日 第一版第一刷印刷発行©

編者 梧陰文庫研究会

発行者 能島豊

発行所 有限会社 木鐸社

東京都文京区小石川五－十一－十五－三〇二

電話・ファックス （〇三）三八一四－四一九五番

振替 〇〇一〇〇－五－一二六七四六番

アテネ社／関山製本社

編者との了解により検印省略

（乱丁・落丁本はお取替致します）

ISBN4-8332-2292-2 C3021 ¥9,000E

定価：本体 9,000 円＋税